Blauwassersegeln 2.0

Segeln in den Hohen Breiten

Von Jürgen Kirchberger

für Claudia

ohne dich wären die Segelreisen in die Hohen Breiten nicht zustande

gekommen.

Über den Autor:

Bereits in seiner Jugend entwickelte Jürgen Kirchberger ein wachsendes Interesse an Reisen und Leben außerhalb zivilisierter Schranken. Mitte Zwanzig unternahm er gemeinsam mit seiner Frau Claudia die erste dreieinhalb Jahre dauernde Segelreise. Dabei festigte sich der Wunsch auf weitere Segelreisen und die Neugierde auf die Hohen Breiten. Als gelernter Techniker beschäftigte sich Jürgen in den Folgejahren besonders mit Yachtbau und lernte im Eigenstudium über die Konstruktion von Hochseeyachten. Nach der erfolgreichen Restauration der stählernen Expeditionssesgelyacht LA BELLE EPOQUE brachen Jürgen und Claudia zu ihrer zweiten großen Segelreise auf. Im Laufe dieser neunjährigen Reise verbrachte das Segelpaar über fünf Jahre in den Hohen Breiten, mit drei Überwinterungen an Bord und einer Überwinterung eingeschlossen im Eis von Grönland. Der Transit der Nordwest Passage und eine Fahrt in die Antarktis gehören zu den Segelhighlights dieser Fahrt. Auch besuchte das Segelpaar ausgiebig alle Fjordregionen dieser Erde. Grönland, Alaska und Süd Georgien zählen bis heute zu den favorisierten Segelgebieten von Jürgen Kirchberger. Jürgen und Claudia Kirchberger sind nach wie vor auf den Weltmeeren unterwegs und neue Reisen in die Hohen Breiten sind bereits geplant.

Segeln in den Hohen Breiten

Ratgeber für Segelreisen in anspruchsvolle Reviere

von Jürgen Kirchberger

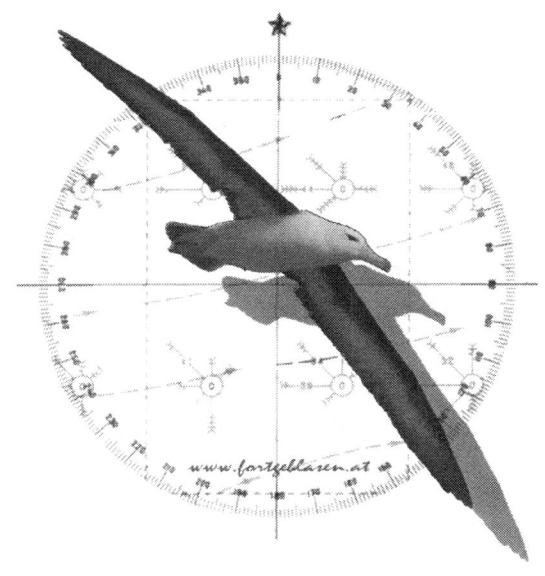

juergen@fortgeblasen.at

www.blauwassersegeln.at

Weitere Bücher aus der Reihe Blauwassersegeln 2.0

Bordversorgung heute Ernährung und Proviantierung an Bord von Fahrtenyachten

Technisches Logbuch

Logbuch

Bücher zu den Reisen von Jürgen und Claudia Kirchberger:

Fortgeblasen und angeschwemmt

Im Reich der Eissturmvögel

Eiszeit

Segeln im Feuerring

Dieses umfangreiche Nachschlagewerk soll Leserinnen und Leser bei der Planung und Durchführung von Segelreisen in die anspruchsvollen Reviere der Hohen Breiten unterstützen und dienen. Alle Angaben sind nach besten Wissen, eigenen Erfahrungen und mittels Erfahrungsberichte anderer Segler entstanden. Trotz allem sind Segelreisen, und vor allem solche in die hier beschriebenen Seerevieren mit Risiken verbunden und verlangen ein hohes Maß an Eigenständigkeit und Verantwortungsbewusstsein. Auch eignen sich die im Werk enthaltenen Karten und Skizzen nicht für die Navigation. Deshalb kann der Autor und Herausgeber keinerlei Haftung übernehmen.

1. Auflage, 2018
© Alle Rechte vorbehalten.
ISBN 978-1725653436

juergen@fortgeblasen.at
www.blauwassersegeln.at

Inhalt im Überblick:

1. EINLEITUNG

Eine Segelreise in die Hohen Breiten führt nicht nur durch ausgesprochen beeindruckende Seereviere, sondern auch in eine raue Einsamkeit, wo die Natur in ihrer ganzen Macht zu spüren ist. Vor allem sind solche Segelabenteuer eine große Herausforderung für jede Yacht und Crew.

1.1 Abenteuer Segeln

Jeder Törn, der in die Hohen Breiten führt, bedarf sorgfältiger Vorbereitung und Wissen, das über die Grundlagen des Hochsee- und Fahrtensegelns hinausgeht. Vorbereitungen, die einerseits die Yacht und ihre Ausstattung betreffen, andererseits die Vorbereitungen der Crew, ihre Versorgung und Ausstattung beinhalten. Wissen um die Handhabe der Yacht, die Navigation, Besonderheiten des Reviers und die Seemannschaft.

Diese Sammlung an Wissen aus eigenen Erfahrungen und Berichten von anderen Seglern soll bei den Vorbereitungen helfen. Deshalb halte ich zu Beginn fest, dass sich dieses Buch nicht an den Segelanfänger richten kann. Am Markt gibt es gute Bücher zum Fahrten- und Blauwassersegeln, über Ankermanöver, Sturmtaktiken, Proviantieren und andere Fachbereiche. Dieses Buch baut auf dem grundlegenden Wissen auf und geht auf die Herausforderungen schwieriger Segelreviere ein.

**Abb. 1
Köningspinguine in Südgeorgien**

1.2 Magische Anziehungskraft des schwer Erreichbaren

Eine Reise in heikle Segelreviere belohnt auf viele Weisen. Das Leben in unberührter Natur und das hautnahe Erleben der Tierwelt in den Hohen Breiten sind Erfahrungen, die sich in dieser Intensität und Nähe kaum anderswo erleben lassen.

Zum Beispiel tauchte in Grönland ein Wal zwei Meter neben mir mit seinem Kopf senkrecht aus dem Wasser. Ich stand im Cockpit, wir betrachteten uns über Sekunden Auge in Auge.

Oder eine Begegnung mit einem Eisbären, der bei Fort Ross im arktischen Kanada auf Treibeis direkt an die Bordwand kam.

Auch die Sichtung von Eisbergen vor der antarktischen Halbinsel, das Betrachten von großen Gletschern in Alaska, das Baden in heißen Quellen in Island oder der Tanz des Nordlichtes über dem norwegischen Nachthimmel zählen zu einzigartigen Erlebnissen.

Die Menschen, die in den kalten und wilden Regionen unserer Erde leben, hinterlassen mit ihren Fähigkeiten einen bleibenden Eindruck. Es sind Begegnungen, die Einblick in andere Lebensweisen geben und das eigene Weltbild vergrößern.

So lehrten mich in einem einsamen Fjord Patagoniens Chilenen ihre Art zu Fischen. Und in Kanada luden mich Inuit in ihr Heim zur traditionellen Rentiersuppe. Auf den Färöer Inseln wurde ich mit „Wikingerproviant" beschenkt und in Norwegen erlebte ich das Leben mit Schlittenhunden.

Nicht nur Eindrücke und Begegnungen sind Lohn jeder Segelreise. Ein Abenteuer gemeistert zu haben, oder eine heikle Strecke hinter sich gebracht zu haben löst eine tiefe Zufriedenheit aus. Es ist ein gutes Gefühl, etwas geschafft zu haben und die eigenen Grenzen ein Stück weiter stecken zu können.

1.3 Veränderung in einer lebenden Welt

Die stetige Veränderung und Weiterentwicklung ist die Grundlage unserer lebenden Welt. Doch haben wir Menschen die natürliche Evolution durch unser Handeln beeinflusst. Klimaerwärmung, Umweltverschmutzung, Überfischung, oder die Verkehrsbelastung unserer Ozeane sind Auswirkungen menschlicher Vorgänge. Auswirkungen, die auch in den Hohen Breiten zu gravierenden Veränderungen führen.

Auch wenn wir noch wenige, einzelne Segler sind, welche Reisen in die Hohen Breiten unternehmen, müssen wir uns bewusst sein, dass wir eine Verantwortung gegenüber der von uns besuchten Gebiete haben. Gerade die arktischen und antarktischen Regionen dieser Welt sind empfindliche Ökosysteme. Unsere Verantwortung als Besucher liegt darin, keinen weiteren Schaden zu verursachen, die Tierwelt nicht zu stören und keinen schmutzigen Fußabdruck unseres Besuches zu hinterlassen.

1.4 Die Hohen Breiten

Die geografische Definition der „Hohen Breiten" variieren. Meteorologen nennen meist die Klimazone zwischen 40 und 60 Grad Nord und Süd die „Gemäßigten Breiten", von 60 Grad zum Pol die „Hohen Breiten". Diese Einteilung deckt sich nicht mit dem Sprachgebrauch in der Segelszene.

Segler sprechen in der Regel von den „Hohen Breiten", wenn sie an herausfordernde Segelbedingungen denken: kalte Wasser- und Lufttemperaturen, variable Wetterbedingungen mit ausgeprägten Hoch- und Tiefdrucksystemen, höhere Wahrscheinlichkeit für Starkwind und Sturm.

An der Südhalbkugel wird deshalb ab dem 40. Breitengrad von den „Hohen Breiten" gesprochen. Die „Brüllenden Vierziger" liegen im Westwindgürtel der globalen Wetterzirkulationen, von West nach Ost ziehende Tiefdrucksysteme prägen hier jede Segelreise. Deshalb sollen die Breiten von 40°S bis an den antarktischen Kontinent die Grundlage für die Seereviere der Hohen Breiten in diesem Buch sein.

An der Nordhalbkugel ist die Begriffsbestimmung der „Hohen Breiten" komplizierter. Das Klima wird durch die Landmassen und durch die verschiedenen warmen Meeresströmungen der Nordhalbkugel beeinflusst, sodass das Seegebiet nördlich 40°N nicht als die Hohen Breiten eingestuft werden kann, auch wenn diese Gebiete in den Westwindzonen der globalen Wetterzirkulation liegen. Der Nordatlantik wird stark vom warmen Golfstrom beeinflusst. Im Vergleich zum Nordpazifik rücken die Gebiete, in denen der Fahrtensegler die typischen Bedingungen der Hohen Breiten erlebt, zumindest während der Sommermonate etwas weiter in den Norden. In diesem Buch habe ich des- halb die südlichen Breiten von Norwegen, also knappe 60°N, bis inklusive den arktischen Ozean als die „Hohen Breiten" im Atlantik gewählt. Im Pazifik sollen die Seereviere von Russland bis Kanada, dem Golf von Alaska und der Bering See in den Norden bis inklusive des Arktischen Ozeans meine Definition der Hohen Breiten sein.

Abb. 2 Gebiete, die in diesem Buch behandelt werden.

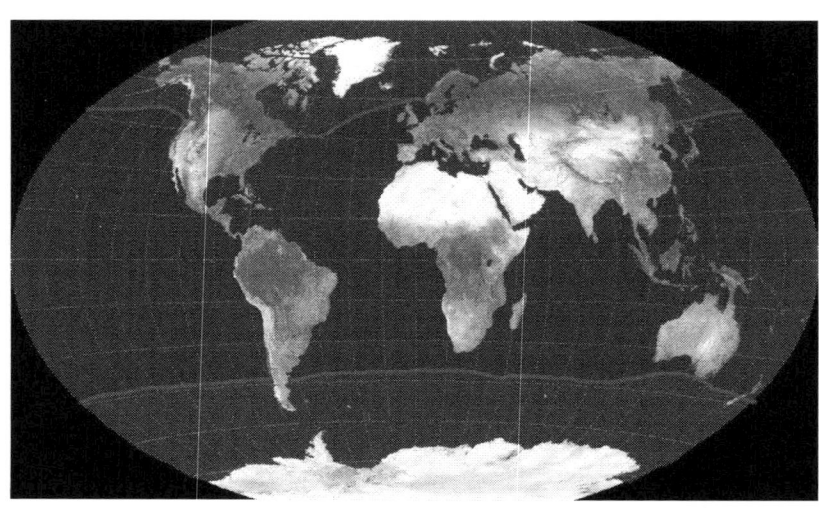

2. BESONDERHEITEN DER HOHEN BREITEN

Die Hohen Breiten beheimaten nicht nur etliche der schönsten Küsten unserer Erde, sie erstaunen mit einer ganzen Reihe an Besonderheiten und Phänomenen. Ob es sich um die schleierhaften Lichtvorhänge des Nordlichtes (Aurora Borealis), das magische blaue Licht der polaren Nacht oder die meilenweite Sicht durch die klare, kalte Luft der Arktis handelt: Jeder, der diese Besonderheiten der Hohen Breiten einmal selbst erlebt, wird ihre Schönheit nicht mehr vergessen.

2.1 Weiße Nacht, schwarzer Tag

Je weiter der Kurs in Polnähe führt, desto länger werden die Tage im Sommer. Ab 66° 33' Nord (Nördlicher Polarkreis) und 66° 33' Süd (Südlicher Polarkreis) geht die Sonne während der Sommermonate Juni bis Juli nicht mehr unter, es herrscht vierundzwanzig Stunden Tageslicht.

Der Polartag ist nicht nur ein besonderes Erlebnis, das Licht vereinfacht die Navigation. Es besteht keine Gefahr, einen kaum vermessenen Fjord oder eine unbekannte Ankerbucht erst in Dunkelheit zu erreichen. Sollte eine Bucht zu wenig Schutz bieten oder eine Wetteränderung den Aufbruch diktieren, ist das problemlos zu jeder Tageszeit möglich. Dazu kommt, dass sich die Lichtstimmungen unmittelbar vor und nach dem Polartag über Stunden genießen lassen.

Überwintert eine Yacht überm Polarkreis, lässt sich die Polarnacht erleben. Am Polarkreis ist die Sonne selbst im tiefen Winter für ungefähr eine Stunde täglich dicht am Horizont zu sehen. Erst ab etwa 68 Grad geht die Sonne nicht mehr auf. Nur das schattenlose „Blaue Licht" bleibt für wenige Stunden täglich sichtbar.

Dann lässt sich das wunderbare Nordlicht (Aurora Borealis) zu jeder Tageszeit erleben.

Bei Menschen, die an den Rhythmus von Tag und Nacht gewöhnt sind, kann Polartag und -nacht verwirrende Wirkung haben. Bald lässt sich beim Blick auf die analoge Uhr nicht mehr feststellen, ob es Nachmittag oder Morgen ist. Eine elektronische Uhr mit vierundzwanzig Stunden Einteilung hilft.

Schlaflosigkeit kann am Polartag zum Problem werden. Je besser sich die Kajüte abdunkeln lässt, desto leichter wird die Freiwache schlafen können. Decksluken und Schiffsfenster sollten mit dunklen Vorhängen ausgestattet werden. Von außen angebrachte Persenning verdunkeln offene Decksluken.

In wenigen Revieren kann während der polaren Nacht gesegelt werden. Zum Beispiel in den Fjorden von Nordnorwegen. Das Navigieren in der Dunkelheit verlangt besondere Vorsicht, Kenntnis der Ankerplätze ist vorteilhaft. Für die Navigation muss Radar und eine erfahrene Crew an Bord sein.

Minusgrade und Decksvereisung sind zu dieser Jahreszeit ein zusätzliches Risiko.

Auch im Südwesten von Grönland ist das Meer offen genug, um teilweise im Winter segeln zu können, solange die Yacht nicht bereits vom Eis eingeschlossen liegt. Allerdings sind viele Fjorde nicht ausreichend vermessen für sichere Navigation in der Dunkelheit. Auch ist die Gefahr der Kollision mit Treibeis sehr hoch.

Die Kanäle Patagoniens liegen außerhalb der subantarktischen Zone, im Winter sind die Tage lange genug, um vor Dunkelheit Ankerplätze zu erreichen. Auch hier sind die meisten Seekarten zu ungenau und die meisten Ankerplätze zu verwinkelt, um bei Dunkelheit sicher navigieren zu können.

2.2 Phänomene der Hohen Breiten

2.2.1 Aurora Borealis / Aurora Australis

Das Nordlicht (Aurora Borealis) und das Südlicht (Aurora Australis) ist über den geografischen Polen zentriert. Es entsteht, wenn Sonnenwind (eine von der Sonne ausgehende Strömung von Elektronen und Protonen) mit Sauer- stoff- und Stickstoffatomen in den oberen Schichten der Erdatmosphäre kollidiert. Das Nordlicht ist besonders an sehr kalten und

klaren Tagen zu sehen, und kann manchmal über Stunden andauern. Meist ist es in Schleiern von grünem Licht sichtbar, besonders stark ausgeprägte Aurora können auch in verschiedenen Farbtönen schimmern.

Sonnenwind beeinträchtigt Funkübertragungen und kann das Senden von Raumwellen komplett unterbrechen, weshalb in der Regel eine Funkübertragung während Aurora nicht möglich ist (Aurora-Effekt).

2.2.2 Halo

Lichtstrahlen werden durch Eiskristalle gebrochen. Wenn sich eine Cirrostratus-Wolke mit einer dünnen Eisschicht zwischen Sonne und Beobachter befindet, entsteht der Effekt eines Halos (Nebelring) um die Sonne. Je nach Größe und Ausrichtung der Eis- kristalle und dem Einfallwinkel des Lichts, entstehen an verschiedenen Stellen des Himmels weiße oder farbige Kreise, Bögen, Säulen oder Lichteffekte. Durchgehende Kreise um die Sonne oder den Mond werden als Halo bezeichnet. Lichtsäulen oder Flecken beidseitig der Sonne werden im englischen Sprachgebrauch auch als „Sundogs" benannt.

Abb. 3
Halo mit
Sundogs

23

2.2.3 Korona

Wenn sich Wolken (meist nur dünne Schichtwolken oder leichter Hochnebel) vor Sonne oder Mond schieben, lassen sich gelegentlich leuchtende Scheiben und farbige Ringe um das Licht beobachten. Diese Ringe bilden sich, da die Wassertropfen das Licht brechen, sie werden als Korona bezeichnet. Bildet sich eine helle Scheibe in ihrer Mitte durch die verdeckte Sonne, wird diese Scheibe Aureole genannt. Koronen werden meist um den Mond beobachtet, seltener um die Sonne. Häufiger wird nur die Aureole über dem Mond gesehen - eine weiße Scheibe, deren Rand in Gelb und Rot übergeht.

2.2.4 Nebelbogen

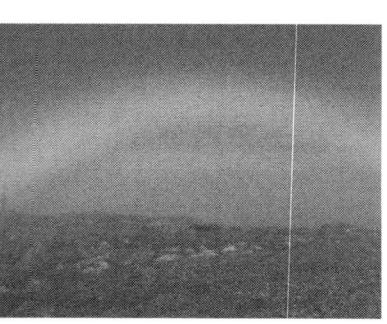

Abb. 4 Nebelbogen

Der Nebelbogen ist eine Sonderform des Regenbogens und zeigt sich als weiß leuchtender Bogen. Diese Erscheinung ist eine Lichtbrechung, die im Unterschied zum Regenbogen keine Farben zeigt und zirka doppelt so breit ist, da sie durch die besonders feinen Wassertropfen im Nebel entsteht.

In vielen Revieren der Hohen Breiten ist Nebel häufig. Im Kapitel 3.5.3 Nebel auf Seite 52 wird deshalb besonders darauf eingegangen.

2.2.5 Pink out

Wenn die Sonne sehr niedrig am Horizont steht, kann der Nebel stark Rosa erscheinen.

2.2.6 Eisleuchten

Eisleuchten (ice blink) entsteht, wenn sich Lichtreflexionen vom Packeis in niedrigen Wolken spiegeln. Dann ist Eisleuchten als helles Licht auf der Unterseite der Wolken zu sehen. Es ist bei der Navigation hilfreich, da es eine aufmerksame Crew bereits weit im Voraus auf die Präsenz von Packeisflächen hinweisen kann.

2.2.7 Akustisches Phänomen

Aufgrund der hohen Dichte von kalter Luft in Bodennähe können sich Geräusche besser ausbreiten. Dadurch können Stimmen, Motoren- oder Tier- geräusche in den arktischen/antarktischen Gebieten teilweise mehrere Kilometer weit gehört werden.

2.2.8 Optischer Dunst, Luftspiegelungen

Optischer Dunst (mirage, optical haze, optical shimmer, Fata Morgana) kann bei Windstille in bodennahen Luftschichten auftreten, in denen sich lokale Luftbewegungen entwickeln. In diesen Luftschichten steigt wärmere Luft auf und kältere Luft sinkt ab, unter- schiedliche Lichtbrechungen führen dabei zu Sichttrübungen und Spiegelungen trotz generell guter Sicht und klarem Wetter. Auch Mehrfachspiegelungen sind möglich. Luftspiegelungen und optischer Dunst treten in den Hohen Breiten oft auf und können die Identifikation von Details in der Landschaft verhindern. Besonders in Fjorden und Sunden lassen sich bei Luft- spiegelungen Ufer nicht mehr gut erkennen. Entfernungen können nur noch unzureichend eingeschätzt werden. Optischer Dunst erschwert dadurch die Navigation.

Luftspiegelungen sind nicht auf die Hohen Breiten begrenzt. Seefahrer früherer Jahrhunderte nannten Erscheinungen durch Luftspiegelungen auch „Fliegende Holländer".

2.2.9 Minitsunamis

Durch das Kalben von Gletschern oder bei Eisbergkenterungen können kleine Tsunamis ausgelöst werden. Der Effekt kann mitunter Meilen entfernt wahrgenommen werden, zum Beispiel als starker Sog mit anschließender brandender Welle in Ankerbuchten. Durch Eis ausgelöste Tsunamis können der Schifffahrt in Küstengewässern gefährlich werden. In Grönland haben sie sogar Menschenleben gefordert.

Seltener als Tsunamis durch Eis treten Tsunamis durch Erdrutsch auf. Vor allem in Gebieten, in denen abschmelzende Gletscher überhängendes, loses Gestein freilegen. Erdbeben oder schwerer Regen kann dort plötzlichen Erdrutsch auslösen. Fällt das Gestein aus großer Höhe ins Fjordwasser, kann es zu beträchtlichen Tsunamis kommen.

In Alaska wurden auf diese Weise innerhalb von Fjorden (Lituya Bay und Icy Bay) die höchsten, jemals gemessenen Tsunamis registriert.

2.3 Segeln im Fjord

Fjorde gibt es fast überall in den Hohen Breiten mit Ausnahme (im für Yachten schiffbarem Bereich) der Antarktis.

So schön und gewaltig Fjorde sind, so tückisch können sie für Segler sein. Fjorde haben ihr eigenes Wetter:

- Sie leiten vorherrschende Winde um, oder verstärken diese.

- Die Berge blockieren das Weiterziehen der Wolken und regenreiche Tage gehören zum Alltag in vielen Fjorden.

Ankerplätze sind in manchen Revieren sehr tief, werden von Williwaws heimgesucht, oder bieten nicht ausreichend Schutz bei unstabilen Wetter. Andererseits bieten die Reviere der Fjorde meist vor der offenen See

Abb. 5 Fjordsegeln in Norwegen

geschützte Kanäle entlang der Küste. Vorgelagerte Inseln brechen die See und bieten Ankerplätze, die leicht in Tagesetappen erreichbar sind.

2.3.1 Windeffekte im Fjord

Hohe Küsten und Fjorde erzeugen unterschiedliche Windeffekte, Windrichtung und -stärke ist selten konstant in einem Fjord.

Die Yacht kann gemütlich mit achter- lichen Winden einen Kanal entlang segeln, und unerwartet flaut der Wind ab. Im nächsten Augenblick überfällt die Yacht Fallwind von der Seite, dann herrscht wieder Windstille. Kurz darauf setzt der Wind von entgegengesetzter Richtung mit zunehmender Stärke erneut ein. Dieses Szenario kann sich in diversen Abläufen beliebig oft wiederholen. Segeln in einem Fjord kann atemberaubend schön, gleichzeitig aber auch zermürbend sein. Übung im Reffen der Segel aber auch ein starker Motor ist meiner Meinung nach ausschlaggebend, um Segeln in Fjorden genießen zu können.

Für abrupte Änderungen von Wind- richtung und Windgeschwindigkeit sind mehrere Windeffekte verantwortlich: **Fallwinde, Flurwinde, Kapwinde**. Diese Effekte sind im Wetterkapitel 3.6 Wind und Seegang auf Seite 53 vorgestellt.

2.3.2 Windänderungen im Fjord rechtzeitig erkennen

Ohne lokales Wissen lassen sich die Winde in den einzelnen Fjorden kaum vorhersagen. Aber mit etwas Übung und geeigneten Unterlagen kann man vorausschauend in Fjorden und Sunden segeln, solange die Wetterlage an der Küste bekannt ist.

Wichtige Unterlagen sind Seekarten mit topografischen Vermerk von Küsten. In manchen Revieren geben Küstenhandbücher Infos über spezifische Windeffekte in Buchten, oder beschreiben Wettersituationen, die besondere Windeffekte hervorrufen.

Großflächige Wetterberichte (Bodendruckanalysekarten oder GRIB-Daten) zeigen weder Windrichtung noch Windstärke in Fjorde. Dennoch können sie zur Planung verwendet werden. Aus ihnen lassen sich tendenzielle Windrichtungen und Windstärke sowie mögliche Gebiete mit starken Windzunahmen erahnen.

Zeigen topografische Karten tiefe Täler oder Fjorde quer zum befahrenen Fjord und dreht beim Näherkommen der Wind vor, kann dies

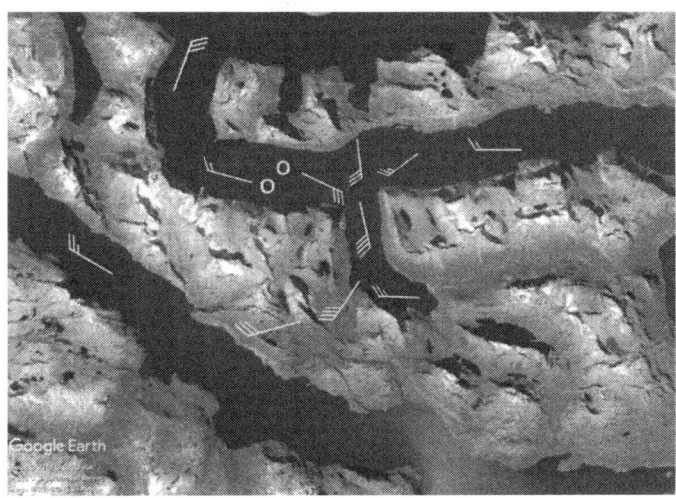

eine Vorwarnung auf starke Flurwinde aus dem Fjord oder Tal sein. Dasselbe gilt, wenn der Wind vor einem verzweigten Fjord oder quer einlaufenden Tal zusammen- bricht.

Trifft Wind auf eine bergige Insel, kann sich der Wind an der Luvseite der Insel teilen und in beiden Richtungen um die Insel wehen. Im Fjord

Abb. 6 Fjorde und Töer beeinflussen den Wind

Abb. 7 Umleitung des Windes um eine Insel

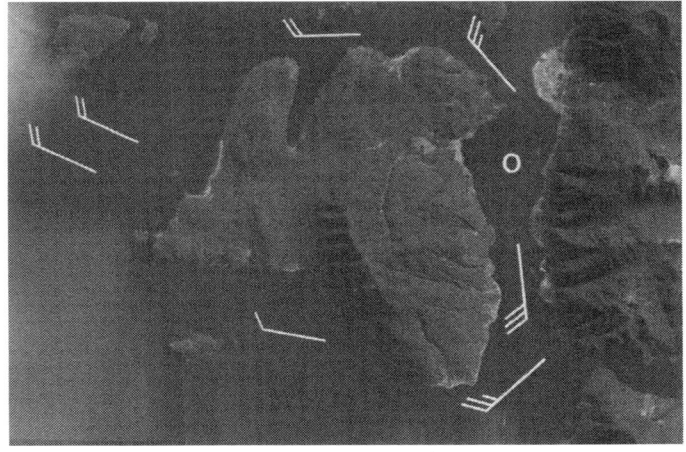

27

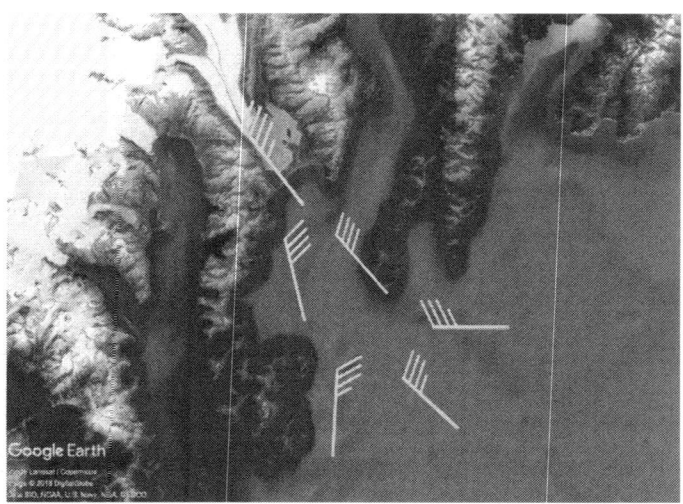

Abb. 8 Gletscher beeinflussen Wind und Wetterverhältnisse
Abb. 9 Unterschiedliche Wetterbedingungen an den beiden seiten einer Gebirgskette

des ein Gletscher, kann verstärkter Wind von der kalten Eisflächen herabwehen. In der Ansteuerung zu einem Gletscher erlebt man in Fjorden daher oft Gegenwind, auch wenn die vorherrschende Windrichtung eher achterliche Winde bringt.

Nähert man sich vom Meer an eine Küste mit Fjorden oder Sunden, kann Wind direkt aus den Fjorden die Annäherung erschweren. Befindet sich ein Gletscher im Fjord, kann dieser Gegenwind weiter verstärkt werden. Beidrehen und auf eine Änderung der Windrichtung oder Abschwächung der Windgeschwindigkeit zu warten kann sinnvoll sein. Dasselbe gilt übrigens auch für große Buchten.

Sind die Fjorde offener und mit niedrigen Inseln, kann konstanterer Wind aus gemeldeter Richtung erwartet werden. Niedrige Inseln lenken den Wind kaum um, doch kann sich der Wind verstärken, wenn die Inseln nur spärliche Vegetation aufweisen.

Bei ausgedehntem Wald auf niedrigen Inseln wird der Wind meist abgeschwächt.

Je tiefer sich Fjorde ins Land strecken, desto weniger kann mit den Windverhältnissen der Küste gerechnet werden. Durchkreuzt der Fjord sogar die Bergkette, können gänzlich andere Wetterverhältnisse als an der

an der Leeseite der Insel kann aus dem achterlichen Wind so bald Flaute und anschließend Gegenwind werden. Dieser Effekt tritt meiner Beobachtung öfter auf, wenn sich an der Luvseite der Insel eine größere, offene Wasserfläche befindet und die Sunde um die Insel relativ breit sind.

Befindet sich am Ende eines Fjor-

Küste im Fjord herrschen. Das gilt sowohl für Bewölkung und Niederschlag, als auch für Windstärke, Windrichtung und die Lufttemperatur.

2.3.3 Dünung und Strömung

Eine weitere Besonderheit von Fjorden und Sunden besteht aus unterschiedlichen Strömungen. Sie werden durch Gezeiten oder durch Windsee verursacht.

In stark verzweigten, großen Fjordsystemen ist es mitunter sehr schwierig bis unmöglich, Tidenplanung für eine ganze Tagesetappe aufzustellen. Vor allem, wenn von den zuständigen Behörden keine genauen Tidenkalender und Strömungskarten herausgegeben werden.

Bei unserer Fahrt in Patagonien kam es vor, dass wir den Transit durch eine Engstelle mit leichter Strömung treffend planten, aber schon wenige Seemeilen weiter in Gegenstrom gerieten.

Mit einem kraftvollen Schiffsdiesel ist dies meist problemlos, da die Dünung der offenen See nicht bis tief in die Fjorde reicht. Durch das Fehlen der Meeresdünung bauen sich kaum Wellen auf. Vorausgesetzt, die Yacht kann sich von Untiefen freihalten.

Verfügt die Yacht nur über einen unzureichenden Antrieb, müssen zwischen strömungsreichen Engstellen Ankerplätze angelaufen werden, um auf das Kentern der Strömung zu warten.

Das Umdrehen einer Kielyacht in einer Engstelle mit schwerem Gegenstrom kann zu einem gefährlichen Manöver werden. Bei aufkommenden Bedenken ist es ratsam, ebenfalls auf das Kentern der Strömung zu warten. Bei Springtide sollten Fjorde mit massiver Strömung gemieden werden.

Beim Verlassen oder Einfahren in einen Fjord muss strikt auf die Tide geachtet werden. Besteht die Möglichkeit, dass Dünung oder Windsee vom offenen Meer gegen die Strömung steht, ist der Seegang in diesem Bereich für jede Yacht (und teilweise selbst für Schiffe) sehr

Abb. 10 Gefährlicher Seegang entsteht, wenn Strömung aus dem Fjorden auf Dünung oder Windsee trifft.

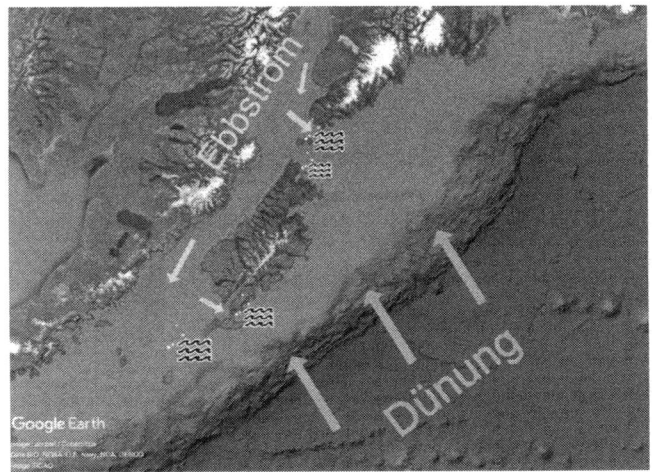

gefährlich. Grundseen, brechende See, stehende Wellen und Wasserwirbel können sich bilden. In Verbindung mit stürmischem Wind sind diese Einfahrten in Fjorde besonders gefährlich. Diese Bedingungen dürfen auf keinen Fall unterschätzt werden. Um in diese Reviere einlaufen zu können, muss eine exakte Planung anhand von Tidenkalender und, wenn vorhanden, Strömungskarten aufgestellt werden. Ein Einfahren in diese Kanäle ist nur möglich, wenn Dünung beziehungsweise Windsee sowie Strömung aus derselben Richtung stehen und sich dadurch der Seegang beruhigt.

2.3.4 Praxisbeispiel Fjordsegeln

Beispiel der Segeletappe von Hammerfest nach Alta durch den Altafjord in Finnmark, Norwegen, beschrieben von Claudia Kirchberger:

16. September 2011

Seewetterbericht für die norwegische Küste im Gebiet von Loppa bis zum Nordkap:

Wind: West 4 Beaufort, zunehmend auf 5, stellenweise Böen bis 6 Beaufort im Laufe des frühen Nachmittags, später wieder abnehmend auf West 4, überwiegend bewölkt aber trocken.

„Wir liegen in Hammerfest und haben auf diese Wettervorhersagen gewartet. Vor uns liegt der Nord-Süd verlaufende Altafjord. Nach tagelangem Südwind gibt der Wetterbericht nun grünes Licht, diesen Fjord Finnmarks zu besegeln. Wir brechen auf, um die knapp 50 Seemeilen bis Alta, der Hauptstadt Finnmarks, zu segeln.

Doch Fjordwetter hat nur selten etwas mit dem Küstenwetterbericht zu tun. Wie verläuft also unser Segeltag und mit welchen Winden werden wir konfrontiert?

Um 9 Uhr morgens legen wir in Hammerfest zwei Stunden vor Niedrigwasser ab, wir wollen auf keinen starken Ebbstrom in den Engstellen treffen und laufen unter Großsegel und Genua bei gemeldetem Halbwind mit angenehmen 4 Beaufort Richtung Süden.

Zwischen Seiland und Kvaloy dreht der Wind kaum merklich rück, gemütlich machen wir nach und nach die Segel auf. Noch schiebt La Belle Epoque eine schöne Bugwelle vor sich her und das Wasser gurgelt entlang des Rumpfes. Die Sonne blickt zwischen den Wolken durch und auch die Temperaturen sind für diese Breiten überraschend mild. Wir genießen die gemütliche Fahrt, solange wir sie haben. Der Wind bleibt nicht konstant, er dreht rück und nimmt ab.

Kaum im Vargsund zwischen Finnmarks Festland und Seiland angekommen, müssen wir das Großsegel halsen. Wir laufen vor leichtem Wind von vielleicht noch 3 Beaufort. Die Bergketten auf Seiland werden immer höher und beeindrucken in ihrer wilden Erscheinung, auch wenn wir nichts von dem Gletscher Seilandsjökelen in ihrer Mitte erblicken können.

Bald schon stirbt der Wind und wir müssen den Motor anwerfen. Leider zeigt unsere Seekarte keine topografischen Gegebenheiten, doch wir vermuten, dass der kleine Olderfjorden voraus zwischen hohen Bergen liegt und wissen, dass der Westwind stark aus dem Fjord blasen kann. Deshalb verzurren wir die Genua auf Deck und machen die kleine Fock bereit.

Und richtig, kurz vorm Olderfjord kommen erste Böen Gegenwind auf. Während wir unter Motorkraft weiterlaufen, nehmen die Böen zu und drehen langsam von Gegenwind auf Halb. Aus Olderfjord, der mittlerweile an Steuerbord liegt, weht eine steife

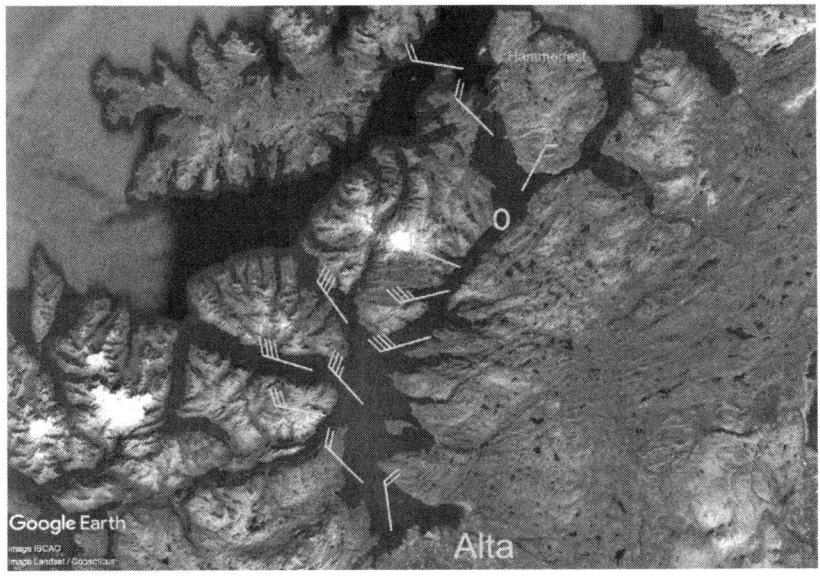

brise mit 7 Beaufort. Wir lassen den Motor trotz gehisster Segel laufen, da wir am Ende des Olderfjords mit einer weiteren Änderung der Windbedingungen rechnen.

Bald jedoch wird der Wind etwas schwächer, wir haben den Oldenfjord an Steuerbord passiert. Doch wir vergrößern unsere Segelfläche nicht, ganz im Gegenteil, noch immer unter Motor refft Jürgen das Großsegel zweifach. Am Ausgang des Bekkarfjord sehen wir weiße Gischtwolken übers Wasser fegen.

Wieder bläst der Wind genau auf die Nase, pfeift mit 8 Beaufort in den Wanten. Vom Rognsund kommend bläst der Wind mit Sturmstärke ums südliche Kap von Seiland und peitscht die See auf. Kein Wunder,

Abb. 11 Ein bespiel aus der Praxis: Segeln im Altafjord, Norwegen.

31

muss sich hier der Westwind durch den engen Rognsund drücken und um ein Kap jagen.

Wir haben das Großsegel geborgen und jagen mit der Arbeitsfock alleine mit 7 bis 8 Knoten Fahrt hoch am Wind dahin. Doch auch hier dreht der Wind bald rück und wir können die Fock ein wenig aufmachen. Auch aus dem Stjernsund fauchen die Windböen und so verwundert uns die konfuse See nicht im Geringsten.

Bei Korsnesflach (die Wassertiefe steigt hier von 450m auf 20m) kracht es: Eine „Monsterwelle" (im Sinne ihrer Beschreibung: Welle mindestens doppelter Höhe der durchschnittlichen Wellenhöhen) schlägt übers Steuerhaus. Der Niedergang war ordentlich verschlossen: Wir sind trocken geblieben.

Neugierig auf die Windverhältnisse kommen wir dem Langfjord näher. Mittlerweile segeln wir bei Halbwind mit 7 Beaufort, abnehmend. Doch der Langfjord mischt sich nicht ins Wettergeschehen ein und so dreht der Wind langsam rück, ohne sich am Fjordeingang zu ändern. In der Höhe von Aaröy setzen wir erneut das Großsegel, noch lassen wir das erste Reff eingebunden.

Der Altafjord ist hier wieder breit und schön und die Hänge der Küste leuchten in bunten, warmen Herbsttönen. Die Sonne kommt wieder von der dichter gewordenen Wolkendecke hervor und lässt Aaröy strahlen.

Immer weiter dreht der Wind zurück. Wir schütteln das Reff aus dem Großsegel und setzen die Genua. Die letzten Seemeilen bis Alta werden gemütlich: Bei 4-5 Beaufort achterliche Winde erreichen wir gegen 7 Uhr abends die größte Stadt Finnmarks. Ein Törn mit Flaute bis Starkwindböen, an einem einzigen Tag und innerhalb weniger Seemeilen liegt hinter uns!" -C.K.

2.4 Segeln bei Minusgraden

Wer während der Sommermonate segelt, wird auch in den Hohen Breiten kaum mit Minusgraden konfrontiert. Die sommerlichen Tempera-

Abb. 12 Anker auf – Februartörn in Alaska

turen in den segelbaren Revieren werden eher um die 10 Grad über Null betragen, nur vereinzelt fallen die Temperaturen unter den Gefrierpunkt.

Anders gestalten sich Törns während der kalten Monate. In vielen Revieren ist das Küstensegeln im Herbst, Winter oder Frühling möglich, solange die Yacht für winterliche Törns gerüstet ist und die Crew ihre Etappen mit entsprechender Sorgfalt plant. Wir sind unter anderem im arktischen Nordnorwegen, in Südwestgrönland, in Alaska und in Patagonien ganzjährig gesegelt.

2.4.1 Decksvereisung

Minusgrade und Wind in Kombination mit Wassertemperaturen um den Gefrierpunkt bringen ein spezielles Problem: Decksvereisung.

Die Seewetterberichte vieler Länder weisen auf die Gefahr von Decksvereisung (**Icing**) hin. Diese Warnungen müssen ernst genommen werden. Decksvereisung entsteht ab einer Lufttemperatur von +2°C und Windgeschwindigkeiten ab 17 Knoten.

Segelt die Yacht am Wind, begünstigt der scheinbare Wind und überkommende Gischt die Bildung von Eis auf Deck. Vereisung fängt langsam an, aber sobald sich eine dünne

Eisschicht auf Deck, Aufbauten, Mast und Rigg gebildet hat, wächst das Eis schnell. Eis auf Deck kann in kurzer Zeit einige Zentimeter dick werden. Das Gewicht von Eis darf nicht unterschätzt werden. Im Extremfall kann das zusätzliche Topgewicht durch Eis auf Deck und Aufbauten die Stabilität beeinträchtigen und bis zur Kenterung der Yacht führen.

Bildet sich Eis auf Deck, muss als erste Maßnahme die Fahrt reduziert werden, um das Überkommen von Gischt zu minimieren. Notfalls muss die Yacht beidrehen, also komplett stoppen. Besser ist es, abzulaufen und einen neuen Zielhafen zu wählen, da vor dem Wind weniger Gischt überkommt und sich der scheinbare Wind reduziert.

Ist die Situation so schlecht, dass sich auch bei achterlichen Winden Eis bildet, sollte der Kurs auf den nächstmöglichen Ankerplatz oder Hafen gelegt werden. Die Crew muss mit mechanischen Mitteln das Eis abklopfen. Jedes Crewmitglied auf Deck

Abb. 13 In extremen Wetter besteht selbst am Heck die Gefahr von Vereisung.

muss dabei gesichert sein, die Gefahr, über Bord zu gehen ist auf eisglatten Decks extrem hoch.

Wie immer in kalten Gewässern ist dabei darauf zu achten, dass die jeweilige Sicherungsleine so kurz ist, dass selbst beim Fall das Crewmitglied nicht über die Bordwand gehen kann, da im kalten Wasser augenblicklich Lebensgefahr besteht.

Durch die Verwendung von Gummihammer oder Holzstöcken wird der Lack der Yacht bestmöglich geschont. Dennoch hat die Crew in dieser Situation keine Zeit, sich um den Lack zu Sorgen, da in der Regel das Abschlagen des Eises langsamer vorangeht als der neue Eiszuwachs.

Bei Gefahr von Decksvereisung müssen Relingnetze sofort abmontiert oder notfalls abgeschnitten werden (vor allem im Bereich des Bugs). Sie vereisen extrem schnell und führen zu erheblicher Zunahme des Topgewichtes.

2.4.2 Technik auf und unter Deck

Die Motortechnik muss auf die kalten Bedingungen abgestimmt sein. Auf folgende Punkte achten:

- Verwendung geeigneter Öle für Motor und Getriebe

- winterfester Diesel
- Frostschutz im Motorkühlsystem
- Funktion der Vorglühanlage (falls vorhanden)
- Einwandfreier Zustand der Starterbatterie
- Einwandfreier Zustand des Starters

Bei der Ankerwinde sollte darauf geachtet werden (siehe Herstellerangaben) ob diese bei Minustemperaturen eventuell andere Öle oder Schmiermittel benötigt (Viskosität).

Das Einfrieren von Winden und Deckausrüstung ist ein Problem bei Minusgraden. Abhilfe kann hier spezielles Fett, welches für niedrige Temperaturen ausgelegt ist, schaffen (die meisten Windenhersteller bieten Fett für den Einsatz bei Minusgraden an).

Abb. 14 Verfrorene Winden machen das Arbeiten an den Segeln zu Schwerstarbeit.

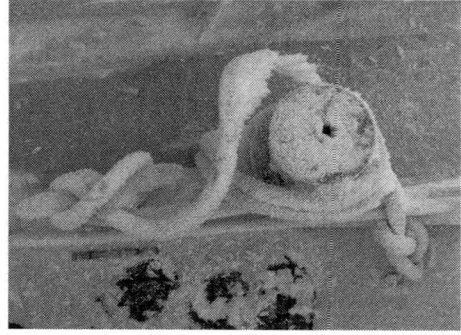

Als wir in Nordnorwegen überwinterten und an einem kalten Morgen vor Anker alle Winden (inklusive der Handankerwinde) festgefroren waren, blieb mir nichts anderes übrig als die Winden vom Fett zu befreien und sie trocken zu fahren.

Das ist natürlich nicht ideal oder empfehlenswert und wird zu Schaden führen, aber im Notfall bleibt es die einzige Alternative. Blöcke und Taljen, speziell wenn es sich um kugelgelagerte Blöcke handelt, tendieren ebenfalls zum Einfrieren. Abhilfe würde hier eine Abdeckung z.B. aus Leder schaffen, um die Blöcke so trocken als möglich zu halten.

Minusgrade können die Lager von Rollanlagen der Segel schwergängig machen. Deshalb muss bereits vor dem Ablegen sichergestellt werden, dass die Rollanlagen funktionieren. Auch gefrierende Gischt kann gerollte Vorsegel vereisen und schwergängig machen oder schlimmstenfalls außer Betrieb setzen. Meine persönliche Erfahrung mit Rollsegel bei Minusgraden ist diesbezüglich allerdings begrenzt.

Mit unserer Windsteueranlage hatten wir noch nie Schwierigkeiten. Selbst bei Vereisung funktionierte die Anlage einwandfrei, nachdem wir sie vom Eis befreit hatten. Das kann daran liegen, dass alle beweglichen Teile gleitgelagert und die Lager nur

Abb. 15 Eisfedern am Mast

mit sehr dünnflüssigem Öl geschmiert werden.

2.4.3 Sicheres Arbeiten auf Deck

Ein rutschfestes Deck ist an Bord von hochseegängigen Yachten eine Selbstverständlichkeit, jedoch nützt der beste Belag bei Eis und Schnee nichts. Frischer Schnee auf Deck kann zwar im ersten Moment noch griffig wirken, dennoch muss Schnee, noch bevor die Crew darauf herumgeht, vom Laufdeck und Cockpit geräumt werden. Zusammengetretener Schnee bildet auf Deck in kürzester Zeit einen rutschigen Eisbelag. Die

35

Gefahr, über Bord zu gehen oder sich beim Fall zu verletzen, ist mit Schnee auf Deck zu groß, um ignoriert zu werden.

Abb. 16 Vor dem Ablegen immer Schneeschaufeln!

Wird mit Minusgraden, Decksvereisung, Eisregen oder Schneefall gerechnet, sollen auch im Hafen oder am Ankerplatz alle Trossen, Fallen, Schoten oder Leinen nicht auf Deck gelegt, sondern aufgehängt werden. Sie werden zwar auch so steif wie Drahtseile, können aber leichter vom Eis befreit werden und sind so schneller einsatzfähig.

Tauwerk aus hochmodularen Polyethylen (HMPE-Markenbezeichnungen z.B.: Dyneema oder Spectra), Polypropylen (Schwimmfähig) und Polyester sind im Hinblick auf Wasseraufnahme Tauwerk aus Polyamid/Perlon vorzuziehen. Dadurch bleibt das Tauwerk länger geschmeidig und neigt weniger zum Festfrieren.

Knoten in steif gefrorenen Trossen lassen sich kaum noch öffnen, Palstek gehört zu den wenigen Ausnahmeknöpfen, die sich auch bei Minusgraden noch öffnen lassen.

Nicht nur gefrorene Winden und steife Leinen machen das Arbeiten an den Segeln bei Minusgraden zur Herausforderung. Das Reffen und Segelwechseln ist mit Handschuhen schwierig, die Rutscher am Großsegel können klemmen und gefrorene Segel lassen sich nicht leicht bergen. Damit darf speziell das Reffen nicht auf die lange Bank geschoben werden. Notfalls die Yacht untertakelt fahren.

Bei Minusgraden können Backskisten zufrieren. Werden Segel und Leinen darin verstaut, sind sie vorübergehend unerreichbar. Wird mit Minusgraden gerechnet, ist es deshalb besser, nötige Segelausrüstung in der Kajüte zu verstauen. Wir tauschen in vielen Revieren im Winter die große Genua und fahren zwei kleinere, stabile Arbeitssegel an Vorstag und Kutterstag angeschlagen, um besser für unbeständige Winde gerüstet zu sein.

Dichtungen frieren bei Minusgraden fest. Luken können teilweise nicht mehr schadfrei geöffnet werden. Werden die Dichtungen regelmäßig mit Vaseline eingestrichen, kann das Festfrieren vermieden werden.

Kunststoffe werden bei Temperaturen unter Null spröde. Windenkurbeln und Blöcke aus Kunststoff können brechen und sind an Bord von Yachten, die extremere Winterfahrten unternehmen, zweite Wahl.

Eingefrorene Tankdeckel aus Kunststoff lassen sich nicht unbeschadet öffnen, sie müssen zuerst z.B.: Mit kochenden Wasser aufgetaut werden. Dabei ist Eile angebracht, sie frieren nach dem Wasserguss schnell wieder fest. Selbstredend ist darauf zu achten, dass kein Wasser in den Dieseltank gelangt.

2.5 Kelp

Seetang ist nicht nur in den kalten Meeren beheimatet. Aber vor allem in den Segelrevieren der Hohen Breiten begegnet man verschiedenen Vertretern dieser Pflanzenart besonders häufig.

Die Pflanzen wachsen über zehn Meter hoch und bilden dichte Unterwasserwälder. Die Wurzeln von Kelp dienen nur zur Verankerung am Boden. Das Gewächs stirbt nicht ab, wenn es vom Boden losgerissen wird, auch schwimmend wächst es weiter.

Abb. 17 Kelpteppiche können Untiefen anzeigen.

Dennoch können Teppiche aus Seetang frühzeitig Untiefen anzeigen. Vor allem in Revieren mit unzureichenden Vermessungen oder beim Einlaufen in Ankerplätze sollten Teppiche aus Kelp nicht ignoriert werden. Mit etwas Übung lässt sich der Unterschied zwischen treibendem Kelp und fest verankertem Seetang schnell erkennen. Im Zweifelsfall müssen verankerte Kelp-Teppiche umschifft werden.

Manche Yachten berichten von Problemen mit Kelp in Bezug auf ihren Antrieb. Seetang kann sehr dicke und kräftige Stämme bilden, die sich vor allem bei Yachten ohne langem Kiel oder Ruderhake in den Antrieb oder um das Ruder wickeln können. Notfalls muss die Yacht von einem Taucher vom Kelp befreit werden, was eine Taucherausrüstung für kältere Gewässer nötig macht.

Häufiger bereitet Seetang Probleme beim Ankern. Die meisten

Anker graben sich in Böden mit Kelp nur schwer ein, ein ordentliches Einfahren des Ankers und das Testen, ob der Anker auch wirklich hält, ist deshalb bei jedem Ankermanöver unumgänglich.

Später erschwert Kelp, dass sich um die Trosse oder Kette gewickelt hat, das Einholen des Ankers. Eine gut dimensionierte, kraftvolle Ankerwinde ist von entscheidendem Vorteil. Wird mit Kette geankert, kann eine Machete oder ein großes Messer (wenn nötig an einem Stock montiert) verwendet werden, um das Ankergeschirr frei zu schneiden. Bei Trosse muss mit dem Bootshaken gearbeitet werden.

Abb. 18 Auf Ankerplätzen mit Kelp ist eine starke Winde nötig, um den Anker auf Deck zu schaffen.

Kelp erschwert auch das Rudern des Dingis oder wickelt sich um den Außenbordmotor. Sollte einem die Puste ausgehen, hält man sich und das Dingi einfach an einem festgewachsenen Seetang, bis die Fahrt weitergehen kann. Auch wertet Kelp aus einer sauberen Bucht die Kombüse auf.

2.6 Treibgut

Obwohl Treibgut in jedem Seerevier der Welt eine Gefahr für Yachten darstellen kann, muss gerade im Zusammenhang mit den Hohen Breiten besonders darauf hingewiesen werden. In den nördlichen wie auch in den südlichen Seerevieren dieser Welt ist vor allem die Kollisionsgefahr mit treibendem Holz besonders hoch.

In den arktischen Seerevieren, an deren Küsten selbst klimabedingt keine Bäume mehr wachsen, wird Schwemmholz aus den großen Flüssen der Kontinente geschwemmt. Aus Sibirien driften große Mengen Stämme quer über den Arktischen Ozean, Holz das an der Küste von Spitzbergen oder in Grönland angeschwemmt wird. In der nordamerikanischen Arktis bringt der große Mackenzie Fluss Schwemmholz bis in den Arktischen Ozean, in die Bering See mündet der Yukon, der aus dem Inland von Alaska und Kanada Holzstämme bringt. Im Golf von Alaska und im Nordpazifik sind die ausgedehnten Waldgebiete sowie die Forstwirtschaft Grund für große Schnittholzstämme. Auch werden in der „Inside Passage" Alaskas und Kanadas große Flöße von Holzstämme über Schleppverbände zu den Sägewerken und Ladehäfen geschifft, wobei regelmäßig Holz verloren geht.

Auf der Südhalbkugel sind die großen Waldgebiete von Tasmanien (Australien) wie auch die bewaldeten Küsten von Steward Insel und Fiordland (Neuseeland) für Treibholz verantwortlich. Große Stämme sind keine Seltenheit. In Südamerika können Yachten vor allem in den Kanälen von Patagonien treibende Bäume antreffen. Da es sich dabei allerdings weniger um verlorene Stämme aus der Forstwirtschaft handelt, sind diese Stämme durch ihre Äste und Kronen etwas leichter zu sichten.

Eine besondere Form von Treibholz wird als „Deadheads" bezeichnet. Es handelt sich um Holzstämme, die bereits längere Zeit treiben und durch die Aufnahme von Wasser zu sinken beginnen. Sie treiben beinahe in vertikaler Lage und können bereits unter der Wasseroberfläche schwimmen. Sie sind nur schwer zu sichten. Deadheads werden im Wellengang besonders gefährlich, da sie eine

Abb. 18 In der baumlosen Arktis treiben Stämme aus Sibirien oder Alaska.

Yacht mit der Kraft der Welle von unten rammen und selbst starken Rümpfen zumindest den Antrieb oder das Ruder massiv beschädigen können. Vor allem der Golf von Alaska ist berüchtigt für seine Deadheads.

Besonders im Nordpazifik (Alaska, Kanada), im Nordatlantik (Kanada, Nordnorwegen) und in den Kanälen von Chile (vor allem im Gebiet von Chiloe) werden Fischereinetze und Körbe mit Bojen versehen ausgebracht. Speziell für Yachten ohne Ruderhake oder Kurzkiel sind Fischereileinen gefährliche Hindernisse. Unter Motor muss in Revieren mit Bojen durchgehend Ausschau gehalten werden. Losgerissene oder abgetriebene Fischereiausrüstung ist an allen Küsten der Hohen Breiten zu finden.

Im Zusammenhang mit Treibgut ist zu sagen, das jede Yacht stabil genug sein muss, um die Kollision mit Treibgut in Marschfahrt zu überstehen.

39

Abb. 19 Im Nordpazifik arbeiten große Fischereiflotten, gerade in nächtlicher Dunkelheit können sich Yachten in Bojen und Netze verfangen.

Selbstredend ist die Crew dafür verantwortlich, ordentlich Ausschau zu halten, doch ist gute Warschau keine absolute Versicherung gegen Kollisionen. In Dunkelheit, Nebel oder schlechter Sicht ist Treibgut nicht rechtzeitig auszumachen. Aber selbst bei Tageslicht ist Treibgut im Wellengang teilweise nicht zu sehen. Wir selbst haben in der Tasman See eine schwere Kollision mit einem Baumstamm überstanden, während ich nicht nur auf Wache war, sondern auch die Yacht gerade von Hand steuerte und deshalb konzentriert Ausschau hielt. Im Wellengang und bei Morgenlicht war der große Baumstamm nicht zu sehen, erst im Kielwasser konnte ich ihn durch die Verwirbelungen im Wasser nach der Kollision erkennen. Die Kollision bei sieben Knoten Fahrt war dermaßen stark, dass ich befürchtete, durch den zweifachen Zusammenstoß zumindest Schaden im Rigg zu nehmen. Zwei Wochen nach unserer Kollision erfuhren wir von einer weiteren Yacht, die mit Treibgut in der Tasman See auf Höhe von Neuseelands Fiordland kollidierte. Sie schlug dabei leck. Es dauerte keine zehn Minuten und die leckgeschlagene Yacht war nach der Kollision mit Treibholz in der Tiefe versunken. Die Crew hatte zumindest das Glück, an einer Küste zu segeln, deren Seenotrettung gut vorbereitet ist.

40

3. WETTER

„Abenteuer ist das Resultat von schlechter Planung" - so oder so ähnlich hat der berühmte Arktis-Explorer Roald Amundsen einmal geschrieben. Heute trifft diese Aussage in kaum einen Bereich besser zu als im Empfang und der Interpretation von Wetterdaten an Bord von Yachten. Das Wetter bestimmt, ob die geplante Seereise und der meist monatelange Aufenthalt in den Hohen Breiten zu einem abenteuerlichen Überlebenskampf oder zu einer denkwürdigen, schönen und spannenden Reise wird.

3.1 Ein Gefühl für das Wetter

Geräte zum zuverlässigen Empfang von Wetterberichten zählen zu den wichtigsten Ausrüstungsgegenständen an Bord einer weit reisenden Yacht und werden deshalb im Kapitel 5.7 Kommunikation und Wetterempfang auf Seite 152 gesondert behandelt. Doch hilft die modernste Empfangsanlage nicht, wenn die Segelcrew die empfangenen Daten nicht lesen und interpretieren kann. Ein Grundwissen über das Wettergeschehen (im bevorstehenden Segelrevier) ist genauso nötig, wie die laufende Beobachtung und das Lernen aus eigenen Interpretationen und Fehlinterpretationen während des Aufenthaltes in einem Seerevier.

Die Aussage, dass Wetterdaten meist falsch liegen, trifft heute eigentlich nicht mehr zu. Bei besonders unstabilen Wetterlagen kam es nur sehr selten vor, dass die meteorologischen Vorhersagen inartikuliert wurden. In all meinen Jahren mit dem eigenen Segelboot in den Hohen Breiten kann ich sagen, dass die Wetterberichte so gut wie immer richtig gelegen haben, sich die Meteorologen selten geirrt haben und die Vorhersagen auf mindestens

zwei bis drei Tage und, je nach Saison und Wetterlage, teilweise sogar bis zu fünf Tage zuverlässig und richtig ankündigten. Wenn die Wetterdaten nicht mit der Realität übereinstimmten, dann lag das eigentlich fast immer an einer falschen Interpretation an Bord der Yacht. Und diese Falschinterpretation und vor allem das „Übersehen" von herausfordernden Wettersystemen konnte ich vor allem bei Yachtcrews beobachten, die sich selbst nur wenig mit den Wetterdaten auseinandersetzten, instabile Wetterlagen nicht erkannten, Effekte in Küstengebieten nicht mit einbezogen und mit eventuellen Verstärkungen von Systemen und Windeffekten nicht rechneten.

Vor allem in den Revieren der gemäßigten und der Hohen Breiten ist ein grundlegendes Verständnis von Wetterbedingungen nötig. Das Thema Wetter ist natürlich zu umfangreich, um in einem Buchkapitel behandelt zu werden. Auch bin ich kein Meteorologe, sondern Segler. Die Beschreibungen in diesem Buch sind deshalb nur eine praktische Hilfe für die An-Bord-Verfolgung der Wetterentwicklung. Das Thema Wetter füllt Bücher, und davon gibt es bereits sehr gute. Ein interessantes Werk, das ich jedem Segler ans Herz legen kann, ist „Mariner's Weather Handbook" von Steve und Linda Dashew.

3.2 Zutaten in der Wetter- küche

Das Wetter braut sich aus verschiedenen Faktoren zusammen. Die Zirkulation der Erdatmosphäre und das Einwirken von Meeresströmungen spielt dabei genauso eine Rolle wie saisonale Variationen und lokale Wetterschemen. Das folgende Kapitel erklärt die Grundlagen des globalen Wettergeschehens in den gemäßigten und hohen Breiten und bereitet auf den praktischen Einsatz und die Interpretation von Wetterkarten an Bord vor.

Absichtlich verzichte ich darauf, näher auf die Interpretation von Wolkenbildern und Beobachtung von Luftdruck einzugehen. Meiner Meinung nach ist es in anspruchsvollen Seerevieren zu wenig, das Wetter anhand der Wolken oder des Luftdrucks zu bestimmen. Ziehen die Wolken auf, fällt oder beziehungsweise steigt der Luftdruck bereits drastisch in Verbindung mit anderen Beobachtungen, ist es zu spät für sicheres Routenplanen. Diese Beobachtungen können meiner Erfahrung nach nur dabei helfen, die empfangenen Wetterdaten zu bestätigen oder Veränderungen

anzuzeigen. Dennoch empfehle ich, auch über diese Aspekte der Wetterbeobachtung mehr zu lernen.

Da viele empfangene Wetterkarten in englischer Sprache sind, stelle ich die englischen Ausdrücke der jeweiligen Wetterphänomene in Klammer.

3.3 Globale Windzirkulation

Die ungleichmäßige Erwärmung der Erdoberfläche der verschiedenen Breiten der Erde führt zu charakteristischen Luftzirkulationen, die nicht nur das Wettergeschehen beeinflussen, sondern auch für Segelreisen genützt werden.

In ca. 30° nördlicher und südlicher

Abb. 20 Schema der globalen Windzirkulation während der Tag- und Nachtgleiche.

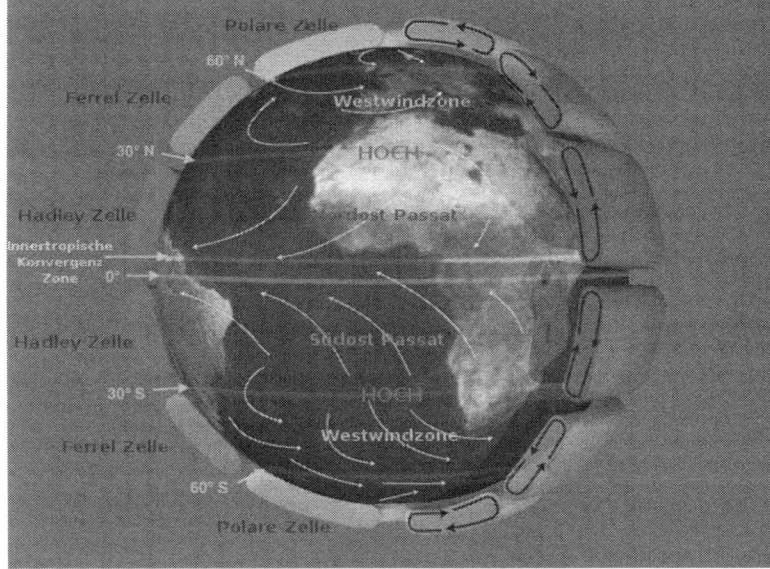

Breite sinkt erkaltete Luft ab und formt so den subtropischen Hochdruckgürtel. Ein Teil dieser erkalteten Luft strömt in Richtung Äquator zurück und liefert uns die überwiegend beständigen, bodennahen Winde des Passats (Nordost Passat auf der Nordhalbkugel und Südost Passat auf der Südhalbkugel). Die durch die Erdrotation wirkende Corioliskraft ist verantwortlich für die westlich fließende Richtung dieser Passatwinde (trade wind).

Der andere Teil der abgesunkenen erkalteten Luft aus dem subtropischen Hochdruckgürtel bewegt sich Richtung Nordosten (Nordhalbkugel) und Südosten (Südhalbkugel) und formt so eine Westwindzone. Im Gebiet von 60° Nord bzw. Süd trifft die Luftmasse der Westwindzone mit

den Winden aus dem Polarhoch bzw. der arktischen Hochdruckregion zusammen. Deshalb ist die Westwindzone, die sich zirka zwischen 35° und 60° Nord bzw. Süd erstreckt, nicht mit den Passatwinden zu vergleichen. Anstelle eines beständigen Windes sind diese Breiten vom Zusammenstoße der warmen, subtropischen Luftmassen und der kalten, subpolaren Luftmassen geprägt, wodurch die Westwindzone vom ständigen Wechsel von Tiefdruck- und Hochdrucksystemen bestimmt ist. Der höher gelegene Jetstream zieht das Tiefdrucksystem mit sich, weshalb sich die Systeme in östliche Richtung bewegen.

Diese West-Ost Zugrichtung der Tiefdrucksysteme sollte bei der Planung von Passagen in Betracht

Abb. 21 Beispiel für die östliche Zugrichtung von Tiefdrucksystemen in der Westwindzone: Die sommerliche Zugbahn der Sturmtiefs im Nordatlantik (Datenquelle: Fisheries and Ocean Canada)

Abb. 22 Beispiel Etappenplanung nach Wetter: Für die Etappe von Island nach Grönland werden die Wettervorhersagen für die Davis Straße und die Labrador See miteinbezogen.

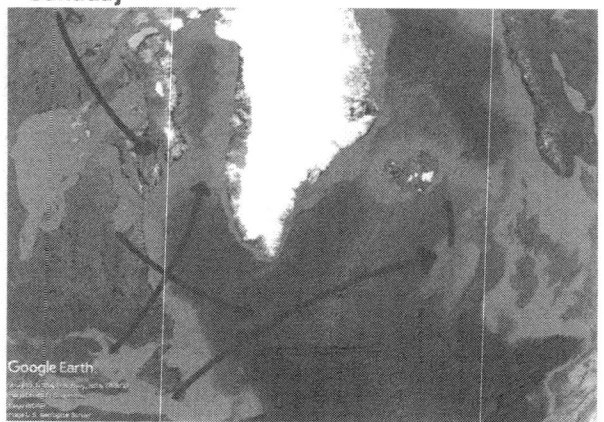

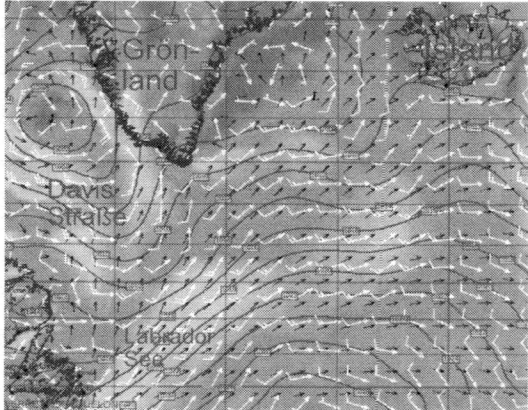

gezogen werden. Es ist sinnvoll, die Beobachtung der Wetterprognosen westlich des eigentlichen Segelreviers auszudehnen. So lässt sich rechtzeitig erkennen, ob die Zugbahn eines ausgeprägten Systems eventuell die eigene Segelroute kreuzen kann. Im Zweifel sollte im sicheren Hafen auf eine weniger bedrohliche Wettersituation gewartet werden.

Polarseitig der Westwindzone wird das Wetter wieder etwas stabiler. Grund dafür ist die kalte Luft, die sich wie eine Kappe als polare Hochdruckregion über den Polen bis zirka sechzig Grad verdichtet. Die Grenzen zwischen kalter Polarluft und warmer Tropenluft können sich verschieben, weshalb in den arktischen und antarktischen Segelrevieren durchaus auch mit schweren Windsituationen gerechnet werden muss.

3.4 Hoch, Tief und Fronten

Kühlt Luft ab, verdichtet sie sich, trocknet und sinkt ab. Es entsteht ein Gebiet, in dem der Luftdruck höher als in seiner Umgebung ist. Ein Hochdruckgebiet (high).

Die Luft des Hochdruckgebietes beginnt, nach außen abzufließen, um den geringeren Druck der Umgebung auszugleichen. Durch die Rotation der Erde wird diese Luftbewegung umgelenkt, ein antizyklonaler Luftfluss ist das Resultat. Da die Luft vom Hoch weg strömt, haben Hoch keine Fronten und kein Gebiet mit Schlechtwetter. Dennoch kann ein Hoch stürmischen Wind bringen, vorallem wenn der Druckunterschied zur Umgebung sehr hoch ist.

Erwärmt sich Luft, steigt sie auf, verliert an Dichte und gewinnt dabei an Feuchtigkeit, der Luftdruck sinkt.

Um den geringen Druck auszugleichen, fließt Luft aus Gebieten mit höherem Druck nach. Dabei prallt kalte, trockene Luft auf wärmere, feuchtere Luft, eine Frontlinie (shear line) zwischen den beiden Luftmassen entsteht. In der Natur gibt es keine geraden, wie mit dem Lineal gezogene Grenzlinien, die Frontlinie zwischen den beiden Luftmassen kann man sich eher wie eine Welle vorstellen.

Abb. 23 Einfache Darstellung von Hoch und Tief (Quelle NOAA/ NWS)

Cold Front

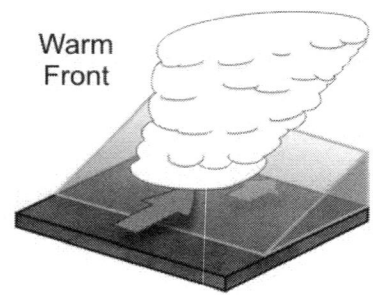

Warm
Front

Abb. 24
Schema-
tische Dar-
stellung
von Kalt-
und Warm-
front
(Quelle
NOAA/
NWS)
Abb. 25
Ein Tief
entsteht,
darunter
die Dar-
stellung
auf einer
Wetter-
karte.

An dieser Frontlinie entstehen sowohl Warmfronten (warm front) wie auch Kaltfronten (cold front).

Bei der Warmfront schiebt sich warme, feuchte Luft über die kalte, trockene Luft. Die kalte Luft wird keilförmig deformiert und langsam zurückgeschoben.

Bei der Kaltfront schiebt sich kalte, trockene Luft unter die wärmere Luftschicht. Die kalte Luft bildet eine Walze, hebt die warme Luft und schiebt sich vor.

Genau dort, wo in dieser wellenden Frontlinie (shear line) eine Kaltfront in eine Warmfront übergeht, kann eine Aufwärtsbewegung der Luft einsetzen. Es bildet sich ein Tief (lowpreassure system, depression, low).

Die wirkenden Kräfte an den Fronten erzeugen eine Rotationsbewegung um die aufsteigende Luft. Dabei wird immer mehr Luft im Tief nach oben transportiert, als nachfließen kann - das Tief verstärkt, vertieft sich (intensify). Die Rotation der Erde lenkt wiederum nachströmende Luft ab, ein zyklonaler Luftfluss entsteht.

Da sich die Kaltfront immer schneller als die Warmfront vorwärts bewegt wird das Tief weiter verwirbelt. Die Kaltfront „jagt" der Warmfront hinterher. Zuletzt „überholt" die Kaltfront die Warmfront.

Die kalte Luft schiebt sich unter die Warmluft, bis sie sich mit dem Gebiet kalter Luft vor der Warmfront vollständig vereinigt. Nun ist die

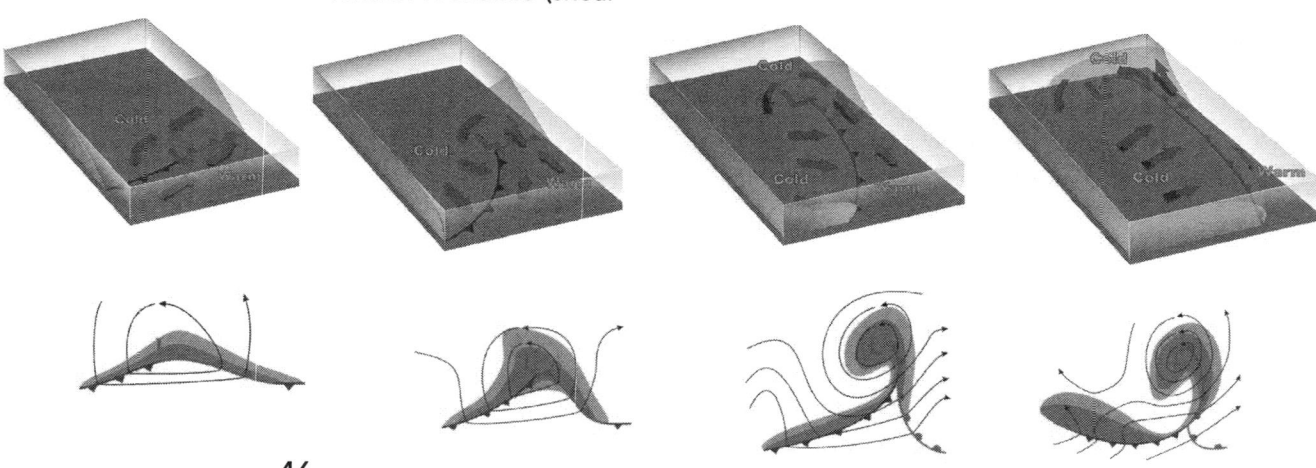

warme Luft vollständig vom Boden in höhere Luftschichten gehoben, eine Okklusionsfront (occluded front) ist entstanden. Das Tief verliert von innen nach außen an Stärke, bis es sich auflöst.

Im letzten Stadium nimmt auch die Zuggeschwindigkeit des Tiefs ab oder stagniert vollständig. Um das nun ortsfeste Tief (stationary low) oder Zentraltief schlängelt sich meist nur noch eine einzelne okkludierte Front, die Wetterlage im ortsfesten Tief lockert sich auf und wird beständig.

3.4.1 Teiltief, Randtief und Verstärkungszonen

Zeigen die Wetterkarten bei einem alternden, langsam bewegenden oder ortsfesten Tief neue Teiltiefs oder Randtiefs (secondary low), sollten diese aufmerksam beobachtet werden.

In der Regel steuert das Zentraltief solche Teiltiefs oder Randtiefs an seiner Äquatorseite von West nach Ost. Das Wetter ist dort wechselhaft. In manchen Fällen kann ein Randtief Energie von dem sich auflösenden Zentraltief übernehmen und sich stärker vertiefen als vorhergesagt. Wenn sich ein entwickelndes Randtief mit

dem Zentraltief vereint, kann sich daraus ein unerwartet heftig vertiefendes Sturmtief bilden. Ein besonders ausgeprägtes Hoch in der Umgebung könnte zusätzliche Kraft dem rasch vertiefenden System bringen.

Wie bereits beschrieben fließen die Luftmassen von Hoch in Richtung Tief. Je ausgeprägter dabei die Druckunterschiede sind, desto stärker ist dieser Luftfluss (Druckausgleichskraft). Aber auch die Zug-

Abb. 26 Wetterkarte mit verschiedenen Tiefs: 1) fertig ausgeprägtes Sturmtief mit a) Frontenlinie aus der Warmfront, darüber b) eine einholende Kaltfront und c) die daraus entstandene Okklusionsfront, 2) ein neues Tief mit einem 3) Randtief, das sich aus der Kaltfront des Tiefs 2 entwickelt und 4) eine mögliche Verstärkungszone zwischen dem nördlich liegendem Hoch und Tief 2.

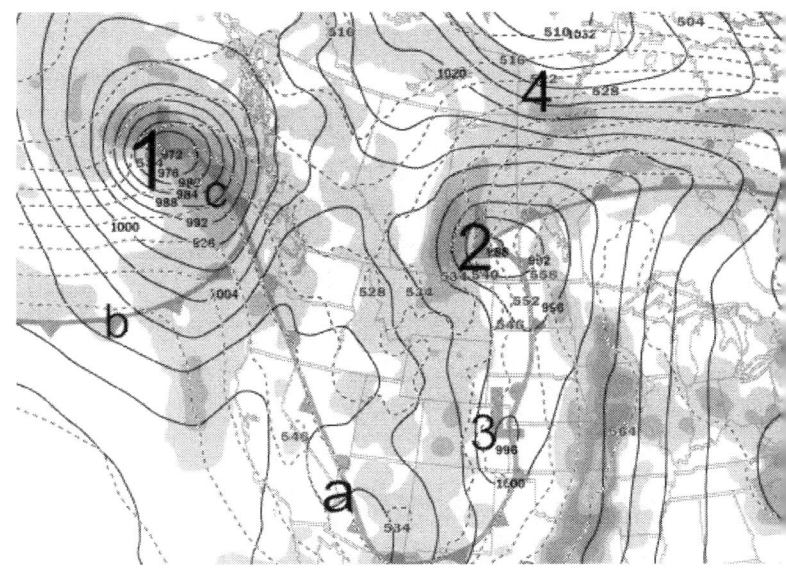

geschwindigkeit der beiden Systeme kann den Wind erheblich verstärken. Kollidiert ein schnell ziehendes Tief mit einem ausgeprägten, langsamen Hochdrucksystem, kann es zu einer Verstärkungszone (squash zone, copression zone) zwischen den beiden Systemen kommen. Im Gebiet zwischen den beiden Systemen wird der Wind disproportional verstärkt und es kann zu Winden in Orkanstärke kommen.

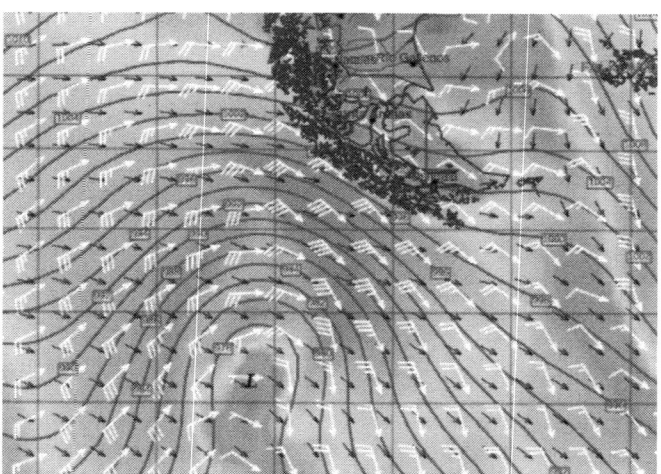

Abb. 27 Eine Verstärkung von Windgeschwindigkeiten tritt auch auf, wenn ein Tief auf Land trifft und dabei gestaucht wird.

3.4.2 Vom tropischen zum extratropischen System

Kleine Tiefs, die am Rande der Tropen entstehen und sich in Richtung der Hohen Breiten bewegen, können gefährlich werden. Sie müssen ab ihrem ersten Erscheinen in den Wetterkarten genau beobachtet werden.

Diese vorerst harmlos wirkenden Systeme mit teilweise relativ hohem Luftdruck in den Tropen bringen viel feuchte, warme Luft mit sich. Trifft ein tropisches Tief auf kalte und trockene Luftmassen eines ausgeprägten Hochs in den gemäßigten Breiten, kann sich das Tief innerhalb Stunden zu einem Sturmtief aufbauen.

Auch bereits in den Tropen entwickelte Depressionen oder Zyklone müssen sorgfältig beobachtet werden.

Tropische Depressionen und Hurrikane zählen zu den lebensgefährlichen Stürmen für Segler. Und das nicht nur in den Tropen.

Tropische Stürme können bei ihrem Abziehen in die gemäßigten Breiten unter Umständen Zuggeschwindigkeit aufnehmen und sich dadurch zu kraftvollen und großflächigen extratropischen Sturmtiefs entwickeln. Hurrikane ziehen in den Tropen typischerweise mit zirka 15 Knoten Zuggeschwindigkeit. In den gemäßigten Breiten können sie diese Geschwindigkeit bis zu 60 Knoten erhöhen. Nicht vergessen, die Windgeschwindigkeit addiert sich in Teilbereichen mit der Zuggeschwindigkeit des Systems.

Dies lässt sich im Golf von Alaska und der Bering See beobachten, wenn ein Taifun entlang von Japan in den Nordosten weiterzieht und schweren Sturm über die Aleuteninselkette bringt.

Im Südpazifik ziehen tropische Zyklone an Australiens Ostküste oder östlich von Neuseeland als außertropische Sturmtiefs in den Süden weiter.

Aber auch im Nordatlantik entwickelt sich gelegentlich aus einem Hurrikan ein massives Sturmtief, das bis Kanada hochzieht und schließlich eine östliche Richtung einschlagen kann.

3.4.3 Hochdruckrücken und Tiefdrucktrog

Ein Hochdruckrücken (Hochdruckkeil, high pressure ridge) ist ein Gebiet mit höherem Luftdruck, das meist aus einem Hochdruckgebiet heraussteht.

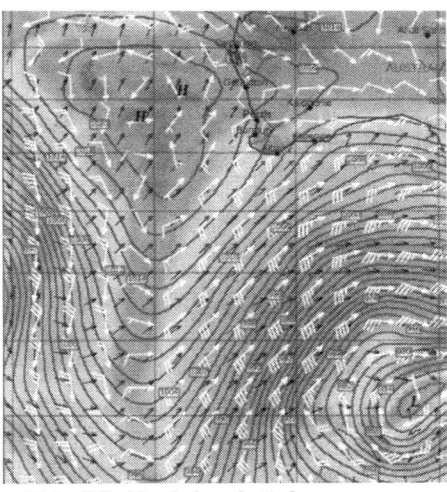

Abb. 29 Hochdruckrücken

Das Gebiet bringt ähnliches Wetter wie das Hoch, allerdings kann die Windgeschwindigkeit etwas stärker sein. Vor allem wenn der Hochdruckkeil zwischen zwei Tiefs gedrückt wird, kann es zu signifikanten Windzunahmen im Gebiet kommen.

Ein Tiefdrucktrog (low pressure trough) ist eine Ausbeulung aus dem Tief. Tröge können sich rasch verlagern und kündigen sich kaum vorab an. Sie können Schwerwetter beinhalten.

Das aktuelle Wettergeschehen in einem Hochdruckrücken oder Tiefdruckkeil ist nur schwer einzuschätzen, weshalb die Angaben der Wettervorhersagen stets mit Vorbehalt beurteilt werden müssen.

Abb. 28 Tiefdrucktrog

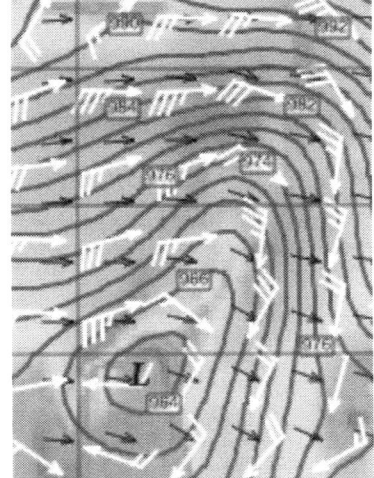

3.5 Wetterphänomene

3.5.1 Äquinoktiale Sturmzeit

Wie bereits in Kapitel in 3.3 Globale Windzirkulation auf Seite 40 beschrieben, beeinflusst die ungleichmäßige Erwärmung der Erdoberfläche das Wettergeschehen grundlegend.

Besonders stark sind die Temperaturunterschiede zwischen den Tropen und den Hohen Breiten im Wechsel der Jahreszeiten, weshalb Frühling und Herbst die besonders aktive Zeit der Stürme ist. Wenn im Frühling oder Herbst die Luftmassen der warmen und kalten Regionen aufeinanderstoßen, entstehen in der Regel stärker ausgeprägte Sturmtiefs als in den Sommer- oder Wintermonaten.

Diese Tatsache bedeutet nicht zwingend, dass während diesen Jahreszeiten nicht gesegelt werden kann, doch sollte auf lange Passagen verzichtet werden. Auch muss die Wetterentwicklung besonders genau beobachtet werden. Besonders gut geschützte Ankerplätze oder Hafenanlagen sollten ausgewählt werden, sodass aufziehende Stürme in Sicherheit abgewettert werden können.

3.5.2 El Niño, La Niña

El Niño ist ein Wetterphänomen im äquatorialen Pazifik, das in der Regel um die Weihnachtszeit auftritt und das globale Wettergeschehen beeinflusst. El Niño tritt in unregelmäßigen Abständen von durchschnittlich vier bis sieben Jahren und in unterschiedlicher Intensität auf.

Während eines El Niño erwärmt sich der tropische Ostpazifik überdurchschnittlich stark, der Passatwind bleibt dabei schwach und transportiert das erwärmte Wasser nicht in Richtung Westen ab.

Dadurch verringert sich die kalte, aus dem Süden kommende Humboldtströmung und kommt mitunter komplett zum Erliegen.

Das erwärmte Wasser des Ostpazifiks führt zu erhöhter Verdunstung und damit zu starken Regenfällen und intensiveren Wettererscheinungen entlang der gesamten südamerikanischen Westküste bis Patagonien. Es kommt zu schwereren Stürmen entlang der südamerikanischen Küste und zu vermehrten und intensiven Wirbelstürmen im Ost- und Zentralpazifik.

Die Ausläufer der Wirbelstürme können bis in die Hohen Breiten des Südpazifiks vordringen.

Der Westpazifik bleibt durch die schwächeren und teilweise zusammenbrechenden Passatwinde während eines El Niño unterdurchschnittlich kühl. Dies führt zu Trockenperioden über Australien und Südostasien, die in der Regel riesige Waldbrände verursachen.

Durch die Ansammlung von Wärmeenergie im Ostpazifik werden die Jetwinde in den oberen Luftschichten verändert. Diese beeinflussen das Wettergeschehen in entfernten Regionen der Welt und weit über die Grenzen des Pazifik hinaus.

Es kommt zu regenreichen Sommern mit Überschwemmungen und kalten Wintern in Nordamerika mit unstabilem Küstenwetter. In Ostafrika wird während El Niño mehr Regen gemessen, südliche Länder Afrikas bleiben dagegen deutlich trockener und es kommt zu Wasserknappheit, Dürrekatastrophen und Hungersnöten.

Im karibischen Raum werden ebenfalls mehr und intensivere Wirbelstürme vermessen, deren Ausläufer als intensive Tiefdrucksysteme die Hohen Breiten des Nordatlantiks erreichen können. Die Auswirkungen von El Niño auf Europa sind nicht immer offensichtlich, heute werden

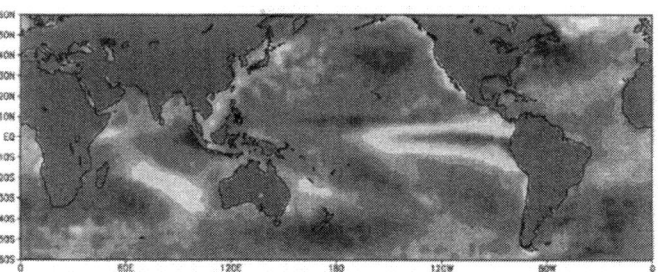

Abb. 30 Erwärmung des Pazifiks während eines El Niño. (Quelle NOAA)

aber besonders harte Winter in Europa und Russland in Zusammenhang mit einem starken El Niño gebracht.

La Niña ist das Gegenstück von El Niño und tritt oft in Folgejahren nach El Niño auf.

Während La Niña treiben stärkere Passatwinde das warme Oberflächenwasser des Pazifiks nach Südostasien. Kaltes Wasser aus der Tiefe vor der Küste Südamerikas strömt nach und führt zur Abkühlung des Ostpazifiks.

Die globalen Auswirkungen sind nicht so stark wie bei El Niño, aber dennoch vorhanden: Stabilere Passatwinde führen zu stärkeren Westwinden in den höheren Breiten. Es kommt zu vermehrtem Regen an der australischen Nordostküste und in Südostasien mit Überflutungen und Erdrutschen, während im Südwesten Australiens Dürre vorherrscht.

In Südamerika regnet es weniger und die Wüsten trocknen aus. In Nord-

51

amerika treten wiederum vermehrt Hurrikane auf, deren Ausläufer bis in den Nordatlantik vordringen können.

3.5.3 Nebel

Nebel (fog) wird wie Wolken durch Kondensation gebildet. Im Unterschied zu Wolken reicht er aber bis zur Wasseroberfläche.

Seenebel kann sich bilden wenn sich eine warme, feuchte Luftmasse über kaltes Wasser bewegt. Dabei kühlt sich die Luft ab bis sie den Taupunkt erreicht. Die Feuchtigkeit der Luft wird kondensiert und formt eine bodennahe Wolke aus kleinen Wassertropfen.

Seenebel kann man besonders in Gebieten von kalten Meeresströmungen beobachten, wie zum Bei-

spiel an der Küste von Labrador (Kanada) oder der Ostküste von Grönland.

Seenebel kann über Tage bestehen und erschwert das Navigieren im Eis. Manchmal lichtet sich der Nebel tagsüber in unmittelbarer Landnähe, wo sich die Lufttemperatur über dem Land erwärmt.

Auf ähnliche Weise entsteht Morgennebel an der Küste. Über die Nacht kühlt das Land schneller als die darüber liegenden Luftschichten ab. Die Luftschicht direkt über dem Land kühlt zum Taubpunkt ab und formt Nebel, der sich wenige Seemeilen vor die Küste schieben kann. In Flussmündungen und in Fjorden, wo kalte Luft von den Bergrücken herunterzieht, ist Morgennebel oft zu finden.

Streicht besonders kalte Luft über wärmeres Wasser, wird die Luft aufgewärmt und nimmt dabei Feuchtigkeit auf - das Wasser beginnt zu dunsten. Dies ist vor allem dann zu beobachten, wenn Lufttemperaturen unter Null über offene Wasserflächen streichen. Ein Beispiel dafür sind die winterlichen Fjorde von Nordnorwegen. Durch den Einfluss des Golfstroms bleibt das Wasser über dem Gefrierpunkt. Ist es kalt genug, gefriert der Dunst und zieht Eisfedern über das Deck.

Abb. 31 Nur die Spitze des Eisbergs ist in diesem Seenebel zu erkennen.

3.5.4 Gewitter

Sehr selten traf ich auf Gewitter (thunderstorm) in den Randgebieten der Hohen Breiten. Sie entstehen, wenn erwärmende Luftmassen rasch aufsteigen und die Moleküle dabei aufeinanderprallen.

Hohe Amboswolken bilden sich aus. Da das Gewitter mit dem Wind in höheren Luftschichten zieht, darf die Zugrichtung nicht anhand der Windrichtung an Bord bestimmt werden. Das Gewitter zieht in jene Richtung, in die der obere Wolkenteil (der Ambos) fasrig ausfranst.

In manchen Fällen lassen sich durch frühes Bestimmen der Zugrichtung Gewitter umsegeln - und sei es unter Einsatz des Motors.

Gewitterstürme können schwere Böen oder Böenwalzen bringen, die aber nur kurz andauern und keine gefährliche See aufbauen. Wird klar, dass sich das Gewitter nicht umsegeln lässt, sollten deshalb rechtzeitig die Segel gekürzt werden.

Im Gewitter selbst darf sich die Crew so wenig als möglich an Deck aufhalten. An Deck muss sich die Crew fern von leitenden Teilen (Masten, Wanten, Stagen, Steuerrad) halten. Handelt es sich um ein Metallboot, sollten alle Crewmitglieder an Bord das Gewitter im Bootsinneren abwarten.

Manche Crews verstauen während eines Gewitters ein Notfall-GPS-Gerät und eventuell Satellitentelefon und HF-Transceiver im (ausgeschalteten) Backofen, um die Geräte so in einem faradayschen Käfig geschützt zu wissen. In Küstennähe kann eventuell der Motor angestellt werden, da er sich nach einem Einschlag möglicherweise nicht mehr starten lässt.

Abb. 32 Gewitter auf See kann beängstigend sein.

3.6 Wind und Seegang

Die Windstärke, der Fetch (der Weg des Windes über offene Wasserflächen), die Dauer des Windes, mögliche Strömungen und das Zusammenspiel von Dünung und Windsee bestimmen den Seegang.

Die Kraft des Windes (Winddruck) steigt zirka im Quadrat zur Windgeschwindigkeit. Der Seegang – und damit die Belastung auf die Yacht –

wird ungleich gefährlicher, je stärker der Wind weht.

Eine Segelyacht muss oft die Winde durchziehender Drucksysteme nützen, um ihr Ziel erreichen zu können. Damit setzt sie sich dem Risiko aus, erhöhte Windgeschwindigkeiten und raue See anzutreffen. Um das Risiko in Scherwetter zu geraten möglichst gering zu halten, verlangt das Segeln die ständige Beobachtung von Wetterentwicklungen und flexible Planung.

Es bleibt oberste Priorität, die stärksten Windgebiete eines durchziehenden Systems zu meiden. Fünfzig oder hundert Seemeilen Unterschied in der Position der Yacht können oft den Unterschied zwischen dem Dahinziehen unter gereeften Segeln im Starkwind und Segeln im lebensbedrohenden Sturm bringen.

3.6.1 Böen

Stärkere Winde von höheren Luftschichten können in Böen (gusts) bis zum Boden fallen. Instabile Luftschichten in der Atmosphäre sind Grund für diese Luftvermischung. Wärmere Wasser- als Lufttemperaturen, nahes, aufgewärmtes Land oder passierende Kaltfronten können für diese Instabilität verantwortlich sein. Aufgrund der Sonneneinstrahlung fallen Böen meistens tagsüber etwas stärker aus als während der Nacht.

Böen sind im Wettergeschehen der höheren Breiten normal. Sie bringen zirka dreißig bis siebzig Prozent höhere Winde als in den mittleren Windgeschwindigkeiten, die meist in den Wettervorhersagen prognostiziert werden. Weshalb vorsichtige Segler eine Windstärke höhere Bedingungen erwarten als in den Wetterprognosen angegeben.

3.6.2 Gefährlicher Seegang

Gemäßigter, langer Seegang aus einer Richtung wird jeder Segler in den Hohen Breiten schnell zu schätzen lernen. Häufig anzutreffen sind auch ungeliebte Kreuzseen, die sich aus Windsee und Dünung zusammensetzen.

Abb. 33 Langer Seegang im Südmeer

Sei es durch den Durchzug von Hochs, Tief oder Fronten, sei es durch Meeresströmungen oder durch Echowellen vom nahen Land, sobald der Wind zulegt, erlebt man in den Hohen Breiten gerne unruhige See. Verstärkt sich diese unruhige See, wird sie schnell zu einer der größten Gefahren für Yachten.

Einige Schlüsse über erhöhten Seegang lassen sich bei genauer Betrachtung von Seekarten und Unterlagen vom bevorstehenden Revier ziehen:

- Liegen Inseln oder Untiefen im Weg von Meeresströmungen, kann in ihrem Umfeld mit extremerer See gerechnet werden (zum Beispiel die Færø Inseln oder Bœrnøja Insel im Nordatlantik). Wenn möglich, sollen diese Inseln an der Wind abgewandten Seite angelaufen werden.

- Über Untiefen kann sich erhöhter Seegang aufstellen. Routen auf Hochsee führen besser nicht über Untiefen (Seamounts).

- Erreicht man von der Hochsee kommend das flachere Wasser am Kontinentalschelf eines Kontinents, muss mit höherem Seegang gerechnet werden (zum Beispiel bei dem Erreichen des südamerikanischen Kap Horn nach Überquerung der Drake Passage).

- An der Küste von starken Tidenrevieren muss mit extremem Seegang gerechnet werden. Steht der Seegang der Hochsee gegen den auslaufenden Ebbstrom aus großen Inland-Tidenrevieren (zum Beispiel Cook Inlet in Alaska oder Canal Chacao in Chile), baut sich schon bei steifem oder stürmischem Wind gefährliche See auf. Mit stehenden Wellen, Wasserwirbeln und brechender See muss gerechnet werden. Deshalb sollten diese Reviere nur bei Stillwasser oder einsetzender Flut angelaufen werden.

3.6.3 Küstenwind

An den Küsten kann es zu ausgeprägten Windeffekten kommen. Land- und Seewind sind dabei die bekanntesten Winderscheinungen.

Nicht nur durch den Einfluss des Seewindes muss mit Windzunahme bei auflandigem Wind gerechnet werden. Durch Reibung wird die Luftbewegung über Land abgebremst und leicht rückgedreht, es entsteht ein „Luftstau" vor der Küste. Es kommt zu Windzunahme direkt an der Küste in einem

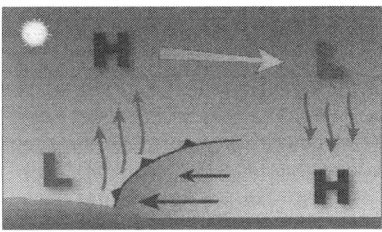

Abb. 34 See- und Landwind (Quelle NWS)

55

Bereich von 3 bis 5 Seemeilen seewärts.

Dieses Phänomen verstärkt nicht nur den Wind, sondern verschlechtert mitunter die allgemeine Wetterlage entlang der Küste.

Bei ablandigem Wind entsteht parallel zur Küste eine windarme Zone, es kann sogar zu einem Flautenloch oder zu Wind aus entgegengesetzter Richtung kommen.

Gerade bei unstabiler Wetterlage und entlang von hohen Küstenerhebungen kann dieser ablandige Wind entsprechend böig ausfallen. Bläst der vorherrschende Wind parallel zur Küste, werden die Isobaren entlang der Küste durch Reibung verdichtet – es entsteht ein Starkwindband. Besonders ausgeprägt sind diese Erscheinungen entlang hoher Küsten, Klippen oder Bergketten.

3.6.4 Kapwind

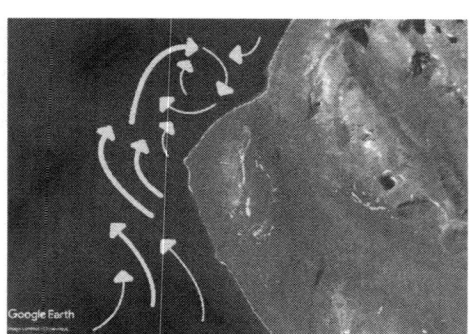

Abb. 35 Kapwind

Kapwinde entstehen, indem die Isobaren um ein Kap verdichtet werden, wodurch der Wind um mehrere Beaufort zunimmt. Hinter einem sehr hohen Kap kann sich eine Wirbelzone bilden, die den Wind umleitet und kurzfristig sogar aus der Gegenrichtung wehen lässt. Segelt die Yacht bereits in Starkwind, sollte der Kurs weiträumig um ein Kap gewählt werden. Grönlands Kap Farvel ist zum Beispiel besonders berüchtigt für seine Kapwinde.

3.6.5 Fallwind (Williwaw)

Ein Windeffekt, den wir am häufigs-

Abb. 36 Fallwind

ten in Fjorden antreffen, sind Fallwinde. Sie können Windgeschwindigkeiten mit über 100 Knoten erzeugen. Fallwinde entstehen, wenn Luft in hohen Bergplateaus durch kaltes Wetter rasch verdichtet wird, um als starke Fallwinde (katabatische

56

Winde) die Berge herunter zu jagen (katabatic wind, Williwaws).

Oder aber Wind wird an der Luvseite einer Bergkette aufgestaut, bricht dann mit erhöhter Kraft über die Berge und kommt als Fallwind auf der Leeseite der Berge herunter.

Dieser Effekt ist besonders an der Aleuten Halbinsel von Alaska ausgeprägt: Bei Starkwind in der Bristol Bay auf der Nordwestseite der gebirgigen Halbinsel werden in ihren Fjorden am Golf von Alaska regelmäßig Fallwinde mit extremen Windgeschwindigkeiten gemessen.

Auch Patagonien ist besonders bekannt für seine sehr starken Fallwinde (Rachas).

3.6.6 Flurwind

Flurwinde (land mass compression) entstehen in Tälern, Meerengen oder auch entlang von Flussbetten. Die Isobaren werden an den Engstellen

Abb. 37 Flurwind

zusammengedrängt und der Wind nimmt, angetrieben vom Düseneffekt, zu. Gerade in Fjorden, oder zwischen Inseln, lassen sich derartige Flurwinde gerne beobachten.

Ein klassisches Beispiel dafür ist die Cook Straße zwischen Neuseelands Nord- und Südinsel: Wind aus der Tasman See an der Westküste Neuseelands wird durch die Wasserstraße verstärkt und erreicht nicht selten sechzig oder mehr Knoten Wind am östlichen Ausgang.

Auch in Passagen zwischen den norwegischen Lofoteninseln ist dieser Effekt regelmäßig zu beobachten.

3.6.7 Wind in Fjorden

In Fjorden lassen sich die Winde ohne lokales Wissen nur schwer voraussagen. Hier treffen alle beschriebenen Küstenwinde aufeinander.

Großflächige Wetterberichte zeigen zwar weder Windrichtung noch Windstärke innerhalb der Fjorde, sie können aber dennoch zur Planung von Segeletappen und vor allem von Ankerplätzen verwendet werden, da das Wetter vor der Küste die tendenzielle Windrichtung in den Fjorden durchaus beeinflusst.

Sollte sich das Wetter an der Küste verstärken, müssen Ankerplätze in den Fjorden mit besonderer Sorgfalt gewählt werden. In manchen Revieren geben Küstenhandbücher Aufschluss, ob in der gewählten Bucht mit erhöhten Williwaws gerechnet werden muss. Mehr zum Thema Segeln im Fjord ist im Kapitel 2.3.1 Windeffekte im Fjord auf Seite 26 beschreiben.

3.6.8 Wetter in Gletschernähe

Da Gletscher die Luft rasch abkühlen, können sie je nach Größe ihr eigenes Wetter erzeugen. Über große Gletschern bildet sich ein stationäres Hochdruckgebiet. In ihrer unmittelbaren Umgebung kann das etwas aufgelockertes Wetter und leichtere Winde verursachen.

Da die Luftmassen von einem Hochdruckgebiet immer in Richtung eines Gebiets mit tieferen Luftdruck fließen, bedeutet dass aber auch, dass man bei der Annäherung zum Gletscher oft steifen und kalten Gegenwind vorfindet.

Abb. 38 Über großen Eisfeldern findet man oft schönstes Hochdruckwetter vor.

3.7 Meeresströmungen

Die großen Ströme der Ozeane

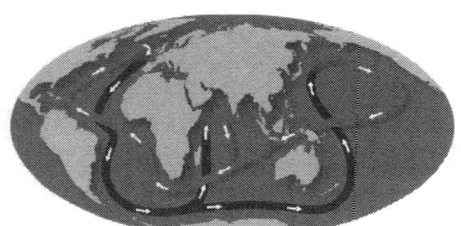

Abb. 39 Meeresströmungen (Quelle NOAA)

beeinflussen nicht nur das Klima und das Wetter, sie können auch bei der Reise mit einer Segelyacht genützt werden.

3.7.1 Meeresströmungen auf der Nordhalbkugel

In den gemäßigten bis Hohen Breiten des Atlantiks und Pazifiks bewegen sich die großen Meeresströme ostwärts.

Im Atlantik geht der Golfstrom in den nordostatlantischen Strom über. Dieser bringt warmes Wasser bis in den Norden Norwegens und ist dafür verantwortlich, dass diese Küste selbst im tiefen Winter eisfrei bleibt.

Auch der Westgrönlandstrom wird vom wärmeren Wasser des Golfstroms gespeist, weshalb die Westküste Grönlands in der Regel lange vor der Ostküste Labradors befahren werden kann.

Der südwärts setzende Labradorstrom bringt kaltes Wasser und Eisberge aus der Arktis bis weit in den Atlantik.

Im Nordpazifik fließt der nordostsetzende Kuroshio Strom vor der Küste Japans als nordpazifischer Strom quer über den Nordpazifik und schwemmt regelmäßig Treibgut aus Japan bis an die Küsten von Alaska an.

Der Alaskastrom setzt entlang der Küste Südost-Alaskas nach Norden und beschreibt als Aleutenstrom einen westsetzenden Wirbel.

Warmes Wasser aus dem Atlantik (von Norwegen kommend) und dem Pazifik (über die Bering Straße) erreicht über diese Meeresströmungen auch den Arktischen Ozean. Entlang des arktischen Kontinentalschelfs fließen diese wärmeren Ströme gegen den Uhrzeigersinn.

Innerhalb des Arktischen Ozeans fließen zwei große Strömungen: Der

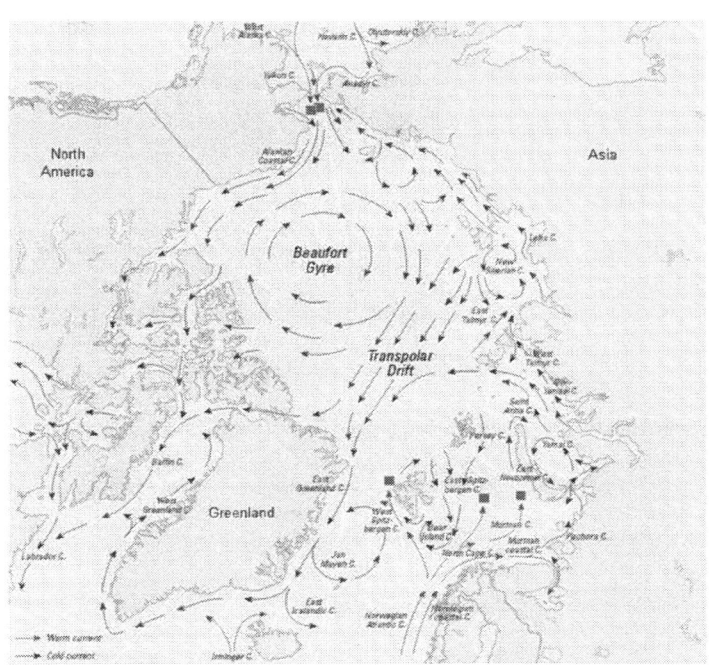

Abb. 40 Strömungen im Norden (Quelle NOAA)

im Uhrzeigersinn fließende Beaufort Wirbel und die Transpolardrift, die von Russlands Arktis bis nach Grönland fließt.

3.7.2 Meeresströmungen auf der Südhalbkugel

Auf der Südhalbkugel entspricht der weltumspannende Antarktische Zirkumpolarstrom den ostwärts setzenden globalen Meeresströmungen der Nordhalbkugel.

59

Der Humboldtstrom bringt vom Antarktischen Ozean kaltes Wasser entlang der Westküste Südamerikas bis in die tropischen Klimazonen des Pazifiks.

Entlang der Ostküste Südamerikas reicht der Falklandstrom in den Norden. Der ostaustralische Strom leitet Wasser aus dem Südäquatorialstrom bis in die Tasman See, entlang der Westküste Neuseelands dreht die Strömung zurück in den Norden.

3.8 Interpretation von Wetterdaten

Der Empfang von verschiedenen Wetterprognosen und Wettermodellen ist heute selbst an Bord von kleinen Yachten kein Problem mehr. Und ich kann nicht oft genug sagen, dass genaue Wetterdaten zu den wichtigsten Grundlagen für sicheres Reisen in den Hohen Breiten zählt.

In 5.7 Kommunikation und Wetterempfang auf Seite 152 beschreibe ich die Möglichkeiten von Wetterempfang an Bord. Doch mit dem Erhalten von Wetterdaten ist es nicht getan. Die Daten müssen interpretiert und verglichen werden. Die weitere Entwicklung muss laufend beobachtet werden.

Idealerweise setzt sich der Empfang aus verschiedenen Daten zusammen:

- den computergenerierten GRIB-Daten (GRIB-Data)

- den Bodendruckanalysekarten (Surface Analysis) durch meteorologische Institute

- dem geschriebenen oder gesprochenen Wetterbericht (weather report) durch lokale Meteorologen

- Satellitenbilder (satellit image)

Meiner Meinung nach sind von diesen vier verschiedenen Wetterprognosen die ersten beiden die wichtigsten, da sie in ihrer Kombination jedem Skipper in den Hohen Breiten ein großflächiges Bild über die kommenden Wetterentwicklungen geben können.

Weiters ist der geschriebene Wetterbericht dem gesprochenen vorzuziehen, da dieser Wetterbericht in der Regel in der lokalen Sprache durchgegeben wird und so teilweise schwer über Funk zu verfolgen und mitzuschreiben ist.

Der Umgang mit Satellitenbildern verlangt Übung, da Satellitenbilder nur die momentane Situation zeigen. Zukünftige Entwicklungen sind ohne meteorologisches Studium und weitere Daten kaum zu interpretieren.

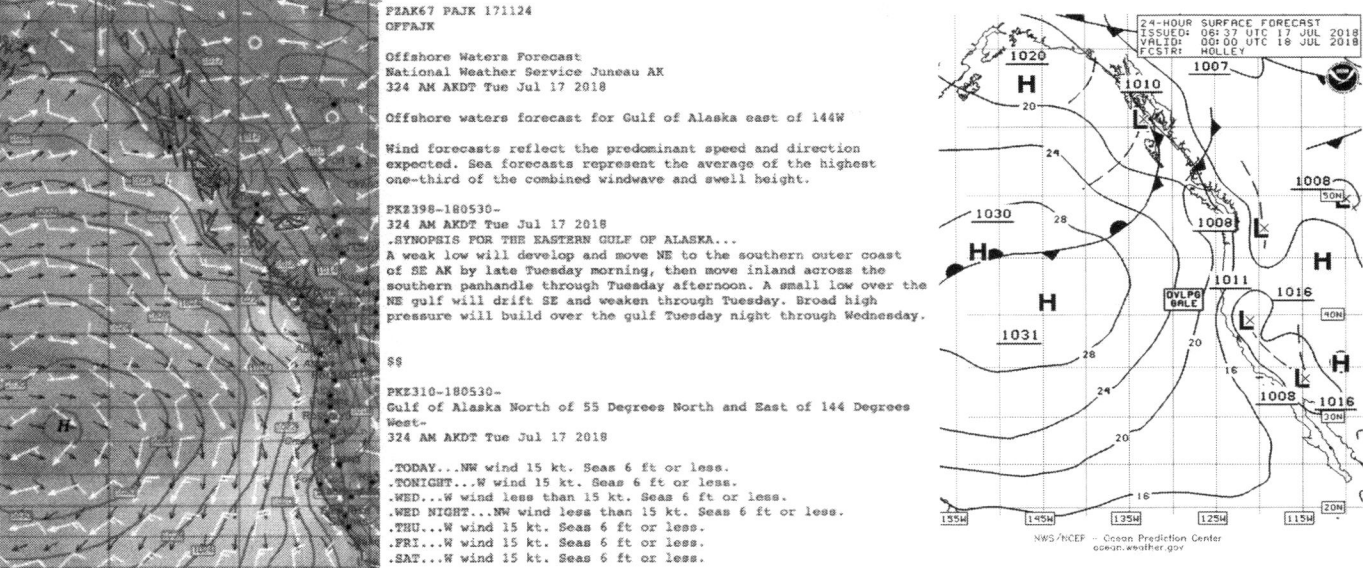

Abb. 41 Die drei wichtigsten Wettervorhersagen an Bord: GRIB-Daten, der geschriebene Wetterbericht und Bodenanalysekarten. Diese Berichte sind heute auch auf kleinen Yachten problemlos zu empfangen.

Sie liefern aber einen guten Abgleich mit den oben erwähnten Wetterprognosen und damit eine Bestätigung der momentanen Wettersituation.

Es gibt noch eine Auswahl weiterer Wetterdaten, die an Bord empfangen werden können. Ein Beispiel sind Daten von Bojen und Schiffsmeldungen (buoy and ship reports). Diese Daten sind wiederum momentane Aufnahmen. Sie können maximal zur Bestätigung der vorherrschenden Bedingungen verwendet werden. Bojen- und Schiffsmeldungen zeigen deutlich, wenn die Wetterdaten Wind- und Wellensituation unterschätzen.

Allerdings sind aus diesen Daten wiederum nur schwer Rückschlüsse über die zukünftige Situation zu machen. Und wenn sich die Yacht bereits im Schwerwetter befindet, hilft die Bestätigung von Windgeschwindigkeiten und Seegang durch andere Schiffe oder Bojen wenig.

Weiters sind 500mb-Analysekarten (500mb charts) erhältlich. Diese Karten werden von Meteorologen für die Bestimmung der Wetterentwicklung verwendet und (unter anderem) für den Einsatz im Flugbereich ver-

61

öffentlicht. Sie sind für die Wetterprognose an Bord nur in Kombination mit den Bodendruckanalysekarten verwendbar und setzen ein intensiveres Lernen von Wetterprognosen und Wetterdaten voraus.

Für lernwillige Skipper können die 500mb-Analysekarten ein interessantes Werkzeug für bordeigene Wetterprognosen darstellen, doch sind sie meiner Meinung nach heute nicht mehr zwingend nötig, um sicher in den Hohen Breiten navigieren zu können. Der Umgang mit 500mb-Analysekarten sprengt den Umfang dieses Kapitels und wird deshalb von mir hier nur erwähnt.

3.8.1 GRIB-Daten

GRIB Daten sind computergenerierte Wetterdaten, die von großen Rechenanlagen der NOAA (amerikanisches Institut für Meteorologie und Ozeanologie) oder der US Navy zur Verfügung gestellt werden. (NOAA liefert GSF oder WW3 Modell Wetterdaten, US Navy liefert comaps oder nogaps Wettermodelle).

Diese Wetterdaten werden aus sämtlichen verfügbaren Messanlagen zusammengestellt und berechnet. Sie dienen meteorologischen Instituten als Grundlage für ihre Berichte. GRIB-Daten sind aber nicht von Meteorologen überarbeitet und korrigiert.

Die Prognosen werden alle sechs Stunden für die gesamte Welt veröffentlicht. Interessant zu wissen ist, dass die Daten um 0:00 und 12:00 UTC jeweils durch die Eingabe neuer Messdaten generiert werden, während die Daten um 6:00 und 18:00 UTC nur eine weitere Computerberechnung der Daten sind. Wenn die GRIB-Daten an Bord also einmal täglich empfangen werden, sollte darauf geachtet werden, dass es sich um die 0:00 oder 12:00 UTC Wetterberichte handelt.

Um GRIB-Daten an Bord erhalten und lesen zu können, bedarf es:

- der Möglichkeit, e-Mails an Bord zu senden und empfangen,

- einen Anbieter, der GRIB-Files sendet und

- eine Software, welche die Daten veranschaulicht.

Über Funk und diverse Internetplattformen ist dies an Bord ohne extra Kosten möglich, da GRIB-Daten gratis im Internet erhältlich sind. Mehr zum Thema Empfang von Daten in Kapitel 5.7 Kommunikation und Wetterempfang auf Seite 152.

SAILDOCS gehört zu den beliebtesten kostenlosen Plattformen, die für Wetterempfang per email auf Yachten konzipiert wurden, weshalb anschließend der Empfang von GRIB-Daten an Bord über diesen Anbieter beschrieben wird. Eine weitere Platt-form, die den kostenlosen Bezug von Wetterdaten (GRIB-Daten, grafi-sche Wetterkarten und geschriebene Berichte) per e-Mail anbietet, ist zum Beispiel MAILASAIL.

Um GRIB aus dem Internet zu empfangen, wird per e-Mail eine Anforderung über das jeweils gewünschte Datenpaket gesendet. In dieser e-Mail muss:

- der gewünschte Bereich,

- die Datenauflösung,

- die Auswahl der Länge des Wetterberichts (minimum 3 Stun-den bis zu zehn Tagen) und

- der Informationswunsch (Isobaren, Windgeschwindigkeiten, Böen, Wolken…)

angegeben werden.

Die Angaben werden im Beispiel von SAILMAIL an die e-Mail Adresse *query@saildocs.com* geschrieben.

Diese Anforderung muss folgender Form entsprechen:

Der genaue Wortlaut im Betreff ist irrelevant, er kann auch leer bleiben.

Der Textinhalt muss der Form ent-sprechen, damit das Programm das gewünschte Datenpaket schicken kann:

- send gfs: … die NOAA-GSF Modelldaten werden angefordert

- 67N,60N,027W,004W … Die Daten decken ein Gebiet zwi-schen den angegebenen Koordi-naten ab (im Beispiel das See-gebiet von Island)

- eine Datenauflösung von 1,5 Grad Grid-Abstand wird angefordert (ein Wert zwischen 1,1 und 2,2 ist möglich)

- zum Vorhersagezeitpunkt von in 6 Stunden (6) für alle sechs Stunden bis zur Stunde 120 (das ist in fünf Tagen)

- die Daten Bodenluftdruck (PRMSL) Windvorhersage (WIND) Böen (GUST) werden benötigt.

Abb. 42 Beispiel einer Anforde-rung von GRIB-Daten per e-Mail

Weitere Parameter sind möglich: CLOUD für Bewölkung, WAVE oder WVHGT für signifikante Wellenhöhe, WVPER für durchschnittliche Wellenperiode, WVDIR für Wellenrichtung oder RAIN für Regen.

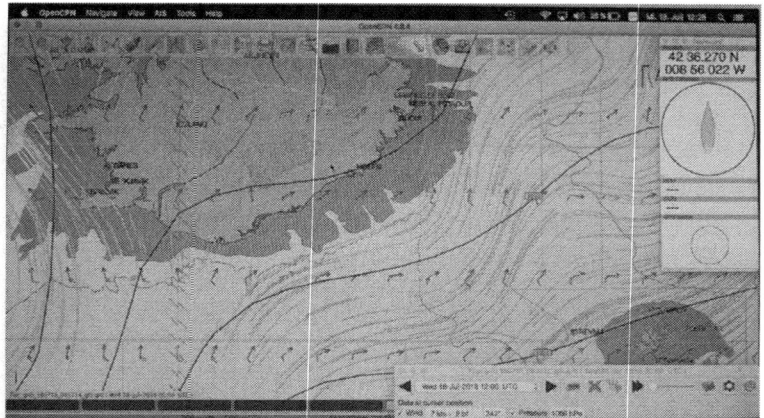

Abb. 43 Die angeforderten GRIB-Daten auf der Navigationssoftware openCPN

Abb. 44 Die angeforderten GRIB-Daten auf den GRIB-Viewer zyGrib. Im linken Feld werden die Daten an der jeweiligen Position des Cursors angegeben.

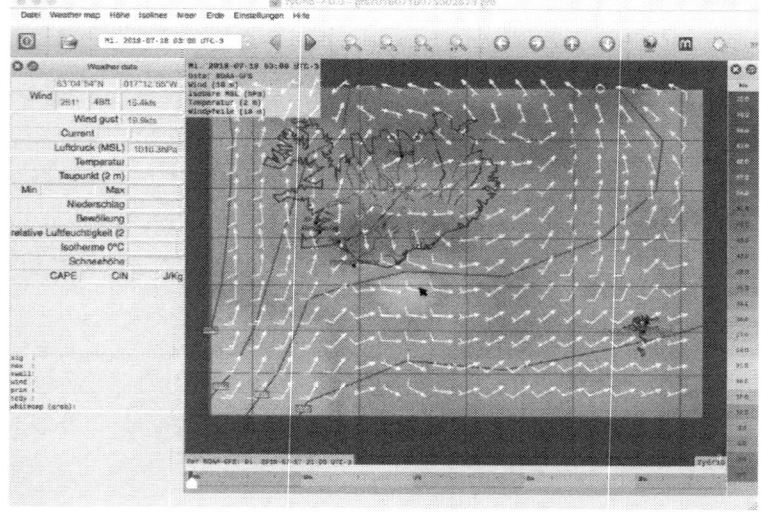

Als Antwort auf diese e-Mail wird umgehend von Saildocs eine Nachricht mit dem angeforderten Datenpaket gesendet. Das erhaltene Datenpaket kann nun aus der e-Mail genommen und am Computer in einem Ordner gespeichert werden.

Um die erhaltenen Daten zu lesen, muss eine geeignete Software am Bordcomputer installiert sein. Gängige Navigationssoftware (wie zum Beispiel OpenCPN oder MAXSea) können die Wetterdaten lesen und als Overlay über den Seekarten anzeigen, dennoch ist die Verwendung einer eigenen GRIB-Viewer Software empfehlenswert.

Es gibt verschiedenste GRIB-Viewer, von modernsten, animierten Apps bis zum einfachsten Programm mit skizierter Darstellung.

Nicht jede dieser Softwares ist gleich gut, wobei ihr Preis wenig Information über die Qualität gibt.

Im Vergleich von einigen Programmen bin ich persönlich immer noch von dem kostenlosen Programm zygrib überzeugt. Das Programm ist per Internet über die Homepage www.zygrib.org zu beziehen.

Bei der Auswahl des GRIB-Viewers sollte darauf Wert gelegt werden, dass das Programm auch das langsame Studieren der Daten ermöglicht und an jedem beliebigen Punkt in der jeweiligen Karte die Daten einsehen lässt.

Dies erleichtert eine Planung der Reiseroute und verhindert ein „Übersehen" von Daten, was bei rein animierten Grib-Viewers zum Problem führen kann.

3.8.1.1 Einsatz von GRIB-Daten

Wie beschrieben, sind die GRIB-Daten reine Computermodelle. Sie wurden für die Weiterverwendung durch Meteorologen entwickelt. Das heißt, die Daten müssen noch interpretiert werden.

Dennoch liefern vorzugsweise GRIB-Daten des GSF-Modell der NOAA vor allem auf Hochsee einen sehr detaillierten Eindruck der Wetterentwicklungen und sind meiner Erfahrung nach in den meisten Gebieten für drei bis maximal fünf Tage voraus sehr vertrauenswürdig.

Auch wenn längere Vorhersagen (wie zum Beispiel für den Zeitraum von 10 Tagen) vage sind, kann Vorausschauen über einen längeren Zeitraum für die laufende Planung von Route und Kurs hilfreich sein. Vor allem, wenn lange Ozeanpassagen gesegelt werden. Ein genereller Kurs zum Ausweichen von möglichen Starkwindsystemen kann so frühzeitig gewählt werden.

Auf folgende Stolperfallen der GRIB-Daten muss geachtet werden:

GRIB-Daten zeigen in der Regel die Systeme und ihre Zugrichtungen sehr genau, sie untertreiben aber manchmal mit den Windgeschwindigkeiten, vor allem, wenn sehr böiger Wind zu erwarten ist.

Bei der Berechnung der Windgeschwindigkeiten werden die Böen gesondert angegeben, in der Praxis behält oft die Windgeschwindigkeit der Böen Oberhand.

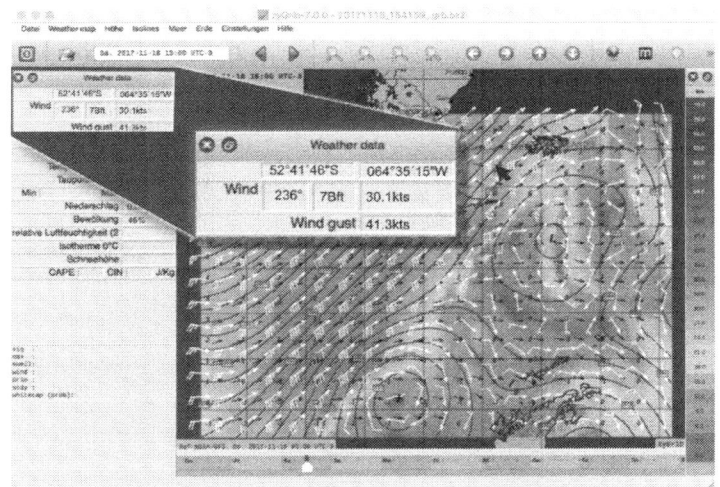

Abb. 45 Stolperfalle 1: Böen nicht übersehen, während 30 kts Rückenwind bei der Etappe von Patagonien zu den Falkland Inseln eine schnelle Überfahrt versprechen, wird es mit 41kts bligem Wind eine stürmisch raue Fahrt.

Meiner Erfahrung nach sollte ab einer angegebenen Windgeschwindigkeit von 5 Beaufort sicherheitshalber mit einem Beaufort höhere

Windgeschwindigkeit gerechnet werden.

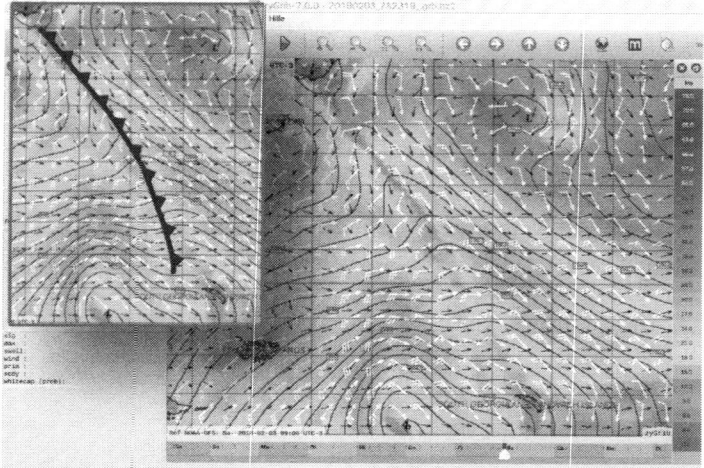

Abb. 46 Stolperfalle 2: Fronten sind teilweise nur schwer zu erkennen und die aktuellen Wetterbedingungen in den Fronten werden nicht angezeigt. Anstelle von Leichtwind sind in der Front durchaus böige, schwere Winde zu erleben.

Abb. 47 Stolperfalle 3: Windeffekte an Küsten und in Fjorden werden nicht angezeigt. Anstelle der hier gezeigten 5 Bft. herrschen bei dieser tüpischen Wetterbedingung in Patagonien Kapwinde, Flurwinde, Fallwinde (Rachas) bis Sturmstärke neben Flautengebiete.

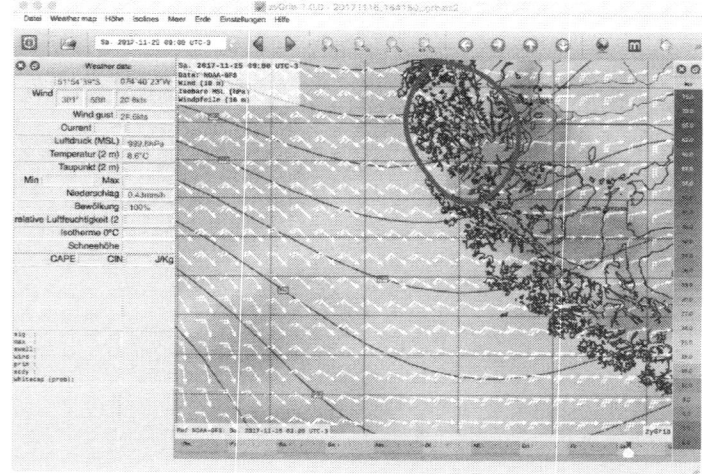

Auch sind Front-Aktivitäten in GRIB-Daten nicht enthalten. Stark ausgeprägte Fronten sind als windarme Linie oder Stufen in den Daten zu erkennen, ohne Rückschlüsse über die Bedingungen in diesen Fronten.

Weiters können die GRIB-Wetterdaten besondere Windphänomene an Küsten und speziell im Gebiet von Fjorden nicht wiedergeben. Je nachdem, wie viele Messstationen vorhanden sind, wird Küstenwetter mehr oder weniger genau berechnet, aber im Vergleich zu überarbeiteten, lokalen Wetterberichten können die computergenerierten GRIB-Daten hier nicht vertrauenswürdig sein.

Sind keine geschriebenen (oder gesprochenen) Wetterberichte entlang der Küste erhältlich, obliegt es der Segelcrew selbst, die GRIB-Daten (und die Bodendruckanalysekarten) bestmöglich auf die lokalen Gegebenheiten zu interpretieren. Das heißt, die Küste auf Kaps und mögliche Effekte, auf Berge und mögliche Fall- oder Flurwinde abzusuchen.

Anfänglich erfordert das sehr viel Beobachtung und bringt immer wieder Überraschungen. Mit der steigenden Erfahrung kann sich die Crew mit GRIB-Daten und Seekarten (mit topografischen Angaben) und eventuellen Hinweisen aus Küstenhandbüchern ein ausreichendes Bild über die Wetterlage machen.

Wenn auch für die Hohen Breiten nicht relevant, zur Vollständigkeit:

In tropischen Revieren können GRIB-Daten keinen Aufschluss über die Position von Konvergenzzonen ITCZ oder der SPCZ) und damit verbundenen Regenböen geben. Auch unterschätzen sie generell die Windgeschwindigkeiten in tropischen Depressionen und Hurrikanen, wobei sie akkurate Daten über ihre Entwicklung und voraussichtlichen Zugbahnen geben. Auch zeigen GRIB-Daten tropische Frontbänder und ihre darin entwickelnden Winde nicht an.

3.8.2 Bodendruckanalysekarten

Bodendruckanalysekarten (surface charts) sind großflächige, von meteorologischen Instituten überarbeitete Wetterkarten.

Sie sind in vielen Revieren im Abstand von 24 bis maximal 96 Stunden im Voraus erhältlich. Sie werden üblicherweise per Fax ausgesendet und im Internet veröffentlicht. Die Karten können per Wetterfaxempfänger oder über Kurzwellen/Satellitenanlagen via e-Mail Service (zum Beispiel von Winlink, Sailmail oder Mailasail) empfangen werden. Mehr dazu in 5.7 Kommunikation und Wetterempfang auf Seite 152.

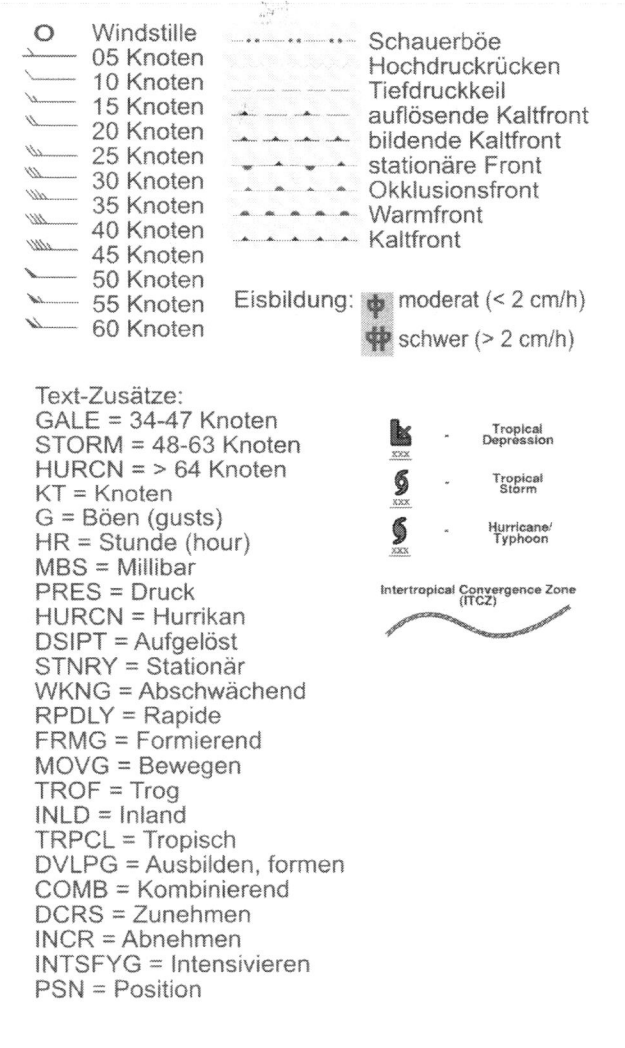

Abb. 48 Zeichenerklärung anhand amerikanischer Bodendruckanalysekarten.

Bodendruckanalysekarten zeigen alle Wetterentwicklungen an der Oberfläche mittels eingezeichneter Isobaren: Hoch und Tief, Teiltiefs, Keile

67

und Tröge, Fronten, Frontlinien Verdichtungszonen und so weiter.

Je nach Institut, von dem sie herausgegeben werden, sind mehr oder weniger Informationen verzeichnet. Idealerweise sind Verlagerungsrichtung der Drucksysteme, erwartete Vertiefung von Tiefs und Windpfeile eingetragen.

Dadurch enthalten Bodendruckanalysekarten teilweise mehr Informationen als die oben beschrie-

benen GRIB-Daten und helfen dadurch, diese Daten besser zu verstehen.

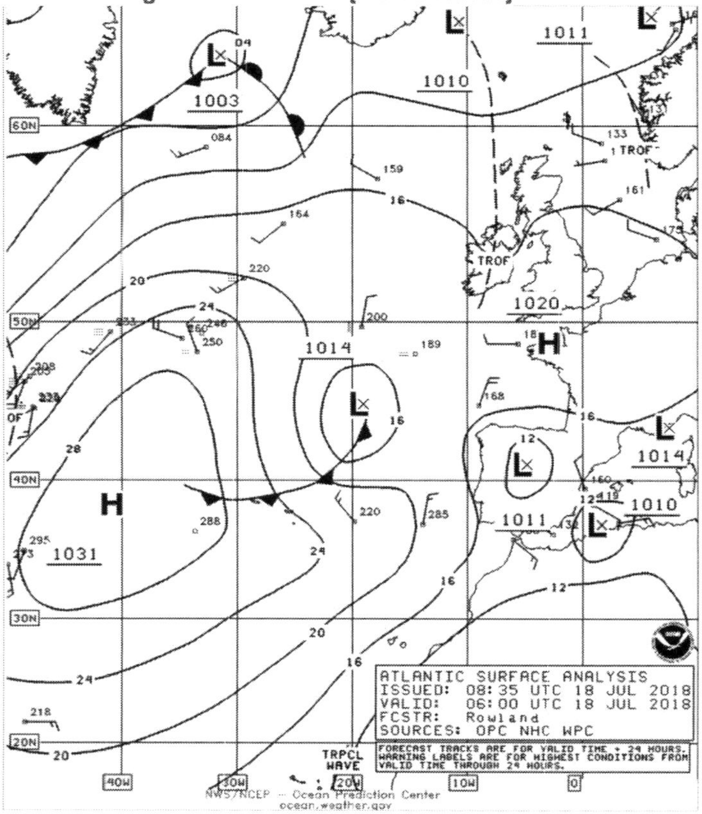

Allerdings gilt: Je weniger Information die Meteorologen zusätzlich zu den Basisinformationen eingetragen haben und je weniger Verständnis die segelnde Crew von der Wetterkunde hat, desto schwieriger bleibt es, auch aus den Bodendruckanalysekarten wichtige Information zu erkennen.

Windrichtungen und zu erwartende Windstärken, mögliche Entwicklungen oder Vertiefungen von Tiefs oder Zugrichtungen von Systemen lassen sich aus einer wenig überarbeiteten Wetterkarte für Laien nur erahnen. Der laufende Vergleich von Bodendruckanalysekarten mit den GRIB-Daten ist daher die einfachste Weise, einen guten Überblick über die Wetterentwicklung zu behalten.

Abb. 49 Bodendruckanalysekarten werden von Meteorologen überarbeitet. (Quelle NOAA)

3.8.3 Geschriebene und gesprochene Wetterberichte

Meteorologische Institute vieler Küstenländer geben geschriebene und gesprochene Seewettervorhersagen für die einzelnen Seegebiete heraus.

Um sie zuordnen zu können, müssen an Bord die Namen und

Koordinaten der durchgegebenen Seegebiete bekannt sein. Küstenhandbücher geben in der Regel Aufschluss.

Meist werden diese Wetterberichte für einen Zeitraum von zwölf bis vierundzwanzig Stunden durchgegeben. Sie werden in der Regel per **Wetterfax** und **Navtex** in geschriebener Form gesendet und über **UKW** beziehungsweise **KW** in gesprochener Form zu festen Zeiten durchgegeben.

Wie bereits erwähnt ist es an Bord empfehlenswert, die geschriebene Version empfangen zu können, da viele Berichte in Landessprache sind und es schwerfallen kann, die gesprochene Übermittlung über Funk vollständig zu verstehen beziehungsweise zu übersetzen. Geschriebene Berichte können in Ruhe und wenn nötig mit einem Wörterbuch in der Hand durchgearbeitet werden.

Ist nur der Empfang von gesprochenen Wetterdaten möglich, kann ein Tonband zur Aufzeichnung während der Aussendung helfen, alle Informationen zu erhalten und in Ruhe zu übersetzen.

Der Empfang dieser Wetterberichte als einzige Quelle reicht meiner Erfahrung nach nicht aus. Denn dies setzt voraus, dass an Bord Wetterkarten selbst gezeichnet werden müssen, um den großflächigen Überblick des Wettergeschehens im Seerevier zu erhalten.

Wetterkarten selbst zu zeichnen birgt Fehlerquellen in sich und sollte bereits lange vor dem eigentlichen Segeltörn geübt werden.

Auch sind die Windangaben in einzelnen Seegebieten von geschriebenen oder gesprochenen Wetterberichten kaum ausreichend.

Ist das mitgeschriebene Seegebiet zu klein, segelt die durchziehende Yacht bald darüber hinaus und der Wetterbericht wird unnütz. Oder, im

Abb. 50 Aufteilung der Metareas, sie sind ident mit Navareas. (Quelle NOAA)

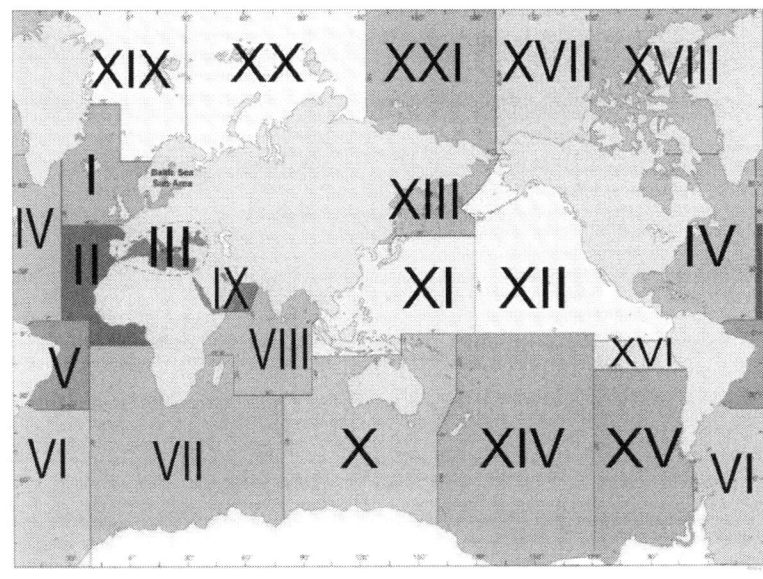

anderen Extrem, ist das vorhergesagte Gebiet zu groß und der Wetterbericht gibt nur die höchsten Windbedingungen in dem ganzen Gebiet an. Diese Angaben sind dann eventuell nicht aussagekräftig für die geplante Segeletappe.

Dennoch sind geschriebene oder gesprochene Wetterberichte sehr interessant für Fahrtenyachten und sollten zusätzlich zu GRIB-Daten und Bodendruckanalysekarten empfangen werden.

Diese Daten wurden für spezifische, kleine Seegebiete ausgearbeitet und beinhalten in der Regel zusätzliche wichtige Informationen wie zum Beispiel Warnungen, Seegangszustand, Sichtverhältnisse und Nebel, Temperaturen und Gefahr von Decksvereisung.

3.8.4 Satellitenbilder

Zum Empfang von Satellitenbildern benötigt die Yacht eine eigene Antenne und Software. Einige Satellitenbilder können auch über Kurzwelle mit Pactor (Winlink oder Sailmail) empfangen werden.

Satellitenbilder sind für Laien nur schwer und unzureichend zu interpretieren, auch liefern sie nur die direkte,

momentane Situation. Ohne meteorologisches Studium oder jahrelangem Hobbystudium ist es unwahrscheinlich, akkurate Wetterentwicklungen alleine durch Satellitenbilder erstellen zu können. Vor allem an Bord von reisenden Yachtcrews, da diese sich nur kurze Zeit in einem Seerevier aufhalten und in dieser Zeit kaum ausreichend Verständnis für lokale Wetterentwicklung aufbauen können.

Auch werden die Anbieter, die Satellitenbilder für Privatpersonen zur Verfügung stellen, laufend weniger.

Der Empfang von Satellitenbildern an Bord von Yachten kann deshalb nur als zusätzliche Informationsquelle gesehen werden. Eine interessante Verwendung von Satellitenbildern in den Hohen Breiten kann sein, - allerdings nur an klaren Tagen - dass Satellitenbilder auch Aufschluss über die Eissituation im bevorstehenden Seerevier geben können.

Abb. 51 Satellitenbilder zeigen die momentane Situation.

3.9 Meteorologische Beratung

3.9.1 Wetterrouting

Um die eigenen Wetterbeobachtungen mit professioneller Hilfe zu unterstützen, greifen mehr und mehr Yachtcrews auf das Angebot von bezahltem Wetterrouting (individueller meteorologischer Beratung) zurück. Das Angebot reicht dabei von wetterbedingten Routenempfehlungen spezifisch für die bezahlende Yacht bis zu detaillierten Wetterberichten und laufenden Routenplanungen.

Professionelles Wetterrouting kann nur ausreichend funktionieren, wenn der Meteorologe sehr spezifische Angaben von der betroffenen Yacht und ihrer Crew hat und darauf auch eingeht. Es macht einen großen Unterschied, ob die Crew lieber unter Motor durch flaue Winde läuft, oder ob die Yacht auch bei Starkwind noch komfortabel zu segeln ist. Desto besser der Skipper seine Yacht und die eigenen Segelgewohnheiten kennt, desto klarer kann er die erforderlichen Angaben für professionelles Wetterrouting geben.

Auch muss sich der Skipper selber klar darüber werden, ob er gewillt ist, seinen Segelkurs nach den Empfehlungen von ihm möglicherweise persönlich unbekannten Beratern zu ändern, um das Potential von Wetterrouting vollständig zu nutzen.

Selbst im Fall von professionellen Wetterrouting empfehle ich, dass sich die Crew dennoch mit den Wetterentwicklungen beschäftigt, um so besseres Verständnis für die angetroffenen Bedingungen und Empfehlungen des Wetterrouters aufzubauen.

3.9.2 Wetterrouting-Software

Das Angebot von Computerprogrammen, die anhand von Wetterdaten und Polardiagrammen der Yacht ideale Routen berechnen können, wird laufend größer. Viele gängige Navigationsprogramme bieten mittlerweile ebenfalls die Möglichkeit von Wetterrouting in Verwendung mit GRIB-Daten.

Um bestmögliche Ergebnisse zu erhalten, ist es wichtig, möglichst viele und genaue Daten in das Polardiagramm einzugeben, um der Software zu ermöglichen, wahrscheinliche Kurs- und Geschwindigkeitsberechnungen zu verbessern.

Wetterrouting-Software kann die Wahl der Route und den Zeitpunkt des Aufbruchs durchaus erleichtern, doch sollte nicht vergessen werden, dass in der Regel viele Apps ausschließlich mit GRIB-Daten arbeiten und daher die Fehler von GRIB-Daten in die Route einberechnen, siehe Kapitel 3.8.1 GRIB-Daten auf Seite 62. Das kann zum Beispiel bedeuten, dass die Route durch vermeidbare Fronten berechnet wird, da die GRIB-Daten kein Frontenwetter beinhalten.

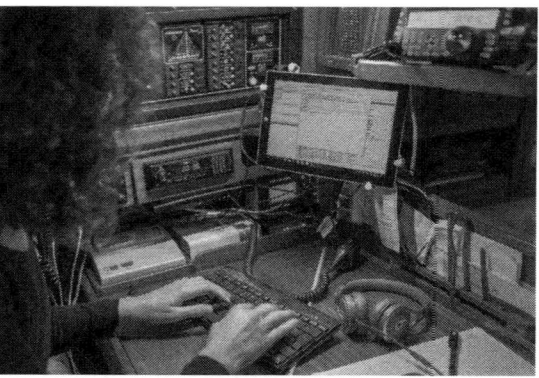

Abb. 52 Wetterinformation über Amateur-funk (Quelle sailing.riemers.ch/Martin)

Wetterrouting durch Software sollte deshalb als ein interessantes zusätzliches Werkzeug in der wetter-orientierten Routenplanung gesehen werden. Die genauere Auseinandersetzung mit Wettervorhersagen ist trotz Software-Wetterrouting weiterhin nötig.

3.10 Begleitung durch Funk-amateure und Funknetze

Funkamateure und Yachten mit KW-Seefunk an Bord können in einigen Revieren auf die zusätzliche Unter-stützung von landstationierten Fun-kern zurückgreifen, die über tägliche Segler-Funknetze Yachten mit Wetterdaten aus dem Internet ver-sorgen.

Diese Funknetze basieren auf Hobby und Freiwilligkeit, sie sind aber dennoch meist zuverlässig und können die Segelcrew mit wichtigen Informationen versorgen. Funknetze sollten nicht als selbstverständlich gelten, sondern als Hilfe von Fun-kern, die Interesse am Segeln haben.

Diese freiwilligen Funknetze können meist auch dann noch mit Wetterdaten versorgen (Sprechfunk), wenn aufgrund schlechter Funk-Bedingungen die schriftliche Anforderung nicht mehr ordentlich klappt. Hat der Funker an Bord Ver-ständnis für Morsen, kann selbst dann noch Information empfangen werden, wenn Sprechfunk nicht mehr funktioniert.

Die Arbeit dieser freiwilligen Funker ist nicht mit dem bezahlten Dienst von Wetterrouting zu verwechseln, da die Funker dem Skipper nicht die Entscheidung der Route abnehmen können.

Leider sind in den letzten Jahren weltweit die Funkrunden in den Hohen Breiten stark zurückgegangen und man kann nur hoffen, dass sich dieser Trend wieder umdreht.

3.11 Gedanken zur wetterorientierten Planung

Das Wetter gehört zu den kritischsten Parametern jeder Segelreise in den Hohen Breiten. Niedrige Temperaturen, Starkwind und wechselhaftes Wetter vordern jede noch so erfahrene Segelcrew heraus. Stürme, gefährliche Decksvereisung, dichter Nebel und extremer Seegang dürfen nicht auf die leichte Schulter genommen werden. Hilfe in einer Notsituation ist in vielen Revieren nicht nahe. Deshalb schließe ich das Kapitel Wetter hier mit einigen grundsätzlichen Überlegungen ab, die von jeder noch so erfahrenen Crew beachtet werden sollten!

Segle stets zur richtigen Saison!

Die Saisons in den Hohen Breiten sind kurz. Verspäteter Aufbruch oder Verzögerungen in der Strecke können gefährlich werden. Wenn nicht anders möglich, muss die Reise frühzeitig abgebrochen werden. Umdrehen und die Passage um ein Jahr verschieben, zeigt nicht von fehlendem Mut, sondern von vorhandener Intelligenz.

Abb. 53 Herbsttörn durch die Bering See, es ist zu spät in der Saison, um Schwerwetter ausweichen zu können.

Sollte die Saison für eine Passage in einer Saison zu kurz sein, kann eine Überwinterung in den Hohen Breiten durchaus eine spannende Überlegung sein.

Informationen über das Überwintern im Eis wird im Kapitel 8. Überwintern auf Seite 227 behandelt.

Beobachte die Wetterprognosen sorgfältig und großflächig!

Und damit kann bereits vor Aufbruch in das geplante Revier begonnen werden. Je besser die Wettervorhersagen beobachtet werden, desto genauer kann die Interpretation der Daten gelernt werden. Dadurch können unstabile Wetterlagen so früh wie möglich wahrgenommen werden, sich entwickelndes Schwerwetter kann eventuell noch aus dem Weg gegangen und Vorbereitungen für Sturm können rechtzeitig getroffen werden.

Die Beobachtung der Wetterentwicklung hört in den Hohen Breiten auch vor Anker oder im Hafen nicht auf. Viele Ankerplätze bieten keinen Schutz gegen Sturm aus allen Richtungen.

Abb. 54 Kalt erwischt – der Sturm hat gedreht und der Ankerplatz wird zur Falle.

Hafenanlagen in den Hohen Breiten sind selten für Yachten optimiert und teilweise sogar gefährlich. Deshalb muss der Wetterbericht selbst im Hafen täglich verfolgt werden und alternative Ankerplätze oder Anleger müssen stets ins Auge gefasst werden.

Bereite die Yacht, die Crew und dich selbst rechtzeitig auf schweres Wetter vor!

Durch gute Planung und genaue Beobachtung der Wetterprognosen lassen sich viele schwere Situationen vermeiden. Dennoch ist die Wahrscheinlichkeit, in schweres Wetter zu geraten, hoch.

Je besser die Yacht und ihre Crew auf schwere Situationen vorbereitet ist, desto sicherer und kompetenter wird sie die Situation meistern können. Dass alle Crewmitglieder die Yacht von Hand steuern können ist in diesem Grundsatz ebenso enthalten wie die bestmögliche und leicht zu bedienende Sturmausrüstung der Yacht. Die Stammcrew muss mit dem Umgang der Sturmausrüstung vertraut und geübt sein. Auch sollen Alternativen vorbereitet sein, wenn eine Sturmtaktik versagt.

Mehr zu diesem Thema wird im Kapitel 7. Schwerwettersegeln auf Seite 211 behandelt.

*Die Entscheidung zum Aus-
laufen hängt vom Wetter ab,
nicht vom Termin!*

Speziell Flugtermine durch Crewwechsel oder Besuch an Bord ver-
leiten Yachtskipper immer wieder zu
fehlerhaften bis dummen Entscheidungen.

Jedem Mitsegler an Bord muss
klar sein, dass Yachten keine Fähren
sind und sich nicht an konkrete Ter-
mine halten können. Flugtickets
können stornoversichert werden,
monatelange Buchung im Voraus um
besserer Ticketpreise willen machen
unnötigen Druck. Bestenfalls werden
Flüge erst gekauft, wenn sich die
Yacht bereits im vereinbarten Revier
befindet.

Diese Regel gilt für alle Segelreviere der Welt, in den Hohen Breiten
kann das termingebundene Segeln
allerdings schnell zu ernstzuneh-
menden Problemen führen.

Ich habe zum Beispiel Skipper
erlebt, die ihre Yacht tagelang gegen
Eisbarrieren in der Nordwest-Passage
schickten und damit unnötiges Risiko
eingingen, nur um gebuchte Flüge
rechtzeitig erreichen zu können.

*An Bord werden die Entschei-
dungen getroffen, nicht in
der Gruppe mit anderen Seglern!*

In den Hohen Breiten ist das
Segeln in Gruppen grundsätzlich
weniger verbreitet als in den tropischen Revieren.

Doch gerade durch die kurzen
Saisons, durch Eis oder durch die
Wetterlage ist die Wahrscheinlichkeit
hoch, dass sich die wenigen Yachten
an Schlüsselstellen der Route treffen.
Dann ist es wichtig, kühlen Kopf zu
behalten und den eigenen Entscheidungen an Bord zu folgen.

Je größer die Gruppe von Segelyachten wird, desto gewillter sind die
meisten Menschen, die eigenen
Beobachtungen und Gefühle hinter
die Beschlüsse der Gruppe zu stellen.
Doch die Beweggründe für Entscheidungen auf anderen Yachten können
falsch sein: Angst, Termindruck, Probleme mit Crew, Stress, Unbequem-

Abb. 55 Die Entscheidung, zum Aus-
laufen darf möglichst nicht von äußeren
Umstenden abhängen, vor allem, wenn die
Fahrt ins Eis führt.

75

lichkeiten oder Unwissenheit und Ignoranz. Die lautesten Stimmen für Gruppenentscheidungen sind nicht zwingend die erfahrensten und geeignetsten Ratgeber.

Für manche Menschen ist es schwierig, sich gegen die Entscheidung einer Gruppe zu stellen, und die Gruppe kann es den einzelnen noch härter machen. Im oben genannten Fall in der Nordwest-Passage zum Beispiel wurde von jenen Yachten, die aufgrund Terminzwang gegen die Eisbarriere liefen, eine allgemeine „Jetzt oder nie! Stimmung" verbreitet. Erst später wurde zugegeben, dass der Skipper der tongebenden Yacht wegen eines Termins an seinem Arbeitsplatz getrieben wurde.

Segeln in den Hohen Breiten verlangt Geduld!

Dies klingt einfacher, als es wirklich ist, aber warten auf das richtige Wetter oder das Öffnen einer Eisbarriere kann wahrscheinlich den geduldigsten Menschen aus der Ruhe bringen.

Während ich diese Zeilen schreibe liegen wir bereits 10 Tage vor Anker in den Falkland Inseln und müssen weitere Tage warten, um günstigeres Wetter für die Segeletappe bis Kap Horn zu bekommen. Ungeduld ist ein harter Lehrmeister: Vor zwei Tagen versuchten wir, gegen den Wind anzukommen. Nur um festzustellen, dass wir nach acht Stunden lediglich 20 Seemeilen des Sollkurses geschafft hatten. Sich in Geduld zu üben ist immer wieder eine große Herausforderung.

Abb. 56 Manchmal hilft nur ein langes Warten, um die nächste Etappe bei besseren Bedingungen fahren zu können!

4. EIS

Eis macht einen großen Teil des Reizes der Hohen Breiten aus. Mit dem eigenen Schiff zu einer Gletscherzunge zu fahren, die erste Sichtung eines Eisberges, oder der erste Kontakt mit Packeis hinterlassen bleibende Erinnerungen. Welche Anziehungskraft Eis auch immer hat, so gefährlich und zerstörerisch kann es auch sein. Deshalb sollte sich jeder Segler bereits vor Eisfahrten mit dem Thema Eis auseinandersetzen. Mit etwas Zeit und Erfahrung lernt man Eis richtig zu interpretieren und die Gefahren von Eis besser einzuschätzen.

4.1 Formen von Eis

Werden Gebiete mit Eis befahren, muss die Crew Eiskarten lesen und die unterschiedlichen Formen von Eis einschätzen können. Die Art und Größe des Eises bestimmt, ob sich die Yacht durch ein Eisfeld schieben oder brechen kann, oder ob sie in Gefahr kommt, vom Eis beschädigt zu werden. Die Bezeichnungen der unterschiedlichen Eisarten wurden in Englisch angegeben, da die meisten erhältlichen Eiskarten in englischer Sprache ausgesendet werden.

4.1.1 Meereis/Packeis

Meereis (sea ice) ist größtenteils gefrorenes Salzwasser. Es entsteht, wenn die Oberfläche des Meeres friert. Salzwasser mit einem durchschnittlichen Salzgehalt von 35 Promille friert bei einer Temperatur von -1,88 Grad Celsius. Dabei werden auch Eisberge, Growler und Bergy Bits (bestehend aus Frischwasser) im Packeis eingeschlossen.

Ist Meereis mit der Küste oder dem Meeresboden verbunden, kann es seine Position nicht durch Wind oder Strömung ändern. Es wird „fast ice" oder „shore fast" genannt. Ragt

fest verbundenes Eis mehr als zwei Meter über die Wasseroberfläche, spricht man von einem „Eisschelf" (ice shelf).

In der Antarktis wird Meereis, welches sich mit gestrandeten Eisbergen verbunden hat und stationär ist, ebenfalls „fast ice" genannt. Meereis in der Antarktis hat einen größeren Frischwasseranteil durch Schneefall als in der Arktis und ist etwas weicher.

Treibendes Meereis wird generell Packeis (pack ice, ice pack) genannt. Einzelne Schollen werden als „ice floe" bezeichnet. Die durch Wind und Strömung verursachte Drift von Packeis kann durchaus mehrere Seemeilen am Tag betragen. Sofern eine Information vorliegt, wird diese Drift in den Eiskarten mittels Pfeilen vermerkt. Die Ausdehnung von Meereis wird in den Eiskarten in 0/10 bis 10/10 Bedeckung angegeben, mehr zu diesen Themen in Kapitel 4.2.2 Interpretation von Eiskarten auf Seite 71.

Polynyas sind irreguläre Öffnungen im Meereis, ebenso wird offenes Wasser zwischen Packeis als Polynya bezeichnet. Interessanterweise entstehen in der Arktis jedes Jahr Polynyas an den gleichen Stellen.

Alter und Stärke von Packeis wird in einjähriges Eis (First year ice) oder mehrjähriges Eis (Multi year ice) eingeteilt. Einjähriges Meereis hat noch keine Sommerschmelze überstanden und ist mindestens 30 cm dick. Dünneres Eis wird als „new ice" (bis 10 cm dick) und als „gray - white ice" (10 bis 30cm dick) bezeichnet.

Mehrjähriges Eis hat bereits mindestens eine Sommerschmelze überstanden und kann zwei oder mehr Jahre alt sein. Mit dem Alter nimmt die Härte des Eises zu, da sich der Salzgehalt durch die Sommerschmelze verringert. Mehrjähriges Eis erreicht eine Dicke von mindestens zwei Metern.

Während der letzten Jahre reduziert sich mehr Packeis des arktischen Ozeans als noch im letzten Jahrhundert. Die Reduzierung von Packeis im Sommer sollte die Navigation im Arktischen Gewässer eigentlich vereinfachen. Großteils trifft dies auch zu, doch kann sich Packeis durch die reduzierte Eisfläche schneller bewegen und seine Position täglich drastisch ändern. Durch die höhere Drift kann die Packeisbedeckung sehr schnell variieren, aus einer 3/10 Bedeckung kann innerhalb weniger Stunden einen 8/10 Bedeckung werden. Deshalb ist der Empfang und die richtige Interpretation von Eiskarten bei Passagen durch die Arktis wichtig.

Packeis, speziell mehrjähriges Eis, stellt für jedes Schiff eine große Gefahr dar. Eine Yacht darf auf keinen Fall in mehrjähriges Packeis fahren, mehr zu diesem Thema im Kapitel 4.3.1 Eisnavigation im Gletschereis auf Seite 87.

4.1.2 Gletschereis

Gletschereis besteht aus Frischwasser und entsteht ausschließlich an Land. Es kommt in drei verschiedenen Formen und Größen vor. Die Bezeichnung und Angabe der Größe von Eis wurde generell von WMO (Welt Meteorologie Organisation) standardisiert, kann aber dennoch manchmal etwas abweichen.

Kategorie	Höhe	Länge
Growler	< 1m (3,3ft)	< 5m (16ft)
Bergy Bit	1 - 5m (3.3 - 16ft)	5 - 15m (16 - 49ft)
Iceberg SMALL	5 - 15m (16 - 49ft)	15 - 60m (49 - 200ft)
Iceberg MEDIUM	15 - 45m (49 - 148ft)	60 - 120m (200 - 390ft)
Iceberg LAGE	45 - 75m (148 - 246ft)	120 - 200m (390 - 660ft)
Iceberg VERY LAGE	> 75m (246ft)	> 200m (660ft)

Tabelle 1 Größe von Gletschereis, standardisiert von WMO und herausgegeben von ICE PATROL

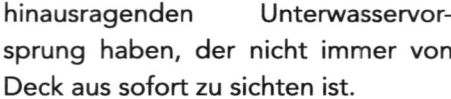

4.1.2.1 Eisberge

Eisberge (Iceberg) entstehen durch das Kalben von Gletschern. Ihre wahre Größe bleibt vor den Augen unsichtbar, bis zu 1/5 ihrer Masse befindet sich unter der Wasseroberfläche. Eine Größe, die nur schwer vorstellbar bleibt. Erst wenn ein Eisberg kentert, also seine Lage ändert, kann die beeindruckende Größe dieser Eismassen erahnt werden.

Wenn Eisberge kentern oder kalben, sich also im Wasser drehen oder Eisstücke abbrechen, kann es für Yachten zu gefährlichen Situationen kommen: Ist die Yacht dem Eisberg zu nahe, läuft sie Gefahr,

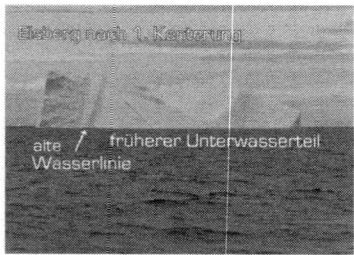

Abb. 57 Nach der Kenterung eines Eisbergs ist seine Größe zu sehen.

von der durch Kenterung oder Kalben verursachten Welle (Mini-Tsunami) überrollt zu werden. Sowohl die Kenterung wie auch das Kalben von Eisbergen passiert plötzlich, ohne Vorwarnung. Die Navigation in nächster Nähe von großen Eisbergen ist deshalb nicht ungefährlich und sollte möglichst vermieden werden. Bei der Annäherung mit der Yacht an einen Eisberg muss bedacht werden, dass manche Eisberge einen weit hinausragenden Unterwasservorsprung haben, der nicht immer von Deck aus sofort zu sichten ist.

Durch die massive Unterwasserfläche treiben Eisberge fast immer mit der Strömung und nicht mit dem Wind.

Antarktische Eisberge werden durch ihre Form meist Tabular-Eisberge genannt, sie sind teilweise größer als Eisberge in der Arktis. Eisberge in der Antarktis können eine Fläche von 200 x 50 Kilometer haben und ragen bis zu 200 Meter aus dem Wasser. Sie treiben mit der Meeresströmung in nördliche Richtung bis zum 45. südlichen Breitengrad im Pazifischen Ozean und 35. südlichen Breitengrad im Atlantischen und Indischen Ozean. (Quelle Sailing Directions PUB.200 Antarctica)

Arktische Eisberge treiben in den Süden bis zirka 48 Grad nördliche Breite, östlich von Neufundland können Eisberge aber auch bis 40 Grad Nord driften.

4.1.2.2 Growler

Beim Kalben von Gletschern und Eisbergen, oder durch das Zerbrechen von Eisbergen, werden auch kleinere Eisstücke produziert. Growler werden Eisbrocken genannt, die weniger als einen Meter über die Wasseroberfläche reichen und bis fünf Meter lang sind.

Abb. 58 Growler

Growler sind für Yachten besonders gefährlich, da sie im Seegang schwer zu sichten sind, vor allem, wenn der Wind auffrischt und weiße Gischt auf den Wellen erscheint.

Eine Form von Growler (in der Arktis „Black Ice" genannt) ist glasklar und daher kaum noch von ihrer Umgebung im Wasser zu unterscheiden. Black Ice gehört zu den gefährlichsten Eisstücken für Yachten, da sie fast nicht rechtzeitig zu sichten sind.

Growler sind klein genug, um in jede Bucht zu treiben. Einzelne Growler sollten für ankernde Yachten kein Problem darstellen. Treiben unzählige Growler in die Ankerbucht, muss rechtzeitig ankerauf gegangen werden, bevor sich die Bucht füllt und die Yacht nur noch schwer ins offene Wasser findet.

4.1.2.3 Bergy Bits

Bergy Bits sind größer als Growler, aber nicht über fünf Meter hoch und fünfzehn Meter lang. Sie sind im Seegang leicht auszumachen. Selbst bei dichtem Nebel haben Radargeräte kaum Schwierigkeiten, die aufmerksame Crew rechtzeitig zu warnen.

Bergy Bits machen allerdings Probleme, wenn sie in Ankerplätze treiben. Im Gegenteil zu Eisbergen haben sie nicht so viel Tiefgang, dass sie noch vor der ankernden Yacht stranden. Sie können aber durchaus gleich groß oder größer als die Yacht sein und diese so in ernstzunehmende Bedrängnis bringen. Vor allem, wenn sich die Ankerkette an ihnen verwickelt oder wenn sie sich gegen die ankernde Yacht beziehungsweise deren Landleinen lehnen.

Abb. 59 Ein Bergy Bit mach Schwierigkeiten am Ankerplatz.

Bergy Bits können das Ankergeschirr ausreißen und die Yacht auf das Ufer drücken. Oder sie können an der ankernden Yacht kentern. In dem Zusammenhang will ich auch erwähnen, dass man ihnen mit dem Dingi nicht zu nahe kommen darf.

4.2 Eiskarten

Eiskarten werden mittels gesammelter Daten über Flugzeug, Eisbrecher, Meldungen von Landstationen, Satellitenbilder und Radar von den zuständigen Ländern (meist sind es Kooperationen mehrerer Länder oder Behörden) erstellt und herausge-

Abb. 60 Eiskarte

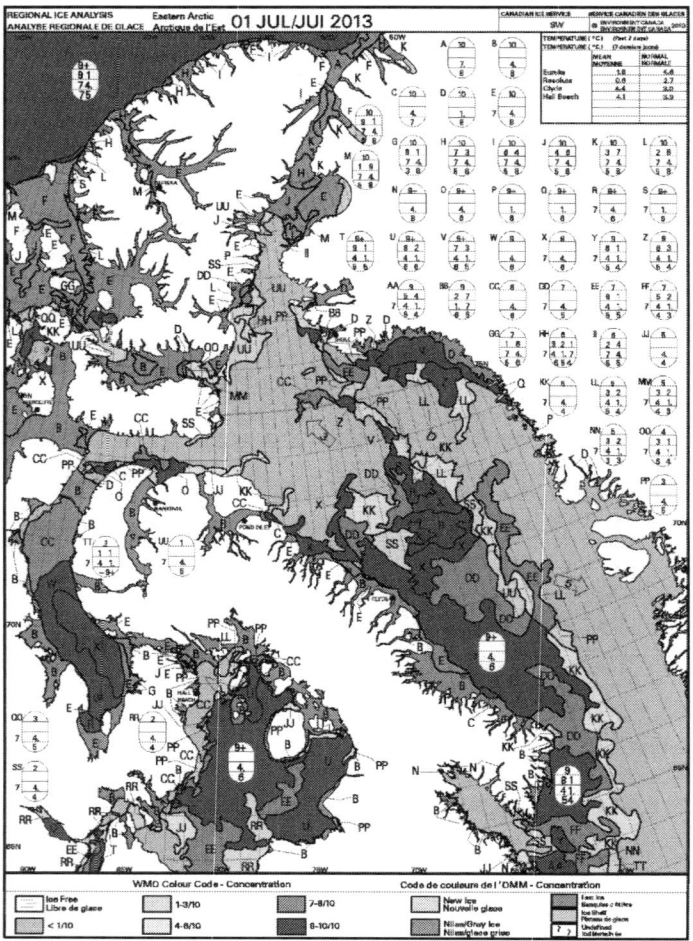

geben.

Sie geben Information über Eisbedeckung, Eisart, Alter und Stärke des Eises, Schollengröße und Eisdrift.

4.2.1 Empfang von Eiskarten

Eiskarten, Satellitenaufnahmen und Eisinformationen in Textform werden von den jeweiligen Ländern für ihr Seegebiet auf unterschiedliche Weise ausgesendet. Im Kapitel 10. Länderinformation auf Seite 232 wird für jedes Land spezifisch auf die Verfügbarkeit von Eisinformation eingegangen.

Sehr gute und in hoher Auflösung erhältliche Eiskarten findet man im Internet. Wichtige Links zu Eiskarten und Eisinformationen sind im Kapitel 11.2 Links auf Seite 315 zu finden.

Leider macht die Dateigröße der Eiskarten aus dem Internet ihren Empfang an Bord mittels Kurzwelle oder Satellitentelefon nicht einfach. Die maximale Datengröße für den Empfang von Bildern ist je nach Anbieter beschränkt und in den meisten Fällen nicht ausreichend.

Auch erhält jede neue Eiskarte im Internet eine neue URL (Bildadresse), die ohne Internetzugriff nicht für die Anforderung via Saildocs bekannt ist. Mehr zum Thema e-Mail Empfang via

Kurzwelle oder Satellitentelefon und Saildocs ist im Kapitel 5.7 Kommunikation und Wetterempfang auf Seite 152 zu finden.

Die meisten Yachtcrews in der Arktis bitten jemand an Land, die nötigen Eiskarten nach der Veröffentlichung im Internet herunterzuladen und in komprimierter Form an die bordeigene e-Mail weiterzuleiten. Dadurch können auch Schwierigkeiten mit dem Empfang über Kurzwelle minimiert werden, da der Empfang von e-Mails nicht zeitlich gebunden ist und zu bestmöglichen Ausbreitungsbedingungen der Funkwellen an Bord empfangen werden können.

Wird für den Empfang von e-Mails ein Satellitentelefon verwendet, muss vorab sichergestellt werden, dass der jeweilige Anbieter beziehungsweise der gewählte Plan des Anbieters das gesamte Gebiet der Segelroute abdeckt. Manche Pläne reichen nördlich des Arktischen Polarkreis.

In manchen Revieren können Eisinformationen in Textform empfangen werden. Zum Beispiel sind in der Ostsee, in Bereichen des Nordatlantiks und in Alaska Eisinformationen als Text über Navtex erhältlich.

In den meisten Revieren der Arktis werden Eiskarten per Faxaussendung veröffentlicht. Mit Wetterfax-Gerät oder einem Kurzwellenempfänger und Computer mit Decodiersoftware an Bord sind diese Eiskarten zu beziehen. Allerdings können Aussendungen über Kurzwelle in den Hohen Breiten durch natürliche Faktoren sehr gestört sein und der Empfang von Wetterfax zu vorgegebenen Zeiten kann schwierig werden.

4.2.2 Interpretation von Eiskarten

Eiskarten müssen in Verbindung mit Wetterkarten studiert werden, da die Richtung und Geschwindigkeit der Eisdrift nicht nur von der Meeresströmung beeinflusst wird, sondern auch sehr stark von Windrichtung und Windstärke abhängt.

Die Zahl in den Pfeilen gibt die Driftgeschwindigkeit in Seemeilen/24h an, der Pfeil zeigt die voraussichtliche Richtung. Die angegebene Richtung und Geschwindigkeit der Drift des Meereises kann natürlich lokal abweichen.

Am unteren Rand der Eiskarte sind mehrere farbige Felder mit nebenstehendem Zahlenwert 1/10 bis 9-10/10 oder mit Text dargestellt. Diese Farbcodierung ist von der WMO (Welt Meteorologie Organisation) standardisiert worden. Per Wetterfax gesendete Eiskarten sind schwarzweiß, daher ist es wichtig, auch die ver-

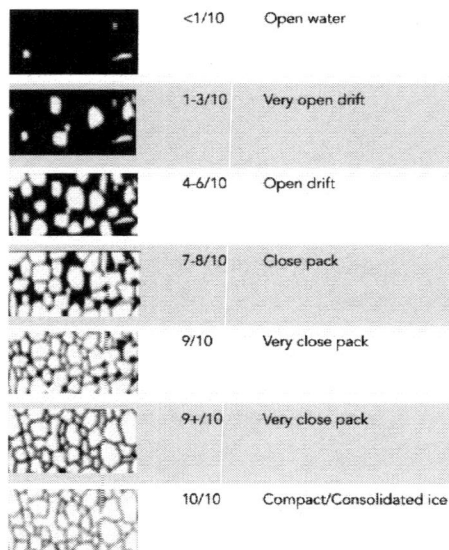

	<1/10	Open water
	1-3/10	Very open drift
	4-6/10	Open drift
	7-8/10	Close pack
	9/10	Very close pack
	9+/10	Very close pack
	10/10	Compact/Consolidated ice

Tabelle 2 Eiskonzentration in Zehntel.

wendeten Symbole von Eiskarten zu verstehen.

Eisbede-ckung wird in zehntel Bede-ckung angege-ben. Bei einer Angabe von 1/10 sind 10 Prozent der Wasserober-fläche mit Eis bedeckt, bei 10/10 also 100 Prozent.

4.2.2.1 Egg Code

Tabelle 3
Der Egg-Code und seine Bedeutung

Detailliertere Information über Konzentration, Größe und Dicke von

Eis und Eisschollen wird schematisch in einem Diagramm dargestellt. Auf-grund seiner Form wird dieses Dia-gramm als Egg-Code bezeichnet. International wurde der Egg-Code ebenfalls von der WMO standar-disiert.

Egg-Codes sind auf der Eiskarte am Seitenrand zu sehen, jeder Egg-Code ist mit einen Buchstaben ver-sehen, dieser Buchstabe ordnet die Angaben des Egg-Codes einem bestimmten Seegebiet in der Eiskarte zu. Es werden maximal 3 verschie-dene Eisarten pro Egg-Code beschrieben.

Mit Tabelle 4 und 5 (auf den Folge-seiten) können nun die zu erwar-tenden Eisverhältnisse genau bestimmt werden.

Die Zahlen in Tabelle 3 bedeutet also:

- *Im Gebiet ist eine Eis-konzentration von ins-gesamt 5/10 Eis (5)*

- *3/10 davon (3) besteht aus dickem, ein-jährigem Eis über 120cm dick (4 = 4. da rechts davon ein 1. steht) aus großen Schollen mit 500m bis 2km Durchmesser (5)*

- *2/10 davon (2) besteht aus mittlerem ein-jährigem Eis mit 70 bis*

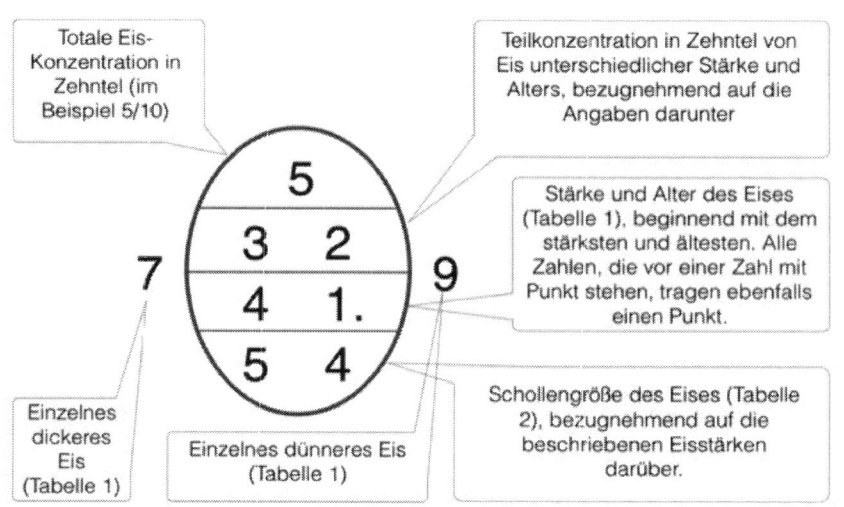

120cm dick (1.) aus mittleren Eisschollen (4)

- *Einzelnes altes Eis, mindestens zweijährig und dicker als 2m ist im Gebiet. (7 steht in diesem Fall für*

7. da rechts davon eine 1. steht)

- *Einzelnes dünnes, einjähriges Eis im zweiten Stadium mit 70 bis 120cm dick ist vorhanden (9).*

Code	Alter, Stadium	Stärke	Englische Bezeichung
1	neuer Matsch	0 - 10 cm	new ice-frazil, slush, shuga
2	neue Eisschicht	0 - 10 cm	nilas, ice rind
3	junges Eis	10 - 30 cm	young ice
4	graues Eis	10 - 15 cm	gray ice
5	grau-weißes Eis	15 - 30 cm	gray white ice
6	Einjähriges Eis	30 - 200 cm	first year ice
7	dünnes einjähriges Eis	30 - 70 cm	first year thin
8	dünnes einjähriges Eis, erstes Stadium	30 - 70 cm	first year thin - first stage
9	dünnes einjähriges Eis, zweites Stadium	30 - 70 cm	first year thin - second stage
1.	mittleres einjähriges Eis	70 - 120 cm	medium first year
4.	dickes einjähriges Eis	> 120 cm	thick first year
7.	altes Eis, mindestens zweihährig	> 2 m	old - survived at least one seasons melt
8.	zweijähriges Eis	> 2 m	second year
9.	mehrjähriges Eis	> 2 m	multi year
▲	Gletschereis		ice of land origin

Tabelle 4
Die dritte Zeile im Egg-Code gibt Auskunft über die Stärke und das Alter des Eises.

85

Code	Schollengröße	Durchmesser	englische Bezeichnung
X	neues Eis	0 - 10 cm	new ice
0	kleine Eisplatten	10 cm - 3 m	pancake ice
1	Eistrümmer	< 2 m	brush ice
2	Eisstücke	3 - 20 m	ice cake
3	kleine Eisschollen	20 - 100 m	small ice floe
4	mittlere Eisschollen	100 - 500 m	medium ice floe
5	große Eisschollen	500 m - 2 km	big ice floe
6	sehr große Eisschollen	2 - 10 km	vast ice floe
7	riesige Eisschollen	> 10 km	giant ice floe
8	mit Land verbundenes Eis		fast ice
9	Gletschereis		ice of land orgin
/	unbestimmt		undetermined, unknown (Icebergs, Growlers, Bergy Bits)

4.3 Eisnavigation

Eisberge begeben sich auf Wanderschaft, sie treiben mit den vorherrschenden Meeresströmungen. Dadurch ist Treibeis auch in Gebieten außerhalb der Arktis oder Antarktis und fernab der Gletscher eine Gefahr für die Schifffahrt.

Monatskarten (Pilot Charts), Seekarten und manche Küstenhandbücher geben Treibeisgrenzen (Ice Limits) an. Diese Treibeisgrenzen sind in den Monatskarten unterteilt als:

- Eisgrenzen für Gletschereis („extent limit of glacier ice", „maximum iceberg limit" oder „(mean) maximum extent of icebergs") und

- Eisgrenzen für Packeis mit Minimum von 1/10 Eiskonzentration ("extrem limit of pack ice", "maximum ice limit" oder "maximum extent of sea ice").

Treibeisgrenzen beruhen auf dem Durchschnitt der gesammelten Daten und sind daher relativ. Zusätzlich in den Karten eingezeichnete außergewöhnliche Eissichtungen ("exceptional ice sightings") verdeutlichen dies.

Im Nordatlantik werden Grönlands Eisberge durch den Ostgrönlandstrom weit in den Süden getrieben. Ein Großteil der Eisberge wird allerdings bei Kap Farvel, der Südspitze Grönlands, vom nordsetzenden Westgrönlandstrom erfasst.

Sie wandern die westgrönländische Küste hoch und vollziehen mit dem Kanadastrom, beziehungsweise Labradorstrom, abermals eine Richtungsänderung: Entlang der kanadischen Küste wandern sie, vereint mit den Eisbergen aus Westgrönland und Kanada, in den Süden um Neufundland und können es sogar bis weit in den Atlantik schaffen. Je nach Jahreszeit zeigen daher die Monatskarten ein mögliches Eislimit bis südlich von 40° Nord!

Im Nordpazifik spielt treibendes Gletschereis keine bedeutende Rolle,

da die Gletscher von Alaska keine vergleichbaren Eisberge zu Grönlands Eiskappe produzieren.

In den Südmeeren treiben Eisberge der Antarktis mit der Strömung in den Norden. Im Südwinter können die Treibeisgrenzen im Südatlantik bis zur Südspitze Afrikas reichen, während im Südpazifik die Treibeisgrenze generell etwas weiter südlich bei ungefähr 45 Grad Süd liegt.

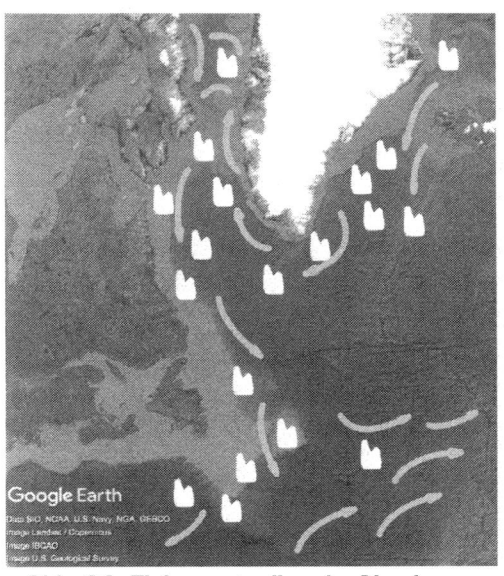

Abb. 61 Eisberge treiben im Nordatlantik mit der Strömung bis 40°N

4.3.1 Eisnavigation im Gletschereis

Bei Segelreisen nach Grönland werden Eisberge noch bevor das Land in Sicht kommt zur Herausforderung für die Navigation.

Bei Ozeanpassagen in allen Südmeeren muss mit Treibeis aus der Antarktis gerechnet werden, mehr dazu im Kapitel 9. Ozeanpassagen, Routen und Saisons auf Seite 245.

In diesen Gebieten ist besonders guter Warschau gefordert: Nicht nur große Eisberge, die von Weitem gesehen werden, sondern auch Growler, die im Seegang schwer auszumachen sind, werden zur Gefahr. Sie entstehen weit ab von Gletschern, wenn Eisberge selbst kalben, abschmelzen oder zerbrechen. Wird ein Eisberg gesichtet, muss daher mit Growlern im Wasser gerechnet werden. Jeder Segler sollte sich bewusst sein, dass ein Growler ungefähr die Größe eines Autos hat und bei einer Kollision mit einer Yacht unter Marschfahrt Schäden verursachen kann.

„Black Ice" (siehe Kapitel 4.1.2.2 Growler auf Seite 80 ist selbst bei guter Sicht kaum zu sehen und gehört deshalb zu den gefährlichsten Eisstücken für Yachten.

Je näher die Yacht an die Gletscher kommt, desto mehr Treibeis wird sie begegnen.

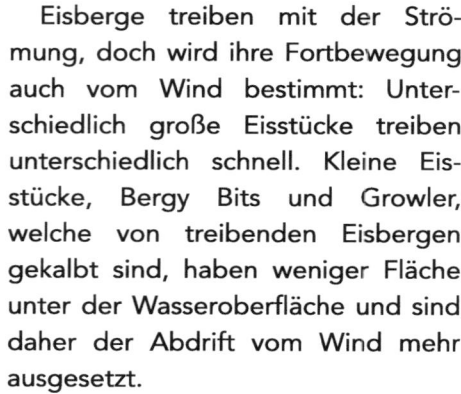

Abb. 62 Ein gestrandeter Growler zeigt seine wahre Größe.

Eisberge treiben mit der Strömung, doch wird ihre Fortbewegung auch vom Wind bestimmt: Unterschiedlich große Eisstücke treiben unterschiedlich schnell. Kleine Eisstücke, Bergy Bits und Growler, welche von treibenden Eisbergen gekalbt sind, haben weniger Fläche unter der Wasseroberfläche und sind daher der Abdrift vom Wind mehr ausgesetzt.

Für Yachten gilt Eisberge an ihrer Luvseite zu passieren. So vermeidet man das Feld von windgetriebenen Eisstücken. Gerade bei Starkwind ist es ratsam, weit vor dem Eisberg bereits Höhe zu gewinnen, um sich einen Segelkurs hoch am Wind direkt beim Eisberg zu ersparen.

Das ist anfänglich gewöhnungsbedürftig, ist der Steuermann doch eher

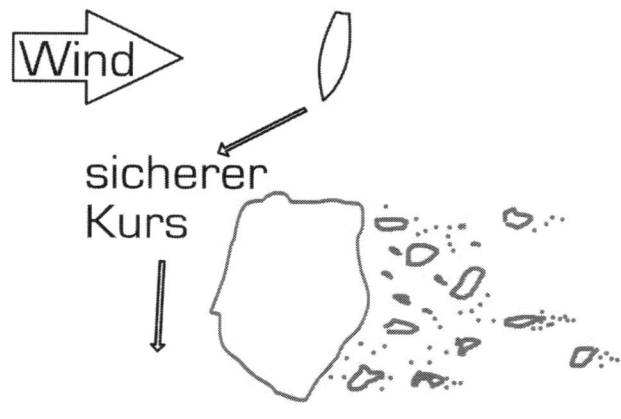

Abb. 63 Der sichere Kurs um einen Eisberg führt an seiner Luvseite vorüber.

bedacht, vor einer Kollision abzu-
fallen und den leichteren Weg achter-
lich um das Hindernis zu wählen.
Kommt die Yacht ins dichte Eisfeld
eines Gletschers oder gerät sie an die
Leeseite eines großen Eisberges,
wird es der Crew kaum gelingen,
jedem Eisstück auszuweichen.

Von großen Eisbergen muss möglichst viel Abstand gehalten werden,
um nicht bei einer Kenterung eines
Eisberges zu Schaden zu kommen.

Generell gibt es keine Vorwarnung, die Kenterung eines Eisbergs
passiert plötzlich. Nicht jede Kenterung ist ein Drehen von 180°, ich
habe Kenterungen beobachtet, bei
denen sich Eisberge gerade um 30
oder 40 Grad zur Seite legten.

Eisberge, die schon mehrere alte
Wasserlinien vorweisen, sollen
unstabil sein und leichter kentern,
wogegen Eisberge mit nur einer
horizontalen Wasserlinie stabil liegen.
Ob solche „stabilen" Eisberge damit
weniger gefährlich sind, darf jedoch
bezweifelt werden.

Eisberge können auch positiv zur
Navigation beitragen: Auf Grund
gelaufene Eisberge zeigen, wo das
Wasser untief ist. Gerade in schlecht
kartografierten Sunden und Fjorden
kann das sehr hilfreich sein. Der
Segler wird schnell erkennen lernen,
welche Eisberge treiben und welche

festliegen, und kann so Schlüsse auf
die Wassertiefe ziehen.

Auch bei der Wahl des Ankerplatzes wird die Tatsache, dass Eisberge
tief ins Wasser reichen, beachtet. Will
die Crew eine relativ ruhige Nacht,
sollte eine Ankerbucht gewählt
werden, deren Eingang flach ist. Der
seichte Eingang zur Bucht zwingt
Bergy Bits und Eisberge draußen zu
bleiben! Ideal ist eine Bucht hinter
kleinen Inseln oder einer beinahe
rundum geschlossenen Bucht.

Navigiert die Yachtcrew absichtlich
in das Eisfeld eines Gletschers, zum
Beispiel in einen Fjord, kann sie kaum
allen Treibeisstücken ausweichen. Für
solche Fahrten auf eine leichte Brise
warten!

In der Regel ist in Eisfjorden kein
besonderer Seegang, weshalb die
Fahrt ins Eisfeld unter verminderter
Geschwindigkeit der Yacht keine
großen Probleme bereiten sollte.
Dem Steuermann wird geholfen,
wenn ein Crewmitglied am Bug per
Handzeichen Anweisungen gibt und
den Weg durchs Eisfeld zeigt. So
können größere Eisstücke vermieden
werden.

Manche Bergy Bits und Growler
haben unter der Wasseroberfläche
vorstehende Eiskanten. Das Crewmitglied am Bug kann Eisflächen unter
Wasser besser erkennen und signali-

sieren, wenn mehr Abstand zum Eis nötig ist.

Manche Yachtcrews senken ihren Anker zur Wasseroberfläche, damit dieser die Kollision mit Growlern abschwächt. Diese Idee ist meiner Meinung nach nicht empfehlenswert, da der Anker selbst Schäden am Bug verursacht, ohne dabei einen Growler aufhalten zu können.

Befindet sich die Yacht in einem relativ dichten Eisfeld eines Gletschers, ist die Manövrierbarkeit eingeschränkt, und es ist nicht mehr möglich, volle Marschfahrt zu fahren. Dann müssen Eisberge besonders beobachtet werden. Unter „Iceberg Train" versteht man Eisberge, die von der Strömung getrieben werden. Gerade wenn Strömung gegen den Wind steht, können tiefreichende Eisberge mit der Strömung gegen den Wind und damit gegen die Drift umliegender Bergy Bits, Growlers oder Eisschollen geschoben werden. Bei der Navigation durch Eisfelder mit Eisbergen müssen daher umliegende Eisberge laufend beobachtet werden, damit sie der Yacht nicht zu nahe kommen.

Bei einer Passage durch einen mit Gletschereis verstopften grönländischen Sund konnte ich einen Iceberg Train beobachten, der sich mit einer regelrechten Bugwelle aus Growlern durch das dichte Eisfeld schob.

4.3.2 Eisnavigation im Packeis

Segelt eine Yachtcrew in ein Gebiet mit Packeis, sollte die Crew Eiskarten empfangen und lesen können. Sind keine akkuraten Eiskarten für das Gebiet erhältlich, kann Eisleuchten (2.2.6 Eisleuchten auf Seite 24) ein Indikator für Packeis voraus sein.

Selbst erfahrene Skipper auf eisverstärkten Metallyachten segeln in der Regel nicht in Gebiete, die auf Eiskarten mehr als 6/10 Eisbedeckung von einjährigem Eis in kleinen Schollen zeigen.

Sollte die Wetterlage unstabil sein oder kann die Yacht in Gefahr kommen, zwischen Packeis und Küste beziehungsweise mit Land verbundenen Eis zu geraten, sollt man sich kaum in mehr als 4/10 Eisbedeckung an kleine bis mittlere, einjährige Packeisschollen wagen.

Da Packeis mit Wind und Strömung treibt, kann es sich in Gebieten mit wenig Eiskonzentration stellenweise verdichten. Kommt die Yacht zwischen Küste und Packeis, riskiert sie, vom verdichtenden Eis auf die Küste getrieben zu werden. Auch auf Ankerplätzen wird es gefährlich, wenn Wind oder Strömung Packeis in die Bucht treibt.

Abb. 64 Fahrt durch ein verdichtetes Packeisfeld

Eine Segelyacht darf sich auf keinen Fall in mehrjähriges Packeis wagen. Es kann selbst für Eisbrecher ein harter Gegner werden. Mehrjähriges Packeis ist durch das Abschmelzen im Sommer verdichtet und somit härter als einjähriges Eis. Optisch ist es flacher und blauer als frisches Eis. Während die Kollision mit einjährigem Eis mit einer Kollision mit Holz vergleichbar ist, ist die Kollision mit mehrjährigem Eis eher wie das Aufschlagen auf Beton. Im Egg-Code von Eiskarten wird dieses Eis mit der Kennung 7, 8. oder 9. angezeigt.

Auch die Größe der Eisschollen muss von Yachtcrews beachtet werden. Handelt es sich um große Schollen, wird es keiner Yacht mehr möglich sein, sie mit Motorkraft zu schieben. Gerät die Yacht zwischen sehr große Schollen, kann sie zerdrückt werden. Im Egg-Code von Eiskarten werden große Schollen mit 5, 6 oder 7 angezeigt.

Jede noch so stabile Hochseeyacht sollte stets versuchen, Packeisfelder zu umsegeln. Wenn es nötig wird, durch ein Feld aus gebrochenem Packeis zu steuern, solle zuerst aus erhöhter Position (zum Beispiel ein Crewmitglied auf der Saling) das Packeisfeld auf seine schmälste Ausdehnung abgesucht werden. Da Packeisschollen schnell treiben, wird offenes Wasser zwischen den Schollen laufend geöffnet und geschlossen. Ein Crewmitglied am Bug oder in erhöhter Position muss dem Steuermann den bestmöglichen Weg durch das Packeisfeld anzeigen.

Um durch verdichtetes, gebrochenes Packeis zu gelangen, muss die Yacht unter verminderter Marschfahrt gegen die Schollen gefahren werden. Dabei muss bedacht werden, dass die Yacht nicht zu schnell ist, um harte Kollisionen zu vermeiden. Dennoch muss genug Geschwindigkeit gelaufen werden, um nicht im Eis stecken zu bleiben. Je langsamer die Yacht fährt, desto behäbiger reagiert das Ruder, was die Navigation zwischen Schollen erschwert.

Um eine Scholle aus dem Weg zu schieben, wird sie (wenn möglich) nicht zentral, sondern seitlich angefahren. Beginnt die Scholle, sich langsam zu drehen, kann von Crewmitgliedern am Bug mit Hilfe von Eispolen die Scholle langsam in Richtung Heck weggedrückt werden.

Bleibt die Yacht im Packeis stecken, muss kurz rückwärts gegeben werden, um erneut gegen die Schollen vorausfahren zu können. Dieses Manöver gehört zu den gefährlichsten im Packeis, da Eis ins Ruder oder in die Schiffsschraube gelangen kann. Rückwärts darf deshalb nur im Notfall und mit äußerster Vorsicht gegeben werden. Gerät Eis in die Schiffsschraube, muss sofort ausgekuppelt werden.

Die Crew am Bug ist verantwortlich, dem Steuermann generell sofort mitzuteilen, wenn sich Eis unter den Rumpf schiebt. Auch dann muss schnellstens ausgekuppelt werden, damit die Schiffsschraube keinen Schaden nimmt.

Generell beruhigt Packeis den Seegang. Ist die Yacht in einem Feld aus Packeis, wird sie nicht mit Welle oder Dünung rechnen müssen. Nimmt die Dünung zu, kann davon ausgegangen werden, dass bald wieder freies Wasser vor dem Bug auftaucht. Im Seegang muss Schollen besonders aus dem Weg gegangen werden, da Wellen einen Aufprall auf Eis verstärken.

4.4 Einfrieren

Gelegentlich taucht die Frage auf, ob einer Yacht das unbeabsichtigte Einfrieren im Sommer drohen kann. In der Regel ist aber in den Sommermonaten treibendes Eis, vor allem, wenn es in die Ankerplätze kommt, gefährlicher als unbeabsichtigtes Einfrieren. Im Frühling kann es durchaus kurzzeitig zum Einfrieren in engen Buchten kommen. In der Regel kommt die Yacht beim nächsten Wetterumschwung wieder frei. Im Herbst muss in vielen Gebieten besser aufgepasst werden, um nicht versehentlich für den Winter festzuliegen. Gebiete weit Inland in Fjorden bergen ein höheres Risiko als küstennahe Buchten. Auf das beabsichtigte Einfrieren über Winter wird im Kapitel 8. Überwintern auf Seite 227 genauer eingegangen.

5. YACHT UND AUSRÜSTUNG

Gute Yachten gibt es viele. Es sollte nicht das Thema dieses Buches sein über die einzig richtige oder geeignete Yacht, deren Rumpfmaterial, Design oder Mindestausrüstung zu schreiben, das muss jeder Skipper für sich entscheiden. Vielmehr versteht sich dieses Kapitel als Erfahrungsbericht: Was hat sich bewährt und trägt zur Sicherheit bei.

5.1 Eine Yacht für die Hohen Breiten

Die Yacht muss selbstverständlich seegängig konstruiert und fachmännisch gebaut sein. Kompromisslos muss sie sicheres und komfortables Segeln über die Weltmeere ermöglichen. Um ihre Ziele in den Hohen Breiten erreichen zu können, wird sich die Yacht in herausfordernde Seegebiete wagen. Deshalb muss sie für Schwerwetter ausgerüstet sein, der Crew maximale Sicherheit auch in rauer See bieten und kleine Fehler verzeihen. Alles Weitere - wie ihre Eigenschaften im Hafen, ihr Platzangebot vor Anker, oder ihr Pflegeaufwand - sind Kompromisse.

Um in den Hohen Breiten sicher unterwegs zu sein, muss die Yacht möglichst autark sein. Denn sie wird sich über längere Zeiträume in nur spärlich bewohnten Gebieten bewegen und Ortschaften anlaufen, in denen keine komfortablen Yachthäfen warten. Orte, in denen keine Fachkräfte oder auch nur Ersatzteile für die kleinen Gebrechen aufzutreiben sind.

Gleichzeitig werden die Belastungen, denen sie ausgesetzt ist, ungleich hoch im Vergleich zum Einsatz als Freizeityacht sein. Und schon alleine deshalb sollte sich jede Yacht, die in die Hohen Breiten aufbricht, in ihrem bestmöglichen Zustand befinden und mit Ausrüstung ausgestattet sein, die mehr als nur dem herkömmlichen Einsatz einer Freizeityacht standhalten.

Das in der amerikanischen Blauwasserszene bekannte Segelpaar Lin und Larry Pardey haben den Ausdruck der „unstoppbaren Yacht" geprägt. Ein Konzept, das gerade auch für die Segelreviere der Hohen Breiten besonders interessant ist.

Das heißt, die Yacht muss so ausgerüstet sein, dass sie aufgrund von kleinen Gebrechen nicht zum Stillstand kommt und bis in Reviere mit besseren Reparaturmöglichkeiten selbständig gelangt: Kann der Anker noch geborgen werden, wenn der Motor der Winde abbrennt? Oder, was passiert, wenn die Lichtmaschine bricht? Können Segel gesetzt werden, wenn die Lager der Rollanlage zerbröseln? Und: Wie wird Wetter bezogen, wenn das Satellitentelefon streikt?

5.1.1 Rumpf

Ob die Yacht aus Metall, GFK, Holz oder Stahlbeton gefertigt ist – sie muss stark genug gebaut sein, um sowohl Grundberührung als auch Kollision mit Treibgut oder Eis unter Marschfahrt unbeschadet überstehen zu können.

Das gilt auch für Yachten, die nicht vorsätzlich ins Eis fahren. Wie bereits im Kapitel 2.6 Treibgut auf Seite 38 beschrieben, ist speziell in den Hohen Breiten die Gefahr einer Kollision mit Holz oder Fischereiequipment hoch und selbst bei guter Warschau kann nicht darauf vertraut werden, rechtzeitig schwerem Treibgut ausweichen zu können.

An die Seeventile wird während der Sommermonate in den Hohen Breiten keine erhöhte Anforderung gestellt, da das Einfrieren bis in den Unterwasserbereich der Seeventile kaum versehentlich passieren wird. Grundsätzlich sollte meiner Meinung nach eine Hochseeyacht mit möglichst wenigen und gut zugänglichen Seeventilen ausgestattet sein. Im Kapitel 8. Überwintern auf Seite 195 wird auf Seeventile und Eis genauer eingegangen.

Mittlerweile segeln auch Katamarane in den Hohen Breiten. Einige wenige haben bisher auch Eisfahrten unternommen. Natürlich haben hochseegängige, stark gebaute und richtig ausgerüstete Katamarane auch in den Hohen Breiten ihre Berechtigung, allerdings sind sie ungeeignet für Eisfahrten, da Eis zwischen die Rümpfe gelangen kann.

5.1.2 Kielform

Unter Seglern und in Fachliteratur ist die Meinung stark vertreten, dass in den Revieren der Hohen Breiten und speziell bei Eisfahrten nur ein aufholbarer Kiel die ideale Lösung sei. Es wird angenommen, dass eine Yacht mit aufholbarem Kiel im Falle von Eispressung durch das Eis aus dem Wasser gehoben werden kann, wodurch der Schaden geringer ausfallen sollte.

Ernsthafte Eispressung durch Packeis endet allerdings für jede Yacht fatal. Erfahrungsgemäß liegt es mehr an der Rumpfform als an der Art des Kiels, wie die Yacht unter Eisdruck reagiert.

Eine Yacht in derart schweres Packeis (und vor allem in mehrjähriges Packeis) zu manövrieren, dass sie dabei riskiert, zerdrück oder bestenfalls bis zur Kielwurzel aus dem Eis gepresst zu werden, ist maximal für

Abb. 65 Ein aufholbarer Kiel soll der Yacht helfen, bei Eispressung aus dem Eis gehoben zu werden.

Extremexpeditionen wie einst der FRAM oder später der TARA interessant. Für „normale" Überwinterungen oder Fahrten im Eis spielt die Kielform selbst keine Rolle. Ausgenommen ist ein Kimkieler, der Probleme bekommt, wenn Eis zwischen die Kiele gerät und Antrieb oder Ruder gefährdet.

Auch kann ich die Aussage, dass viele Ankerplätze in den Hohen Breiten sehr flach sind, nicht bestätigen. In Fjordrevieren sowie in der Arktis und Antarktis haben wir eher mit zu tiefen Ankerplätzen als mit zu flachen zu tun gehabt.

Ein Vorteil von Yachten mit aufholbarem Kiel in der Arktis ist, dass sie in der Regel auch dort an Land gestellt werden können, wo es für Yachten mit Festkiel keine Möglichkeiten gibt. Sie können notfalls über LKW-Anhänger direkt am Strand aus dem Wasser gezogen werden und benötigen keine speziellen Stützen für das sichere Überwintern an Land.

Zusammengefasst ist meiner Erfahrung nach die Notwendigkeit eines aufholbaren Kiel, um aus dem Eis gehoben zu werden oder um geschützte Ankerplätze zu erreichen, in den Hohen Breiten nicht relevanter als in anderen Blauwasserrevieren. Auf die Vor- und Nachteile von Festkiel und aufholbarem Kiel sollte hier nicht näher eingegangen werden. Beide Kielarten haben ihre Berechti-

gung und jeder Schiffseigner muss für sich selbst entscheiden, welche Variante für ihn persönlich besser passt.

5.1.3 Ruder

Das Ruder muss so stabil gebaut und aufgehängt sein, dass es eine Kollision beziehungsweise eine Grundberührung unbeschadet überstehen kann.

Abb. 66 Ein stabil gefertigtes Ruder mit Skek. Auch die Schiffsschraube ist hier gut geschützt.

In vielen Revieren der Hohen Breiten wird mit Fangkörben oder ausgebrachten Netzen gefischt, weshalb sich Yachten immer wieder in Leinen verfangen. Das ist speziell für Ruderanlagen ohne Ruderhake (Spatenruder) und die Schiffsschraube ein Problem. Auch bei der Fahrt durch Eis, und zwar speziell bei Manövern rückwärts, wird das Ruder durch Kollision mit Eis stark belastet, da das Ruder bei Fahrt achteraus nicht durch den Kiel geschützt ist.

Spatenruder im Generellen und Doppelruderanlagen im Speziellen sind besonders gefährdet und dadurch ungeeingnet für die Hohen Breiten.

Die Rudermechanik (Ruderquadrant, Steuerseile, Hydraulik-Zylinder...) muss entsprechend stabil gefertigt und bestens gewartet sein.

5.1.4 Deck

Ein ausreichender Schutz von den Elementen für den Wachhabenden gehört meiner Meinung nach zu den wichtigsten Merkmalen einer Expeditionsyacht.

Hin und wieder trifft man auch in den Hohen Breiten auf Yachten mit offenen Cockpits ohne Wetterschutz. Bei längeren Passagen ist es kraftraubend für die wachhabende Crew, über Stunden im Regen oder Schneefall bei vielleicht fünf Grad Celsius und eisigem Wind im ungeschützten Cockpit zu arbeiten. Vor allem Schwerwetter in Kombination mit

niedrigen Temperaturen wird zur gefährlichen Erfahrung für die exponierte und geschwächte Crew. Verlangt die Situation über längere Zeit mehrere Personen an Deck (zum Beispiel bei Eiswache), kann es zu ernsthaften Unterkühlungen und sogar Frostschäden kommen. Mehr dazu im Kapitel 6.4.1 Hypothermie / Unterkühlung auf Seite 186.

Es kann nicht oft genug darauf hingewiesen werden, wie gefährlich das Überbordgehen in Kaltwasserrevieren ist. Die Überlebenschancen bei Wassertemperaturen um die Null Grad sind ohne Überlebensanzug verschwindend.

Überlebensanzüge sind allerdings unpraktisch beim Segelarbeiten, weshalb sie kaum von Yachtcrews getragen werden. Das Überbordgehen bedeutet mit oder ohne Überlebensanzug auf jeden Fall extreme Lebensgefahr und muss mit allen Mitteln vermieden werden. Der Schutz für die Crew fängt bereits bei der Konstruktion und Ausstattung der Yacht an:

- ein hoher, stabiler Seezaun

- freie Laufdecks ohne Stolperstufen

- rutschfester Decksbelag

Abb. 67 Ein stabiler Seezaun schützt die Crew.

- geschützter Arbeitsplatz am Vordeck und Mast (zum Beispiel ein Seezaun um den Mast, ein stabiler, hoher Bugkorb,...)

- ausreichende Handläufe und

- stabile Befestigungspunkte für die Sicherungsleine

Eis und Schnee auf Deck sind extrem rutschig und müssen vor jedem Segelschlag gründlich entfernt werden, auch um zusätzliche Eisbildung zu vermeiden.

Für die Segelreviere der Hohen Breiten müssen große Klampen oder Poller mit passenden Klüsen auf Deck vorhanden sein, um mehrere Landleinen befestigen zu können, oder längsseits an Kuttern mittels zusätzlicher Trossen Landverbindung schaffen zu können. In rauen Revieren werden in der Regel stark dimensionierte Schwimmtrossen verwendet, die kaum auf übliche Yachtklampen passen.

Abb. 68 Nicht nur die Größe der Klampen ist ausschlaggebend, sondern auch ihre Befestigung!

Alle Deckbeschläge müssen stabil angebracht sein. Starke Fallwinde vor Anker mit Landleinen sind in vielen Fjorden normal, die Befestigungspunkte an Deck müssen auch bei siebzig Knoten Wind standhalten!

Benötigt die Yacht Klüsen, sind geschlossene Klüsen zu bevorzugen.

Meiner Erfahrung nach sind nach oben offene Klüsen nutzlos, da Hafenplätze in den Hohen Breiten oft genug an hohen Kaimauern sind und die Festmacher bei Niedrigwasser aus den offenen Klüsen springen.

Wie bei Klampen und Klüsen muss auch die Deckausrüstung fürs Ankern zweierlei gewähren: Die Aufnahmen müssen extremen Belastungen beim Abwettern von Sturm standhalten und sie müssen so konzipiert sein, dass die Ankertrossen nicht schamfilen bzw. aus der Klüse springen können.

Abb. 69 Ein Bügel über der Ankerrolle verhindert, dass die Ankerkette aus der Klüse springen kann.

An Deck sollten auch geeignete Befestigungspunkte für die Sturmausrüstung - Treibanker und/oder Fallschirmanker - vorhanden sein.

Ohne Zweifel sind Badeplattformen praktisch. Sie neigen aber ebenfalls dazu, in sehr kalten Bedingungen schnell einen dicken Eismantel zu bilden, weiters scheinen sie

Abb. 70 Badeplattformen neigen zur Decksvereisung.

eine magische Anziehungskraft auf manche Tiere auszuüben und werden gerne von Robben und Eisbären benützt, um an Bord zu kommen.

Tankentlüftungen und Motorraumbelüftung nach außen müssen so konzipiert sein, dass sie gegebenenfalls verschlossen werden können, falls der Yacht in extremem Wetter eine Kenterung droht. Natürlich darf vor weiterem Gebrauch der Tanks nicht darauf vergessen werden, sie wieder zu öffnen.

Kunststoffteile an Deck bewehren sich nicht. Bei unserer Überwinterung in Grönland sind uns alle Tankdeckel (Dieseltank, Heizöltank, Wassertanks) aus Kunststoff sowie einige Kunststoffrollen von Blöcken und Taljen gebrochen. Bei Minus zwanzig Grad unter Null wurde der Kunststoff zu spröde. Wird nur der sommerliche Besuch der Hohen Breiten geplant, ist Kunststoff weniger problematisch.

5.1.5 Rigg und Segel

Das Rigg jeder Blauwasseryacht und speziell von Yachten in den Hohen Breiten muss besonders stabil dimensioniert sein. Zu den erhöhten Belastungen durch Starkwind bringt die Kollision mit Eis zusätzliche Belastung ans Rigg.

Die richtige Riggspannung und laufende Überprüfung des stehenden Guts muss selbstverständlich sein. Bei extremer Kälte schrumpft Metall, wodurch sich Wantendraht zusammenzieht und die Riggspannung erhöht. Bei Überwinterungen in sehr kalten Revieren muss deshalb die Riggspannung etwas reduziert werden (siehe auch Kapitel 8. Überwintern auf Seite 227.

Es ist ratsam, für den Notfall Wantendraht und Schraubterminals oder Material für Softrigging an Bord zu haben. T-Terminals sollten jährlich gewechselt werden, weshalb sie eine schlechte Wahl für die Hohen Breiten darstellen.

Die Installation von Maststufen bietet sich an, wobei wir auf LA BELLE EPOQUE dergleichen nicht haben und auf unseren Reisen Mast-

Abb. 71 Zusätzliche Schraubterminals und Wantendraht sorgen dafür, dass sich die Crew bei Bruch in abgelegenen Gebieten selber helfen kann.

Abb. 72 Maststufen können nützlich sein.

stufen eher in den Tropen als in den Hohen Breiten vermissten.

Für Schwerwetter ist immer noch ein Kutterrigg die bestmögliche Variante, da am Kutter eine eigene Sturmfock gefahren werden kann. Rollanlagen von Vorsegel müssen in der höchsten Qualität gefertigt sein. Bei Decksvereisung kann die Reffrolle der Vorsegel festfrieren. Auch in dieser Situation ist ein Kutterrigg mit Sturmfock auf Stagreiter vorteilhaft.

Nach jahrelangem Einsatz eines dreifach reffbaren Großsegels und eines Trysegels haben wir auf LA BELLE EPOQUE auf ein Großsegel mit vier Reffreihen umgestellt, und sind mit dieser Wahl sehr zufrieden. Die Handhabung des vierten Reffs ist meiner Meinung nach einfacher und effizienter als des Trysegels. Das vierte Reff kommt bei uns an Bord öfter zum Einsatz, als mir lieb ist.

Die Handhabe der Sturmsegel sollte von der Crew zwischendurch geübt werden:

- Setzen des Trysegel s
- Setzen der Sturmfock
- Reffen der Segel
- Holepunkte für die Starkwind- oder Sturmvorsegel
- Schotführung ....

Ein Vermerk im technischen Logbuch zu Holepunkte und Besonderheiten der Sturmbesegelung hilf.

5.1.6 Motor und Antrieb

Ein zuverlässiger Motorantrieb gehört zu den wichtigen Grundvoraussetzungen. In anspruchsvollen Revieren sollte der Motor einer Segelyacht nicht nur ein Hilfsmotor sein, sondern ein leistungsstarker Antrieb.

Ich mache kein Geheimnis aus der Tatsache, dass ich mir Segeln in den Hohen Breiten ohne eines zuverlässigen und starken Motors nicht vorstellen kann und möchte.

Wiederholt sind wir in Situationen gewesen, in denen wir uns zu einhundert Prozent auf die Maschine verlassen mussten. Vielleicht hätte ein Ausfall des Motors in der einen oder anderen Situation sogar zu Bruch geführt. Das mag für manche Leser ein Zeichen von schlechter Seemannschaft sein, jedoch bringt das Zusammenspiel von Eis, Wind, Flaute und starker Strömung manchmal spezielle Situationen, die einen starken Motorantrieb verlangen.

Selbstredend muss der Antrieb in bestmöglichem Zustand sein und etwas Verständnis bezüglich Dieseltechnik von Seiten der Crew ist von Vorteil.

Die Führung eines technischen Logbuches hilft, Wartungsintervalle, Ölspezifikationen, Dieselverbrauch oder Ersatzteilnummern und -listen griffbereit zu haben.

In vielen Seerevieren ist das Beschaffen von Ersatzteilen mühsam oder nicht möglich. Je nach Antrieb sollten daher wichtige Ersatzteile an Bord sein. Ich empfehle, zumindest folgende Ersatzteile an Bord mitzuführen:

- Dieselfilter, Ölfilter, Öl

- benötigte Impeller oder Diesel Vorförderpumpe

- Lichtmaschine und Keilriemen, Starter, Wasserpumpe

- Einspritzdüsen und eine Ersatzeinspritzpumpe (empfehlenswert wenn auch teuer).

- Dichtsatz, Frostschutzmittel.

Mehr dazu in 5.11.1 Grundlegende Ersatzteilliste auf Seite 170.

Heute sind Zweikreiskühlungen mit Wärmetauscher an Bord von Segelyachten üblich. Im Motorkühlkreis empfehle ich, generell Frostschutz zu verwenden, da dieser auch Korrosionsschutz bietet. Im Außenkreis ist natürlich das ständige Verwenden von Frostschutz nicht möglich, aber auch nicht nötig. Nur bei Überwinterungen in den kalten Regionen muss auch der Aussenkreis gegen Frostschäden geschützt werden. Mehr dazu im Kapitel 8. Überwintern auf Seite 227.

An Bord mancher Metallyachten wird, wie in der Berufsschifffahrt ebenfalls üblich, der Motor mittels geschlossener Außenhautkühlung gekühlt.

Richtig dimensioniert gehört diese Kühlung meiner Meinung nach zu den besten Varianten. Sie ist weder durch verschmutztes Wasser noch durch Frost (da generell Frostschutz verwendet werden kann) störungsanfällig.

Über viele Jahre in verschiedensten Seerevieren konnte ich beobachten, dass für Probleme mit dem Motorantrieb hauptsächlich zwei Komponenten verantwortlich sind:

- die Dieselzufuhr beziehungsweise Verschmutzungen im Diesel und

- die Schiffsschraube beziehungsweise Treibgut, Leinen oder Eisschäden der Schiffsschraube.

Deshalb werden diese zwei Themen folgend extra behandelt.

Abb. 73 Metallyachten können ein geschlossenes Kühlsystem am Rumpf fahren.

101

5.1.6.1 Dieselversorgung, Filter und Tanks

An vielen Küsten der Hohen Breiten ist sauberer Diesel in höchster Qualität Standard. Verschmutzer Diesel ist dennoch in manchen Ländern ein besonders großes Thema. Selbst in westlichen Industrieländer kann gelegentlich verschmutzter Diesel getankt werden, wir hatten zum Beispiel Probleme mit Bakterien im Diesel aus Island.

Deshalb ist es wichtig, schon beim Befüllen der Dieseltanks vorsichtig zu sein. Am besten wird nur an gut besuchten Bootstankstellen gebunkert, um Bakterienbildung durch lange Lagerzeiten zu umgehen. Lokale Fischer geben gerne Rat, wo sauberer Diesel erhältlich ist. Wird über einen Trichter mit Filter getankt, kann schon beim Tanken erkannt werden, ob der Diesel verschmutzt ist.

In vielen arktischen Dörfern ist es üblich, dass Dieseltrucks die bestellte Menge an einen Kai bringen. Da diese Trucks die Heiztanks der Dörfer beliefern, bringen sie durchwegs sauberen Diesel. Allerdings hatten wir auch damit schon Probleme.

Notfalls muss mittels Kanister über Autotankstellen

Abb. 74 Dieselfilter mit Wasserabscheider.

getankt werden. In dem Fall ist verunreinigter Diesel kein Problem, allerdings müssen geeignete Kanister an Bord vorhanden sein und der Aufwand ist enorm.

Zur Kontrolle schwer zugänglicher Dieseltanks (zum Beispiel im Kiel) kann eine mobile Förderpumpe für Diesel an Bord mitgebracht werden. Damit wird in Intervallen auf ruhigen Ankerplätzen Diesel vom Tankboden in einen durchsichtigen Kanister abgepumpt. Am Tankboden sammelt sich Schmutz und Wasser, das bei der nächsten Möglichkeit fachgerecht entsorgt werden kann.

Große Dieseltanks, die bestenfalls auch gereinigt werden können, sind Voraussetzung für Segelreisen in den Hohen Breiten. Die Verfügbarkeit von Diesel ist nicht überall gewährleistet und wenn sich die Yacht in einem Revier mit Packeis bewegt, kann Eis das Erreichen eines Hafens vereiteln. Meiner Erfahrung nach sollte eine Yacht mindestens 600 Seemeilen Reichweite unter Maschine haben. Im Kapitel 4.3 Eisnavigation auf Seite 86 wird speziell auf dieses Thema eingegangen.

Beim Dieselkauf muss der Verbrauch einer eventuell an Bord vorhandenen Dieselheizung eingeplant werden.

Das Mitführen von Kanistern auf Deck sollte möglichst vermieden werden, da der Stabilitätsumfang der Yacht verschlechtert wird. Auch behindern Kanister bei Arbeiten auf Deck. Im schweren Wetter können die Kanister durch Wellenschlag verloren gehen oder zumindest Schäden auf der Yacht verursachen.

Aus dem Haupttank zum Motor muss der Diesel durch ein möglichst effizientes Filtersystem mit Wasserabscheidung laufen. Viele Yachten filtern Diesel aus dem Haupttank in einen kleineren Tagestank. Dieses System bewehrt sich vor allem, wenn der Tagestank höher als der Motor installiert ist. Sollte die Dieselvorförderpumpe des Motors ausfallen, wird der Motor immer noch mit Diesel versorgt.

5.1.6.2 Schiffsschraube

Schlechter Wirkungsgrad von manchen Faltpropellern kann in Situationen mit Eis, Strömung oder Starkwind sehr gefährlich werden. Es sollten daher auf Yachten nur Festpropeller, Verstellschrauben oder Faltpropeller mit besonders hohem Wirkungsgrad verbaut sein. Von zweiflügeligen Faltpropeller (und zweiflügeligen Propellern generell) oder jene mit Kunststoffteilen rate ich dringend ab. Leinen in der Schiffsschraube sind ein besonderes Problem, wenn sich die Yacht in Fjorden oder Gebieten in Fischereisaisons bewegt. Yachten mit Langkiel oder

Ruderhake haben mit Leinen in der Schiffsschraube weniger Probleme. Teilweise können auch Leinen-Schneidevorrichtungen vor dem Propeller helfen. Je nach Stärke der Trosse werden aber auch diese an ihre Grenzen stoßen.

Um sich selbst bei Trossen in der Schiffsschraube befreien zu können, sollte an Bord der Yacht zumindest eine Tauch- oder Schnorchelausrüstung für kaltes Wasser an Bord sein.

Abb. 75 Groß dimensionierter Festpropeller.

Immer wieder taucht die Frage bezüglich Eisschutz der Schiffsschraube auf. Die wenigsten Yachten sind mit einem stählernen Korb um die Schiffsschraube versehen.

Im Gespräch mit vielen Berufsfischern in der Arktis konnte ich erfahren, dass stählerne Körbe um die Schiffsschraube keine hundertprozentige Sicherheit gegen Eisschaden am Propeller bieten. Kleinere Eisstücke Können sich im Korb verfangen und dadurch sogar mehr Schaden verursachen. Deshalb verzichten selbst viele Fischkutter auf Eisschutz und setzen besser auf eine besonders stabile Schiffsschraube.

Meine eigenen Erfahrungen beruhen ebenfalls auf einer stark

gebauten Schraube. Wir haben durchaus bei Eisfahrten Eis in den Propeller bekommen und keinen Schaden an der Schraube davongetragen. Dennoch ist es empfehlenswert, im Fall von geplanten Eisfahrten eine Ersatzschraube (und passendes Werkzeug für den Umbau) an Bord mitzuführen.

5.1.7 Unter Deck und Aufbauten

Nicht nur Rumpf und Rigg sind ausschlaggebend, ob die Yacht für extreme Reviere geeignet ist. Die Aufbauten, Luken und Schiffsfenster der Yacht müssen stark genug sein, um mit den Belastungen von Schwerwetter fertig zu werden und unter allen Umständen dicht zu bleiben.

Unter Deck muss die Yacht mehr als nur ein hübsches Daheim für ihre Crew bieten: Sturäume, Werkstätte, Tankkapazitäten und Kombüse müssen so ausgelegt sein, dass die Yacht über Monate autark sein kann. Die Innenausstattung muss der Crew besten Schutz vor den Elementen bieten und maximale Erholung ermöglichen.

Abb. 76
Ein gut geschützter Niedergang.

5.1.7.1 Niedergang, Luken, Belüftungen, Öffnungen

Keine Öffnungen an Deck dürfen die Seetüchtigkeit der Yacht beeinträchtigen. Das ist eine alte Weisheit, die leider teilweise zugunsten eines hellen Lebensraumes, oder zugunsten einfacherer konstruktiver Umsetzung missachtet wird. Kompromisse müssen vermieden werden, in vielen Fällen können Verbesserungen vorgenommen werden.

Ein paar Grundlagen für Niedergang, Luken und sonstige Öffnungen:

- Optimal befindet sich der Niedergang in der Mitte der Aufbauten, um auch bei teilweiser Kenterung weniger gefährdet zu werden.

- Der Niedergang muss so konstruiert sein, dass er von innen fest verschlossen werden kann und auch bei Kenterung dicht bleibt.

- Der Niedergang muss höher liegen als der Cockpitboden oder die Laufdecks, um sicherzustellen, dass einsteigende Wellen nicht bis ins Bootsinnere waschen können.

- Bretter und Führungsschlitze oder Türblatt und Scharniere des Niedergangs müssen stabil genug sein, um überkommende Brecher schadlos zu überstehen.

- Viele Schiebeluken sind kaum dicht zu bekommen. Über die Aufbauten waschende Wellen können Schiebeluken anheben und so eimerweise Wasser ins Bootsinnere befördern. Diese Luken müssen abgeändert werden. Es gibt verschiedene Lösungsansätze, Schiebeluken dicht zu bekommen.

- Auch müssen Schiebeluken fixierbar sein, damit sie sich in schwerer See nicht selbständig aufschieben können.

- Alle Verschlüsse am Niedergang müssen stark gefertigt sein.

- Eine kleine Lüftungsluke in der Niedergangstür hilft, die Yacht auch bei Schlechtwetter noch etwas belüften zu können. Die Luken dürfen die Festigkeit der Aufbauten nicht vermindern, geringer Abstand zwischen Luken schwächt den gesamten Aufbau.

- Seitliche Luken in den Aufbauten müssen Wasserschlag und Kenterung überstehen können.

- Luken müssen möglichst klein und aus bruchfester Verglasung (UV-geschütztes Polycarbonat oder spezielles, bruchfestes Glas) gefertigt sein.

- Die Scheiben müssen in Rahmen geklemmt und verklebt sein, reines Verkleben oder der Einbau mittels Gummikeder ist nicht ausreichend.

- Runde Bullaugen sind aufgrund ihrer Form fester gegen Seeschlag als eckige.

- Große Scheiben müssen mit Schlagblenden versehen werden. Diese Schlagblenden werden einsatzbereit mitgeführt und bereits vor Schwerwetter montiert. Im Schwerwetter wird es beinahe unmöglich, mit großen Brettern seitlich an den Aufbauten zu hantieren, während die Yacht gegen See und Wind arbeitet.

Abb. 77
Sofort einsatzbereite Seeschlagblenden aus Aluminium.

- Verfügt die Yacht über ein Steuerhaus, hat sich eine Schleuderscheibe bewährt. Sie liefert auch im schweren Seegang oder bei Decksvereisung Durchsicht.

- Luken auf Deck werden bestenfalls etwas erhöht eingebaut, um auch bei Regen und leichtem Wasser auf Deck noch auf Lüftungsstellung geöffnet werden zu können.

- Gekaufte Standardluken überzeugen nicht besonders in ihrer

**Abb. 78
Feste Luken
aus Alumi-
nium.**

Bauweise (Kunststoff-Schar-
niere die nicht einbruch-
sicher sind, Acrylglas, das
nur verklebt und teilweise
nicht trittfest ist). Es kann
sich deshalb bewähren,
Decksluken mittels Alude-
ckel zu sichern.

• Luken in der Cockpit-
wanne dürfen die Arbeiten nicht
beeinträchtigen. Sie sollten zumindest bruchfest und trittfest sein.

• Luken im Rumpf selbst müssen
besonderes kritisch betrachtet
werden, da sie die Yacht ernsthaft
gefährden können. Speziell im
Heck können Luken von nachlau-
fenden Brechern schwer beschädigt werden.

• Doradelüfter müssen abnehmbar
und verschließbar sein (vorzugsweise mit Metalldeckel). Motorraum Zu- und Abluft müssen
wasserfest verschlossen werden
können.

• Die Entlüftung der Trinkwasser-
tanks darf unter keinen Umständen von Salzwasser erreicht
werden. An Bord von LA BELLE
EPOQUE sind die Trinkwasser-
tanks deshalb ins Bootsinnere
(oberhalb des Abwaschbeckens)
entlüftet, um auch bei Kenterung
das Trinkwasser nicht zu ver-
schmutzen. Allerdings muss in
diesem Fall die Entlüftung unbe-

dingt höher als die Füllschläuche
des Tanks verbaut werden.

• Auch die Dieseltanks müssen so
belüftet werden, dass kein Salzwasser vom Deck eindringen
kann. Die Entlüftungen auf Deck
müssen demnach so hoch als
möglich montiert werden.

• Alle Backskistendeckel müssen
wasserdicht und mit starken
Scharnieren und Verschlüssen versehen sein. Dasselbe gilt für
Deckel von Ankerkasten und
Kettendurchlauf für die Ankerketten.

• Abgashaube der Heizung (und
Zuluft der Heizung falls vorhanden) muss abnehmbar und
wasserdicht verschließbar sein.

• Der Motorauspuff muss gegen
Seeschlag gesichert (Schwanen-
hals) und verschließbar sein.

5.1.7.2 Steuerhaus, Spritzver-
deck, Innensteuerstand

Was in der Blauwasserszene normal
ist, wird in den Hohen Breiten zur
Mindestanforderung. Deshalb ist
mindestens ein passendes Spritzverdeck nötig.

Viele Yachten, die regelmäßig in
den Hohen Breiten unterwegs sind,
verfügen über einen zusätzlichen
Innensteuerstand. Als optimal hat
sich an Bord von LA BELLE EPOQUE

und einiger befreundeter Yachten ein geschlossenes Steuerhaus zusätzlich zur Außensteuerung im Cockpit erwiesen.

Soll die Yacht mit einem Spritzverdeck ausgestattet werden, muss zwischen Stoff oder einer festen Konstruktion gewählt werden. Ein Stoffverdeck hat den Vorteil, bei extremem Wetter abgeschlagen werden zu können, um die Yacht nicht mit zusätzlichen Aufbauten zu belasten. Wobei dies in vielen Fällen eher theoretisch bleibt: Bei Sturm auf See muss das Spritzverdeck die Crew schützen und bleibt deshalb montiert. Und im Hafen oder vor Anker haben wir noch keine Yachtcrew getroffen, die ihr Spritzverdeck aufgrund von Schlechtwetter abbaut.

Sollte die Yacht mit einem Stoffverdeck ausgestattet werden, muss daran gedacht werden, dass feste Scheiben über längere Zeit eine bessere Durchsicht gewähren und eventuell mit einer Schleuderscheibe ausgestattet werden können. Auch muss ein Stoffverdeck stabil und mit sicheren Haltegriffen konstruiert werden und wird alle paar Jahre Reparaturen oder eine Erneuerung fordern.

Ein festes Spritzverdeck kann auch nachträglich aus Sperrholz oder Aluminium gefertigt werden und neben dem Schutz von Crew und Niedergang auch zusätzlich Platz für die Solaranlage bieten.

Generell kann das Spritzverdeck rückseitig mit abnehmbaren Stoffbahnen ausgestattet werden. So kann es auch vor dem Wind etwas Schutz vor Wind und Kälte bieten. Selbst wenn die Bedingungen keine ganze Kuchenbude über dem Cockpit erlauben.

Abb. 80 Stoffverdeck

Viele größere Blauwasseryachten werden bereits mit einem eigenen, zusätzlichen Innensteuerstand konstruiert. Dieser bietet die Möglichkeit, die Wache in der warmen Kajüte fahren zu können, auch wenn von Hand gesteuert werden muss.

Abb. 79 Festes Verdeck

In vielen Fällen wird das zusätzliche Innensteuer nicht in Schiffsmitte, sondern an einer Seite integriert und erlaubt daher keine Rundumsicht bei Kränkung unter Segel. Vor allem, wenn das Innensteuer relativ tief im Bootsinneren konstruiert wurde.

Der Kajütsaufbau muss besonders stabil gefertigt sein, da die größeren Fensterflächen die Konstruktion schwächen könnten. Die Fensterflächen müssen bruchfest und mit leicht montierbaren Schlagblenden ausgestattet sein. Auch muss während der Nacht die gesamte Kajüte dunkel bleiben, um der Wache die nötige Nachtsicht zu gewähren. Yachten mit zusätzlichem Innensteuer sind deshalb meist dennoch mit einem stabilen Spritzverdeck über dem Cockpit ausgestattet, sodass sowohl ein geschützter Platz im Cockpit wie auch das Steuern der Yacht von außen möglich ist.

Ein eigenes, geschlossenes Steuerhaus hinter und über der Kajüte bietet optimalen Arbeitsplatz und Schutz für die Steuercrew. Es kann von der Kajüte durch einen eigenen Niedergang getrennt werden, um dadurch die Yacht selbst bei Bruch der Fenster durch Wellenschlag nicht zu gefährden.

Bruchfeste Scheiben und Schlagblenden sollten dennoch Standard sein.

Das Steuerrad kann in Schiffsmitte verbaut sein und bietet so bestmöglichen Überblick auf allen Kursen. Verfügt die Yacht zusätzlich über ein Außensteuer im Cockpit kann sie mit verschiedenen Steuersystemen ausgestattet werden. Beim Ausfall eines Systems erleidet die Yacht so keinen Totalausfall des Ruders.

Das Steuerhaus bietet Platz für die gesamte Navigation und Kommunikation, der Steuermann hat Überblick sowohl über den Horizont wie auch über Seekarten und Navigationsgeräte. Auch bei Schwerwetter bleibt die Wache in absoluter Sicherheit, selbst bei Kenterung.

Allerdings kann das Steuern im geschlossenen Raum etwas Übung von der Crew erfordern. Auch muss ein Segelboot trotz Steuerhaus dennoch mit einem gut konzipierten Cockpit für die Arbeiten an den Segeln ausgestattet sein.

Egal, ob Spritzverdeck, Innensteuerstand oder Steuerhaus: Um auch bei überkommender Gischt, Regen, Schnee und Decksvereisung Durchsicht zu gewähren, bietet sich der Einbau einer Schleuderscheibe an. Scheibenwischer können bei Schwerwetter mit viel Wasser auf Deck den Dienst quittieren und werden spätestens bei gefrierender Gischt und Decksvereisung nutzlos.

5.1.7.3 Platz für nasse Sachen

Feuchtigkeit im Inneren der Yacht ist in vielen Revieren der Hohen Breiten ein wiederkehrendes Problem. Unter anderem sind nasses Wetter, massive Temperaturschwankungen, Kondenswasser aber auch mit Salzwasser getränkte Segelkleidung dafür verantwortlich.

Abb. 81
Immer mehr moderne Yachten werden mit Innensteuerstand oder Steuerhaus konstruiert.

Abb. 82 Trocknen der nassen Kleidung über der Dieselheizung

Das Bordklima kann durchaus verbessert werden, wenn schon vor der Reise über einen designierten Platz für nasse Kleidung zum Trocknen nachgedacht wird.

Dieser Platz sollte in der Nähe des Niederganges sein, um zu vermeiden, dass über Stiefel und Kleidung Salzwasser im ganzen Boot verteilt wird. Unter einem ausreichend dimensionierten Spritzverdeck kann zum Beispiel nasse Kleidung zum Trocknen gehängt werden.

Verfügt die Yacht über ein geschlossenes Steuerhaus, kann hier ein Platz für nasse Kleidung zugeteilt werden. Das hat auch den Vorteil, direkt beim Ausgang die nötige Ausrüstung für die Crew bei der Hand zu haben. Allerdings muss für Belüftung gesorgt werden, da sonst die Scheiben zu sehr beschlagen und die Sicht des Wachhabendens beeinträchtigen.

Bei Zweikreiskühlung des Motors kann das Kühlwasser des geschlossenen Kreises auch durchs Boot und zu kleinen Trocknungsheizkörper geleitet werden. Auf LA BELLE EPOQUE haben wir über dem trockenen (und damit heißen) Auspuff des Motors einen eigenen, gut belüfteten „Trockenkasten" für feuchte Kleidung und Taucherausrüstung gebaut. So wird die salzwassergetränkte Kleidung auch zwischendurch immer wieder über Warmluft getrocknet.

5.1.7.4 Erholungsraum für die Crew

Um die Crew leistungsfähig zu halten, muss die Yacht über bestmögliche Kojen zur Erholung der Freiwache verfügen. Dafür sollten die Kojen möglichst Ruhe und Dunkelheit bieten und sicherstellen, dass die Crew nicht aus den Kojen fallen kann (stabile Leesegel) beziehungsweise bei einer Kenterung keine schweren Gegenstände auf die schlafende Crew fallen können.

Viele Kojen im Bugbereich von Yachten erfüllen diese Aufgaben nur unzureichend, da der Bug heftigen Bewegungen ausgesetzt wird. Auch im äußeren Heck können Kojen unbequem sein, wenn die

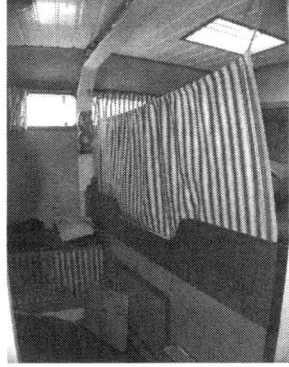

Abb. 83 Ein Leesegel schützt die Crew davor, bei Kränkung aus der Koje zu fallen.

109

anrollende Welle direkt gegen das Heck donnert. Der beste Platz für Kojen ist deshalb näher mittschiffs.

Auch die Wache benötigt auf langen Passagen einen guten Erholungsplatz im Boot, wenn die Yacht unter Autopilot fährt und nicht mehr als den Blick aus dem Niedergang alle zehn Minuten benötigt. Auf den meisten Yachten sind die Salonbänke dafür gut geeignet.

5.1.7.5 Bordwerkstätte

**Abb. 84
Bordwerk-
stätte**

In vielen Revieren kann nicht mit jeglicher Hilfe und Reparatur-Dienstleistung an Land gerechnet werden. Die Crew muss sowohl die Segeltechnik wie auch die Technik an Bord selbst warten und nötigenfalls reparieren können. Es ist sinnvoll, an Bord eine kleine Werkstätte einzurichten.

Ein kompletter Satz Handwerkzeuge und diverse Elektro- bzw. Akkuwerkzeuge müssen mitgeführt werden.

Die Ausstattung der Werkstätte sollte weiters mindestens für folgende Bereiche der Yacht eingerichtet sein:

Reparaturen am Rigg:

• Bootsmannstuhl und/oder Bergsteigergurt

• Wantenschneider oder Akku-Winkelschneider mit Trennscheiben

• Ersatzdraht, Schraubterminal (Sta-Lock, Norseman...), Wantenspanner, Ersatzsplinte, Ersatzsteckbolzen

• Material für Softrigging

• eventuell große Nietenzange und passende Monell-Nieten für Mast und Baum

• Klebe- und Dichtmasse und passende Presse, dünne Gummimatten oder stabile Plastikfolie als Trennmaterial zwischen Alu- und Edelstahl

• Sprühfett

• Sortiment an Edelstahlblechen

• diverse Edelstahlschrauben

Segelreparaturen:

• Segelstoff, Nummerntuch

• eventuell Segelnähmaschine oder Nähahle

• Gurtbänder

• Segelzwirn und diverse Nadeln

• Takelnadel oder Vorstechahle

• Segelmacherhandschuh

• Akku-Bohrmaschine mit mehreren 1mm Bohrern

• Schere und Nahttrennmesser

110

- stabile Ösen und Locheisen

- Ersatzstagreiter und Rutscher (falls nötig)

- doppelseitiges Klebeband oder Sprühkleber

- Azeton und Reinigungstuch

- Rindsleder, Spectra Segeltuch und Plastikfolie

- Persenningstoff

Reparaturen am laufenden Rigg:

- Hohlspieker, Alu-Spleißfitten mit dazugehörigem Pusher

- eventuell Marlspieker

- Spleißbuch

- Isolierband und Feuerzeuge

- Takelgarn

- Edelstahlkauschen

- Seglermesser mit Schäkelöffner

- Windenfett, Ersatzteile für Winden

- Ersatzrollen für Blöcke oder Ersatzblöcke, Ersatzfallen, Mantelmaterial als Schamfilschutz der Fallen.

Motorwartung und Reparatur:

- Ölfilterzange

- Ölabsaugpumpe

- nötige Schmierstoffe (Ersatzmotoröl, Getriebeöl, Fett für Wellenlager,…)

- Ersatzmaterial für Stoffbuchse

- nötiges Spezialwerkzeug für Motor und Antrieb (zum Beispiel Zoll Werkzeug…)

Abb. 85
Arbeiten am Rigg

- Dichtungsmaterial (flüssig wie fest)

- Schraubensortiment (von Holzschrauben bis Maschinenschrauben und Muttern)

- Werkzeuge und Material für Außenborder

Wartung und Reparatur für Ruderanlage:

- Ersatzsteuerseile, Verbinder

- Öl für Hydraulik

111

- Lagerfett, Fettpresse.

  Bordelektrik:
- Multimeter
- hochwertige Elektrozangen
- scharfes Messe
- verschiedene Kabel und Drähte
- Adernendhülsen und Zange
- diverse Verbinder und Isolier-bänder
- Lötwerkzeug (idealerweise für Weich- und Hartlöten)
- Ersatzschalter
- Sicherungen
- diverse Glühbirnen
- Kabelbinder
- Feuerzeuge, Taschenlampen, Stirnlampen
- Ersatzbatterien.

Ausstattung für kleine Reparaturen am Rumpf:

- Ersatzmaterial je nach Rumpf-material GFK Matten/Gelege und Epoxydharz, Schweißausrüstung bei Metallrumpf
- zweikomponentige Knetmasse für schnelle Reparaturen über und Unterwasser
- Epoxylack für Schäden am Lack oder Gelcode

- Pinsel
- Schutzausrüstung wie Schutz-masken, Arbeitshandschuhe, Schutzbrillen...
- Ersatz-Seeventile für Borddurch-brüche
- Holzstopfen für Notversiegelung von Borddurchbrüchen
- hochwertige Schlauchklemmen
- Dichtmaterial für Borddurch-brüche
- Ersatzzinkanoden
- Schnorchel- oder Tauchausrüstung für kaltes Wasser

Reparaturen auf Deck:

- Dichtungsmaterial für Decksdurch-brüche und Luken,
- Lacke

Reparaturen in der Pantry und unter Deck:

- Ersatz-Druckregler für Gasanlage
- Ersatzgasschläuche mit Verschrau-bungen
- Dichtmaterial für Trinkwasserver-sorgung
- Reparatursets für Trinkwasser-pumpen, manuelle Notpumpe für Trinkwasser
- Kohlefilter für Wasserfilter

- Werkzeuge und Ersatzteile für Heizungsanlage

- Reparatur Satz und Filter für Wassermacher

- Reparaturset oder Ersatzpumpe für Toilette und passende Dichtmaterialien

Außerdem sollte im Fall eines Schlauchboots als Dingi ein Reperaturkit und Ersatzventil für Luftpumpe an Bord sein.

Aus Erfahrung möchte ich darauf hinweisen, dass vor allem die Ausstattung der Segel- und Riggwerkstätte in den Hohen Breiten besonders wichtig ist. In den wenigsten Gebieten abseits der westlichen Ballungszentren oder gängigen Segelrouten können Segelmacher oder mit Segel erfahrene Nähereien gefunden werden.

Viele Yachtcrews entscheiden sich deshalb auch, eine geeignete Segelnähmaschine an Bord mitzubringen. Je nach Länge der Reise, elektrische Versorgung (Generator) der Yacht und Fähigkeit der Crew kann auch überlegt werden, ob diverse elektrische Handwerkzeuge an Bord mitgeführt werden.

An Bord von LA BELLE EPOQUE haben wir elektrische Werkzeuge wie Winkelschleifer, Bohrmaschine, Ständerbohrmaschine, Schleifgerät und Industriestaubsauger sowie die Schweißausrüstung wiederholt im Einsatz.

5.1.7.6 Kombüse, Pantry

Segeln in den Hohen Breiten stellt auch an den Smutje und seine Pantry eine besondere Herausforderung.

Kälte und Belastung erhöhen den Energieverbrauch der Crew drastisch, dazu kommen lange Segeletappen durch Gebiete mit spärlichen Versorgungsmöglichkeiten und das Kochen in rauer See.

Die Pantry muss so ausgestattet sein, dass auch bei schwerer Schiffsbewegung ohne erhöhter Verletzungsgefahr gekocht werden kann:

Abb. 86 Kalte Bedingungen fordern energiereiche Kost.

Der bewegungsärmste Platz im Boot ist mittschiffs. Der Kochherd sollte in Querrichtung zum Boot kardanisch aufgehängt sein. Alle Arbeitsflächen müssen mit Schlingerleisten versehen sein. Der Smutje muss sich während des Kochens sichern können, sodass die Hände fürs Kochen frei bleiben.

U-förmige Pantrys bieten dabei die beste Möglichkeit, sich „einzukeilen".

Sichert sich der Smutje mit einem Gurt in der Pantry, muss dieser Sicherungsgurt genug Bewegungsraum lassen, um überschwappendem Kochwasser ausweichen zu können. Diverse rutschfeste Untersetzer und tiefe Töpfe mitbringen. Schränke, Fächer, Deckel von Kühlfach oder Eisbox müssen so verschlossen werden können, dass sie sich nicht selbständig öffnen und selbst bei Kenterung geschlossen bleiben.

Vor allem Messer dürfen nicht durch den Salon fliegen, weshalb Messerblöcke nicht auf eine Yacht gehören.

Termoskannen mit heißen Tee und Müsli-Riegel immer griffbereit für die Nachtwache platzieren.

Besondere Aufmerksamkeit sollte den Staumöglichkeiten für Lebensmittel gewidmet werden. Obst und Gemüse muss möglichst luftig, dunkel, kühl aber frostsicher gelagert sein. Obstnetze müssen sich frei bewegen können.

Trockene Lebensmittel wie Mehl, Reis, Nudeln am besten in wasserdichten Behältern verstauen um Schaden durch Schimmelpilz zu vermeiden und die Ausbreitung von eventuell mitgekauften Schädlingen zu unterbinden.

Alle Gläser, Dosen und Flaschen müssen so gestaut werden, dass sie nicht umherfallen können. Schwere Lebensmittel sollten so tief als möglich im Boot verstaut werden, am besten unter der Wasserlinie, um den Gewichtsschwerpunkt der Segelyacht nicht unnötig zu vertrimmen.

5.1.7.7 Sturmsicherheit unter Deck

Genügend Haltegriffe, verteilt im ganzen Boot, helfen den Segler, sich sicher zu bewegen. Alle Stufen, wie zum Beispiel die Niedergangsleiter, müssen so montiert werden, dass sie sich nicht lösen können. Auch bei Lage oder schweren Schiffsbewegungen müssen alle Treppen rutschfreien und sicheren Tritt bieten.

Gegenstände in der Yacht dürfen sich nicht lösen. Alle Bodenbretter, Kästen und Schapps müssen unterwegs fest verschlossen werden. Bücher, Kanister, Fernseher und so weiter dürfen sich auch bei schweren Schiffsbewegungen nicht losreißen.

Kentert die Yacht, dürfen Segler im Inneren nicht durch fliegende Gegenstände verletzt werden. Diesbezüglich ist auch die Montage des Herdes und vor allem der Batterien zu prüfen.

Auf die Wichtigkeit von guten Seekojen wurde bereits eingegangen. Gerade bei Schwerwetter ist es essentiell, dass sich die Freiwache unter Deck sicher und möglichst bequem ausruhen kann, da gerade jetzt hohe Leistungen von der Crew gefordert werden.

5.1.8 Isolierung der Yacht

Nicht isolierte Yachten sind in kalten Regionen schwer zu heizen und in tropischen Regionen kaum kühl zu halten. Doch der größte Nachteil von nicht isolierten Yachten liegt in ihrer ständigen Bildung von Kondenswasser. Dies wird vor allem in kalten, nassen Fahrgebieten zunehmend problematisch, da sich Schwitzwasser hinter Matratzen, Kleidungskästen und in den Proviantschapps sammelt und dort Schimmelbefall und Wasserschäden verursacht.

Je nach Baumaterial sind nicht isolierte Yachten mehr oder weniger von der Kondenswasserbildung betroffen: Holzkonstruktionen bewegen sich am unteren Ende der Skala, Metallyachten am obersten.

Deshalb ist es üblich, dass viele Metallyachten bereits beim Bau mehr oder weniger hochwertig isoliert werden. GFK-Yachten werden oft erst in den Hohen Breiten von ihren Eignern bereichsweise isoliert.

Bei der Isolierung von Metallyachten gibt es einiges zu beachten:

- Die Isolierung muss flächendeckend verklebt sein, um Kondenswasser zwischen Metall und Isolierung zu vermeiden.

- Dabei darf die Isolierung nicht bis in die Bilgen reichen, da diese erreichbar bleiben müssen und nasses Isoliermaterial dort zu Korrosionsschäden führen wird.

- Auch über Spanten muss mindestens 20mm stark isoliert werden, je dicker.

- Alle Schweißkonstruktionen, die durch die Isolierung bis in den Innenraum der Yacht reichen (zum Beispiel Winkelkonstruktionen für die Innenausstattung) sind Kältebrücken und müssen so weit als möglich isoliert werden.

- Anbauteile wie Luken schwitzen ebenfalls.

Auf die Frage bezüglich Material und Stärke der Isolierung bei Metallbooten kann ich eigene Erfahrungen wiedergeben:

LA BELLE EPOQUE wurde von uns je nach Möglichkeit mit 40 bis 80mm Styrodur isoliert. Die Isolierung wurde größtenteils mittels geschloss-

Abb. 87
Isolierung
unserer
Stahlyacht.

enporigem Konstruktionsschaum verklebt und die Spanten mit mindestens 10mm Styropor überzogen. Generell hat sich gezeigt, dass viele Spanten nachträglich stärker isoliert werden mussten.

Liegt Schnee auf Deck, während die Yacht geheizt wird, zeigt sich, dass auf Flächen mit weniger als 60mm Isolierung der Schnee darüber abschmilzt, weshalb ich heute diese Stärke als Minimum empfehle.

Die Verwendung von Styrodur und selbst Styropor hat sich bei uns an Bord als unproblematisch und praktikabel erwiesen. Obwohl sicherlich andere, am Markt erhältliche Isoliermaterialien teilweise einfacher zu verarbeiten sind.

Eine Isolation mit Stein- oder Glaswolle würde ich nicht empfehlen, da es auf Yachten schwierig bleibt, eine durchgehend geschlossene Dampfsperre sicher zu stellen und dadurch Probleme mit Feuchtigkeit im Isoliermaterial möglich ist.

Nicht nur für Metallboote, sondern für alle Yachten gilt:

- Das Kondenswasser von Luken kann durch eine dünne Innenscheibe oder Plastikfolie, die direkt auf der Innenverkleidung der Yacht verklebt oder verschraubt ist, vermindert werden.

- Generell ist Polycarbonat oder Acryl bei Fensterflächen bezüglich Isolierung besser als Glas, da es weniger wärmeleitend ist und dadurch nicht dauernd beschlägt.

- Luftzug erzeugt ein ungemütliches Wohnklima, das gilt auch für Yachten.

- Da die Bilgen auf keinen Fall isoliert werden dürfen, empfiehlt es sich, entweder die Bodenbretter zu isolieren oder sich mit Teppichen abzuhelfen. Teppiche müssen rutschfest montiert werden, doch sollten sie austauschbar bleiben, da sie früher oder später mit Salzwasser verschmutzt werden und dadurch selbst ein Problem mit Feuchtigkeit erzeugen.

5.2 Heizung

Am Markt sind Yachtheizungen von kleinen Schotwandheizungen für kühle Abende über Warmluftheizungen per Knopfdruck bis zur kompletten Zentralheizung für Überwinterungen erhältlich. Je nach Fahrgebiet und geplante Saisons an Bord sind diese Systeme mehr oder weniger sinnvoll.

Nicht nur die Größe und Leistung der Heizanlage ist zu bedenken, sondern auch die Energiequelle, mit der geheizt wird.

Die Möglichkeiten reichen von Heizen mit Strom, Gas, Petroleum über Diesel (oder Diesel/Strom Kombinationen) bis zu Holz und Festbrennstoffen. Viele Möglichkeiten bieten sowohl Vorteile wie auch Nachteile.

In diesem Abschnitt werden die einzelnen Heizungssysteme für Yachten vorgestellt und anschließend die Frage der richtigen Wahl behandelt.

5.2.1 Festbrennstoffofen

Für Yachten sind kleine Brennöfen für Holz- und Festbrennstoff erhältlich. Diese sind in ihrer Anschaffung vergleichsweise billig und die Heizkosten können durch die Verwendung von Schwemmholz gering gehalten werden. Schwemmholz ist in vielen Revieren der Hohen Breiten einfach zu finden, selbst an baumlosen Küsten wie Grönland.

Allerdings hat Schwemmholz in der Regel keinen hohen Heizwert und verbrennt mitunter schlecht. In sehr nassen Revieren (zum Beispiel Patagonien oder Alaska) muss Brennholz vorab getrocknet werden, was direkt im Salon neben dem Ofen passiert und Feuchtigkeit ins Boot bring.

Auch muss bedacht werden, dass Holz oder Kohle Stauplatz benötigt

und in vielen Ländern nicht importiert werden darf. Kleine Holzöfen müssen laufend beobachtet und nachgelegt werden. Sie eigenen sich am besten für ein paar gemütliche Stunden an kühlen Abenden oder als kostensenkende Zweitheizung an Bord.

5.2.2 Dieselschalenbrenner

Dieselöfen sind in verschiedenen Größen erhältlich:

Von kleinen Schotwandmodellen bis zum Zentralheizkessel, an dem sowohl Heizkörper wie auch Warmwasserversorgung angeschlossen werden, auch gibt es Modelle mit Herdplatte und Backrohr.

Dieselbrennöfen arbeiten stromunabhängig und geräuschlos. Der Brennstoff ist bereits auf den meisten Yachten in Gebrauch und nahezu in jedem Hafen erhältlich.

Allerdings benötigen Yachten mit Dieselmotor und Dieselheizung in der Regel eine höhere Tankkapazität.

Schalenbrenner sind in der Regel zuverlässige Heizungsöfen, die auch monatelang durchlaufen und wenig Wartung und Beobachtung benöti-

Abb. 88
Dieselschalenbrenner

117

gen, sofern die Anlage professionell eingebaut ist und eine Dieselfilteranlage mit Wasserabscheider die Zufuhr von sauberem Diesel gewährleistet.

Hochwertige Dieselöfen sind mit einem einfach aufgebauten Ventil ausgestattet. Das Ventil reguliert mit einem Schwimmer die Fördermenge in den Ofen mechanisch und stellt sicher, dass die Dieselzufuhr unterbrochen wird, wenn die Flamme erlischt.

Gelangt Wasser ins System, bleibt es in der Leitung zwischen Ventil und Brenner, da das System ohne Druck arbeitet. Wasser verhindert die weitere Zufuhr von Diesel in den Brenner, die Flamme wird ungleichmäßig und erlischt. Mit dem vorgebauten Wasserabscheider ist dieses Problem beseitigt.

Um eine gleichmäßige Verbrennung ohne Rußbildung zu gewähren, muss das Abgasrohr richtig dimensioniert werden.

Nach dem Einheizen sollte die Flamme sich heben und am oberen Rand des Brenneinsatzes gelb brennen. Hat die Flamme dunkle Spitzen, hat sie zu wenig Luftzufuhr, der Ofen verrußt.

Manche Hersteller statten deshalb ihre Öfen mit einem zuschaltbaren elektrischen Lüfter aus. Brennt die Flamme stark blau, ist das ein Zei-

chen für zu viel Zugluft, in dem Fall muss im Abgasrohr eine Belüftungsklappe eingebaut werden, welche für alle Modelle erhältlich ist.

Ein richtig verlegtes langes Abgasrohr durch das Boot sorgt für geringen Wärmeverlust durch heiße Abgase und weniger Verbrennungsgefahr auf Deck.

Als Abgashaube an Deck hat sich die H-Form durchgesetzt, da sie bessere Zugregulierung gewährleisten soll. Trotzdem sind Ölöfen anfällig auf Fallwinde. Starke Fallwinde können stoßweise Rauch ins Innere der Kajüte puffen oder die Flamme gänzlich ausblasen.

Da viele Schalenbrenner nur bis zu einem gewissen Grad Kränkung sicher funktionieren, können sie nur teilweise unter Segel betrieben werden, wenn sie nicht mittels einer Kardanik verstellbar montiert sind (die kardanische Aufhängung muss sehr stabil, zum Fixieren und nicht zu leichtgängig gefertigt sein, da die Öfen in der Regel sehr schwer sind).

Dieselbrennöfen beziehen in den meisten Fällen die Sauerstoffzufuhr direkt aus der Kajüte und nicht durch eine gesonderte Luftzufuhr von draußen. Deshalb können sie auf Unterdruckverhältnisse im Bootinneren (zum Beispiel durch den laufenden Motor) gestört reagieren (und bei Unterdruck Abgas ins Bootsinnere puffen).

Die Crew sollte auf keinen Fall unterschätzen, wie viel Sauerstoff die Heizanlage bei normaler Funktion verbrennt und auf ausreichende Belüftung im Boot achten. Vor allem bei schlafenden Personen kann es im geschlossenen Bootsinneren bis zur Lebensgefahr kommen, wenn der Sauerstoff in der Kajüte zu wenig wird.

5.2.3 Zentralheizkessel mit Heizkörper

Eine besondere Form von Dieselheizöfen sind kleine Zentralheizkessel, die beinahe die gesamte Wärme in einen Wasserkreislauf abgeben, über den in der Yacht verteilte Heizkörper betrieben werden.

Zentralheizkessel arbeiten in der Regel wie andere Dieselöfen mit Schalenbrenner und Regulierungsventilen wie die oben beschriebenen Dieselschalenbrenner.

Kleine, für Yachten geeignete Anlagen starten mit 3,5 bis 4 KW Heizleistung und benötigen für den Einbau nur wenig Platz, sie können in einer Nische oder bestenfalls im Motorraum montiert werden.

Für Yachten, die für seriöse Überwinterungen in arktisch/antarkti-schen Gebieten ausgerüstet werden, können diese Zentralheizungen eine optimale Lösung darstellen, da mit ihnen das gesamte Boot bestmöglich beheizt werden kann. Das hilft nicht nur zu angenehmerem Wohnklima an Bord, sondern auch zur besseren Trocknung der Yacht.

Auch bringt der Einbau des Heizungskessels im Motorraum Vorteile:

- Die Heizung kann über die Belüftung des Motorraums von der Kajüte unabhängig Frischluft erhalten.

- Schmutz und Rauch bei Problemen mit Fallwinden betrifft nicht den Wohnbereich der Yacht.

5.2.4 Standheizungen: Gebläse- oder Wasserheizung

Moderne Yachten sind häufig mit Diesel und Strom betriebene Standheizungen ausgestattet.

Wie Dieselöfen haben sie den Vorteil, dass an Bord der meisten Yachten bereits Dieseltanks vorhanden sind. Das kleine Heizgerät kann „unsichtbar" verbaut werden und

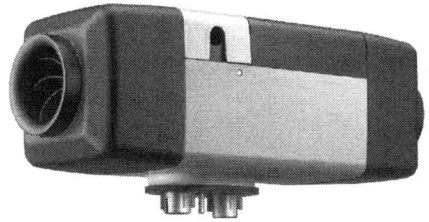

Abb. 89 Gebläseheizung (Quelle Webasto)

arbeitet auch noch einwandfrei, wenn die Yacht Lage schiebt, oder Fallwinde bereits andere Systeme stören.

Standheizungen können als Gebläseheizungen relativ günstig erworben werden. Per Knopfdruck verteilen sie Wärme rasch im Boot.

Standheizungen sind auch als Wasserheizungen erhältlich. Auch sie arbeiten auf Knopfdruck. Dabei werden im Boot verbaute Radiatoren mittels Warmwasser betrieben. Die Anlage kann zusätzlich mit einem Warmwasserboiler für Duschwasser (oder mit einer Klimaanlage) kombiniert werden.

Abb. 90 Standheizung für Wasserkreislauf (Quelle Webasto)

Standheizungen können in der Regel unbeaufsichtigt laufen. Sie arbeiten verlässlich, aber ihre Technik ist nicht sicher störungsfrei, der Wartungsaufwand kann mitunter hoch sein.

Um die Heizung auch in entlegenen Gebieten sicherzustellen, sollten passende Ersatzteile (Einspritzdüsen) an Bord sein und die Crew muss Wartung und Reparatur der Anlage verstehen.

Der Nachteil von Standheizungen liegt darin, dass sie neben Diesel auch Strom benötigen und akustisch lauter im Betrieb sind als andere Systeme.

5.2.5 Heizungen mit anderen Brennstoffen

Vollständigkeitshalber werden hier noch Heizungen mit Strom, Propangas oder Petroleum aufgelistet.

Yachten, die in kalte Reviere aufbrechen, sollten jedoch besser ausgerüstet werden als mit Strom- oder Gasheizungen. Diese Anlagen können maximal als Ergänzung beurteilt werden.

Heizen mit Strom ist die einfachste Variante, ein Boot zu temperieren. Heizlüfter, Ölradiatoren oder Konvektoren sind überall zu beziehen, billig und erfordern keinen Einbau. Durch die Abhängigkeit von Landstrom (kaum eine Yachtcrew wird teuren Generatorstrom heizen) ist das Heizen mit Strom keine passende Variante für ausgedehntes Fahrtensegeln in den kalten Revieren, sondern eher für Yachten geeignet, die nach kurzen Schlägen an ihren Stegplatz zurückkehren.

Auch Heizgeräte, die mit Propangas arbeiten, sind kostengünstig in ihrer Anschaffung. Katalytheizgeräte können - zumindest im ruhigen Hafen - ohne großen Einbau aufgestellt werden. Sie benötigen keine großen Tankkapazitäten und sind kaum störungsanfällig.

Der Brennstoff Propangas ist auf vielen Yachten bereits vorhanden und sachgerecht installiert.

Dennoch ist Propangas keine gute Lösung für Yachten in kalten Revieren:

Unterschiedlich genormte Anschlüsse für Gasflaschen in diversen Ländern machen Probleme und etliche Flaschen müssten an Bord mitgeführt werden, um in entlegenen Revieren Zeit verbringen zu können. Nur in wenigen Ländern ist der Brennstoff Gas im Hafen oder am Steg zu beziehen und in vielen Gebieten werden Flaschen nur getauscht und nicht gefüllt.

Viele Gasheizungen arbeiten außerdem ohne Abgasführung, sie erzeugen dadurch ein ungesundes Raumklima und Feuchtigkeit sammelt sich im Boot.

Für manche Traditionalisten ist vermutlich immer noch die Petroleumheizung auf Yachten interessant, auch wenn außer der Unabhängigkeit von Strom kein Vorteil für diesen teuren Brennstoff spricht.

Petroleum ist schwer zu beziehen und kann in vielen Ländern nur in kleinen Gebinden zu teuren Preisen gekauft werden. Die Brenner sind störungsanfällig und das Anzünden der Heizung ist umständlich.

Ein eigener Petroleumtank muss installiert werden und Petroleumöfen dürfen nicht unbeaufsichtigt betrieben werden, da der Vordruck im Tank aufrechterhalten werden muss.

Bei den am Markt erhältlichen Petroleumheizgeräten handelt es sich meist um kleine Schotwandheizungen. Sie erfüllen den Zweck, eine kleine Kabine für einige kühle Abendstunden gemütlich zu machen, reichen aber nicht fürs Fahrtensegeln in den Hohen Breiten.

5.2.6 Motorheizung

Eine weitere Heizmethode die wir auf LA BELLE EPOQUE ebenfalls indirekt nützen ist die Abwärme (Wasser oder Luft) des Motors.

Wird an den geschlossenen Kühlkreislauf einer Zweikreiskühlung oder Außenhautkühlung ein Heizkörper angeschlossen, kann die Abwärme des Motors zumindest zu dessen Betriebszeiten genützt werden. Besonders interessant kann in diesem Zusammenhang ein kleiner Wandheizkörper sein, der zum Trocknen von Segelbekleidung und Stiefel genützt wird. Da auf vielen Yachten der Motor beim Einlaufen in Ankerbuchten und beim Ankermanöver selbst in Verwendung ist, kann so nasse Segelbekleidung noch bei der Ankunft getrocknet werden und wandert nicht nass in den Kasten.

5.2.7 Die Auswahl der Heizung

Die Auswahl der Art und Größe der Yachtheizung ist abhängig vom Fahrgebiet, dem saisonalen Einsatz, der Größe und Isolierung der Yacht und nicht zuletzt dem Budget und Vorlieben von Eigner und Crew.

Meiner Erfahrung nach ist für Segler, die auch Überwinterungen in arktischem Gewässer planen oder zumindest fern von Stegen in winterlichen Gebieten an Bord leben wollen, grundsätzlich ein Dieselofen mit Zentralheizung (integrierter Heizschlange) die beliebteste.

Zusätzlich kann bei nördlichen Fahrgebieten wie zum Beispiel Grönland auch die Abwärme des Motors genützt werden, denn der läuft in der Regel öfter als gehofft.

Verfügt die Yacht über genügend Platz und hat der Eigner kein Problem mit einer zweiten Abgasdurchführung, ist ein zusätzlicher Holzbrenner für frische Sommerabende eine billige und gemütliche Variante.

Nach vierfacher Überwinterung in Eis und Schnee hat sich an Bord von LA BELLE EPOQUE unser Dieselschalenbrenner mit bis zu 4KW Heizleistung als sehr zuverlässig und als Dauerbrenner bewiesen.

Nicht nur, dass der Ofen monatelang ohne Probleme durchlaufen kann und keinen Strom benötigt, wir können LA BELLE EPOQUE auch tagelang verlassen während der Ofen heizt. (Dies ist besonders bei Überwinterungen in einsamen Gebieten wichtig, da viele proviantierte Lebensmittel vor Frost geschützt werden müssen).

In den vielen Jahren laufendem Einsatz beschränkte sich die Wartung der Anlage lediglich auf den Austausch des Dieselfilters und der Reinigung (Ruß) des Schalenbrenners.

Durch die kardanische Aufhängung läuft die Heizung auch unter Segel. Allerdings drücken steife Böen (vor allem Halbwind) ab und zu Abgase ins Bootsinnere. Auch auf Ankerplätzen mit Fallwinden und vor allem dann, wenn wir per Landleinen verholt sind und sich das Boot nicht in den Wind drehen kann, wird ab und zu Rauch in die Kajüte gepufft. Daran ändert auch die als „fallwindsicher" bekannte H-förmige Abgashaube wenig und Experimente mit verschiedenen Hauben brachten für uns bisher keinen Erfolg.

Die 4KW maximale Heizleistung wurden in unserer 13 Meter langen und gut isolierten Metallyacht noch nie benötigt. Im Winter in der Arktis wurde der Ofen von uns auf maximal halber Leistung verwendet. Der Verbrauch unserer Heizung liegt je nach Einstellung zwischen 20-30 Liter die Woche bei durchgehender Laufzeit. Dieser Verbrauch war bisher auch bei Überwinterungen in der Arktis nicht höher, wobei hierfür Reserven eingerechnet werden müssen.

Wir haben an Bord extra Dieseltanks verbaut, die an der Bootstankstelle getankt werden können und sparen uns daher meist die Knochenarbeit, Heizmaterial an Bord zu schleppen. Vom Hauptheizöltank befördern wir den Diesel über eine Handpumpe zum kleineren Tagestank, der hinter einer Schotwand höher als der Ofen selbst montiert ist und damit ohne Pumpe den Ofen für einige Tage versorgen kann. Vor dem Ofen selbst ist ein Absperrventil sowie ein Dieselfilter (mit Wasserabscheider) verbaut.

Beim Kauf haben wir uns für ein Model mit Kochplatte und Backrohr entschieden, da an Bord genügend Platz für den Einbau dieses großen Models vorhanden war.

Da das Backen ohne extra Energieaufwand und sogar mit besserem Ergebnis als im Gasherd funktioniert, sind wir damit zufrieden. Zum Kochen auf der Herdplatte muss allerdings der Ofen auf eine höhere Leistung, als zum Heizen nötig ist,

gedreht werden. Deshalb wird bei uns an Bord selbst im Winter zusätzlich der Propangasherd zum Kochen verwendet, wenn auch weniger als in tropischen Revieren.

Ein Nachteil unserer Heizung mittels Dieselofen-Standmodel liegt sicherlich darin, dass es im Schiff nicht überall gleichmäßig warm ist und somit Kondenswasser gefördert wird. Diesbezüglich haben Zentralheizungen/Dieselöfen mit Heizschlange oder Gebläseheizungen (Standheizung) einen Vorteil.

Im Bezug auf Fallwindsicherheit wäre sicherlich eine Gebläseheizung die bessere Wahl, trotzdem würde ich dieses Heizungsmodell für längere Segelzeiten in den Hohen Breiten nur bedingt empfehlen, da Stromverbrauch, Verschleiß und Lärmentwicklung Nachteile bringen. Bei saisonalem Fahrtensegeln in den Hohen Breiten spricht aber nichts gegen diese Anlagen.

5.3 Ankergeschirr

Über das Thema Ankern gibt es ganze Bücher und jeder, der sich auf Segelreise begibt, muss sich ausführlich damit befassen. In vielen Revieren ist das Ankern Normalität, das Anlegen Ausnahme. Hier also die

Besonderheiten des Ankerns in den nördlichen und südlichen Revieren dieser Erde.

Die **Wahl des richtigen Ankers** ist natürlich eine der wichtigsten Entscheidungen. Wenn es um das Ankergeschirr geht, teilen sich die Meinungen. Befragt man fünf verschiedene Skipper, bekommt man fast fünf verschiedene Antworten!

**Abb. 91
Zwei Anker
einsatzbereit
am Bug.**

Hier also meine persönliche Meinung über die idealen Anker nach über 13 Jahren Fahrtensegeln:

Wir fahren zur Zeit zwei Bruce Anker am Bug. Ich bin eigentlich der Überzeugung, es wäre besser, zwei verschiedene Anker einsatzklar zu fahren, aber nach durchwegs positiver Erfahrung mit der Bruce Kopie M-Anker wurde der zweite Buganker nun ein originaler Bruce. Ansonsten

käme für mich ebenso ein Bügelanker oder ein Rocner-Anker in Frage.

Doch zum Ankern gehört bei weitem mehr als der Ankertyp selbst, der an Bord gefahren wird, den es kommt auf die gesamte Ausrüstung und eben auch auf das richtige Manöver an, um die Nacht sicher in einer schönen Bucht verbringen zu können.

Die gesamte Ankerausrüstung besteht aus:

- mindestens einem gut dimensionierten Buganker mitsamt seiner Kette, Trosse, Verbinder oder Schäkel und Ruckdämpfer

- einem Heckanker mit Kette und eventuell Trosse

- einem oder mehrerer Ersatzanker, Ersatzkette, zusätzliche Trosse

- einer zum Schiff und Crew passenden Ankerwinde (am besten eine Nummer größer)

- sehr starken Belegklampen, die auch bei schweren Bedingungen nicht ausreißen

- einer starken Ankerklüse, aus der die Kette/Trossen nicht springen kann

- schwimmfähigen Landleinen

- Ketten oder Stahlseilen für das Belegen von Leinen an Land

- Ankerboje

124

- Schamfilschutz zum Austauschen

- und einem starken Dingi mit Außenborder, mit dessen Hilfe auch ein Notanker ausgebracht werden kann.

Die Dimensionierung des gesamten Ankergeschirrs muss stark genug gewählt werden. Auch ist in vielen Revieren eine extra lange Kette einer Trosse vorzuziehen. Wenn die Yacht am Bug das Gewicht tragen, oder die Kette mittschiffs gestaut werden kann, empfehle ich mindestens 80 Meter Kette am Buganker.

Ein sofort einsatzfähiger Zweitanker am Bug ist meiner Erfahrung nach sinnvoll. Dieser kann jedoch nicht gesetzt werden, wenn die Yacht vor Anker schwoit. Ein Verdrehen der Ankerkette kreiert in dem Fall mehr Probleme als der Zweitanker bringt. Bei Sturmwind aus einer Richtung, beim Verholen mit Bug- und Heckanker beziehungsweise Landleinen, oder bei Problemen/Verlust des Hauptankers wird der Zweitanker am Bug aber gute Dienste leisten. Gerade bei Bruch und Verlust des Hauptankers muss es in der Regel schnell gehen, einen Zweitanker zu setzen.

Ich empfehle, Anker, Kette und alle Schäkel oder Verbinder aus hochwertigem, verzinktem Stahl zu verwenden. Edelstahl kann unter Wasser unbemerkt schnell durch Elektrolyse bis zum plötzlichen Bruch geschwächt werden.

Eine starke und zuverlässige Ankerwinde ist wichtig, elektrisch oder manuell ist dabei Geschmackssache.

5.3.1 Landleinen

Landleinen werden vor allem in Gebiete mit Williwaws (siehe Kapitel 3.6.5 Fallwind (Williwaw) auf Seite 56) benötig. Am besten geeignet sind Schwimmtrossen aus hochfester Polypropylen-Faser („Polysteel"). Diese Trossen sind unter anderem im Fischereibedarf erhältlich, sie sind UV-stabilisiert und verrottungsbeständig. Außerdem haben sie eine höhere Bruchlast als herkömmliche Schwimmtrossen.

Abb. 92 Ankern mit Landleinen

Da bei Landleinen auch mit schamfilen gerechnet werden muss, müssen die Trossen stark dimensioniert sein. Je nach Yachtgewicht empfehle ich für herkömmliche Fahrtenyachten von 12 bis 16 Metern Länge einen Leinendurchmesser von 18 bis 25 mm.

Abb. 93 Schwimmtrossen aus hochfester Polypropylen-Faser sind die beste Versicherung für eine ruhige Nacht vor Anker!

Speziell in Patagonien und in der Antarktis, teilweise auch in Grönland und Alaska sollten 4 Landleinen in der Länge von jeweils 80 bis 100 Meter an Bord sein.

Herkömmliches, nicht schwimmfähiges Yachttauwerk eignet sich nur notfalls als Landleinen, da es bei Wind mit dem Ruderdingi kaum bis nicht auszubringen ist und beim Manöver in die Schiffsschraube gelangen kann und wird. Auch bei Eis sind sinkende Landleinen problematisch, da sie sich unter der Wasseroberfläche im Eis verheddern können und nicht mehr zu bergen sind.

Muss die Yacht aufgrund eines Notfalls sehr schnell die Bucht verlassen und dabei die Landleinen kappen und vorübergehend zurücklassen, bleiben schwimmfähige Trossen gefahrlos für die Schiffsschraube und lassen sich später leicht bergen.

Übrigens sind schwimmfähige Dingifestmacher ebenfalls empfehlenswert bei Ankermanöver und Ausbringen von Landleinen.

Feuerwehrschläuche haben sich als Schamfilschutz sehr gut bewährt, wenn die Landleine direkt an Steinen befestigt wird. Noch besser ist es, um die Felsen/Steine ein Stück Kette oder Stahlseil zu legen und an diesem die Landleine zu befestigen.

In Revieren, in denen sehr viel mit Landleinen verholt wird, sind eigene Trommeln am Heckkorb und eventuell am Vordeck praktisch. Da zusätzliches Gewicht auf Deck die Stabilität der Yacht negativ beeinflusst, sollten diese Trommeln mit Landleinen abnehmbar sein und bei Ozeanpassagen tiefer im Boot verstaut werden.

Landleinen in Körben oder Säcken verstaut können sich stark verknoten und sind teilweise schwer auszubringen. Bei Wind in der Ankerbucht kann es ohnehin bereits schwierig sein, das Heck der Yacht auf Position zu halten und zusätzliche Verzögerung beim Ausbringen der Leine wird das Manöver erschweren. Ich empfehle daher, zumindest eine Landleine von zirka 100 Metern Länge auf einer Trommel am Heckkorb aufgerollt zu fahren.

Landleinen ohne Trommeln werden prinzipiell in Achterschlaufen aufgeschossen. Dies gewährt, dass die Landleinen jederzeit kinkenfrei einsatzbereit sind.

5.3.1.1 Ankermanöver mit Landleinen

Drei Varianten haben sich bewährt beim Verholen mit Landleinen (mit insgesamt 2 Personen):

1. **Das „normale" Manöver bei ruhigem Wetter:** Die Bucht wird ausgefahren, auf Wassertiefe und Befestigungspunkte der Landleine kontrolliert, dann wird der Anker gesetzt. Sobald der Anker auf Grund ist, wird das Dingi zu Wasser gelassen und die Sicherung der Heck-Trommel (der Landleine) gelöst. Das Heck wir in Richtung Land gedreht und unter Motorkraft langsam rückwärts gezogen. Mittlerweile ist ein Crewmitglied im Beiboot und rudert das erste Landleinenende zum Ufer. Im Rückwärtsgang kann von der Crew an Bord, wenn nötig, über die Ankerwinde weiter Kette gesteckt oder eingeholt werden. Dabei muss der Steuermann darauf achten, dass die Landleine nicht unters Heck kommt oder sich an der Windsteueranlage verheddert (ist nur eine Person an Bord, hat sich eine Fernsteuerung der Ankerwinde als hilfreich gezeigt). Sobald die

Landleine fest ist, wird sie auch an Bord eingeholt und belegt. Wenn nötig wird nun die zweite Landleine ausgebracht und belegt. Nun kann die Ankerkette auf der Belegklampe belegt und rückwärts eingefahren werden. Dabei auf die Wassertiefen unterm Heck achten. Am Schluss werden die Landleinen dichtgeholt und endgültig auf Pollern belegt. Wenn nötig können nun weitere Landleinen (zum Beispiel am Bug) ausgebracht werden.

2. **Bei zu steifem Wind kann es schwierig werden, die Yacht rückwärts gegen den Wind zu manövrieren. Dann kann wie folgt vorgegangen werden:** Die Ankerbucht wird ausgefahren, auf Wassertiefe und Befestigungspunkte der Landleine kontrolliert,

Abb. 94 Praktische Trommeln am Mastzaun.

Abb. 95 Wird Starkwind erwartet, sollten Yachten mit etwas Abstand zueinander verzurrt werden.

dann wird der Anker gesetzt. Sobald der Anker auf Grund ist, wird das Dingi zu Wasser gelassen und die Sicherung der Trommel (der Landleine) gelöst. Nun wird dem Anker extra Kette gesteckt und die Yacht im Vorwärtsgang in Richtung Ufer manövriert. Mittlerweile ist ein Crewmitglied im Beiboot und rudert das Ende der Landleine zum Ufer. Der Steuermann achtet dabei darauf, dass die Landleine auf der Trommel richtig ausläuft. Sobald die Landleine fest ist, wird sie auch an Bord belegt. Nun dreht der Steuermann den Bug über die Ankerkette aus dem Wind. Dabei muss darauf geachtet werden, dass die Landleine auf der Luvseite der Yacht zu spannen kommt und sich nicht in der Ankerkette, oder am Heck in die Windsteueranlage, verheddert. In sehr schmalen Buchten muss stark rückwärts gegeben werden, sobald sich die Yacht dreht. So kann vermieden werden, dass die Yacht bis zum seitlichen Ufer gedrückt wird, sobald die eine Landleine auf Zug kommt. Hilfreich ist, den Schraubeneffekt der eigenen Yacht zu kennen und die erste Landleine immer an der gegenüberliegenden Seite zu setzen, in der Schraubeneffekt arbeitet. Bei mehrköpfiger Crew kann in der Zwischenzeit auch Ankerkette eingeholt werden, um sicherzustellen, dass die Yacht von der gespannten Landleine nicht ans seitliche Ufer gezogen werden kann. Die Dingi-Crew bringt in der Zwischenzeit die zweite Heck-Landleine aus. Nun kann überschüssige Ankerkette eingeholt und belegt werden. Der Anker wird rückwärts eingefahren, die Landleinen endgültig auf Pollern belegt. Wenn nötig, können nun weitere Landleinen (zum Beispiel vom Bug aus) ausgebracht werden. Dieses Manöver funktioniert nur, wenn am Anker ausreichend Kette angeschlagen ist.

3. **Wird die Yacht mit Kette und Trosse am Anker gefahren, kann das Ausbringen der Landleinen bei steifem Wind nicht wie in Variante 2 beschrieben gefahren werden, da die Gefahr besteht, dass die Ankertrosse in die Schraube gerät. Dann kann wie folgt vorgegangen werden:** Das Dingi wird am Eingang zur Bucht oder (bei sehr engen Buchten) noch vor der Bucht zu Wasser gelassen. Die Bucht wird ausgefahren und auf ihre Wassertiefe und Befestigungspunkte der Landleinen kontrolliert. Mit dem Bug wird die Yacht dicht ans Ufer gesteuert und auf Position

gehalten, während ein Crewmitglied das Ende der ersten Landleine zum Ufer rudert. Der Steuermann stellt dabei sicher, dass die Landleine gut ausläuft und sich nirgendwo verheddert. Nun dreht der Steuermann den Bug aus dem Wind und manövriert die Yacht langsam an jene Stelle der Bucht, an der der Anker gesetzt werden soll. Dabei muss der Steuermann natürlich darauf achten, dass die Seite mit der Landleine beim Drehen der Yacht die Luvseite ist, damit die Landleine nicht unklar kommt. Bei zweiköpfiger Mannschaft kommt die Landleinen-Crew in der Zwischenzeit an Bord zurück, um das Ankermanöver zu übernehmen. Sobald die Yacht fertig zum Ankern ist, belegt der Steuermann die Landleine auf eine Schotwinde und holt diese ein, während die Crew am Bug Ankerkette steckt. Gegebenenfalls kann mit dem Rückwärtsgang etwas nachgeholfen werden. Sobald genug Kette und Trosse gesteckt ist, kann das Ankergeschirr belegt werden. Nun wird die zweite Landleine ausgebracht. Der Anker wird eingefahren, die Landleinen eingeholt und auf die Poller belegt. Wenn nötig können nun weitere Landleinen (zum Beispiel vom Bug aus) ausgebracht werden. Dieses Manöver funktioniert nur, wenn extra lange Landleinen an Bord vorhanden sind.

Die schwedische Variante des Felsliegens ist einfacher, jedoch nur bei ruhiger Wetterlage und in besonders gut geschützten Buchten möglich. Dabei wird ein Heckanker ausgebracht und die Yacht Bug voran zum Ufer/Fels manövriert. Ein Crewmitglied bringt vom Bug die Landleine aus. In Revieren mit Williwaws kann diese Variante gefährlich werden, da diese aus allen Richtungen über die Yacht herfallen können. Wenn der Heckanker nicht ausreichend dimensioniert ist oder slippt, ist die Yacht im Rückwärtsgang schwer manövrierbar und hat möglicherweise nicht genug Kraft, um notfalls die Bucht schnell zu verlassen.

Abb. 96 In Patagonien ist es üblich, stets mit dem Einsatz von Landleinen zu ankern.

5.3.1.2 Erfahrungsbericht: Ankern mit Landleinen

Ein Beispiel vom Abwettern eines Herbststurms mittels Anker und Landleinen in einer grönländischen Bucht. Mit fehlerhaften Entscheidungen und falsch positionierter Yacht. Ein Beitrag von Claudia Kirchberger:

Die Ausgangssituation: Es ist Ende Jänner, wir liegen vor Anker in der Bucht von Færingerhavn, Grönland.

Die Wetterdaten zeigen eine ausgeprägte Tiefdruckentwicklung über Neufundland mit der Voraussicht, dass sich das Sturmtief weiter vertieft und die Davis-Straße zwischen Grönland und Kanada in den Norden zieht.

Das bedeutet, dass es uns in zwei bis drei Tagen an der grönländischen Küste orkanartigen Sturm Stärke 10 bis 11 aus Süd bis Südost bringen wird, mit gemeldeten Windgeschwindigkeiten bis 85 Knoten in Böen.

Aufgrund unserer täglichen Wetterbeobachtung über Amateurfunk, bei der wir stets auch die Großwetterlage und die mögliche Entwicklung daraus beobachten, haben wir genügend Zeit, uns auf diesen schweren Sturm vorzubereiten.

Wir begutachten unseren derzeitigen Ankerplatz und überdenken unsere Möglichkeiten. Sämtliche rundum geschützte Buchten sind zugefroren. Unser Ankerplatz weist zwei Probleme auf, selbst wenn wir uns im Lee der klei-

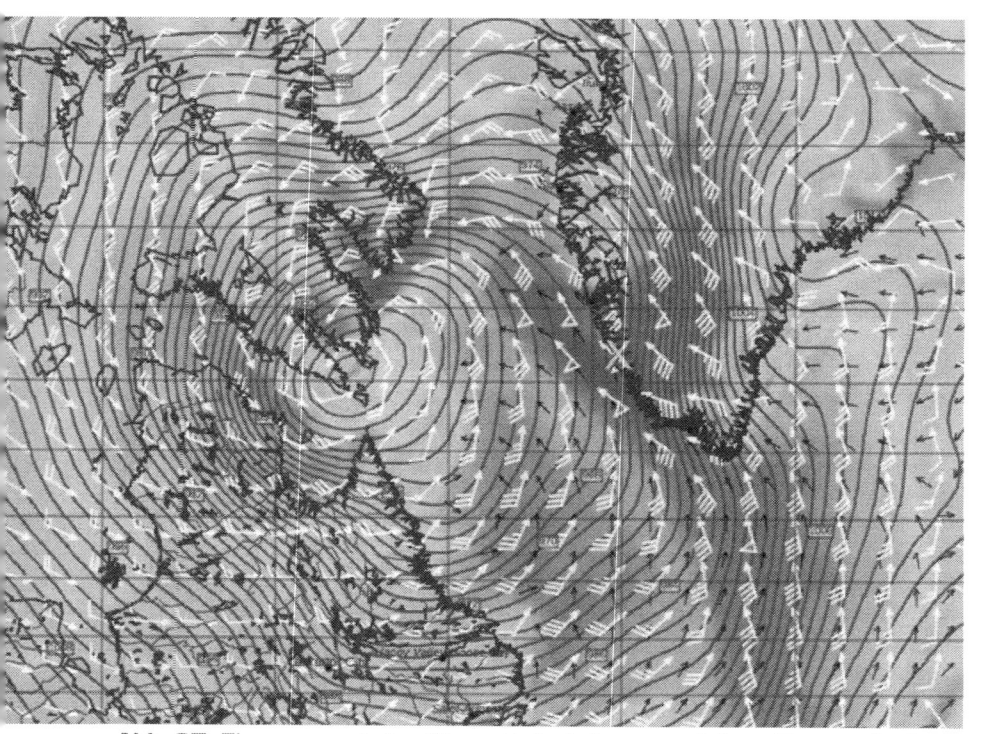

Abb. 97 Ein ausgeprägtes Sturmtief wird uns erreichen. Unsere Position an der Küste Grönlands wird mit einem X gezeigt.

nen Insel Valdemar Oe mittels Landleinen verholen:

- Wir können nicht abschätzten, ob
  die Eisfläche an der Ostseite der
  Insel (die zur Zeit etwas größer ist
  als die graue, nicht kartografierte
  Fläche in der Seekarte siehe Abb.
  97) durch den Sturm aufbricht und
  eine Bedrohung wird.

- Wir vermuten, dass der Sturm Eis
  aus dem Fjord über die südwest-
  seitige Öffnung (zwischen Festland und Henning Oe) zu unserem
  Ankerplatz drücken wird, da der
  Fjord zu dieser Jahreszeit voll mit
  Treibeis ist. Wir müssen einen
  besseren Platz suchen.

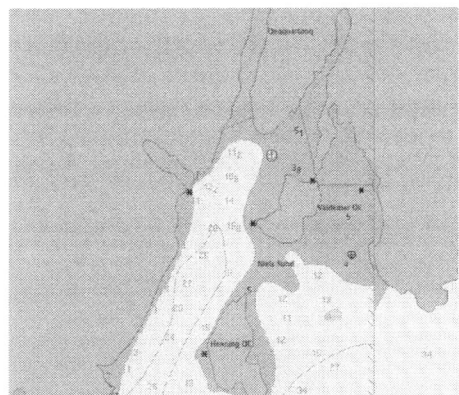

Abb. 98 Unser Ankerplatz weißt
nicht genug Schutz gegen den
Sturm aus Süd auf.

Da die Wetterkarten eine stärkere
Intensität des Sturms südlich von uns
zeigen, suchen wir die Seekarten
nördlich von unserer derzeitigen
Position auf Ankerbuchten ab.

Wir suchen nach einem Platz:

- Der nicht tief in einem Fjord liegt,
  da es in den Fjorden kälter ist (=
  teilweise komplett zugefroren).
  Entlang der Küste ist die Landschaft flacher (= konstantere
  Windbedingungen) und mit vielen
  Schären versehen (= kleine, verwinkelte Ankerplätze mit gutem
  Schutz).

- Der in alle südlichen Richtungen
  geschlossen ist, sodass der Wind
  auf keinen Fall Eis in die Bucht
  treiben kann. Die Bucht soll relativ
  klein sein, damit sich keine nen-
  nenswerte Welle aufbauen kann.

Die Seekarte zeigt eine gut
geschützte Bucht im Buksefjord, 12
Seemeilen nördlich von uns, hinter
einer Halbinsel am Eingang des
Fjords. Perfekt, bis auf die Kleinig-
keit, dass der Fjord nicht vermessen
ist. Es gibt keine aufschlussreichen
Seekarten. Wir haben genügend Zeit
vor dem Unwetter und beschließen,
die Bucht in Augenschein zu nehmen.
Vielleicht ist sie ja tief genug und
bietet einen guten Ankerplatz.

Wir erreichen die Bucht unter
Motor bei ruhigem Wetter. Die Bucht
ist von einer dünnen Eisschicht
bedeckt und wir brechen uns den
Weg hinein. Wir finden sehr seichtes
Wasser (bei Niedrigwasser 2 Meter

unter unserem Kiel, aber Sandboden (guter Ankergrund) und flache, sandige Ufer (keine Fallwinde). Wir ankern eine Nacht in der Bucht und sind nicht ganz zufrieden:

- Die Bucht ist so groß, dass das Eis die ganze Nacht in Bewegung bleibt (und an den Bordwänden hin und her schrammt).

- Landleinen können maximal an eine Seite ausgebracht werden (ebenfalls wegen der Größe der Bucht).

- Außerdem finden wir nur unzureichende Felsen, die für das Belegen von Landleinen verwendet werden könnten. Wir benützten das Dingi (wir haben immer noch Schönwetter und eine leichte Brise) um die nähere Umgebung auf bessere Möglichkeiten abzusuchen.

Dabei entdecken wir eine kleine Bucht (mit Landabdeckung an ihrer Südostseite), die an ihrer Südwestseite eine tiefe Felsspalte aufweist.

Diese Felsspalte ist groß genug für unsere Yacht, bietet einige massive Felsen zum Festmachen der Leinen und zeigt tiefes Wasser ohne

Untiefen in ihrer Mitte. Die Bucht ist zwar etwas in den Südwesten ausgerichtet, zeigt aber ausreichend Landschutz Richtung Ost und relativ niedriges Land zu allen Seiten. Wir entscheiden uns für diese Einbuchtung.

Mittlerweile zeigen die Wetterkarten, dass sich das Sturmtief mit einem Kerndruck von 936HPa entwickelt hat und bereits in Südgrönland tobt. Doch zeigen die Prognosen auch, dass es an Stärke verlieren wird und bei uns „nur" noch 9 bis 10 Beaufort und Windstärken bis 55 Knoten aus Südost bringen wird. Noch vor dem Starkwind wird an unserer Position Ost Wind mit 7 Beaufort erwartet.

Ost sollte hier kein Problem sein, Ost-Nord-Ost ist in dieser Bucht gerade eben ok, doch können wir erwarten, dass der Wind seine Richtung dem Fjord anpassen wird und möglicherweise durch Flurwinde verstärkt wird. Deshalb bringen wir unseren schweren Hauptanker Richtung Nordost aus.

Wir verholen LA BELLE EPOQUE Bug voran (Fehler!!) in die ausgewählte Bucht, belegen vier Landleinen an die Steuerbordseite (Süd-Ostseite) des Bootes (siehe Abb. 100: Trosse 3, 4 und 5, wobei Trosse 5 zwei Trossen sind). Diese Trossen befestigen wir an Land an zwei massiven Felsbrocken. Da ein ausgewähl-

Abb. 99 Wir entscheiden uns für die kleine Felsspalte im Westen der Bucht

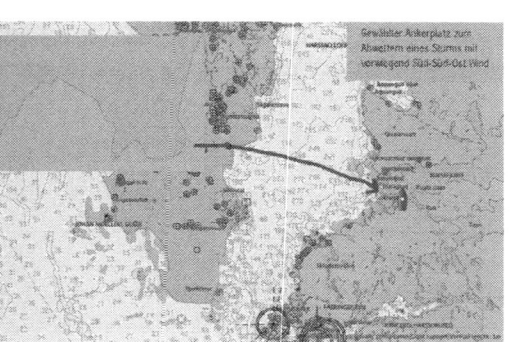

132

ter Felsen grobe Kanten hat, entschließen wir uns, mit einem Kettenstück um den Felsen zu gehen und unsere Landleinen an die Kette mit Scheuerschutz zu verzurren (Trosse 5).

Den zweiten Felsen umspannen wir mit den Landleinen selbst, wobei wir mit einer extra Trosse eine „Sicherheitsschlaufe" legen. Die Landleinen werden primär an dieser Extratrosse fixiert, wobei wir eine lose Schlaufe ebenfalls um den Felsen verknoten. Falls die Extratrosse durchscheuert, geht die Schlaufe der Landleine selbst auf Zug und hält uns.

Am Backbordbug bringen wir den Ersatzanker mit Kette aus, indem wir ihn bei Niedrigwasser zwischen Felsen platzieren und die Kette extra um Felsen wickeln (Nummer 2 auf Skizze). Dazu entscheiden wir uns deshalb, weil über der Hochwassermarke keine möglichen Felsen für das Belegen von Landleinen gefunden werden.

Am Heck bringen wir eine Landleine (Nummer 1 auf Abb. 100 zur Südwestseite aus. Wir fühlen uns gut verholt und soweit vorbereitet.

Schließlich bläst der Wind zum Auftakt. Bei fallendem Luftdruck erleben wir Wind mit 7 Beaufort aus Nordost. Eine denkbar schlechte Ausgangssituation, der Hauptanker

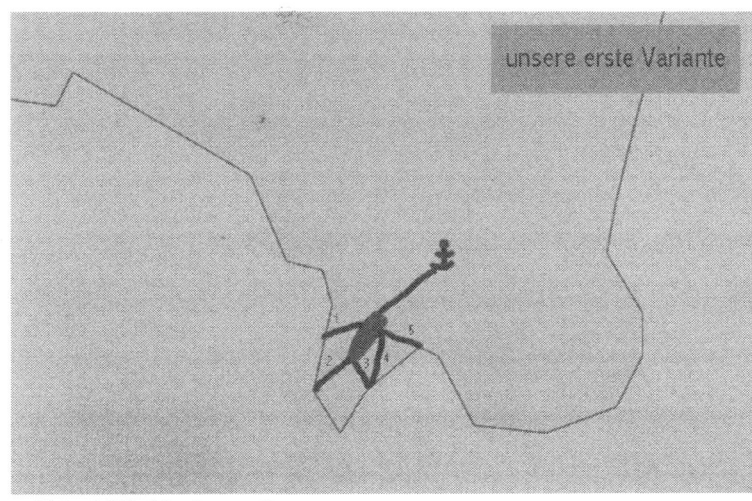

Abb. 100 Variante 1

bekommt die Last, Windsee aus dem Fjord erreicht uns und LA BELLE EPOQUE tanzt unmittelbar vor den Felsen.

Wir belegen die Landleinen neu (Abb. 101): Wir verholen eine der beiden Trossen Nr. 5 an den Bug und

Abb. 101 Variante 2

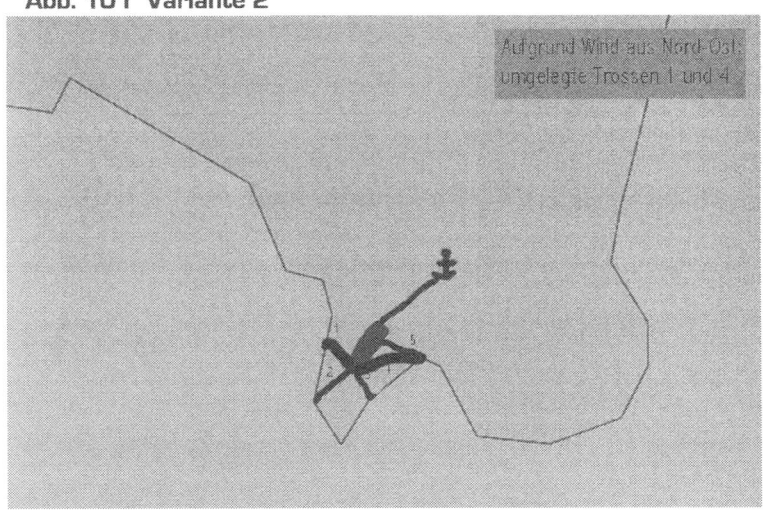

die Trosse Nr. 1 ebenfalls an den Bug. Sollte nun der Hauptanker zu schleppen anfangen, würde sich zwar das Heck des Bootes drehen, aber die beiden neu verholten Trossen, könnten das Boot vor einer Strandung abhalten. Notfalls würden wir den Motor zur Unterstützung des Ankers verwenden. Wir machen uns Sorgen, dass der Wind möglicherweise nicht nach Südost dreht, sondern dem Verlauf des Fjordes folgt.

Doch unsere Bedenken sind unnötig. Gegen Abend herrscht plötzlich Flaute. Der Luftdruck hat mit 960hPa seinen Tiefpunkt erreicht, der Barograf zeigt einen abrupten Druckanstieg. Es dauert nicht lange, fallen erste Sturmböen aus Süd-Süd-Ost ein. Im Laufe der Nacht erreicht der Wind Geschwindigkeiten von 45 bis 50 Knoten, mit Böen um die 60 Knoten. Das Boot liegt gut geschützt, alle Leinen halten stand und wir erleben, wenn auch in Schräglage, ruhiges Wasser um uns.

Nach Durchzug des Sturmwindes folgen heftige Schneefälle und steife Winde aus Südwest für zwei Tage. Wir gehen an Land und überprüfen die Leinen. Wir finden keine nennenswerten Scheuerstellen, bringen aber zusätzlichen Scheuerschutz an Trossen Nr. 1 Abb. 101 an.

Auffällig jedoch ist, dass sämtliche Knoten, welche nicht belastet wurden (die extra, mittels Palstek belegten

„Sicherheitsschlaufen") gelöst sind. Wir vermuten, dass das bewegte Wasser während des Nord-Ost Windes daran schuld ist.

Da sich der Platz gut bewährt hat und die Vorhersagen ein zweites ausgeprägtes Tief zeigen, beschließen wir, hierzubleiben. Wiederrum zeigen die Karten dasselbe Szenario: zuerst Ostwinde mit 5 Beaufort, später Sturm aus Südost. Diesmal machen wir uns keine besonderen Sorgen, als der Wind aus Nordost dem Fjord folgend kommt. Noch am Abend des 5. Februars nimmt der Nordost Wind allerdings zu und erreicht 8 Beaufort. Mittlerweile steht eine ruppige Welle mit zirka einen Meter in unsere Bucht. LA BELLE EPOQUE schlingert gefährlich vor den Felsen. Am späten Abend entschließen wir uns, Ankerwache zu fahren.

Das Boot ist mittlerweile dicht an die Felsen gerückt und wir starten den Motor, da wir vermuten, dass der Hauptanker nicht ausreichend hält. Wir holen alle Leinen dicht, um die Belastung möglichst gut zu verteilen. Dabei passiert ein Fehler: Wir holen die Trosse 5 Abb. 101 zu dicht, das Heck geht durch den Wind. Wir haben keine Trosse mehr, die dagegen hält, LA BELLE EPOQUE droht, Steuerbords an die Felsen gedrückt zu werden.

Ich springe ans Steuer und gebe Vollgas. Nur mit einem beherzten „in die Leinen dampfen" nach vorne kann ich das Heck in letzter Sekunde wieder durch den Wind drehen. Dabei bricht allerdings Trosse Nr. 1. Der Heckanker rutscht und LA BELLE EPOQUE droht zu stranden. Ich lege den Rückwärtsgang ein und dampfe mit dreiviertel Gas zurück, versuche, die Trossen 5, 4 und 3 auf Spannung zu halten.

Der Nordostwind hält die restliche Nacht an. Wir müssen abwechselnd am Steuer arbeiten, da das Freihalten unter Rückwärtsgang anstrengend ist und unsere ganze Aufmerksamkeit braucht. Durch den Radeffekt wird die Yacht Richtung Felsen an der Ostseite gedrückt, der Wind arbeitet in Böen dagegen und versucht, die Yacht voran an die Felsen zu waschen. Im Rückwärtsgang hat das Boot nicht genug Kraftreserven: Nimmt der Wind zu, werden wir uns nicht von der harten Strandung an die Felsenküste bewahren können.

Wir überlegen uns Manöver, wie wir bei weiterem Bruch möglichst unbeschadet die Bucht verlassen können. Doch wir wissen, dass wir kaum ohne Grundberührung frei kommen werden. Der Barograf zeigt einen Druckabfall von 9,1HPa in drei Stunden, ein Wert, der uns mit Sorgen erfüllt, er zeigt Sturm. Über Stunden arbeiten wir mit dem Motor. Trotz des fallenden Luftdrucks bleibt das Wetter konstant.

Am Morgen nimmt der Wind ab und plötzlich wird es noch brenzlicher: Der Schraubeneffekt arbeitet gegen uns. LA BELLE EPOQUE wird durch ihre eigene Schraube Richtung Ostufer gedrückt. Wir haben Niedrigwasser und sind mittlerweile tief in die Bucht gerückt, haben keinen Meter Wasser unterm Kiel und können nicht auf das Rückwärtsschieben unter Motor verzichten. Aus dieser Lage hilft jetzt nur noch zu fliehen. Jürgen schnappt sich ein Messer und schneidet die Ankertrosse am Bug durch. Ich arbeite in der Zwischenzeit am Steuer.

Trosse 3, 4 und 5 lassen sich nicht leicht lösen, wir haben beim Belegen nicht darauf geachtet, sie notfalls schnell lösen zu müssen. Deshalb dauert das Befreien der Yacht zu lange. Doch wir kommen mit einem sprichwörtlichen blauen Auge davon. Kurz nach einer Grundberührung am Ostufer ist LA BELLE EPOQUE frei und unsere Verluste sind minimal: Ein Messer, eine zerschnittene Ankertrosse, ein Schäkel, der ins Wasser gefallen ist. Keine Schäden am Rumpf.

Der Nordostwind hält nicht mehr lange an. Wir nutzen die ruhige Wetterphase, um uns für den kommenden Südostwind neu zu verholen. Während des ausgeprägten Sturms, der aus Südost folgt, liegen wir erneut sicher.

135

Tabelle 6 Lektionen zum Sturmankern mit Landleinen

Gelernte Lektionen aus dieser Erfahrung	
IMMER Bug Richtung offenes Wasser	Unser größter Fehler war, Bug voran in der Bucht zu liegen. So mussten wir in Rückwärtsgang arbeiten (wenig Leistung und hoher Schraubeneffekt) und konnten nicht fliehen.
NUR Schwimmtrossen verwenden	Eine Trosse in die Schraube zu bekommen hätte zum sicheren Schiffbruch geführt.
Yacht in alle Richtungen sichern	Mit mehr Leinen in Richtung W und einem zweiten Anker Richtung NW wären wir nicht in solche Schwierigkeiten gekommen.
Trossen müssen leicht zu lösen sein	Wir hatten eine Grundberührung, weil wir zu lange benötigten, die Trossen zu lösen
Segelmesser und Scheinwerfer	Akku-Scheinwerfer immer sofort aufladen, im Notfall ist keine Zeit zum Suchen von Messer oder Batterien.
Motor und Antrieb sorgfältig warten	Ohne einwandfreie Technik wären wir gestrandet.
Fluchtmöglichkeit vorab planen und besprechen	Koordinierte Teamarbeit muss schnell und reibungslos funktionieren.
Ankerwache halten	Die gesamte Crew muss einsatzbereit bleiben.
Sturmankern in Revieren mit Eis	
Eisdrift beachten	Eine Bucht wählen, in die voraussichtlich kein Eis treiben wird.
Alternative Buchten einplanen	Viele Buchten frieren bei Kälte zu und können nicht mehr erreicht werden.
Immer ausreichend Kleidung anziehen	Ohne Handschuhe an Deck springen, um eine Trosse zu lösen, führt zum vorübergehenden Ausfall durch Erfrierungen. Extra Kleidung muss einsatzbereit liegen und übergestreift werden.
Decksvereisung nicht unterschätzen	Nach einer Nacht mit kleinen Wellen in der Ankerbucht war unser gesamtes Heck ein großer Eisklotz
Sturmpausen nützen	Landleinen prüfen, Eis von Deck schlagen,...
Wassertemperaturen beachten	Dingifahren bei Sturm im Eiswasser ist lebensgefährlich. Überlebensanzüge sind nützlich aber dennoch darf kein übermässiges Risiko eingegangen werden.
Nie alleine auf Deck arbeiten	Das Deck kann durch Eis und Schnee extrem rutschig sein.
Im Boot gut heizen	Das schont Kraft und entspannt die Freiwache, Kleidung kann laufend getrocknet werden.

Zusätzliches für Landleinen in baumlosen Revieren

Ketten oder Stahlseilstücke für Festmachen um Felsen sollen ca. 4 Meter lang sein, bei Verwendung von Stahlseilen sollte eine lehnige Seilkonstruktion (7x19) verwendet werden, deren Enden bereits mit Augspleiß gefertigt sind.

Mittels stabiler, großer Schäkel können die Trossen an diese Stahlseil- oder Kettenstücke befestigt werden.

Zugespitzte Eisenstangen oder Eisschrauben von mindestens einem Meter Länge können zum Festmachen für Landleinen in Gebieten ohne Bäumen als Befestigungspunkte verwendet werden. Natürlich muss der sichere Halt der Stangen laufend kontrolliert werden. Speziell beim Einsatz im Eis ist zu beachten, dass das Eis im Bereich der Eisenstange bei Sonneneinstrahlung schmilzt. Kleine Schärennägel, wie sie im schwedischen Yachtbedarf angeboten werden, sind in der Regel bei Starkwind für Hochseeyachten nicht ausreichend. Ein schwerer Hammer muss für das Ausbringen der Stangen selbstredend ebenfalls an Bord sein.

Feuerwehrschläuche sollten überall dort über die Trossen gestülpt werden, wo Schaden durch Schamfilen droht.

5.3.2 Ausrüstung für Häfen

Viele Häfen werden im Winter nicht betrieben. Es kommt vor, dass Schwimmstege aufgrund von Eis weggeräumt werden, dass Häfen wegen Wartungsarbeiten gesperrt sind oder am Steg Wasser und Strom abgedreht sind.

Damit bleiben in vielen Gebieten nur hohe Molen von der Berufsschifffahrt übrig. Oft sind das raue Beton- oder Holzanlagen, die bestenfalls mit alten Reifen ausgestattet sind. Um eine Yacht hier ausreichend sichern zu können, sollten extralange, schwimmfähige Festmacher vorhanden sein. Molen sind meist hoch und bei entsprechendem Tidenhub in vielen Revieren müssen die Festmacher notfalls nachjustiert werden. Die Leinen sollten schwimmfähig sein, damit die Yacht auch bei starkem Winddruck schnell ablegen kann, ohne ihre Festmacher in die Schiffsschraube zu bekommen. Extra Trossen (Landleinen) sollten für den Fall vorhanden sein, dass die Yacht längsseits anderer Kutter festmacht und vom Bug und Heck aus lange Festmacher zur Mole benötigt.

Nicht nur der Rumpflack kann von diesen Anlegern in Mitleidenschaft gezogen werden, bei hohen Anlagen

137

Egal, ob man für die Nacht eine Ankerbucht oder einen Hafen gewählt hat, vor allem in kalten oder stürmischen Jahreszeiten müssen Ersatzbuchten und Häfen vorhanden sein, falls der gewählte Platz durch Eis unzugänglich bleibt, nicht frei ist oder zu wenig Schutz bietet. Ist die Wetterlage ungewiss, sollte die Yacht noch bei ruhigem Wetter gegen alle Eventualitäten gesichert werden. Fallen die ersten Sturmböen ein, ist es schon zu spät, noch sicher mit dem Dingi zu arbeiten.

Abb. 102 In den Hohen Breiten muss die Yacht auch für einen Winter im Hafen gut ausgerüstet sein.

und starken Wind muss darauf geachtet werden, dass das Rigg keinen Schaden nehmen kann, wenn sich das Boot gegen den Steg drückt. Große Ballfender und Fenderbretter bieten den besten Schutz für den Bootsrumpf, auch gegen das Schamfilen von Trossen und Tauwerk muss Schutz (Feuerwehrschläuche) angebracht werden. Notfalls muss die Yacht mit Anker oder Leinen zu Bojen (Schwimmtrosse) gespannt werden. Damit sie bei starken Böen nicht gegen den Kai prallt. Bevor die Yacht so gesichert wird, muss natürlich herausgefunden werden, ob die Anlage auch wirklich genützt werden kann und nicht, doch eine Fähre, Fischkutter oder Frachter kommt.

5.4 Selbststeuerung

Eine Selbststeueranlage wird auf den meisten Hochseeyachten bereits installiert sein, daher sollte hier nur auf etwaige Probleme mit den unterschiedlichen Systemen hingewiesen werden.

Eine Windselbststeueranlage ist meines Erachtens bei Ozeanüberquerungen immer noch die beste Wahl. Bei Fahrten in Eis ist diese aber weniger geeignet. Es besteht die Gefahr, dass das Pendelruder/Ruder der Anlage durch Eisbrocken beschädigt wird.

Der elektrische Autopilot kommt bei uns meist nur bei sehr leichten Winden oder unter Motor zum Einsatz. Nur die hochwertigsten Anlagen können den rauen Bedingungen der anspruchsvollen Reviere auf Dauer standhalten. In manchen Teilen der Nord West Passage stört die Nähe zum magnetischen Pol Anlagen, die über Kompasse arbeiten. Nur Anlagen mit zusätzlichen Windinstrumenten sind in diesen Gebieten durchgehend einsatzbereit.

Aufgrund von Eis ist in der Arktis und Antarktis mitunter langes Steuern von Hand nötig.

5.5 Schwerwetterausrüstung

Die Entscheidung, mit welcher Taktik einem Sturm begegnet wird, fällt sicherlich auf jeder Yacht anders aus. Tatsache ist aber, dass die verschiedenen Taktiken nur angewendet werden können, solange die jeweils richtige Ausrüstung einsatzbereit an Bord ist. Im Kapitel 7. Schwerwettersegeln auf Seite 211 wird genauer auf Taktiken und Erfahrungen in Schwerwetter eingegangen, weshalb ich mich hier auf die Ausrüstung der Yacht selbst beschränken werde.

5.5.1 Sturmsegel

5.5.1.1 Gerefftes Großsegel und/oder Trysegel

Um bei Schwerwetter oder Sturm der Yacht maximalen Antrieb geben zu können, muss das Großsegel mehrere Reffreihen aufweisen. In Fachkreisen wird immer wieder diskutiert, wie viele Reffs in einem effektiven Fahrtengroßsegel Sinn machen. Meiner Meinung nach sind vier Reffreihen optimal. Das vierte Reff sollte dabei eine Segelgröße ergeben, das einem zur Yacht passenden Trysegel entspricht. Drei Reffreihen im Großsegel sind in den Hohen Breiten Minimum und erfordern ein zusätzliches Trysegel. Eine Yacht mit zwei Reffreihen im Großsegel ist nicht für die Reviere der Hohen Breiten ausgerüstet.

Eine gängige Formel, die für die Berechnung der maximalen Größe des Trysegel verwendet wird, ist 0,175 x Vorlieklänge x Unterlieklänge des Großsegels.

Vorsicht, die Berechnungen für die Größe des Sturmsegels kommen aus dem Regattasport und sind meiner Meinung zu groß für wirklich schwere Stürme. Viele Fahrtensegler gehen davon aus, dass sie bei einer Windzunahme auf schweren Sturm oder orkanartigen Sturm (Beaufort 10 bis 11) nicht mehr aktiv segeln und deshalb keine geeigneten Sturmsegel mehr benötigen. Diese Einstellung kann fatal sein und hat in den Hohen Breiten nichts verloren. Das Boot muss auch für schwere Stürme bestmöglich ausgerüstet sein!

Dies ist auch der Grund, weshalb wir an Bord unserer Fahrtenyacht LA BELLE EPOQUE sowohl ein Großsegel, welches bis ins vierte Reff verkleinert werden kann, wie auch ein Trysegel fahren.

Abb. 103 Das Trysegel

Es genügt nicht, ein Trysegel zu kaufen und an Bord zu verstauen. Das Segel hat seine Besonderheiten und das Anschlagen eines Trysegel in Schwerwetter kann für eine ungeübte Crew auf einer unvorbereiteten Yacht nahezu unmöglich werden. Das Trysegel kommt in der Regel zum Einsatz, wenn das dreifach gereffte Groß-

segel zu groß geworden ist. Das heißt, es stürmt bereits, die See ist hoch und das Arbeiten auf Deck wird lebensgefährlich.

Unter diesen Bedingungen das Großsegel vom Mast komplett abzuschlagen, um die Mastschiene für das Trysegel verwenden zu können, kostet nicht nur besonders viel Zeit, es ist ein Manöver, das extrem gefährlich und anstrengend ist. Dazu kommt, dass in Kälte die Hände gefühllos werden und die Motorik der Finger nicht mehr richtig funktioniert. Dicke Handschuhe helfen zwar gegen die Kälte, aber erschweren das Arbeiten.

Deshalb muss die Yacht für die Verwendung eines Trysegel mit einer zweiten Mastschiene ausgestattet werden. Diese zweite Mastschiene läuft parallel zur Großsegel-Mastschiene, endet aber nicht wie diese am Lümmelbeschlag. Die Trysegel-Schiene wird bis zum Deck durchgezogen. So kann das Segel angeschlagen und in einem eigenen Segelsack auf Deck verstaut werden.

Wichtig ist, diese Anordnung so zu gestallten, dass das unbenützte Trysegel die Arbeit am Großsegel (wie zum Beispiel das Reffen) nicht behindert und andererseits für das Hissen des Trysegels notfalls nicht mehr als einen Mann am Mast verlangt. Ist die Yacht zusätzlich mit einem zweiten Großfall ausgestattet, kann das Tryse-

140

gel sogar gesetzt werden, bevor das gereffte Großsegel ganz eingeholt wird. So bleibt die Yacht während des gesamten Vorgangs manövrierfähig.

Viele Segler argumentieren, dass ein Trysegel einsatzbereit am Mast generell im Weg ist und unnötig erhöhter UV-Belastung ausgesetzt wird. Wer sich diesbezüglich Gedanken macht, kann das Trysegel bei Schönwetter ohne weiteres unter Deck verstauen. Sobald die täglich an Bord empfangenen Wetterberichte die Möglichkeit von Schwerwetter zeigen, muss das Trysegel einsatzbereit angeschlagen werden. Noch bevor das Schwerwetter die Yacht erreicht.

Ein Trysegel wird knapp oberhalb des verzurrten Großsegels gesetzt, sodass es nicht am Großsegel schamfilen kann. Dadurch kann der Hals des Segels nicht direkt am Lümmelbeschlag befestigt werden. Ein Verbindungsstropp/Vorlauf in passender Qualität und Länge ist nötig. Wir haben die Erfahrung gemacht, dass der unterste Rutscher am Hals des Trysegel problematischen Zug auf die Mastschiene verursachen kann und eventuell ausreißt. Deshalb sichern wir zusätzlich den Hals des Trysegel mit einer Leine rund um den Mast (ähnlich einer Koralle bei traditionellen Gaffelsegels). Das Setzen dieser Leine um den Mast muss allerdings geübt werden, da es aufgrund

der Höhe am Mast schwierig sein kann. Notfalls müssen Maststufen bis zur richtigen Höhe montiert sein (Crewmitglied sichern!).

Abb. 104 Das Trysegel kann mit einer Leine um den Mast gesichert werden, um nicht übermäßigen Zug auf die Mastschiene zu verursachen.

Das Trysegel kann auf zwei verschiedene Varianten gefahren werden - ohne Baum oder am Baum:

Traditionell werden Trysegel ohne Baum gefahren. Dies ist besonders bei Yachten mit einem langen Großbaum von Vorteil. Auch bei extremer Krängung kommt die Yacht nicht

141

Gefahr, den Baum durchs Wasser zu schleppen und dadurch Bruch zu riskieren. Generell ist diese Variante schonender fürs Rigg, da der Großbaum keinen Druck auf den Mast ausübt und selbst nicht in Gefahr läuft, unter der Belastung zu brechen.

Der Großbaum wird sturmfest niedergelascht. Im Schothorn des Trysegel sind eigene Schoten befestigt, die über Winden im Cockpit bedient werden. Das Trysegel wird also ähnlich wie ein Vorsegel gehandhabt. Die Yacht muss mit passenden Blöcken für Holepunkte ausgestattet sein und man muss den Baum sicher auf Deck laschen können.

Nachteil dieser Variante ist, dass das Trysegel nicht für jeden Kurs optimal getrimmt werden kann. Da das Trysegel auf Vorwind-Kurs nicht ausgebaumt werden kann, ist der segelbare Kurs mit achterlichen Winden eingeschränkt. Die wichtige Sturmtaktik des Ablaufens wird dadurch nicht erleichtert. Auch schlagen die Schoten beim Hissen des Segels wie wild im

Abb. 105 Das Trysegel kann auf manchen Yachten auch am Baum angeschlagen gefahren werden.

Cockpit und können ein Crewmitglied ernsthaft verletzen.

Etwas unorthodoxer ist die Variante, das Trysegel am Großbaum selbst zu fahren. Der Vorteil dieser Variante liegt darin, dass das Segel auf allen Kursen gut getrimmt werden kann und die Segeltaktiken nicht eingeschränkt werden. Auch kommt diese Variante auf Yachten zum Einsatz, deren Aufbauten das baumlose Trysegel praktisch schwer umsetzbar machen.

Das Schothorn des Trysegels wird mit einem Stropp (in Abb. 105 mit einer Talie) auf dem Baumende festgezurrt und mit einem weiteren Stropp rund um den Baum gesichert. Dabei ist Sorgfalt nötig, damit das verzurrte Großsegel keinen Schaden durch Schamfilen nehmen kann. Das Trysegel wird dann wie ein gewöhnliches Großsegel mit der Großschot getrimmt.

Für diese Variante ist nicht jedes Trysegel „von der Stange" geeignet. Durch den Schnitt konventioneller Trysegel wandert das Segel beim Fahren auf den Baum besonders hoch auf den Mast, was den Segeldruckpunkt negativ beeinflusst. Es ist also nötig, sich von einem guten Segelmacher ein speziell zur Yacht passendes Trysegel für das Fahren am Baum schneidern zu lassen.

Nachteilig bei der Variante „Trysegel am Baum gefahren" sind die Belastung am Rigg und die Gefahr von einer Halse im Sturm. Der Baum muss zu jeder Zeit durch einen ausreichenden Bullenstander gesichert werden. An Bord von LA BELLE EPOQUE haben wir deshalb generell beidseitig Bullenstander am Vordeck durch Blöcke bis zum Cockpit umgelenkt, um den Baum immer ausreichend sichern zu können. Der jeweilige Bullenstander wird bereist bei Halbwind von uns am Baum eingehakt, noch bevor der Baum über die Seite hinausreicht. Das Rigg jeder hochseegängigen Fahrtenyacht muss stark genug ausgelegt sein, um auch mit den Belastungen von Segeln im Sturm klar zu kommen.

Abschließend ist noch zu sagen, dass sowohl das Reffen aller Reffs im Großsegel wie auch das Setzen des Trysegels von allen Crewmitgliedern wiederholt geübt werden muss, um im Ernstfall zu funktionieren. Hilfreich ist, die einzelnen Arbeitsschritte in einem eigenen technischen Logbuch der Yacht zu vermerken. So werden später keine Arbeitsschritte vergessen und keine Anschlagpunkte verwechselt.

5.5.1.2 Sturmfock und Orkanfock

Eine hochqualitative Sturmfock gehört zur Segelausstattung jeder Fahrtenyacht. Egal, in welche Seereviere sie sich begibt. Werden Segelreisen in die Hohen Breiten geplant, ist eine Sturmfock die Mindestausstattung. Es ist besser, die Segelgarderobe so auszustatten, dass auch im schweren oder orkanartigen Sturm noch aktiv gesegelt werden kann. Das heißt, eine Sturmfock und eine Orkanfock sollten an Bord mitgebracht werden.

Wie auch beim Trysegel gibt es für die Sturmvorsegel eine Formel, nach der viele Segelmacher ihre Größenempfehlungen definieren: Demnach soll die Größe einer Sturmfock maximal 0,05 x Vorstaglänge^2 sein. Auch diese Formel stammt aus dem Regattasport.

Es ist eine Angabe, die beurteilt, ab welcher Segelgröße das Segel nicht mehr als Arbeitsfock gewertet wird und daher bei Regatten unbewertet mitgeführt wird. Die Größenauswahl aufgrund dieser Formel an Bord von Fahrtenyachten muss sehr kritisch betrachtet werden. Eine Sturmfock in dieser Größe ist im schweren Sturm für beinahe jede Fahrtenyacht zu groß.

Deshalb empfehlen manche Segelmacher eine Sturmfock in der Größe von 0,03 (oder 0,035) x Vorstaglänge^2.

Eigner, die ihre Yacht ausreichend kennen, können eine einfache Überlegung in die Auswahl der richtigen Größe des Sturmsegels einfließen lassen:

Die Kraft des Windes steigt im Quadrat zur Geschwindigkeit. Bei doppelter Windgeschwindigkeit wirkt demnach die vierfache Kraft auf die Yacht. Ist die maximale Windgeschwindigkeit, bekannt, mit der die Arbeitsfock der Yacht sicher am Wind gesegelt werden kann, benötigt die Yacht bei doppelter Windgeschwindigkeit zirka ein Viertel der Segelfläche.

An Bord von LA BELLE EPOQUE kommt die Arbeitsfock von 30 Quadratmeter am Wind bis zu einer Windgeschwindigkeit von 30 Knoten zum Einsatz. Daher kann davon ausgegangen werden, dass für 60 Knoten Wind ein maximales Sturmsegel von 7,5 Quadratmeter nötig wird.

Aus dieser Berechnung wird klar, dass für stürmischen Wind dazwischen ein weiteres Segel benötigt wird. Deshalb empfehle ich, mindestens zwei Sturmsegel an Bord einer Yacht für die Hohen Breiten bereit zu haben: eine Sturmfock, passend für stürmischen Wind Beaufort 8 und 9, und eine Orkanfock, für schwere Stürme.

Die Nützlichkeit zweier Sturmvorsegel geht auch aus einem Bericht des fatalen Sydney-Hobart Rennen 1998 hervor, während dessen die Regattaflotte in einen Orkan mit über siebzig Knoten gemessene Windgeschwindigkeiten für einen Zeitraum von ungefähr 10 Stunden geraten ist: Im Verlauf dieser Regatta gingen sieben Yachten verloren, sechs kenterten vollständig durch. Sechs Segler verloren ihr Leben, etwa 55 Segler mussten aus Seenot gerettet werden. Eine der gewinnenden Yachten (CHS-Division), eine Swan 46 mit hocherfahrener Crew und bester Ausrüstung, konnte die gesamte Regatta aktiv segeln, da sie sowohl eine

Abb. 106 Sturmfock und Orkanfock an Bord von LA BELLE EPOQUE

Sturmfock an Bord hatte, wie auch ein Sturmstagsegel, das gesetzt wurde, als die Sturmfock zu groß wurde.

Natürlich mag nun argumentiert werden, dass eine hocherfahrene Regattacrew durchaus länger die Yacht aktiv segeln kann, als eine unterbemannte Blauwassercrew. **Doch sollte auch beim Fahrtensegeln niemals die Ausrüstung die Begrenzung der Möglichkeiten und Taktiken darstellen.** Eine kleine, erfahrene Crew kann eine Yacht nur solange sicher bewegen, solange sie die richtige Ausrüstung an Bord haben.

Wie auch beim Trysegel ist bei Sturmsegel nicht nur die richtige Größe wichtig, sondern auch:

- wie die Segel gefahren werden und
- die Übung der Crew.

Yachten, die sich in herausfordernde Reviere begeben, sind meist mit mindestens einer, manchmal zwei Rollanlagen der Vorsegel ausgestattet. Die Rollsegel sind keine Vorsegel für Sturm und sollten auch nicht als solche benützt werden. Auf dem Markt erhältliche Sturmsegel, die auf dem eingerollten Rollsegel montiert werden, sind großteils ebenfalls nicht zufriedenstellend: Die Segel sind nur schwer zu montieren und erfordern

von der Crew einen langen Aufenthalten am Bug.

Deshalb muss meiner Meinung nach eine Yacht für die Hohen Breiten mit einem Kutterstag ohne Rollanlage oder einem eigenen Sturmvorstag ausgestattet sein. Das Sturmvorstag (also ein drittes Vorstag) kann wegnehmbar konstruiert sein.

Wird Schwerwetter erwartet, kann bei relativ ruhigen Segelbedingungen der Sturmvorstag (mit den passenden laufenden Backstagen) gesetzt und die passende Sturm- oder Orkanfock mit Stagreiter angeschlagen werden. In einem eigenen Segelsack verstaut wartet das Segel nun bereit zum Einsatz.

Wie bei allen Segeln, die auf Deck im Segelsack liegen, gilt: Immer den Segelsack mithilfe des Falls einige Dezimeter über das Deck hängen, um schamfilen auf rauen Antirutsch-Decks zu vermeiden. Sturm- und Orkansegel müssen so geschnitten sein, dass sie zu einem passenden Holepunkt getrimmt werden können, ohne am stehenden und laufenden Gut zu schamfilen.

Um das Segel auch am Wind bestmöglich nützen zu können, müssen die Holepunkte so gewählt werden, dass der Winkel zwischen Schiffsmittellinie und Anstellwinkel des Segels zwischen 12 und 14 Grad liegt. Die Holepunkte der Arbeitsvorsegel passen daher nicht bei allen Yachtdesigns.

Um vor der Bestellung einer neuen Sturmsegelgarderobe Holepunkte und Segeldesign zu testen, gib es einen einfachen Trick: Da Sturmsegel flach geschnitten sind, können drei Leinen als Muster dienen. Das Dreieck aus Leinen kann gesetzt werden und so lange mit den Längen der drei Leinen experimentiert werden, bis eine optimale Segelform und passende Holepunkte feststehen. Daran denken, dass Sturmsegel hoch geschnitten werden, für freie Sicht und gegen Wasserschlag.

Abb. 107 Ein Treibanker mit mittlerer Bremskraft, hier getestet in ruhiger See.

5.5.2 Treibanker

Ein Treibanker ist ein über das Heck ausgebrachter Schleppwiderstand. Er hilft der Yacht auf Raumschotkursen, das Heck in den Wind zu halten und dabei nicht vor einer Welle abzurutschen oder unkontrolliert zu surfen.

Beim Abrutschen vor einer Welle läuft jede Yacht in Gefahr, quer zu schlagen und zu kentern. Je nach Design der Yacht kann ihr Seeverhalten vor der Welle mehr oder weniger unruhig sein.

Tests haben gezeigt, dass das Verhältnis zwischen Breite und Tiefgang, der Länge des Kiels (vor allem dann, wenn der große Teil des Lateralplans hinter dem Gewichtsschwerpunkt der

Yacht liegt), aber auch die Verdrängung der Yacht mitunter ihre Kursstabilität massiv beeinflussen.

Fahrtenyachten mit breiten, flachen Hecks, nicht ausbalancierte Rumpfenden und leichterer Verdrängung müssen daher im Schwerwetter besonders gute Steuermänner an Bord haben und für den Einsatz von Treibmittel vorbereitet sein.

Ich empfehle jeder Blauwassercrew, wie kurstabil auch immer ihre Yacht konstruiert ist, sich mit dem Thema Treibanker zu beschäftigen, sich mit geeigneten Treibankern auszustatten und die Yacht für deren Einsatz vorzubereiten.

Ein Treibanker verringert die Geschwindigkeit der Yacht und richtet das Heck direkt in die See. Dadurch könnte mehr See über das Heck brechen und im Extremfall Brecher das Cockpit überspülen. Um einen Treibanker einsetzen zu können, muss das Heck der Yacht stabil gebaut sein, das Cockpit muss über ein ausreichendes Lenzsystem verfügen. Außerdem müssen für Steuermann und Crew genügend Befestigungspunkte für ihre Sicherheitsleinen vorhanden sein.

Die Anschlagpunkte für den Treibanker müssen so platziert und gefertigt sein, dass sie auch bei extremem Zug nicht ausreißen können, dass ein Schamfilen der Trossen möglichst verhindert wird und dass die Trossen nicht mit Ausrüstung am Heck der Yacht (Windselbststeueranlage) unklar kommen können.

Abb. 108 Rüsteisen für den Treibanker zu beider Seiten am Heck.

Um das Heck optimal in die Welle zu halten, werden Treibanker am besten mit einem Hahnepot, der mindestens die doppelte Länge der Heckbreite der Yacht aufweist, gefahren.

Am Markt werden verschiedene Treibanker angeboten. Einige Hersteller bieten dabei Komplett-Angebote mit passendem Wirbel, Trosse, Schäkel, Gewicht und Bergefender an. Andere Systeme müssen selber zusammengestellt werden.

Wichtig ist, dass der Treibanker nur solange die Yacht unterstützen kann, solange er unter der Wasseroberfläche bleibt und nicht durch Wellen verwirbelt wird. Deshalb sollte der Treibanker mit Gewicht (Kettenstück, Ersatzanker…) beschwert werden.

Eine Boje an einer zwanzig Meter langen Schwimmtrosse sollte ebenfalls am Ende des Treibankers montiert werden. Sie verhindert, dass der Treibanker bei zu geringer Fahrt (und vor allem beim Bergen des Treibankers) nicht senkrecht unter die Yacht taucht und gegen den Auftrieb des Hecks in den Wellen arbeitet.

Eine Sonderstellung unter den Treibankern hält der Reihen-Treibanker, nach seinem Erfinder auch als Jordan-Treibanker bekannt. Dabei handelt es sich um

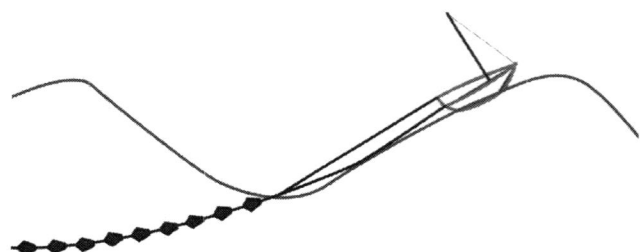

Abb. 109 Der Reihentreibanker

5.5.3 Fallschirm-See-anker

Bis vor wenigen Jahren war die Bezeichnung Seeanker und Treibanker nicht klar definiert. Aber da sich ein über Bug ausgebrachter Seeanker (auch Fallschirmanker, Para-Seeanker oder Fallschirm-Sturmanker) deutlich von dem über Heck ausgebrachten Treibanker unterscheidet, will ich mich hier an den in den USA üblichen Sprachgebrauch halten.

eine Anordnung von hunderten kleinen Kegeln auf einer Schlepptrosse mit integriertem Blei oder mit Ballast am Trossenende. Der Jordan Treibanker zählt zu den effektivsten Treibankern. Er liefert einen annähernd konstanten Schleppwiderstand, da er durch seine multiplen Bremskegeln niemals Gefahr läuft, ganz aus der Welle zu tauchen.

Der Reihen-Treibanker kann selbst gefertigt werden. Diese Treibanker-Variante arbeitet sehr effektiv und kann die Yacht beinahe stoppen, weshalb das Heck der Yacht besonders belastet wird. Ein Nachteil des Jorden Treibankers ist, dass er sehr schwer einzuholen ist.

Im Unterschied zum Treibanker (über Heck ausgebracht) soll ein Seeanker (über den Bug ausgebracht) die Hochseeyacht in schwerer See nicht nur bremsen, sondern stoppen. Er kommt dann zum Einsatz, wenn das Beidrehen oder Ablaufen der Yacht oder ihrer Crew nicht mehr möglich ist.

Abb. 110 Der Fallschirm-Seeanker

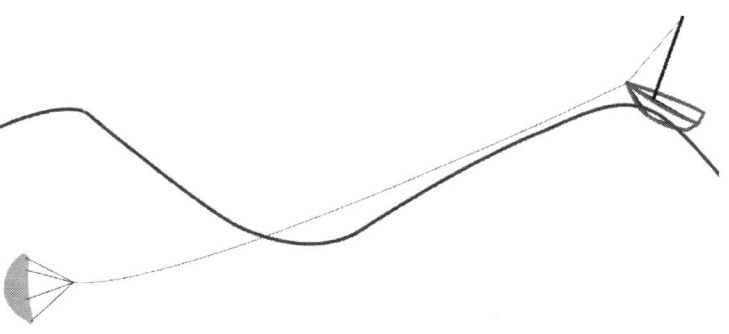

148

Der Seeanker stoppt die Yacht und hält den Bug gegen See und Wind. Er verhindert, dass die Yacht quer zur Welle treibt (und dadurch kentert). Die Yacht muss hinter einem Seeanker nicht mehr gesteuert oder aktiv gesegelt werden und die Crew kann sich mehr oder weniger ausruhen.

Das Liegen vor Seeanker in schwerer See ist alles andere als bequem, doch ist es ein effektiver Weg, die Yacht auch in extremer Situation noch vor dem Kentern zu schützen. Es gibt keinen einzigen Bericht, bei dem eine Yacht im Sturm trotz erfolgreich ausgebrachtem Seeanker kenterte (Drag Device Data Base von Victor Shane).

Bereits bevor Yachtcrews mit Fallschirm-Seeanker experimentierten war der Einsatz von Bremsschirmen als Taktik für Fischkutter bekannt. Für die ersten Versuche mit Fallschirmankern an Bord wurden ausrangierte Bremsfallschirme amerikanischer Militärs („Bu-ord-Fallschirme") verwendet. Mittlerweile sind viele Erfahrungen gesammelt und es gibt weltweit diverse Hersteller von Fallschirmanker für Yachten.

Laut amerikanischer Angaben sollte der Durchmesser eines Fallschirms mindestens 35% der LÜA einer Yacht betragen, englische Tests lassen auf etwas größere Durchmesser schließen. Auch weiß man, dass Yachten mit langem Kiel und schwerer Verdrängung größere Fallschirmanker benötigen als leichtere Yachten mit kürzeren Kielen.

Nicht nur die Größe des Fallschirms ist wichtig. Die Verbindungstrossen sowie die Anschlagpunkte des Ankers auf Deck und nicht zuletzt das problemlose Ausbringen des Fallschirms sind entscheidend. Alle Schäkel und Kauschen müssen passend proportioniert und in höchster Qualität sein. Schäkel müssen entsprechend gesichert werden.

Als Verbindungsleine zum Fallschirmanker wird eine geflochtene Polyamid-Trosse empfohlen, da diese nicht wie eine geschlagene Ankertrosse Kinken bildet und elastischer ist. Die Trosse muss die Bruchlast der Ankertrosse des Hauptankers der Yacht aufweisen. Die Angaben über ihre Länge sind je nach Anbieter verschieden und reichen vom zehnfachen der Bootslänge bis zum zwanzigfachen der erwarteten Wellenhöhe. Mindestens soll sie aber 100 Meter lang sein, je länger, desto besser.

Eine interessante Lösung bezüglich der Ausbringung ihres Fallschirmankers haben die nordamerikanischen Langstreckensegler Lin und Larry Pardey entwickelt: Sie schlagen den Seeanker nicht nur mit einer Trosse am Bug an, sondern befestigen daran einen Hahnepot, der die Yacht in einem Winkel ähnlich einer beigedrehten Yacht driften lässt.

149

Dadurch dreht sich die Yacht nicht laufend durch den Wind und reißt weniger an der Verbindungstrosse, sondern bleibt im spitzen Winkel zur Welle und erzeugt mit ihrer Abdrift eine Wasserschleppe, die die Gefahr von brechender See verringert und gleichzeitig das Ruder weniger belastet.

Um einen Seeanker unter extremen Bedingungen fahren zu können, muss sich die Crew schon vorab Gedanken zur Befestigung des Seeankers an Bord und dem Ausbringen des Seeankers machen.

Der Seeanker übt beachtliche Belastung auf die Befestigungspunkte an Bord aus. Berechnungen lassen vermuten, dass der Anschlagpunkt auf der Yacht mindestens 80 Prozent des Schiffsgewichts aufnehmen können muss. Die Verbindungstrosse darf an keinem Punkt schamfilen. Wird sie über den Ankerbeschlag gefahren, muss sichergestellt sein, dass sie nicht aus der Klüse springen und Schaden am Bug oder Vorstag verursachen kann.

Die Verbindungstrosse zum Seeanker und dieser selbst muss beschwert sein, sodass der Fallschirm im Wellental nicht auftaucht. Gleichzeitig muss eine mindestens 15 Meter lange Sicherungsleine mit einem Fender dafür sorgen, dass der Fallschirm nicht komplett absinken kann, da er sonst nach dem Einsatz beim Einholen in der Restsee das Boot in ernsthafte Schwierigkeiten bringen kann.

Da die Yacht sich bereits in schwerer See und Sturmwinden befindet, wenn der Fallschirmanker gesetzt wird, muss der Anker in einer Aufbewahrungstasche verpackt sein, die sich erst im Wasser öffnet. Hersteller von Fallschirm-Seeankern haben hierfür ihre passenden Lösungen. In der Regel sind die Taschen der erhältlichen Fallschirm-Seeanker so gebaut, dass sie in gefährlichen Seegebieten bereits einsatzbereit auf Deck gefahren werden können. An Bord von LA BELLE EPOQUE können wir den Seeanker vorab so riggen, dass kein Crewmitglied für das Ausbringen des Seeankers das Cockpit verlassen muss.

Das Ausbringen und Bergen des Fallschirm-Seeankers muss gut durchdacht und vor Einsatz in schwerer See geübt werden.

Abb. 111 Fallschirm-Seeanker einsatzbereit vom Cockpit aus: Die Trossen sind am Bug angeschlagen und mittels Kabelbinder außerhalb der Reling bis zum Heck gesichert.

5.6 Energieversorgung und Licht

Wie viel Energie an Bord benötigt wird, hängt sowohl mit der Ausstattung der Yacht wie auch der Crew an Bord zusammen.

Auch minimalistisch ausgestattete Expeditionsyachten müssen immer über genug Strom für Navigation (Radar, GPS), Kommunikation (Wetterempfang) und Motorstart verfügen.

Eine Yacht, die in den Hohen Breiten unterwegs ist, muss in ihrer Energieversorgung autark sein. Die langen Lichtstunden in Verbindung mit den kühlen Temperaturen in den Sommermonaten machen Solarmodule zu effektiven Energieversorgern, sofern sie an der Yacht fix montiert werden können. An der Reling oder im Rigg montierte Solarpaneele können zwar eventuell für besseren Wirkungsgrad mit dem Sonnenstand gedreht werden, aber sind bei Schwerwetter schnell gefährdet.

Windgeneratoren haben sich auf vielen Blauwasseryachten etabliert, jedoch müssen Windgeneratoren in den Hohen Breiten bei starkem Wind

gestoppt werden können. Freilaufende Windräder neigen dazu, sich bei wiederholten Starkwinden in ihre Einzelteile aufzulösen.

Wird mittels Diesel- oder Benzingenerator Strom produziert, muss genügend Treibstoff an Bord gestaut werden. Vor allem bei expeditionsartigen Segeltouren mit langen Aufenthalten an unbewohnten Küsten muss dann die Yacht groß genug sein, um genügend Treibstoff für Antrieb, Heizung und Generatoren mitbringen zu können.

In Fjordregionen werden von den meisten Yachten viele Seemeilen unter Motorkraft bestritten. Leistungsstarke Lichtmaschinen/Regler können dann effektiv die Energieversorgung an Bord verbessern.

Wird auch während kürzerer Tage im Herbst, Winter oder Frühling in

Abb. 112 Solarmodule müssen auf Deck fix montiert werden.

den Hohen Breiten gesegelt, sollte die Yacht über zusätzliche Batteriekapazität verfügen: Bei Minusgraden sinkt die Leistung der Batterien. Während unserer Überwinterung in Grönland brachten unsere Bordbatterien nur 60 Prozent ihrer normalen Leistung.

Die Sommertage in den Hohen Breiten sind lange. Streckt die Yacht die Saison oder wird eine Überwinterung geplant, ändern sich die täglichen Lichtstunden rapide. Bald sind die Tage zu kurz, um selbst kurze Segeletappen bei Tageslicht schaffen zu können. Um bei Dunkelheit ablegen, in unbekannte Ankerplätze einlaufen, oder um Treibeis segeln zu können, muss die Yacht mit einem starken Suchscheinwerfer ausgestattet sein. Ein Scheinwerfer, der mittels Verlängerungskabel an die Bordbatterien angeschlossen werden kann, hat sich bewährt. Das Kabel muss lange genug sein, um den Bug zu erreichen. Manche Yachten haben zusätzlich eine Aufnahme für den Scheinwerfer am Bug, um ihn bei ruhiger Motorfahrt ohne Crewmitglied am Bug fahren zu können. Manche Yachten fahren einen Scheinwerfer am Steuerhaus. Im Cockpit (oder auf einem Geräteträger am Heck) ist kein guter Platz für Scheinwerfer, da er Deck und Aufbauten beleuchtet und damit den Steuermann blendet.

Für die Arbeiten auf Deck sollte die Yacht über ausreichende Decklichter verfügen. LED Technologie kann dabei helfen, den Stromverbrauch niedrig zu halten. Starke Taschenlampen, Stirnlampen und ausreichend Batterien sind ebenfalls erforderlich.

5.7 Kommunikation und Wetterempfang

Eine zuverlässige Kommunikation an Bord heißt, jederzeit Wettervorhersagen und Eisanalysen empfangen zu können. Obwohl nur noch selten Yachtcrews in diversen Seegebieten ohne Empfangsmöglichkeit von Wetterdaten über Ozeane segeln, kann man sich nur in aller Form für Kommunikation an Bord aussprechen.

In den Seegebieten der Hohen Breiten ist der Verzicht auf jegliche Art von Kommunikation nicht nur unseemännisch, sondern auch schwer fahrlässig.

Es gibt unterschiedliche Möglichkeiten der Kommunikation an Bord. Auf LA BELLE EPOQUE nützen wir das UKW nur für den Nahbereich: Für das Abhören gesprochener Wetterdaten (falls vorhanden) und die Kommunikation mit anderen Schiffen und Behörden.

Die Kurzwellenfunkanlage - ein Amateurfunkgerät ausgestattet mit Antennentuner, Pactor-Modem und Laptop - ist das wichtigste Kommunikations-Gerät bei uns an Bord. Damit werden alle nötigen Wettervorhersagen (Bodendruckanalysekarten, GRIB-Daten, geschriebene Wetterberichte...), sowie e-Mails (und damit Eiskarten) empfangen. Außerdem halten wir über diese e-Mail Kommunikation Verbindung zu Familie und Freunden. Etwas untergeordnet bleibt bei uns an Bord mittlerweile die Verbindung zu Segelnetzen oder Funkrunden via Kurzwellen-Sprechfunk.

Ein Iridium-Telefon, das an den Laptop angeschlossen werden kann, dient als zusätzliche Absicherung der Kommunikation bei schlechten Funkbedingungen und wird von uns für den Empfang der e-Mails (Wetter und Eis) verwendet.

Neben Amateurfunk und Iridium-Telefon konnten wir auf diversen anderen Yachten Erfahrungen mit Seefunk/Pactor, Iridium Go!, Navtex und Wetterfaxgeräten sammeln.

Zusammengefasst lässt sich sagen, dass die Kommunikation in der Regel mittels Amateurfunk und Pactor über

Winlink oder Sailmail, beziehungsweise mittels Seefunk und Pactor über Sailmail, hervorragend funktioniert. Allerdings mit der Einschränkung, dass in den arktischen/antarktischen Revieren

Abb. 113 Sprechfunk und e-Mail-Empfang über Amateurfunk

schlechte Funkbedingungen Aussendungen extrem erschweren und zeitweise unmöglich machen können. Mehrere Versuche zu verschiedenen Tageszeiten und Frequenzen sind manchmal nötig. Dann ist das Iridium Satellitentelefon eine unverzichtbare, wenn auch teurere Alternative an Bord.

Iridium Go! Ist eine Weiterentwicklung, die ebenfalls begrenzten Empfang von Daten und e-Mail ermöglicht und in allen Seerevieren der Hohen Breiten problemlos funktioniert.

Navtex-Aussendungen sind nicht in allen Seerevieren verfügbar, weshalb Navtexempfänger nur im entsprechenden Seerevier sinnvoll sind.

Wetterfax hat sich in vielen Revieren der Hohen Breiten als schwierig erwiesen, da schlechte Funkbedingungen den zeitlich gebundenen Empfang massiv beeinträchtigen.

5.7.1 UKW Seefunk und DSC

UKW steht für Ultrakurzwelle und bezieht sich auf die aussendende Wellenlänge. UKW-Seefunk-Geräte sind Standard an Bord von Wasserfahrzeugen. Deshalb werden sie generell als Seefunk oder als UKW (im Englischen VHF für Very High Frequency) bezeichnet. Für ihren offiziellen Betrieb ist ein SRC (Short Range Certificate) und eine Anmeldung im Seefunk nötig. Obwohl sie international nicht auf Yachten ausrüstungspflichtig sind, schreiben einige Länder (zum Beispiel Chile oder Argentinien) das Führen eines UKW-Seefunks an Bord von Segelyachten vor. In vielen Küstenregionen der Hohen Breiten kann über UKW-Seefunk ein gesprochener Wetterbericht in der jeweiligen Landessprache empfangen werden. Um diesen zu verstehen, sollte die Yachtcrew die wichtigsten Wörter (Wind, Himmelsrichtungen, Zahlen, Seegang, Regen, Nebel, Schnee, Starkwind Warnungen...) in der Landessprache verstehen lernen. Um dem Wetterbericht besser folgen zu können, kann es helfen, die Aussendung aufzu-

nehmen, damit sie wiederholt angehört werden kann.

5.7.2 KW Seefunk

KW steht für Kurzwelle und ermöglicht eine große Reichweite. Der „große Seefunk" - Seefunk über Kurzwelle - ist eine sinnvolle Ergänzung an Bord von Fahrtenyachten, die keine Amateurfunker an Bord haben. Um einen Kurzwellen Seefunk an Bord zu betreiben, ist das LRC (Long Range Certificate) und die Anmeldung der Funkanlage nötig. Da die Berufsschifffahrt KW-Seefunk ausrüstungspflichtig ist, werden weltweit über KW sehr viele wichtige Aussendungen durchgegeben.

Neben dem gesprochenen Wetterbericht kann über KW Seefunk in Verbindung mit einem Computer und passender Software (mit und ohne Pactor Modem) auch Wetterfax empfangen werden. Zusätzlich arbeiten sehr viele Segelnetze über KW-Seefunk.

Seefunkgeräte arbeiten in der Regel nur auf den zugelassenen Seefunk-Frequenzen. Um das Gerät auch auf anderen Frequenzen nutzen zu können (zum Beispiel als Amateurfunker), bieten einige Händler speziell präparierte Geräte an.

Obwohl auch Amateurfunk mitunter in der Modulationsform SSB

(Single Side Band) arbeitet, hat sich vor allem im amerikanischen Sprachgebrauch eingebürgert, Kurzwellenseefunk abgekürzt als SSB oder als HF (High Frequency) zu bezeichnen.

5.7.3 KW Amateurfunk

Amateurfunk ist nicht auf die Seefahrt beschränkt oder spezialisiert. Dennoch kann Amateurfunk auf Kurzwelle an Bord von Segelyachten sehr vorteilhaft sein.

Um einen KW-Amateurfunk zu betreiben, ist ein passendes Amateurfunkzeugnis und die damit verbundene Anmeldung der Funklizenz nötig.

Auch Amateurfunkgeräte können für alle Frequenzen geöffnet werden, was an Bord einer Segelyacht mit sowohl Amateurfunk- wie auch Seefunk-Lizenz vorteilhaft ist.

Amateurfunkgeräte können wie KW-Seefunkgeräte in Verbindung mit Pactor-Modem und Computer für e-Mail Verkehr und Empfang von Wetterkarten verwendet werden. Zusätzlich kann mit diversen Amateurfunkern weltweit Kontakt aufgenommen werden.

Unter Pactor versteht sich ein eigenes Modem, das zwischen Kurzwellenfunkgerät und Computer geschaltet wird. Dieses Modem

Abb. 114 Amateurfunkgerät mit (älterem) Pactor-Modem

moduliert aus geschriebenen e-Mails Funkaussendungen.

Dabei verbindet sich der Pactor an Bord über Funk mit einer verfügbaren Landstation, die den Zugriff zum Internet - also die Mailbox - herstellt. Funkamateure können über den kostenlosen Verein Winlink (www.winlink.org) diese e-Mails senden und empfangen.

Yachten mit Seefunk können den Anbieter Sailmail (www.sailmail.com) für eine Jahresgebühr von derzeit US$ 280,- nützen. Da sich beide Anbieter ergänzen, nützen viele Segelyachten beide Systeme.

Wetter- und e-Mail Empfang über Funkanlage und Pactor vereint einige Vorteile:

- per e-Mail können spezifische GRIB-Daten beantragt und empfangen werden

- sowohl Winlink wie auch Sailmail bieten einen Katalog an weltweiten Wetterinformationen, die

155

jederzeit angefordert werden können

- Wetterfax-Karten können zeitlich unabhängig angefordert werden

- Karten und Daten werden als Dateien empfangen, wodurch sichergestellt wird, dass die Bilder fehlerfrei leserlich sind, egal wie schlecht die Verbindung ist

- Pactor kann sowohl e-Mails, Wetterfax, Navtextaussendungen, Satellitenbilder, Bojendaten, Schiffsberichte wie auch aus dem Internet angeforderte Daten (bis zu einer vorgegebenen Dateigröße) empfangen

- Im Vergleich zu Satellitentelefon entstehen keine extra Kosten bei längeren Übertragungszeiten oder größeren Datenpaketen

An Bord von LA BELLE EPOQUE verwenden wir sowohl Winlink wie auch Sailmail.

Unsere Erfahrungen zu beiden Anbietern: Im Nordatlantik, Nordpazifik und im Arktischen Ozean eine lückenlose Abdeckung. Winlink erlaubt e-Mail Anhang bis 50kb, wodurch Wetterkarten und (verkleinerte) Eiskarten empfangen werden können.

Im südlichen Pazifik und in den Seegebieten von Patagonien und der antarktischen Halbinsel ist die Abdeckung von Winlink kaum bis nicht gegeben, da es hier an Landstationen fehlt. In diesem Gebiet bietet Sailmail eine lückenlose Abdeckung. Sailmail erlaubt allerdings nur kleinere Datenanhänge und kann die Verbindungszeit begrenzen. In der Regel sind die über Sailmail möglichen Anhänge bis 30kb und die wöchentlichen 90 Minuten Verbindungszeit ausreichend. Der Empfang von Eiskarten ist im Vergleich zu Wetterdaten leider weniger einfach und wird genauer im Kapitel 4.2.1 Empfang von Eiskarten auf Seite 82 beschrieben.

5.7.4 Wetterfax

Als Wetterfax werden zeitlich gebundene Datenaussendungen meteoro-

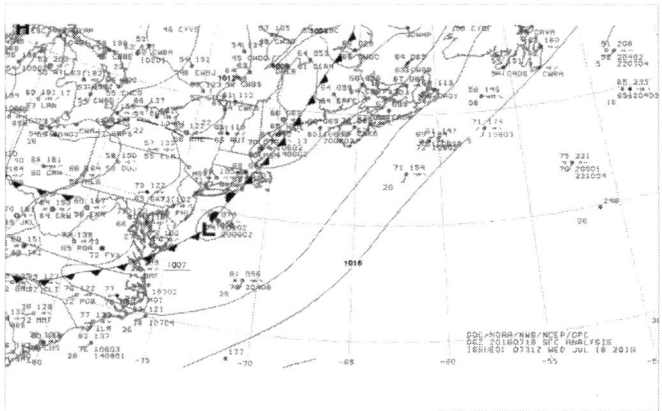

Abb. 115 Wetterfax (Quelle NOAA)

logischer Stationen über Kurzwelle bezeichnet, die von schriftlichen Wetterdaten, über Bodendruckanalysekarten bis zu Satellitenbildern reichen. Schriftliche Beschreibungen der Eissituation sind in einigen Seegebieten ebenfalls über Wetterfax erhältlich.

Obwohl die Aussendungen über Wetterfax schmalbandig und damit weniger störungsanfällig sind wie gesprochene Aussendungen, ist gerade in den Hohen Breiten der Empfang von Wetterdaten über Fax nicht immer einfach. Bei schlechter Funkverbindung (je näher bei den Polen - desto schwieriger kann KW-Empfang werden) kann das empfangene Bild teilweise komplett unleserlich werden.

Für die Schifffahrt werden Wetterfaxempfänger mit Drucker oder Bildschirm angeboten, die im Dauerbetrieb arbeiten können. Auf Segelbooten ist es allerdings üblich, die Sendezeiten und Frequenzen der Aussendungen zu kennen und das Faxgerät gezielt einzuschalten. Sendezeiten/Frequenzen sind im Anhang zu finden.

5.7.4.1 Empfang von Wetterfax auf Computer über Kurzwelle

Um Wetterfax empfangen zu können, muss nicht zwingend ein eigenes Wetterfaxgerät an Bord sein.

Verbindet man (Kopfhörer-Ausgang am Funkgerät oder Radio, Mikrofoneingang am Computer) einen Kurzwellen-Empfänger („Weltradio") oder eine KW-Funkanlage (Seefunk oder Amateurfunk) mit einem Computer auf dem ein passendes Decodierprogramm installiert ist (zum Beispiel JV-Com oder Getfax von Airmail), können Faxaussendungen auch direkt empfangen werden, solange passende Frequenzen und Sendezeiten an Bord bekannt sind (siehe Anhang)

Meiner Meinung nach sollte jede Yacht mit Kurzwelle an Bord diese Möglichkeit zumindest als Backup zur Verfügung haben, da nur ein extra Kabel und Software nötig ist. Der Empfang von Wetterfax über ein „Weltradio" kann nur als Notlösung gesehen werden. Handelsübliche Weltradios haben in der Regel keine effektiven Antennen, um einen guten Empfang zu gewähren.

5.7.5 Navtex

NAVTEX ist ein Dienst des weltweiten GMDSS (Global Maritime Distress and Safety System).

Von verschiedenen Stationen rund um den Globus werden Wetterinformationen, Sicherheitsmeldungen und gebietsweise auch Eisinformationen (Ostsee, Atlantik, Alaska) über Funk (Funkfernschreibverfahren) gesendet, die automatisch von dem Empfangsgerät an Bord decodiert und aufgezeichnet werden können.

Diese Meldungen sind nach 16 „Navareas" eingeteilt, die Gebiete sind ident mit den amerikanischen „Medareas" siehe Abb. 50 auf Seite 69. Einige weitere Navareas für arktische Gewässer sind vorgesehen.

NAVTEX ist an Bord von Yachten vor allem entlang von Küsten empfehlenswert. Da die Reichweite der Aussendungen zirka 600 Seemeilen deckt, reicht ein NAVTEX Empfänger bei Hochsee-Etappen nicht aus.

5.7.6 Iridium

Iridium ist ein Unternehmen, das ein weltumspannendes Satellitenkommunikationssystem anbietet.

Iridium benützt 66 Satelliten mit einer polaren Umlaufbahn von ungefähr 100 Minuten von Pol zu Pol und bietet daher globale Abdeckung.

Derzeit bietet Iridium das einzige zuverlässige kommerzielle Satellitenkommunikationssystem, das auch in den Polarregionen funktioniert, da über dem 82. Breitengrad kein zuverlässiger Signalempfang von geostationären Satelliten möglich ist.

Deshalb wird Iridium nicht nur von der Schifffahrt, Luftfahrt und von Expeditionen verwendet, sondern auch von Forschungsstationen in der Arktis oder Antarktis. Auf Schiffen, die in arktischen und antarktischen Gewässern unterwegs sind, ist ein Iridium-Kommunikationsmittel an Bord derzeit noch nicht vorgeschrieben, aber sehr empfehlenswert.

Iridium bietet mindestens zwei interessante Möglichkeiten für die Kommunikation auf Yachten an:

• Iridium Telefon

• Iridium Go!

Das Iridium Telefon kann sowohl für Telefonie als auch für Datendownload (in Verbindung mit einem Computer) genützt werden. Die älteren Telefone (Iridium 9555) haben im Vergleich mit dem neueren Model (Iridium Extreme) den Vorteil, dass sie mit einer externen Antenne versehen werden können und so auf Yachten besseren Empfang bieten.

Abb. 116 Iridium 9555

Wird zur Kommunikation an Bord zum Beispiel Sailmail oder Winlink via Kurzwelle (siehe oben) betrieben, kann das Iridium-Telefon als weiteres Modem am PC installiert werden und mit derselben e-Mail Adresse beziehungsweise demselben Programm (zum Beispiel Airmail) verwendet werden. So wird das Iridium-Telefon ein hervorragendes Backup, falls die Funkverbindung einmal nicht klappt.

Iridium Go! ist ein speziell für Yachten entwickeltes Modem, das mit einer passenden Antenne geliefert wird. An Bord ist ein Smartphone nötig, das einen Hotspot über Iridium Go! kreiert. Mit diesem Setup ist begrenzter Internetzugriff verfügbar.

Das heißt, dass sowohl e-Mail Verkehr wie auch Internetzugriff zu Vertragspartnern gewährleistet ist. Viele dieser Vertragspartner sind zusätzlich kostenpflichtig, die monatlichen Gebühren müssen zu den laufenden Kosten von Iridium Go! addiert werden. Die Liste der Vertragspartner wächst und ist über die Website www.iridium.com verfügbar. Es kann nur gehofft werden, dass in naher

Zukunft auch der direkte Zugriff auf Eiskarten über Iridium Go! möglich wird.

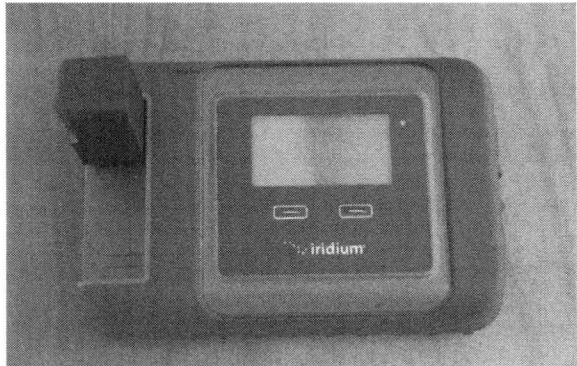

Abb. 117 Iridium Go! (Quelle Silke Voigtmann)

Für direkten Internetzugriff bietet Iridium große, kommerzielle Anlagen an, wie zum Beispiel Iridium Pilot im Bereich der Schifffahrt.

Iridium Telefon oder Iridium Go!: Iridium bietet verschiedene Datenpakete und Pläne an, aktuelle Angebote und Verfügbarkeiten sind auf der Firmenwebsite ersichtlich.

5.7.7 Inreach

Inreach ist ein Textmassage-Angebot der Firma Garmin, das über die Satelliten von Iridium arbeitet. Zusätzlich zum tragbaren Garmin-Inreach-GPS-Gerät ist dabei ein Smartphone nötig, das mittels App mit dem Garmin Gerät verbunden

159

Abb. 118 Inreach (Quelle Wolf Hoffmann)

wird und zum Empfangen und Senden der Textmassages verwendet wird.

5.7.8 Inmarsat

Inmarsat bietet eine fast weltweite Satellitenkommunikation. Allerdings basiert das System auf 11 geostationäre Satelliten, die über dem Äquator stationiert sind.

Geostationär heißt, die Position der Satelliten am Himmel bleibt immer die gleiche. Durch die große Entfernung zu den Polen wird der Einstrahlwinkel der Satelliten in den Hohen Breiten schlecht, in polaren Regionen kann kein Verbindungsaufbau garantiert werden. Inmarsat ist deshalb nur bis maximal 70 Grad Nord oder Süd einsatzfähig.

Neben kommerziellen Diensten zur satellitengestützten Telefonie und Datenübertragung bietet Inmarsat

unter anderem auch Seenotkommunikationsdienste an. Auf Yachten kommt in der Regel der Dienst Inmarsat C zum Einsatz, über den e-mail Verkehr und der Empfang von Wetterprognosen abgewickelt wird.

Im Rahmen von GMDSS werden über Inmarsat C auch nautische Warnmeldungen an Yachten geleitet. Inmarsat bietet verschiedene Lösungen von IsatPhone-Pro bis Fleet Broadband. Dienste und erhältliche Geräte werden auf der Homepage des Anbieters erklärt: www.inmarsat.com

5.7.9 Globalstar

Globalstar ist ein Satellitenkommunikationsnetz basierend auf 48 Satelliten, die aber keinen Kontakt untereinander haben. Das heißt, Gespräche können nur dann weitergeschaltet werden, wenn sich in der Ausleuchtungszone des verbundenen Satelliten auch eine Bodenstation befindet. Im Umkreis von 3000 bis 3500 km zur Yacht muss also ein Gateway sein, damit das Netz genutzt werden kann.

Auf hoher See, in den Polarregionen und großen Teilen der Hohen Breiten und in großen Teilen von Afrika und Südasien garantiert das Globalstar-Netz daher keinen Empfang, selbst wenn die Satelliten ein betroffenes Gebiet theoretisch abdecken.

5.7.10 Thuraya

Ein weiterer Anbieter von Satellitenkommunikation ist Thuraya. Auch dieses System bietet keine weltweite Abdeckung an, es arbeitet mit zur Zeit zwei aktiven geosynchronen Satelliten Thuraya 2 und 3, Thuraya 1 wurde außer Dienst gestellt. Für Segelyachten in den Hohen Breiten oder auf Weltbesegelung spielt Thuraya kaum eine Rolle.

5.8 Navigation

Navigation in den Hohen Breiten fordert besondere Sorgfalt. In vielen Seerevieren sind die Seekarten ungenau, mangelhaft oder einfach ohne Angaben.

Packeis kann über einen einzigen Winter die wenigen bekannten Ankerplätze grundlegend verändern. Oft genug erschweren Wetterphänomene wie Nebel oder Fallwinde die Sicherheit der Yacht. Massive Strömungen können Kurs und Position der Yacht grundlegend verändern.

Wer sich in die Hohen Breiten begibt, sollte alle Möglichkeiten der modernen Navigation an Bord zur Verfügung haben und extra Warschau

üben, um die Yacht auch durch unvorhergesehene Schwierigkeiten sicher navigieren zu können.

Deshalb sollte die Yacht mit diversen verfügbaren Navigationsgeräten ausgestattet sein. Das unterstützt nicht nur gute Seemannschaft, sondern trägt entscheidend zur Sicherheit bei.

5.8.1 Kompass

Vor allem in Gebieten nahe dem magnetischen Nordpol wird das Navigieren nach magnetischem Kompass schwierig bis unmöglich.

Auf manchen Seekarten findet man deshalb den Vermerk „magnetic compass useless". Deshalb ist neben diversen magnetischen Kompassen an Bord von Arktis segelnden Yach-

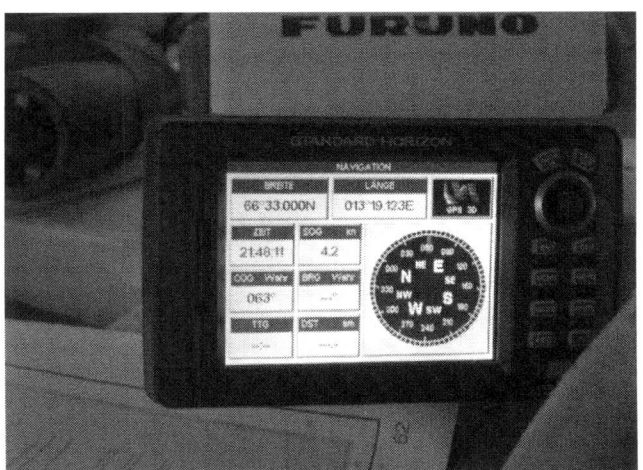

Abb. 119 Bei magnetischer Abweichung im hohen Norden muss das GPS als Steuerkompass genützt werden.

ten das Steuern nach GPS-Kompass nötig. Da die GPS-Kompassanzeige in der Regel etwas zeitversetzt zur realen Situation arbeitet, und bei langsamer Bootsgeschwindigkeit schwierig zu lesen wird, sollte jedes Crewmitglied bereits im Voraus das Steuern nach GPS und Radarbild üben.

Dies ist besonders wichtig, da auch elektrische Autopiloten mit Kompass in der Nähe des magnetischen Nordpols den Dienst verweigern und in der unmittelbaren Umgebung von Treibeis die wenigsten Windsteueranlagen eingesetzt werden können.

Das Mitführen von mehreren GPS-Geräten und Antennen ist selbstredend.

5.8.2 Radar

In letzter Zeit wird gelegentlich über die Notwendigkeit von Radar an Bord von Yachten diskutiert, da manche Segler der Meinung sind, dass AIS-Empfänger die Radartechnologie ablösen.

Allerdings handelt es sich bei diesen beiden Geräten um grundlegend verschiedene Hilfsmittel zur Navigation und die Überlegung, eines löst das andere ab, ist grundlegend falsch.

In den Hohen Breiten bleibt das Radar an Bord aller Wasserfahrzeuge eines der wichtigsten Hilfsmittel zur Navigation. Nebel und Schneestürme können die Sicht in kürzester Zeit auf null reduzieren. Vor allem Eis wird dann in solch einer Situation sehr gefährlich.

Meiner Erfahrung nach kann Radar selbst Growler gut erkennen, solange der Wachhabende mit dem Umgang von Radar vertraut ist und die Empfindlichkeit des Radars richtig einstellt.

Abb. 120 Im Eisfeld im Nebel ist ein Radar immer noch unverzichtbar.

Selbst das Einlaufen in bekannten Buchten ist in der Regel ohne Radar mehr als gefährlich, wenn plötzlich

Nebel aufzieht, da in vielen Seerevieren die Seekarten nicht stimmen und ohne Sicht nur das Radarbild die wahre Küstenformation zeigen kann.

Skipper, die noch nie ohne Sicht und mit Radarunterstützung in eine fremde Bucht eingelaufen sind, können die Situation mittels Landfall bei Dunkelheit in eine ihnen bekannte Bucht üben.

Auch tagsüber kann das Radarbild mit der Wirklichkeit verglichen werden, um den Umgang mit dem Radar zu üben.

Der Grundsatz, bei Nebel nicht in eine fremde Bucht einzulaufen, kann in den Hohen Breiten nicht immer eingehalten werden. So wurden wir zum Beispiel in einem Kanal in Patagonien von sehr dichtem Nebel überrascht und mussten „blind" dem Kanal folgen und in eine Bucht einlaufen, während die Seekarten ungenau und um eine knappe Meile versetzt waren.

Unseren Landfall in Grönland, in Bjørnøja (Svalbard), in Valdivia (Chile) und in einigen Buchten im Süden Neuseelands oder der Nordwest Passage mussten wir bei schlechter oder keiner Sicht machen. In den Kanälen von Schweden, Norwegen, Kanada und Patagonien segelten wir wiederholt mit Hilfe von Radar, um sicheren Kurs zu halten.

5.8.3 AIS

In manchen Revieren der Hohen Breiten spielt die Schifffahrt nur eine untergeordnete Rolle, in anderen ist die Schifffahrt verstärkt, da Erdöl gefördert wird, wichtige Versorgungshäfen bestehen, Fischerei oder massiver Kreuzfahrt-Tourismus betrieben wird.

AIS ist auch an Bord von Yachten in den Hohen Breiten empfehlenswert. AIS kann in den Hohen Breiten nicht nur dazu verwendet werden, um Schifffahrt sicher zu passieren.

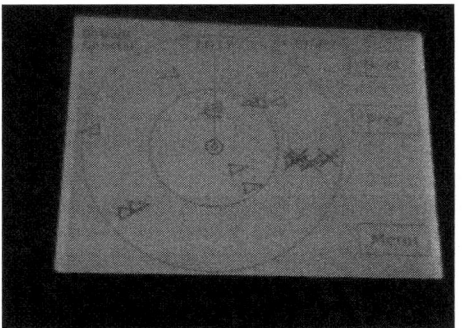

Abb. 121 AIS kann als eigenständiges Gerät oder am Kartenplotter gekoppelt werden. (Quelle Martin Dixon Tyrer)

Wir haben die Erfahrung gemacht, dass vor allem in Kanälen mit schlechten oder versetzten Seekarten AIS am Kartenplotter hilfreich sein kann. So haben wir in den Kanälen von Patagonien stets die Kurslinie von Versorgungsschiffen durch Engstellen mit aufgezeichnet. Frei nach dem Grundsatz: Wo ein hundert Meter langer Frachter durch passt, kommen wir auch mit unserer Yacht durch, auch wenn die Seekarten Grund zum Zweifel bieten!

5.8.4 Echolot

In vielen Seegebieten der Hohen Breiten sind die Informationen über Buchten und Ankerplätze relativ. Seekarten sind oft genug mit wenigen und nicht passenden Angaben versehen, neue Ankerbuchten können von abenteuerlustigen Crews entdeckt werden.

Jede Yacht sollte mit einem funktionierenden Echolot ausgestattet sein, egal, in welchem Seegebiet sie sich befindet. In den Hohen Breiten kann aber vor allem ein vorausschauendes Echolot spannende Möglichkeiten bieten, vorausgesetzt, dass der Geber nicht durch Eis beschädigt werden kann. Ich konnte in Grönland sehr positive Erfahrungen mit einem hochwertigen vorausschauenden Echolot sammeln.

Zusätzlich ist ein mobiles Echolot für das Beiboot interessant. In vielen Revieren ist das Einlaufen in eine sichere Ankerbucht nicht immer einfach, gestrandete Eisberge können den Weg in oder aus der Bucht teilweise versperren. Unbekannte Buchten sind mitunter einfacher mit dem Dingi auszuloten, vor allem, wenn Gletscherwasser die Sicht auf Untiefen ver-

wehrt oder mit Strömungen gerechnet werden muss.

Beim Verholen mit Landleinen ist ein herkömmliches Senklot hilfreich, um beim rückwärts fahren in die Bucht den Anstieg des Grundes hinterm Heck im Auge zu behalten.

5.8.5 Elektronische Seekarten

Die wenig sinnvolle Diskussion „Elektronik oder Papier" soll hier nicht behandelt werden. An Bord jeder reisenden Yacht müssen alle Möglichkeiten zur sicheren Navigation genützt werden, in den Hohen Breiten erst recht.

Schon bei der Planung der Reise sollten die nötigen Unterlagen besorgt werden. Nicht in jedem Seerevier sind die gewünschten Seekarten vor Ort erhältlich.

Abb. 122 Elektronische Seekarten und openCPN am Navi-Computer.

Mit etwas Vorlaufzeit können aber in vielen Revieren von durchziehenden Yachten elektronische Seekarten (und eventuell gebrauchte Papierkarten) getauscht werden. Für viele Seereviere der Hohen Breiten sind sehr detaillierte Küstenhandbücher erhältlich (meist in englischer Sprache).

In einigen Revieren sind elektronische Seekarten von offiziellen Stellen als kostenloses Download über Internet zu beziehen (zum Beispiel USA, Neuseeland, teilweise Argentinien). Diese Karten können zum Beispiel über die Software openCPN auf jedem Laptop genützt werden.

Bei gekauften und getauschten elektronischen Kartensätzen muss sichergestellt werden, dass alle Bereiche der geplanten Strecke abgedeckt sind. Extreme Reviere sind in manchen Kartensätzen nur teilweise enthalten (zum Beispiel die Nordwestpassage oder Ozeanpassagen im Südmeer). Vollständige Kartensätze bringen zusätzlich den Vorteil, auch für nicht geplante Häfen detaillierte Informationen an Bord zu haben.

Bei der Navigation mit elektronischen Seekarten entlang von Küsten und Kanälen ist es vorteilhaft, wenn die Kurs-Genauigkeit des Navigationsprogramms oder Plotter auf die höchste Genauigkeit eingestellt ist. Vor allem beim Ausloten von Ankerbuchten ist dies hilfreich. Umso

genauer der eigene Kurs in ein schlecht vermessenes Gebiet mitgeplottet wird, desto leichter findet die Yacht zurück ins tiefe Wasser. Speziell bei einem nächtlichen Notfall kann der gespeicherte Kurs bis ins sichere Wasser (oder zurück zur Ankerposition, falls der Anker geslippt ist) zur echten Hilfe werden.

Trotz genauem Kurs ist es in der Dunkelheit nicht einfach, der Linie auf dem Bildschirm zu folgen, da das GPS bei geringer Bootsgeschwindigkeit zeitversetzt plottet.

Im Zusammenhang mit schwierigen Ankerbuchten sei auch erwähnt, dass es sinnvoll ist, auf Ankerplätzen in den Hohen Breiten den Ankeralarm des Navigationsprogramms zu nutzen.

Bei der Navigation durch Eisfelder bieten elektronische Seekarten außerdem die einfachste Hilfe, den Generalkurs der Yacht über Grund nicht aus den Augen zu verlieren, selbst wenn die Yacht den Öffnungen und Spalten durch das Eis folgen muss und dadurch bald Schlangenlinien oder Kurven fährt.

5.9 Beiboot

Das Beiboot einer Yacht ist Taxi vom Ankerplatz zum Ufer, Transportboot und Lastesel, Ausflugsboot, Tauchboot, Angelboot, Ausbringer von

Landleinen, Buxier- und Schlepphilfe bei etwaigen Motorproblemen und generelles Arbeitsboot (wie etwa für kleine Lack- Ausbesserungsarbeiten an der Bordwand). Es wird beinahe täglich genützt und muss oft genug lieblose Behandlung überstehen.

Abb. 123 Dingi und Kajak

In der Regel ist die Auswahl des Beibootes eine persönliche Angelegenheit, die nach Vorlieben und Budget getroffen wird. Für Segelreisen in die Hohen Breiten ist jedoch einiges mehr zu bedenken als die persönlichen Vorlieben, da sich die Crew über lebensgefährlich kalte Gewässer bewegt und das Beiboot auch bei jeder Wetterlage für das Ausbringen von Landleinen zum Sichern der Yacht stabil genug sein muss.

Ein Festrumpf-Dingi ist nur dann für Segeltörns in die Hohen Breiten geeignet, wenn:

- Es sicher am Vordeck verstaut werden kann, ohne dabei die Yacht zu belasten oder bei Segelmanövern im Weg zu sein.

- Es so stabil konstruiert wurde, dass es auch bei Arbeiten mit Leinen oder Anker nicht kippt

- Es unsinkbar bleibt, auch wenn es von überkommendem Wasser gefüllt wird

- Es mit einem starken Außenborder betrieben werden kann.

- Es bei Landung in Brandung nicht kentert.

Bananaboote, die an der Reling gefahren werden, belasten die Yacht bei Schwerwetter, auch wenn sie scheinbar gut verstaut sind.

Deshalb ist ein zusammenlegbares Beiboot nur dann zweckmäßig, wenn es die oben genannten Punkte erfüllt und flach am Vordeck oder im Inneren des Boots gestaut werden kann.

Schlauchboote bieten der Crew während anfallender Arbeiten und selbst beim Einsatz in aufgewühltem Wasser den besten Schutz. Sie sind unsinkbar und kippen nicht, auch wenn sich ein Crewmitglied über die Seite lehnt.

Auch bieten sie die beste Plattform bei Arbeiten am Rumpf oder wenn die Yacht einmal geschleppt werden muss. Ihre Traglast überbietet meist sämtliche Alternativen.

Ohne Außenborder können sie leicht über Eisflächen getragen werden und Halt geben, sollte ein Crewmitglied ins Eis einbrechen.

Je nach Platz auf der Yacht können sie sowohl am Vordeck oder - meist noch besser - zusammengelegt im

Boot verstaut mitgebracht werden. Deshalb scheinen Schlauchboote die geeignetsten Dingis für Segeln in den Hohen Breiten zu sein, allerdings nicht uneingeschränkt!

Schlauchboote sind relativ „verwundbar". Vor allem Tiere der arktischen und antarktischen Reviere (Eisbären, Walrösser, Leopardenrobben, Pelzrobben und Seeelefanten) können ein Schlauchboot unbrauchbar machen. Diese Tatsache muss beachtet werden, da in diesen Revieren die Wassertemperaturen nicht erlauben, das ankernde Boot schwimmend zu erreichen.

Sowohl in der Arktis wie auch in der Antarktis muss ein Ersatzbeiboot an Bord mitgeführt und bei Landgang mit an Land gebracht werden (idealerweise ein zusammengelegtes leichtes billiges Schlauchboot).

Schlauchboote haben außerdem oft eine kürzere Lebenszeit und einen höheren Anschaffungspreis als Festrumpfboote.

Je nach Qualität, beginnen sie schon nach kurzer Zeit, an ihren Verklebungen undicht zu werden und ständig Luft zu verlieren. Sonneneinstrahlung und Wärme beschleunigen dies. Ist die Yacht in Gebieten mit hoher UV-Belastung unterwegs (auf der Südhalbkugel herrscht aufgrund des Ozonlochs in der Atmosphäre auch in den Revieren der Hohen Brei-

ten eine sehr hohe UV-Belastung) sind hochwertigere Beiboote aus Hyperlon länger haltbar. PVC ist nicht UV-stabil und beginnt schon nach kurzer Zeit, klebrig und verschlissen zu werden. Bestenfalls können PVC Dingis mit einem Sonnenschutz aus Persenningstoff bezogen werden.

Schlauchboote sind mit oder ohne Festrumpf erhältlich. Festrumpfboote sind robuster beim Anlanden an felsigen Küsten und besser zu rudern als Schlauchboote mit Einlegboden. Verfügt die Yacht über genug Platz am Vordeck, ein Festrumpf-Dingi zu fahren, kann ein RIB-Schlauchboot mit stabilem Festrumpf eine passende Lösung sein.

Als Zweitdingi ist ein möglichst leichtes Schlauchboot mit Einlegboden ideal. Falls genug Platz in der Yacht zur Verfügung steht, kann auch ein (Ozean-)Kajak eine interessante

Abb. 124 Das Zweitdingi kann klein und leicht sein.

Alternative anstelle des zweiten Beiboots sein. Es bietet zusätzlich eine tolle Ausflugs- und Bewegungsmöglichkeit in geschützten Fjordrevieren. Am Markt sind mittlerweile auch teilbare Varianten erhältlich, die besser in eine Vorkoje verstaut werden können.

Generell soll Dingi und passender Außenborder so groß als möglich gewählt werden.

Auf Davits am Heck gefahrene Beiboote, Kajaks oder Bananaboote an der Reling oder sehr schwere und große Beiboote, die das gesamte Vordeck einnehmen, sind nicht geeignet für Ozeanpassagen. Sie müssen vor dem Auslaufen unter Deck verstaut werden.

Abb. 125 Ein Expeditions-Dingi mit Eisschutz am Propeller, gefahren auf Davits am Heck der Yacht.

In manchen Revieren kann das

Anlanden eines Beiboots am Strand zur Herausforderung werden. Hier eine bewährte Methode:

Will man trotz Brandung landen, muss, noch bevor sich die Wellen im seichten Wasser aufstellen, auf eine passende, geringere Welle gewartet werden. Mit dem Außenborder muss das Beiboot im rechten Winkel zur Welle gestellt und beschleunigt werden, bis die Welle das Beiboot mitnimmt. Dabei darf das Dingi auf keinen Fall querschlagen. Der Außenborder hilft mit erhöhter Drehzahl nach und wird erst in letztem Augenblick abgestellt und hochgeklappt. Sobald der Bug am Strand auftrifft, springt ein Crewmitglied aus dem Boot, um es so hoch als möglich an den Strand zu ziehen und zu halten. Dafür haben sich Wattstiefel (im Englischen auch „Waders") bewährt.

Beim Ablegen muss ein Crewmitglied in den Wattstiefeln am Heck das Beiboot so tief wie möglich ins Wasser schieben. Im Boot ist ein Crewmitglied mit Paddel oder Ruder, der im rechten Winkel gegen die anrollenden Wellen rudert. Sobald das Wasser tief genug ist, springt das Crewmitglied am Heck ins Boot, senkt und startet den Außenbordmotor. Im rechten Winkel zu den Wellen wird mit vermindertem Gas aus der Brandungszone gefahren. Der Außenbordmotor darf nicht zum Einsatz kommen, solange ein Crewmitglied im Wasser ist, um schwere Verletzungsgefahr zu vermeiden. Auch sollte der Außenborder per Notstopp mit dem Steuermann verbunden sein, um bei Kenterung sofort abzusterben und niemanden zu verletzen.

5.10 Taucherausrüstung

Nicht zwingend nötig, aber mitunter sinnvoll, kann eine Taucherausrüstung für kaltes Wasser sein. Um Reparaturen am Unterwasserschiff zu erledigen (zum Beispiel das Freischneiden oder Austauschen des Propellers, das Zustopfen eines undichten Borddurchbruchs, oder die Inspektion des Ruders) kann ein dicker Neoprenanzug und eine kleine, gefüllte Taucherflasche genügen.

Sollten Eigner und Crew ambitionierte Hobbytaucher sein, bietet auch die Unterwasserwelt kalter Reviere unzählige interessante Tauchplätze; von Wracktauchen über Kaltwasserkorallen bis hin zu Goldtauchen in Alaska. Tauchgänge in einsamen Gebieten, sowie die Verwendung von Trockenanzügen im Kaltwasser, setzen fundiertes Wissen und Können voraus und sollten nicht von Laientauchern durchgeführt werden.

5.11 Ersatzteile

Fahrtenyachten sind unterschiedlich ausgestattet und es ist unmöglich, eine vollständige Liste aller nötigen Ersatzteile in einem Buch zusammenzufassen.

Auch kommt es auf das Revier an: Während zum Beispiel an der Küste von Neuseeland alles erhältlich ist, kann es in Grönland unmöglich werden, auch nur eine geeignete Nähmaschine zur notdürftigen Reparatur eines Segels zu finden. Ist eine Reise in die Hohen Arktis oder Antarktis geplant, darf mit keinerlei erhältlichen Ersatzteilen gerechnet werden. Über die Verfügbarkeit von Ersatzteilen für die jeweiligen Fahrgebiete, siehe Kapitel 10. Länderinformation auf Seite 269.

Auf alle Reviere der Hohen Breiten trifft zu, dass eine gewartete Yacht mit einer technisch versierten Crew und gutsortiertem Ersatzteillager an Bord Radius und Aufenthaltsdauer im bereisten Gebiet erhöhen kann.

Die hier aufgelistete Grundausstattung sollte nur als Denkanstoß verstanden werden und die Liste des Kapitels 5.1.7.5 Bordwerkstätte auf Seite 110 vervollständigen.

5.11.1 Grundlegende Ersatzteilliste

Rigg, Segel und Decksausrüstung

- Ersatzdraht in der Mindestlänge des längsten Stags und passende Schraubterminals (Stalock, Norseman..), Wantenspanner

- Ersatzsplinte, Ersatzbolzen

- Material für Softrigging, Dyneema, Softschäkel (oder Bauanleitung)

- Kugel für diverse Kugellager von Rollanlagen, Rutscher...

- Ersatzschäkel, Stagreiter, Mastrutscher, Kauschen

- Trennmasse für Edelstahl/Aluminiumverbindungen am Mast (Plastikfolie, dünne Gummimatten, Klebe- und Dichtmasse)

- Ersatzblöcke und Ersatzteile für Blöcke

- Material zur Segelreparatur (siehe auch Kapitel 5.1.7.5 Bordwerkstätte auf Seite 110

- Reparaturkit für Winden und Windenfett

- extra Windenkurbel

- diverse extra Fallen, Schoten, Leinen und Bensel

Ankerausrüstung, Festmacher

- Zweitankerausrüstung

- verzinkte Ersatzschäkel in höchster Qualität passend zur Ankerkette und Draht zum Sichern

- Öl für Ankerwinde

- Ersatzbatterien für Fernsteuerung der Ankerwinde falls nötig

- extra Trossen

- extra Kettenkralle für Ankerentlastung

- Feuerwehrschlauch als Schamfilschutz

- Edelstahlkauschen

- große Ballfender und Luftpumpe

Rumpf und Deck

- Reparaturmaterial passend zum Rumpfmaterial

- Ersatzseeventile, Schlauchschellen, Ersatzschläuche

- Ersatzbilgepumpe, Reparaturkit für manuelle Bilgepumpen

- Dichtmasse, Moosgummi, ...

- Lacke

Ruderanlage und Windsteueranlage

- nach Art der Ruderanlage: Ersatzsteuerseile, Hydrauliköl, ...

- Notpinne
- Reparaturmaterial für die Windsteueranlage, Ersatzwindfahne, Schmiermittel
- Ersatzsteuerleine für Windsteueranlage
- Ersatzriemen für elektrischen Autopilot

Navigation und Kommunikation

- Ersatzlaptop (minimum einer) mit installiertem Navigationsprogrammen und Funkprogrammen, allen elektronischen Seekarten und extra GPS-Antenne, stets geladen und wasserdicht aufbewahrt
- doppelte Absicherung der Daten auf diversen extra Festplatten
- Ersatz-GPS und GPS Antennen, Hand-GPS inkl. Batterien
- extra Kompass
- Backup für Wetterempfang, zum Beispiel ein Weltradio mit Anschlussmöglichkeit am (dafür vorbereiteten) Laptop zum Empfang und Decodierung von Wetterfax, oder zusätzlich Iridium zu Amateurfunk,...
- Glühbirnen für Navigationslichter, Ankerlichter, Deckbeleuchtung, Motorlicht

Antrieb und Schiffstechnik (Generator, Dingi, Außenborder)

- Ölfilter, sämtliche Schmiermittel
- Luftfilter, Luftschläuche
- Dieselfilter, Dieselschlauch
- Wasserfilter, Kühlschläuche, Impeller
- Ersatz Kühlwasserpumpe
- Ersatzlichtmaschine
- Reparaturkit für Dieselvorförderpumpe
- Dieseleinspritzpumpe, Glühkerzen und Starter
- Dichtungssatz für Motor, Getriebe und Generator, diverse Dichtungsmassen
- Schlauchschellen
- Stoffbuchse
- Ersatzschraube
- Zündkerzen für Benzingenerator
- Impeller, Getriebeöl und Zündkerzen für Außenborder
- Ersatzschraube für Außenborder
- Ersatzteile und Filter für Wassermacher

Elektrik

- Sicherungen

- diverse Batterien für Lampen, spezielle Batterien für Ausrüstung falls nötig

- diverse Glühbirnen

- Ersatzteile für alle an Bord befindlichen Schalter und Relais

- Diverse Kabel und Verbinder

Lebensraum

- Wasserfilter und Trinkwassertankreiniger

- Ersatzbrenner für Herd, falls mit Kerosin betrieben, Ersatzeinspritzdüsen falls mit Dieselherd gearbeitet wird

- Ersatzdruckregler und Schläuche für Gasanlage

- Anschlusskit für diverse Gasflaschen

- extra manuelle Wassernotpumpe für Trinkwassertank, Reparaturkit für Wasserpumpe

- Dieselfilter für Heizungsanlage

- Ersatzeinspritzdüsen für Standheizung

- Reparaturkit für Toilette, Dichtmaterial

- Ersatzdingi, Reparaturkit für Dingi

- Ersatzluftpumpe, Ersatzruder

Abb. 126 Wartungs- und Reparaturarbeiten unterwegs.

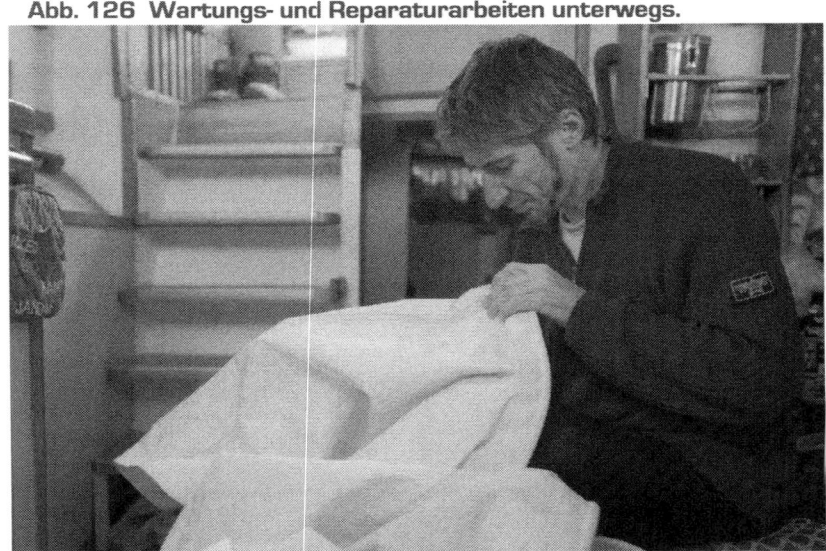

6. Crew und Leben an Bord

Ob als Einhandsegler oder als mehrköpfige Crew: Die erfolgreiche Segelreise in die Hohen Breiten hängt von der Leistungsfähigkeit der Besatzung ab. Warme, trockene Kleidung, gutes Essen und körperliche Gesundheit ist dabei genauso wichtig wie mentale Fitness und Begeisterungsfähigkeit.

6.1 Persönliche Vorbereitung und Seemannschaft

Gute Seemannschaft, laufende Planung, vorausschauendes Denken, Erfahrung, Selbstreflexion und eine gesunde Mischung aus Mut und Vorsicht sind Grundvoraussetzung für jeden Törn in anspruchsvollen Seerevieren.

Erfahrungen zu sammeln gehört immer noch zur besten Vorbereitung für große Vorhaben. Denn wiederholte Herbst- Winterausflüge in der Nord- und Ostsee oder in anderen Revieren der gemäßigten Breiten geben ersten Vorgeschmack und zeigen eventuelle Probleme mit der Yacht oder ihrer Ausrüstung.

Gezielte Lerntörns unternehmen:

- Empfang und Auswertung der Wetterberichte an Bord, auch wenn im nächsten Hafen Internetzugriff möglich ist.

- Ankern in Buchten anstelle Übernachten in Häfen, erste Versuche mit Landleinen

- Flexible Planung und Notfallausarbeitung: Gibt es weitere Anker-

buchten, wenn die gewählte voll Eis ist, oder eine Winddrehung einsetzt? Ist das Boot jederzeit bereit zum Auslaufen?

- Tests von Kleidung und Handschuhen – lässt sich damit auch arbeiten?

Routinen entwickeln heißt Fehlerquellen vermeiden:

- Alles an Bord muss jederzeit seefest gestaut sein. Über und unter Deck, vor Anker und auf See.

- Motor startklar halten – Ölstand kontrolliert, sind die Dieselfilter in Ordnung?

- Sind alle Segel einsatzbereit?

- Funktioniert die Ankerwinde?

- Ist alles für die sichere Navigation vorbereitet?

- Vor jedem Motorstart einen Kontrollblick im Cockpit machen, ob Leinen über Bord gewaschen sind.

- Tägliche Sichtkontrolle von laufendem Gut und Segel, sofortige Reparatur bei Schamfilen oder ersten Anzeichen von Beschädigungen

- Stehendes Gut: Routinemäßig Riggkontrollen durchführen, zumindest vor jeder Ozeanetappe

- Seeventile, die nicht im Einsatz sind, schließen

- Generell vor dem Auslaufen alle Luken schließen. (Besonders wichtige Angewohnheit bei wechselnder Crew an Bord) Wenn es das Wetter zulässt, kann später unterwegs gelüftet werden

- Reparaturen und Wartung niemals aufschieben

Und so weiter ...

Routine im Umgang mit dem Beiboot üben:

- Auch bei Nutzung eines Außenborders immer Paddels und Ösfass (Lenzgefäß) im Dingi mitführen

- Erst dann von der Yacht abstoßen, wenn der Außenborder sicher läuft

- Bei sehr starkem Wind immer gegen den Wind von der Yacht ablegen, erst entlang der Küste zur gewünschten Position fahren (um im Notfall zurückgetrieben und nicht hinausgetrieben zu werden)

- Notstopp des Außenborders verwenden (mit dem Steuermann verbinden)

- Im Schlauchboot Luftpumpe mitführen

- Dingi immer über die Hochwasserkante tragen und festmachen/sichern

- Dingi nicht unmittelbar bei Robbenkolonien lassen

- Schwimmleinen am Dingi verwenden

- Dingi über Nacht nicht im Wasser lassen - immer auf Deck stauen

- Bei unstabilem Wetter, oder bei Brandung in der Ankerbucht muss ein Teil der Crew an Bord bleiben, dann muss die Beiboot-Crew immer ein Handfunkgerät mitführen

Abb. 127 Selbst ein Wintertörn in der Ostsee kann zeigen, ob die Winterausrüstung gut genug ist.

Zur guten Seemannschaft gehört auch die Absprache. Jedes Manöver soll vorab kurz durchbesprochen werden, um reibungslos zu funktionieren. Schreien während der Manöver zeugt von schlechter Seemannschaft und fehlender Koordination.

Selbstreflexion ist immer von Vorteil: Nach den Manövern diskutieren, wie der Ablauf war, was funktioniert, oder was kann verbessert werden.

Zeigt sich zu Beginn eines Manövers, dass es nicht nach Plan läuft, Manöver abbrechen, wenn möglich kurz besprechen und neu versuchen. Nur im äußersten Notfall versuchen, ein misslungenes Manöver zu retten.

Immer einen Plan B haben. Und einen Notfallplan für Plan B! Für jede Situation: Ankerplatzwahl, Routenwahl, Zeitplan, Segelplan, Schwerwettertaktik ...

6.2 Persönliche Ausrüstung

Ohne ausreichende Bekleidung wird das Segeln in Kälte gefährlich. Zu den Minusgraden kommt der Windchillfaktor, exponierte Haut bekommt sehr schnell Frostschäden und klamme Füße und Hände machen das Arbeiten an Deck zur Tortur. Warme Kleidung wiederum beeinträchtigt die Bewegungsfreiheit und macht tollpatschig.

Gute Regenausrüstung ist selbstredend auf jeder Blauwasseryacht. In den Hohen Breiten muss aber auch passende Kleidung gegen die Kälte für jeden Segler an Bord sein.

Der Outdoor-Fachhandel bietet Funktionskleidung für fast alle Wetterlagen an, doch sind diese oft genug exorbitant teuer und dennoch nicht immer für den Einsatz an Bord oder im arktischen Klima geeignet. Alternative Bezugsquellen für funktionelle Kleidung findet man überall, wo draußen gearbeitet wird: Fischereibedarf, Ölindustrie, Agrar- und Jagdhandel, Militärausstattung.

Am einfachsten warm zu halten ist natürlich der Körper selbst. Zwiebelschalen-Technik (mehrere Lagen an Kleidung) ist gängig und zu empfehlen. Darüber bewähren sich Thermo-Overalls aus dem Fischereibedarf. Das Futter dieser wasserdichten Overalls besteht aus leichtem

Abb. 128 Thermooverall aus dem Fischereibedarf.

Schaumstoff und bietet neben der isolierenden Funktion auch Auftrieb.

Die Bewegungsfreiheit wird nicht erwähnenswert eingeschränkt, allerdings schwitzt man bei der Arbeit an den Winden oder Segeln schnell. Drunter passt je nach Kälte lange Unterwäsche, Jogginganzug, Norweger- und Fleecepullover.

Für Landgänge in sehr kaltem Wetter haben sich für uns dicke Daunenjacken und Skihosen (Thermohosen) sehr gut bewährt. Jacken, die über das Gesäß reichen, halten besser warm als kurze.

Abb. 129 Lange Daunenjacke und Skihosen für den Landgang

Auch der Kopf ist relativ einfach warm zu halten. Die besten Erfahrungen konnten wir mit Fellmützen

(heute auch aus Kunstfell) machen. Der Fellsaum tief ins Gesicht gezogen schützt auch teilweise die Augen vor Schnee und leichtem Hagel.

Kalter Wind „beißt" durch alle Wollmützen, weshalb zusätzlich einfache Ohrenschützer aus dem Baumarkt (eigentlich gegen Lärm) getragen werden können.

Wichtig gegen Erfrierung ist ein Gesichtsschutz: Ein einfacher Schlauch aus dickem Fleecestoff oder Strick kann leicht selbst gemacht werden und ist praktischer als ein Schal. Wird ohne Steuerhaus im Schneetreiben oder starken Wind gesegelt, empfiehlt sich das Tragen von Skibrillen (am besten mit UV-Schutz).

Da die UV-Belastung auf dem Wasser besonders hoch ist, muss jeder Segler hochwertige Sonnenbrillen (am besten polarisierende Gläser) oder Schneebrillen mitbringen (zusätzliche Ersatzbrillen an Bord mitführen).

In Revieren mit Eis und Schnee ist diese UV-Belastung durch Reflexion ungleich höher. Vor allem auf der Südhalbkugel in subantarktischen und antarktischen Revieren ist ein hochwertiger UV-Schutz für Augen (Skibrillen) und Haut (Sonnenschutzcreme und Lippenpflege mit maximalem Sonnenschutzfaktor) zwin-

Abb. 130 Skibrillen schützen die Augen vor eisigem Wind.

gend notwendig. Hochwertige Schneebrillen findet man am leichtesten im Fachhandel für Bergsport (Skisport, Bergsteigen).

Der Kälteschutz der Hände ist etwas schwieriger. Da es bis heute keine Allround-Handschuhe für alle Tätigkeiten an Bord und Land gibt, greifen wir auf verschiedene Arten von Handschuhen zurück:

Für alle groben Arbeiten im nassen Umfeld (Umgang mit Trossen, Anker, Dingi,...) Bewähren sich schwere Gummihandschuhe aus dem Fischereibedarf. Darunter werden dünne Innenhandschuhe zum Wechseln getragen. Die Innenhandschuhe halten die Hände auch bei größerer Kälte warm und können sofort gewechselt werden, wenn sie nass oder feucht werden.

Isolierte Gummihandschuhe, die ohne Innenhandschuhe getragen

werden, bleiben für uns zweite Wahl. Einmal innen nass, bleiben sie nass, sie sind nach dem Gebrauch schwer zu trocknen und verbreiten bald muffeligen Geruch. Leider sind schwere Gummihandschuhe für feinmotorische Arbeiten gänzlich ungeeignet.

Für den Fall können gummierte Mechanikerhandschuhe aus dem Baumarkt unter den Gummihandschuhen getragen werden, so kann man kurz aus diesen schlüpfen und die Arbeit erledigen, ohne dabei sofort das Gefühl in den Fingern zu verlieren.

Bei trockenen Arbeiten an Bord (Großschot, Fallen,...) bewähren sich einfache, stabile Skihandschuhe oder Neoprenhandschuhe.

Für längeres Verweilen in großer Kälte (Steuern, Landausflug,...) helfen dicke Fausthandschuhe, die wiederum mit Innenhandschuhen ausgestattet werden können. Während

Abb. 131 Auswahl an Handschuhen

der Fausthandschuh sicher warm hält, dient der Innenhandschuh für kurze Tätigkeiten, bei denen der Fausthandschuh im Weg ist (zum Beispiel ein Foto schießen).

Besondere Aufmerksamkeit muss den Füßen gewidmet werden. Die meisten Winterschuhe sind für Bewegung im Freien ausgelegt. An Bord ist der Bewegungsraum eingeschränkt, vor allem der Steuermann ist schnell mit kalten Füßen konfrontiert.

Bei Temperaturen bis zirka minus zwanzig Grad funktionieren Thermogummistiefel (Muck, Dunlop, Baffin,...) sehr gut. Da man in Gummistiefeln feuchte Füße bekommt (Feuchtigkeit vom Fuß kann nicht entweichen), müssen die Socken (Thermosocken) öfter gewechselt werden. Einmal richtig nass, trocknen die Stiefel schwer und auch das Wechseln zu trockenen Socken hilft nicht mehr.

Thermogummistiefel sind in den Hohen Breiten die wichtigsten Stiefeln. In vielen Regionen werden sie auch zum Landgang getragen.

Isolierte Gummistiefel sind im Agrar-Fachhandel, im Jagdgeschäft und im Fischereibedarf erhältlich. Generell ist bei der Wahl der Schuhe darauf zu achten, dass sie groß genug sind, um für Einlagen, Filzinnenteile oder zwei Paar dicke Socken Platz zu haben.

Socken müssen sofort gewechselt werden, wenn sie mit Wasser getränkt werden, da Zehen bei Kälte ein taubes Gefühl bekommen und Frostschäden nicht sofort bemerkt werden.

Trockene Kleidung zum Wechseln muss an Bord sein. Sollte der Segler nass werden, müssen die nassen Sachen sofort zum Trocknen gehängt werden, damit sie schnellstmöglich wieder zum Einsatz bereit sind.

Selbstwärmende Pads können bei extremer Kälte in den Stiefeln oder

Abb. 132 Thermogummistiefel sind die wichtigsten Stiefel an Bord.

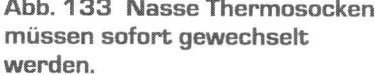

Abb. 133 Nasse Thermosocken müssen sofort gewechselt werden.

Handschuhen helfen. Wärmeflaschen in der Koje sind eine einfache Lösung, um kalte Füße während der Freiwache aufzuwärmen. Da es sich mit kalten Füßen nicht gut schlafen lässt, helfen Wärmeflaschen der Crew besonders gut zur Entspannung.

Für den Innenbereich sind warme Hausschuhe wichtig (zum Beispiel Fellpantoffel), deren Solen rutschfest und gut isoliert sind.

An Bord einiger Yachten werden in kalten Revieren Überlebensanzüge mitgebracht. Diese Anzüge dienen ähnlich wie eine Rettungsinsel nur in Überlebenssituationen und sollten kein Ersatz für wärmende Kleidung und Thermooveralls sein.

Gute Versorgung mit hochwertiger Arbeitskleidung und Fischereibedarf für die Hohen Breiten fanden wir in folgenden Ländern und Regionen:

- Skandinavien und Nordeuropa
- Grönland (Nuuk)
- Kanada und Alaska
- Südneuseeland
- Falkland Inseln

Kleidung und Kleidungsschapps müssen laufend auf Feuchtigkeit, Schimmelbefall und Kondenswasser kontrolliert werden. Salzwassergetränkte Kleidung darf nicht in dasselbe Staufach mit frischer Kleidung geraten, da es Feuchtigkeit zieht und erhöht zu Schimmelbefall neigt.

6.3 Ernährung

Monatelange Einsamkeit, lange Segeletappen, erhöhter Energiever-brauch und begrenzte Versorgungsmöglichkeit mit frischem Obst und Gemüse stellen in den Hohen Breiten eine Herausforderung dar.

Andererseits kann das kalte Klima helfen, Trinkwasser und Lebensmittel länger frisch zu halten und das beinahe Fehlen von Vorratsschädlingen erleichtert das Proviantieren.

Da es über die generelle Proviantierung und Ernährung an Bord bereits Bücher gibt (zum Beispiel das umfangreiche Werk **„Bordversorgung heute - Ernährung und Proviantierung an Bord von Fahrtenyachten"** von meiner Frau Claudia Kirchberger, ISBN 9781494967123) wird hier nur auf Erfahrungen in den kalten und abgelegenen Segelrevieren der Welt eingegangen.

6.3.1 Grundversorgung und Proviantierung

Grundsätzlich muss beachtet werden, dass kaltes Klima zu einem höheren Energieverbrauch jedes Crewmitglieds führt.

In der Regel wird beobachtet, dass der Verbrauch von fetten und energiereichen Lebensmitteln steigt (Käse, Butter, Aufstriche, Fleischspeisen, zuckerhaltige Energielieferanten wie Müsliriegel...), während der Verbrauch von frischem Obst oder energiearmen Gemüse zurückgeht.

Um keine einseitige Ernährung oder Vitaminmangel zu fördern, sollte deshalb speziell in den Hohen Breiten darauf Wert gelegt werden, Rohkost, Salat oder Obst als Beilage, Vor- oder Nachtisch zu servieren.

An Bord lange haltbar und besonders gut für frische Rohkosten eignen sich unter anderem Weiß- und Rotkraut, Zwiebel, Wurzelgemüse (sofern Karotten oder Knollensellerie (falls erhältlich), Kohlrabi, Winteräpfel und Zitrusfrüchte. Besonders lange haltbar, beinahe überall erhältlich und in der Bordküche nützlich sind außerdem Kartoffel, kleine Kürbisse und alle Arten von Rüben.

Für die längere Haltbarkeit von Wurzelgemüse (Kartoffel, Karotten, Rüben, Wurzelpetersilie, Pastinak, Knollensellerie...) können diese in trockenen Sand eingeschlagen werden. Dieser schützt sowohl vor Frost als auch vor dem Austrocknen.

Ungewaschenes Wurzelgemüse ist in der Regel länger haltbar als gewaschenes und sollte für die Einlagerung bevorzugt werden. Obst und Gemüse muss frostsicher gestaut und mindestens wöchentlich inspiziert werden.

Angeschlagene Produkte zuerst verwenden, faulige oder schimmelbefallene Stücke aussortieren. Kraut

Abb. 134 Proviantieren vor einer Reise

in Papier gewickelt ist monatelang haltbar, solange es nicht aufgeschnitten wird und faulige Blätter regelmäßig abgeschält werden.

Sauerkraut ist von jeher ein wichtiger Lieferant von Vitaminen, es ist beinahe unbegrenzt haltbar und bereichert die Bordküche.

Für längere Aufenthalte in Gebieten ohne Versorgungsmöglichkeiten oder während Überwinterungen können Salate aus an Bord gezogenen Sprossen serviert werden. Getrocknete Samen (Mungobohnen, Alfalfa, Radieschen, Kresse...) sind über Jahre haltbar. Allerdings sind sie nicht überall zu beziehen. Zu Sprossen entwickelt, vervielfältigen sie ihren Vitamingehalt.

Durch Temperaturunterschiede im Boot sind Kondenswasser und Feuchtigkeit eine ständige Bedrohung für trockene Lebensmittel. Schimmelpilz entwickelt Alfatoxine - sie zählen zu den stärksten bekannten Giftstoffen. Mit Schimmel befallene Lebensmittel sind deshalb nicht mehr zur Ernährung geeignet. (Kulturschimmel wie zum Beispiel Blauschimmel ist natürlich unschädlich).

Um Schimmelbefall zu vermeiden, werden trockene Lebensmittel (Mehl, Grieß, Reis, Nudeln, Couscous, Bohnen, Linsen, Getreide, Haferflocken, Müsli...) am besten wasserdicht oder vakuumverpackt gestaut. Generell kleinere Verpackungsmengen bevorzugen, damit bei Befall nicht der ganze Vorrat betroffen ist.

Selbst hergestelltes Trockengemüse oder Trockenkräuter darf vor dem Einlagern keine Restfeuchtigkeit haben. Gute Isolierung, regelmäßiges Lüften und eine möglichst gleichbleibende Temperatur (durchlaufende Heizung) verringert ebenfalls Feuchtigkeit im Boot.

Trotz mehrerer Überwinterungen an kalten Küsten hatten wir nie Prob-

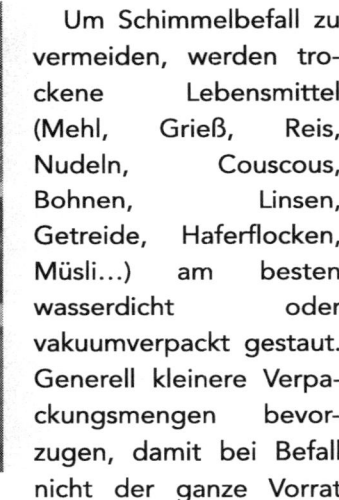

Abb. 135 Wasserdicht verstaut beugt Schimmelbefall vor.

leme mit aufgefrorenen Konserven. Dennoch besteht vor allem bei Überwinterung diese Gefahr. Deshalb sollten Dosen und Gläser entweder in trockenen Bereichen der Bilge gestaut werden (solange die Wassertemperatur über dem Gefrierpunkt liegt) oder im beheizten Bereich der isolierten Yacht.

Vor allem in den nördlichen und arktischen Gebieten zählen Jagd und Fischen zu wichtigen Versorgungsquellen der Einheimischen. Yachtcrews sollten sich als Gäste sehen und lokale Bestimmungen (Fischereisaisons, Jagdlizenzen...) ernst nehmen.

Beim Tausch oder Kauf von Wild und Fisch muss bedacht werden, dass diese Produkte keiner Fleischbeschau unterliegen und Parasiten übertragen können. Wild und Fisch sollte deshalb ausschließlich durchgegart gegessen werden. Besondere Vorsicht ist mit Bärenfleisch geboten, da

Abb. 136 Mit Salz eingerieben kann frisches Wildfleisch oder Lamm wochenlang aufgehängt werden.

es ein bekannter Überträger von Trichinen ist. Bärenleber ist nicht zum Verzehr geeignet, da es im Menschen zur Vitamin A-Überdosis und zur lebensbedrohlichen Vergiftung führen kann.

Bei Überwinterungen, weiten Segelschlägen oder langen Liegezeiten bei Schlechtwetter kann es zu Verdauungsstörungen durch Bewegungsmangel kommen. An Bord produziertes Joghurt oder Kefir kann Abhilfe schaffen und trägt zur gesunden Ernährung bei. Mittels mitgebrachtem Bakterienstamm können beide Varianten sowohl aus H-Milch, als auch aus Milchpulver produziert werden.

An Bord vielen Yachten wird Alkohol nicht nur für den Eigengebrauch mitgeführt, sondern auch als Tauschgut verwendet. Vor allem in arktischen Dörfern führt Alkoholismus immer wieder zu massiven Problemen, weshalb diverse Siedlungen in der kanadischen Arktis ein generelles Alkoholverbot aufgestellt haben. In vielen nördlichen Ländern wird Alkohol außerdem gesetzlich restringiert. Besucher sollten diese Einschränkungen respektieren und nur in jenen Gebieten der Welt Alkohol als Tauschgut oder Geschenk mitbringen, in denen es zu keinen Problemen führt.

6.3.2 Trinkwasser

Durch niedrige Temperaturen kann Trinkwasser an Bord lange gelagert werden. Dennoch kann es bei langen Aufenthalt in unbesiedelten Gebieten zur Mangelware werden. Viele Segler verwenden deshalb Frischwasser aus wilden Bächen. Selbst in unbewohnten Gebieten kann diese Praxis problematisch sein.

Im Süden von Patagonien zum Beispiel verunreinigen Biber mit ihrem Kot das Flusswasser, an Bord kann es zum „Beaver-Feaver" kommen.

In der Arktis sind es Polarfüchse und Eisbären die Oberflächenwasser mit Parasiten verunreinigen.

Auf den Aleuten Inseln von Alaska gilt Oberflächenwasser als ungenießbar, da ein natürlich im Erdreich vorkommender Bakterienstamm zu Verunreinigungen führt.

Um Oberflächenwasser sicher abzukochen, sollte es mindestens zehn Minuten lange sprudelnd kochen, was wiederum zu einem erhöhten Energieverbrauch und zusätzlichem Kondenswasser an Bord führt. Ohne Abkochen ist gesammeltes Oberflächenwasser nur nach entsprechender Aufbereitung mittels Zusätzen und Filteranlagen als Trinkwasser verwendbar. Deshalb sollten andere Trinkwasserquellen bevorzugt werden:

In Patagonien regnet es oft und ausgiebig und wir konnten regelmäßig unsere Tanks mit frischem Regenwasser füllen. Gefiltertes Gletscherwasser ist regulärem Fluss- oder Bachwasser vorzuziehen. In arktischen und antarktischen Revieren kann außerdem Eis geschmolzen werden. Gesammeltes Gletschereis ist dabei ergiebiger und sauberer als Schnee. Auch im Salzwasser treibende Growler oder Gletschereisstücke können gesammelt und geschmolzen werden.

Abb. 137 Trinkwasser kann aus Eis gewonnen werden.

Dabei kann selbst die Energie der Sonne genützt werden, indem die Yacht einen schwarzen Sammelbehälter an Deck mitführt, der an sonnigen Tagen stets mit Eis aufgefüllt wird. Natürlich sollte Eis/Schnee nicht in der unmittelbaren Nähe von Tieren (wie Pinguinkolonien in der Antarktis) gesammelt werden.

In der kanadischen Arktis ist frisches Trinkwasser in jedem Dorf zum Kauf erhältlich. Wenn auch teuer, ist es selbst gesammeltem Oberflächenwasser vorzuziehen.

Mehr und mehr Yachten sind heute mit einer Entsalzungsanlage ausgestattet. Auch mit Wassermacher sollte stets ein Tank mit Trinkwasser an Bord gefüllt sein, als Notfall bei Defekt. Auf die Frostsicherheit der Anlage achten. Da Trinkwasser aus Wassermacher keine Mineralien beinhaltet, können Fruchtsäfte zur Gesundheit beitragen, dasselbe gilt für gesammeltes Regenwasser.

Bei langen Segelschlägen (zum Beispiel bei Überquerung des Südmeers) kann Salzwasser viele Aufgaben übernehmen (Abwasch, Körperwäsche…), um den Verbrauch von Frischwasser möglichst gering zu halten.

6.3.3 Pantry Ausstattung

Mit welchem Heizmaterial Herd und Backrohr der Pantry betrieben werden, unterliegt natürlich den persönlichen Anschauungen. Je nach Reisegebiet hängt die Wahl aber auch mit der Verfügbarkeit zusammen.

Diesel in mehr oder weniger guter Qualität ist in allen Regionen der Hohen Breiten erhältlich.

Für die Pantry sind grundlegend zwei verschiedene Diesel-Kochsysteme erhältlich: Dieselheizungen (zum Beispiel Dickinson, Reflex), die zusätzlich zum Kochen verwendet werden, oder reine Dieselkochöfen (zum Beispiel Wallas). Beide Systeme haben ihre Vor- und Nachteile. Der gemeinsame Vorteil ist allerdings, dass an Bord der meisten Yachten ohnehin Diesel mitgeführt wird und kein weiterer Brennstoffe nötig ist.

Wird die Pantry und/oder Heizung mit Diesel betrieben, ist ein Vorrat an Dieselfilter an Bord wichtig, falls schmutziger Diesel getankt wurde. Erfahrungen mit verunreinigtem Diesel haben wir auf der Nordhalbkugel in Island, Norwegen (wenig frequentierte Tankstellen) und auf der Südhalbkugel in Argentinien gemacht.

Wird Diesel in kalten Regionen an Bord mitgeführt, sollte daran gedacht werden, dass es sich oft um Winterdiesel handelt, der einen etwas schlechteren Brennwert aufweist.

Sauberes Petroleum als Brennstoff für Ofen oder Lampen ist nicht überall und teilweise nur teuer erhältlich. Für längere Aufenthalte in manchen Gebieten muss der Brennstoff mitgebracht werden (zum Beispiel Patagonien, Antarktis). Grönland ist die große Ausnahme, hier ist Petroleum an vielen Bootstankstellen erhältlich. In einigen Ländern (Norwegen, Alaska) kann eventuell an kleineren Flugplätzen Flugzeug-Kerosin erworben werden.

Propangas hat sich auf vielen Yachten für die Pantry durchgesetzt. Allerdings sind die Flaschen und Anschlüsse in den meisten Ländern verschieden und nicht überall können ausländische Flaschen gefüllt werden.

Im Fachhandel oder per Internet sind internationale Adapter erhältlich, die zumindest in manchen Ländern helfen. Mehrere gefüllte Ersatzflaschen, die für die geplante Reisedauer reichen, können die Lösung sein.

Ist die Yacht langfristig unterwegs, kann nur die Umstellung zum jeweiligen System der bereisten Länder helfen. Wir selbst haben in Dänemark und Schweden deutsche Flaschen verwendet. In Norwegen konnten wir per Adapter eine norwegische Flasche verwenden und auf wenigen Füllstationen im Land die deutsche

185

Flasche neu füllen lassen. Isländische Flaschen passten zum deutschen System, wir konnten aber keine Füllstation finden (nur Tauschflaschen). Auf Grönland können generell keine Flaschen gefüllt werden, da das System nur auf Basis von Tauschflaschen arbeitet. Amerikanische Flaschen sind sowohl in Kanada, der USA wie auch in Neuseeland und Australien zu benützen und werden gefüllt. In Chile werden amerikanische Flaschen nur von einer kleinen Werft gefüllt. Chile, Argentinien und Falkland Inseln verwenden dieselben Anschlüsse, auch hier basiert der Propanverkauf auf Tauschflaschen.

Eigene Kompositflaschen oder spezielle Aluminiumflaschen werden in vielen Ländern nicht gefüllt. Ihre Verwendung an Bord ist nur dann sinnvoll, wenn die Yacht immer wieder in ihr Heimatrevier zurückkehrt und dort die Flaschen füllt.

6.4 Medizin an Bord

In vielen Revieren kann aufgrund der schweren Erreichbarkeit oder Abgeschiedenheit nicht mit sofortiger medizinischer Hilfe im Notfall gerechnet werden. Auch bei wenig bedrohlichen gesundheitlichen Problemen (zum Beispiel Zahnschmerzen) kann

eine medizinische Hilfe schwierig oder teuer werden. Eine gesunde Crew, Kentnisse der Ersten Hilfe und eine gut ausgestattete und gewartete Bordapotheke sind Voraussetzung.

Crewmitglieder mit gesundheitlichen Einschränkungen müssen ihre medizinische Versorgung besonders gut im Griff haben und alle Mitreisenden informieren.

Handelt es sich nicht um bereits an Bord „mitgebrachte" gesundheitliche Probleme, ist der Krankheitsdruck in abgeschiedenen Regionen in der Regel gering. Höher ist dagegen die Gefahr von Unfall oder Verletzungen. An Bord muss alles getan werden, um Unfälle zu vermeiden.

Raue See und Schwerwetter, Kälte, Landgang über gefährliches Terrain und teilweise Gefahr durch die Tierwelt erhöhen die Unfallgefahr und dürfen nicht unterschätzt werden.

6.4.1 Hypothermie / Unterkühlung

Gibt ein Körper über einen Zeitraum mehr Wärme ab als er produziert, kommt es zur Unterkühlung - zur Hypothermie.

Unterkühlung wird in drei Stadien eingeteilt:

- **Milde Hypothermie (Unterkühlung 1. Grades):** Die Körpertemperatur sinkt auf 32 bis 35°C, alle verfügbaren Kohlenhydrate im Körper werden zur Wärmegewinnung verbrannt, Muskelzittern (zur Wärmeproduktion) setzt ein, die Blutgefäße in den Extremitäten beginnen sich zusammenzuziehen, (Hände und Füße werden nicht mehr ausreichend durchblutet) um die Organe mit warmen Blut zu versorgen. Nach einiger Zeit kann leichte Bewusstseinstrübung einsetzen, das Urteilsvermögen wird beeinträchtigt, es besteht noch keine Lebensgefahr.

- **Mittelgradige Hypothermie (Unterkühlung 2. Grades):** Die Körpertemperatur fällt weiter auf 28 bis 32°C. Der Körper drosselt radikal seinen eigenen Wärmehaushalt und versorgt nur noch lebenswichtige Organe, indem die Blutzufuhr einzelner Körperregionen (von außen nach innen - Arme, Beine, Rumpfpartien) reduziert wird. Der Puls fällt auf unter 60 Schläge pro Minute und wird eventuell unregelmäßig. Die Atmung verlangsamt sich (unter 12 Züge/Minute). Das Bewusstsein trübt immer weiter

Wassertemperatur in °C (°F)	Erschöpfung/ Bewustlosigkeit	mögliche Überlebenszeit
0°C (32°F)	15 Minuten	15 - 45 Minuten
0 - 5°C (32 - 41 °F)	15 - 30 Minuten	30 - 90 Minuten
5 - 10°C (41 - 50°F)	30 - 60 Minuten	1 - 3 Stunden
10 - 15°C (50 - 59°F)	1 - 2 Stunden	1 - 6 Stunden
15 - 20°C (59 -68°F)	2 - 7 Stunden	2 bis 40 Stunden
20 - 25°C (68 -77°F)	3 - 12 Stunden	3 Stunden bis unbestimmt
>25°C (>77°F)	unbestimmt	unbestimmt

Tabelle 7 Wassertemperatur und Unterkühlung

ein, klare Gedanken können nicht mehr richtig gefasst werden. Reflexe schwächen ab, Pupillen verengen sich, das Muskelzittern hört auf. Lebensgefahr durch Herzrhythmusstörungen tritt ein, es kann zum Herzstillstand kommen.

- **Schwere Hypothermie (Unterkühlung 3. Grades):** Die Körpertemperatur sinkt unter 28°C ab, der Körper kann selbst keine Wärme mehr produzieren und den Wärmeverlust nicht mehr ausgleichen. Der Minimalkreislauf funktioniert kaum noch. Es kommt zum scheintot mit höchster Lebensgefahr. Auf Lichtstarre Pupillen, gelähmte Muskulatur und Herzrhythmusstörungen folgt Atem- und Kreislaufstillstand. Für Nichtmediziner ist es kaum noch festzustellen, ob das unterkühlte Crewmitglied noch lebt oder bereits tot ist. Ohne Herz-Lungen-Wiederbelebung tritt der Tod ein.

Da der Körper in allen drei Stadien unterschiedlich reagiert, ist es bei Unterkühlung wichtig, bestimmen zu können, um welchen Grad es sich handelt, um die richtigen Maßnahmen ergreifen zu können.

Handelt es sich um **Unterkühlung 1. Grades**, muss mit Bettruhe, warmen Decken geholfen werden, bis das Muskelzittern aufhört. Warme, süße Getränke helfen, jedoch auf keinen Fall Alkohol.

Bei **Unterkühlung 2. Grades** ist es wichtig, dass weder Arme noch Beine bei Bergung oder Transport aktiv oder passiv bewegt werden. Werden die kalten, „abgeschalteten" Körperteile bewegt, beginnt das Blut zu zirkulieren und kühlt dabei weiter ab. Es kommt zum „Afterdrop", wahrscheinlich eine der Ursachen für den oft beobachteten „Bergetod".

Der Unterkühlte muss waagrecht transportiert, möglichst wenig bewegt, in Wolldecken gewickelt und wach gehalten werden. Selbst das Umkleiden muss vorerst unterlassen werden, zumindest bis Muskelzittern einsetzt. Es können warme, süße Getränke gegeben werden, sofern der Betroffene bei Bewusstsein ist. Eine laufende Pulskontrolle muss durchgeführt werden und der Betroffene darf nicht mehr alleine gelassen werden. Bei Herz- und Atemstillstand muss eine sofortige Herz-Lungen-Wiederbelebung durchgeführt werden.

Bei **Unterkühlung 3. Grades** müssen sofort Wiederbelebungsmaßnahmen durchgeführt werden. Obwohl im Krankenhaus Unterkühlte in diesem Stadium mit einer äußerlichen Wärmezufuhr behandelt werden, ist dies an Bord zu unterlassen, da sie die Gefahr des Afterdrops birgt. Die weitere Behandlung erfolgt wie bei Unterkühlung 2. Grades.

Ist eine Krankenhausbehandlung nicht möglich, können zur Vorbeugung von Lungenentzündung Hustenmittel und Antibiotika verabreicht werden. Bei verschluckten Wasser besteht während der folgenden 48 Stunden die Gefahr eines Lungenödems. Es muss in diesem Zeitraum viel getrunken werden, bis ungefähr mehr Urin ausgeschieden wird, als Flüssigkeit getrunken wird.

In den Hohen Breiten gehört Unterkühlung zu den größten Gefahren an Bord. Geht ein Crewmitglied bei kaltem Wasser über Bord, dauert selbst ein gut geübtes Bergemanöver oft zu lange, um den Betroffenen zu retten. Alle Mitglieder an Bord sollte diese Tatsache bewusst sein und alle möglichen Maßnahmen müssen von jedem einzelnen getroffen werden, um ein Überbordgehen zu vermeiden.

Jedes Crewmitglied muss die Symptome von Unterkühlung kennen, um im Ernstfall richtig zu reagieren.

6.4.2 Windchill und Erfrierungen

Der Unterschied zwischen der Lufttemperatur und der gefühlten Temperatur bei Windgeschwindigkeiten wird als Windchill benannt.

Diese „gefühlte Temperatur" entsteht, wenn Wind die körpernahe, erwärmte Luft abzieht und dadurch die Verdunstungsrate direkt an der Haut erhöht. Die nötige Energie für die Verdunstung wird dadurch von der Körperoberfläche abgezogen und kühlt so den Menschen schneller ab. Wird bei niedrigen Außentemperaturen Haut nicht ausreichend vor Wind geschützt, kann es schnell

Abb. 138 Erfrierungen auf der Nase

zu Erfrierungen kommen. Vor allem, wenn Nässe dazu kommt.

Unterkühlte Körperteile werden blass und nehmen eine gelbliche Hautfarbe an. Setzt später eine Rötung ein, weist diese bereits auf eine Schädigung der Nerven und damit einen Frostschaden hin. Um weitere Schäden zu vermeiden müssen bereits bei blassen, schlecht durchbluteten Körperteilen folgende Maßnahmen getroffen werden:

- Entfernung von nasser oder enger Kleidung

- betroffene Gliedmaße durch Bewegung, eigene oder fremde Körperwärme aufwärmen

- nicht „warmreiben"

- Mit einer lauwarmen (Körpertemperatur, nicht höher), externen Wärmequelle (Flasche warmes

189

Wasser) betroffene Körperteile in eine Decke eindrehen

• warme, gezuckerte Getränke trinken

Wie Verbrennungen werden auch Erfrierungen in vier Grade eingeteilt, wobei auf Segelyachten heute selten Erfrierungen über den 1., maximal 2. Erfrierungsgrad hinausgehen:

• 1. Grad: Schmerzgefühl stumpft ab, Rötungen und Schwellungen der Haut

• 2. Grad: Auf der Haut bilden sich Blasen, die Wunden hinterlassen

• 3. Grad: Es bilden sich tiefgehende Geschwüre, an denen Bakterien Entzündungen hervorrufen können.

• 4. Grad: Vereisung

Sollte es in einer Notsituation dennoch zu schwereren Erfrierungen kommen, muss Wundinfektion vermieden werden, indem täglich neue, möglichst sterile Verbände ohne Salben (Wundsalben nur bei bereits infizierten Wunden verwenden) angebracht werden, bis ärztliche Versorgung möglich ist.

6.5 Wachrhythmus

Der Wachrhythmus an Bord jeder Blauwasseryacht muss so eingeteilt werden, dass die Crew einen optimalen Wechsel zwischen maximaler Erholung und konzentrierter Leistungsfähigkeit findet.

In den Hohen Breiten muss damit gerechnet werden, dass die Wachen anstrengender sind als in gemäßigteren Gebieten: Kälte, Starkwind, Nebel, erhöhte Fischereiaktivität oder Eis verlangen besondere Aufmerksamkeit.

In der Nordwestpassage kann darüber hinaus der Ausfall des Kompasses durch die Nähe zum magnetischen Pol dazu führen, dass Etappen von Hand gesteuert werden müssen.

Sollte die Yacht keinen geschützten Steuerstand haben, muss die Crew in verkürzte Wachen eingeteilt werden. Thermoskannen mit heißem Tee, Kaffee oder warmer Suppe soll-

Abb. 139 Ein eingeteilter Wachrhythmus sollte eingehalten werden.

ten bereitstehen und Erholungszeiten müssen von der gesamten Crew strikt eingehalten werden.

Ist mit Eis zu rechnen - vor allem, wenn die Nächte dunkel werden, sollten (falls möglich) gemeinsame Wachen von mindestens zwei Crewmitgliedern gefahren werden.

Während die Mitternachtssonne die Arbeit der Wache erleichtert, erschwert sie den Schlaf der Freiwache. Dunkle Vorhänge und Abschattungen helfen. Viele Menschen können nicht einschlafen, bevor die Kälte aus ihren Gliedern gewichen ist. Wenn keine warmen Kojen an Bord gefahren werden, können Wärmeflaschen und ein gut beheizter Innenraum der Yacht zum schnellen Einschlafen verhelfen.

In Extremgebieten, schlechten Ankerplätzen oder bei Segeltouren außerhalb der Sommersaison muss damit gerechnet werden, dass bei Wetterwechsel auch am Ankerplatz jederzeit das Fahren von Ankerwache nötig werden kann. Die Crew muss deshalb auch ihre Tagesaktivitäten so einteilen, dass sie leistungsfähig für Nachtwachen bleibt.

6.6 Wechselnde Crew an Bord

An Bord vieler Fahrtenyachten ist es üblich, dass die begleitende Crew nur Teilstrecken der Reise miterlebt.

Crewwechsel erfordert besondere Planung, speziell, wenn Flughäfen weit voneinander entfernt sind und das Revier mit wechselnden Wetterbedingungen geplagt ist.

Auch sollte sich die Stammcrew an Bord überlegen, welche Anforderungen an die wechselnde Crew gestellt und welche Belastungen erwartet werden können.

6.6.1 Herausforderungen an die wechselnde Crew

Während sich die Stammcrew an Bord bei der Anreise in die Hohen Breiten bereits langsam an die Bedingungen der Reise gewöhnen kann, haben Crewmitglieder, die per Flugzeug anreisen, nicht diese Möglichkeit. Sie werden vom Landleben direkt in anspruchsvolle Segelreviere befördert, haben meist noch keine Seebeine entwickelt und konnten sich nicht an das Klima der bereisten Region gewöhnen.

Diese Tatsache muss sowohl der Stammcrew wie auch der wechselnden Crew bewusst sein. Selbst für die meisten Segler, die bereits Hochseeerfahrung mitbringen, werden die ersten Tage an Bord zur Herausforderung.

Als Beispiel will ich hier Reisen zur antarktischen Halbinsel nennen: Viele Yachten nehmen Crew im Süden von Chile oder Argentinien an Bord, die neue Crew segelt also von den geschützten Gewässern des Beagle Kanals direkt in die raue Drake Passage, um diese im Verlauf von mehreren Tagen zu überqueren. Dort ist es durchaus normal, dass Segler, die „nie" seekrank werden, lethargisch ihren Mageninhalt opfern. Im Gespräch mit vielen Antarktiscrews kann man später erfahren, dass die Rückreise über die Drake Passage meist als leichter empfunden wurde, selbst wenn die Wetterbedingungen ähnlich blieben.

Jeden an Bord sollte also bewusst sein, dass es für die Seekrankheit immer ein erstes mal gibt - und ein Start zu einer Segelreise in die Hohen Breiten eine sehr wahrscheinliche Grundlage für dieses Erste mal bietet.

An wechselnde Crew sollte deshalb die Anforderung gestellt

werden, passende Medikamente im Gepäck zu haben und den Willen mitzubringen, sich trotz möglicher Seekrankheit am Bordalltag zu beteiligen.

Die Stammcrew muss im Gegenzug die ersten Segelwachen so einteilen, dass selbst der teilweise Ausfall der neuen Crewmitglieder kompensiert werden kann.

Wie bereits erwähnt stellt auch das Klima der Hohen Breiten eine besondere Herausforderung an die wechselnde Crew. Kälte wird auf See intensiver verspürt als an Land, was sich teilweise mit dem Windchill erklären lässt.

Ist der Körper durch eine schnelle Anreise aus einer anderen Klimazone nicht an die Kälte gewöhnt, werden die ersten Segeltage umso härter. Auch steigt der Energieverbrauch der einzelnen Crewmitglieder, sobald die ersten Tage der Seekrankheit überwunden sind. Eine Tatsache, die bei der Proviantierung der Yacht bedacht werden muss.

6.6.2 Charter und zahlende Mitsegler

Dieses Buch ist nicht als Anleitung für Charter in den Hohen Breiten gedacht, weshalb ich hier nur vollständigkeitshalber einige Informationen zu diesem Thema wiedergeben möchte.

Wie in allen Segelrevieren betreiben manche Yachten mehr oder weniger offiziellen Charter oder Kojencharter.

In manchen Revieren stellen zahlende Gäste einen gesetzlichen Graubereich dar. Wiederholtes Chartern in diesen Revieren verschlechtert meist das Verhältnis zwischen Behörden und Fahrtensegler und führt längerfristig zu unliebsamen Auflagen und gesetzlichen Einschränkungen oder erhöhten Gebühren für alle Segler. Zumindest ist dies der Eindruck aus der Sicht von Fahrtenseglern, Charterskipper mögen anders darüber denken.

In diesem Zusammenhang muss erwähnt werden, dass im Süden von Chile oder Argentinien jedes Crewmitglied an Bord einer Segelyacht eine Bestätigung unterzeichnen muss, kein zahlender Gast für die angehende Reise zu sein.

In antarktischen Gewässern wird Charter und Tourismus durch den Verband IAATO reglementiert. Dabei handelt es sich um eine Vereinigung von Tourismusunternehmen (vor allem Kreuzfahrtunternehmen und Charteryachten), die in ihrer Zusammenarbeit Umwelt- und Verhaltensregeln für das schiffbare Gebiet der Antarktis und Subantarktis aufgestellt haben.

Charter in den IAATO-Revieren setzt eine Mitgliedschaft im Verein voraus. Mittlerweile gibt es das Bestreben von Kreuzfahrtunternehmen, ähnliche Bestimmungen für nördlichen Reviere in den Hohen Breiten zu kreieren.

6.6.3 Crewwechsel, Reisetermine der Crew

Reisetermine der Crew können in den Hohen Breiten eine besondere Herausforderung sein. Das Einhalten von engen Zeitvorgaben kann zu nachlässigen Entscheidungen führen.

Abhelfen kann sich die Stammcrew auf folgende Weise:

- Flüge dürfen erst gebucht werden, wenn sich die Yacht bereits im Zielrevier befindet.

- Der anreisenden Crew ist bewusst, dass sie nicht mit Sicherheit von der Yacht zum Ort des Rückfluges gebracht werden kann, alternative öffentliche Verkehrsmittel (Fähren, Verbindungsflüge) müssen eventuell genützt werden.

- Warteperioden für Schlechtwetter werden für die gemeinsame

Segelreise großzügig eingerechnet.

- Extra Diesel wird gebunkert, um windlose Tage unter Motorkraft zu nützen.

- Handelt es sich um Urlaub von Freunden an Bord, kann eine kleine Rundreise in einem Revier eine erlebnisreichere Variante im Vergleich mit dem Zurücklegen einer langen Etappe sein.

6.7 Psychologie und Hüttenkoller

Bedingt durch Wetter und Fauna (zum Beispiel Eisbären in der Arktis) sind in extremen Revieren Crewmitglieder teilweise über lange Perioden an Bord gebunden, Landgänge sind dann nur bedingt oder nicht alleine möglich.

Gibt es Reibereien innerhalb der Crew, kann dies zu Unstimmigkeiten an Bord führen. Deshalb müssen zwischenmenschliche Konflikte von der Gruppe umgehend angesprochen und eine Lösung ausgearbeitet werden.

Stimmungsschwankungen gehören zum Alltag auf fast allen Segelyachten. Das hängt mit den Belastungen und den Eindrücken der Reise zusammen, was erklärt, dass die Stimmung der Crewmitglieder manchmal recht schnell von euphorisch bis gereizt umschlagen kann.

Diese Besonderheit auf Segelreisen sollte angesprochen werden, damit jede Person an Bord sich selbst kritisch beobachtet und mit seinen Stimmungsschwankungen nicht weitere Crewmitglieder aufreibt oder belastet. Besonders wichtig ist dies bei Personen, die leicht jähzornig oder laut reagieren.

Erlebt die Yacht lange Wartezeiten (zum Beispiel Aufgrund von Wetter oder Eis), wird sich Langeweile einstellen. Gerade Menschen, die aus einem arbeitsintensiven Alltag kommen, kann diese auferlegte Lethargie bis zur depressiven Verstimmung führen. Ihnen „fällt die Decke auf den Kopf". Das Phänomen ist auch bekannt als Hüttenkoller, im Englischen spricht man dann von „Cabinfever".

Eine sensible Stammcrew oder Schiffsführung kann die Stimmung an Bord mit einigen leichten Mitteln heben:

- Muss auf ein passendes Segelwetter für die nächste Etappe gewartet werden, können in der Zwischenzeit eventuell kleine Exkursionen zu interessanten

Zielen in der unmittelbaren Nähe unternommen werden.

- Aktivitäten in der Natur und körperliche Anstrengung sind besonders geeignete Mittel gegen Hüttenkoller

- Besondere Anlässe können festgelegt werden, um mit kleinen Feiern den Teamgeist zu stärken.

- Warten weitere Yachten in derselben Ankerbucht, können gegenseitige Einladungen gesellschaftliche Abwechslung bringen.

- Arbeiten an Bord oder Spiele können zu gemeinsamen Beschäftigungen gemacht werden.

- Abwechslungsreiche, gute Ernährung hebt die Stimmung.

6.8 Beschäftigung und Zeitvertreib

Wird ein saisonaler Segeltörn oder eine ausgedehnte Urlaubsreise in die Reviere der Hohen Breiten geplant, wird Langeweile und Beschäftigungsmöglichkeiten an Bord nur eine untergeordnete Rolle spielen.

Ist die Crew zur längeren Blauwasserreise aufgebrochen, oder

Abb. 140 Bewegung in der Natur beugt Hüttenkoller vor.

werden Überwinterungen vorgenommen, sollte Hobbys und Entertainment ein besonderer Raum zugesprochen werden.

Bücher, ebooks und Festplatten voll Filme und Konzertmitschnitte sind an Bord vieler Fahrtenyachten zu finden und werden teilweise unterwegs getauscht. Auch können aus dem Internet verschiedene Kurse und Seminarvideos heruntergeladen werden (Sprachen, Fotografie, Erlernen von Musikinstrumenten ...)

Einige Hobbys zeigen sich als besonders beliebt und geeignet auf Reisen. Dazu gehören Fotografie und Filmen, Schreiben und das Führen eines Internetblogs, Zeichnen, krea-

195

tive Kunstarbeiten, Musik, Handarbeiten, Fischen, Tauchen, Kajak fahren, Klettern und Wandern. Um nur einige der Möglichkeiten zu nennen.

6.9 Landgang

Je abgeschiedener ein Gebiet ist, desto wichtiger werden Sicherheitsvorkehrungen beim Landgang. Vor allem, wenn nicht damit gerechnet werden kann, dass weitere Yachten oder Schiffe die Ankerbucht frequentieren.

Auch muss sich die Crew über die Besonderheiten der Natur oder die Gefahren durch Wildtiere informieren. Die richtige Ausrüstung, Notfallequipment und Kommunikationsdevices helfen, schwere Situationen zu meistern.

Fast in jedem Seegebiet in den Hohen Breiten hörte ich von Zwischenfällen, welche Segelcrews in abgeschiedenen Landstrichen herausforderten. Selbst in Gebieten, in denen die Behörden tägliche Positionsmeldungen fordern, kann es dauern, bis man von Hilfe oder Rettung erreicht wird.

Eine Geschichte, die Freunden von mir in einem Fjord in Patagonien zugestoßen ist, regt zum Nachdenken an:

Der Einhandsegler hatte für seine Fahrt vom Süden Patagoniens in den Norden wechselnde Mitsegler an Bord und es war üblich, hin und wieder alleine Landgänge zu unternehmen, um Ruhe und Abstand zu finden.

Dabei bestand die Regel, dass Crewmitglieder bei Landgang eine kleine Notfalltasche mit Handfunkgerät wie auch Iridium Satellitentelefon mitnehmen müssen. Eine Regel, die einen seiner Crewmitglieder rettete.

Die Mitseglerin brach am Vormittag bei trübem Wetter alleine zu einer Wanderung durch den dichten Nasswald auf, und blieb den ganzen Tag über an Land.

An Bord versuchte man zwar, die Frau per UKW-Funk zu erreichen, doch niemand war besonders beunruhigt, dass kein Funkkontakt zustande kam. Immerhin hat ein Handfunkgerät keine hohe Reichweite und die Berge und Täler von Patagonien können den Kontakt weiter schwächen.

Doch als das Crewmitglied am Abend nach Sonnenuntergang nicht am Strand auftauchte, machte man sich an Bord bereits ernsthafte Sorgen. Mit dem Ersatzbeiboot wurde eine Suche an Land gestartet, die aber bald abgebrochen werden musste, da der dichte Wald in der Dunkelheit keine Hinweise über den Verbleib des vermissten Crewmitglieds gab und auf Rufe und Lichtzeichen keine Antwort kam.

Zurück an Bord versuchte man, die Behörden zu kontaktieren. Da die Mitseglerin wie verlangt auch das einzige Satellitentelefon mitgenommen hatte und die Yacht nicht über HF-Seefunk verfügte, konnten Behörden nicht erreicht werden. Die verbleibende Crew an Bord erlebte eine schlaflose Nacht voller Sorge.

Am frühen Morgen erreichte ein chilenisches Marineschiff die Ankerbucht. Skipper und Crew wurden informiert, dass bereits seit Mitternacht eine großflächige Suchaktion der chilenischen Armada (Militär) im Gange war.

Es stellte sich heraus, dass sich die Mitseglerin im dichten Wald völlig verirrt hatte. Zu spät hatte sie ihre gefährliche Lage bemerkt, sie war gedankenverloren durch die Landschaft gewandert und hatte sich keine Anhaltspunkte für den Weg zurück markiert.

Bei verdecktem Himmel konnte sie keine Himmelsrichtung bestimmen und bei jedem Versuch zurück in die Bucht zu gelangen, endete sie in einem anderen Tal.

Am Abend folgte sie einem Bach, um ans Meer zu gelangen, der Abstieg entlang des Flusses und neben einigen Wasserfällen war in der Dunkelheit noch schwieriger als bei Tageslicht und Hunger und Angst machten sich breit.

Schließlich erreichte sie das Meer, allerdings nicht in der Ankerbucht und nicht an einem Fjordarm, den sie schon einmal gesehen hatte. Ihr wurde klar, dass sie nicht weiter die Nacht mit der Suche nach dem Weg zurück verbringen konnte.

Sie nahm das Satellitentelefon aus ihrer Tasche und drückte auf die einprogramierte Notfallnummer der chilenischen Armanda. Diese reagierte prompt, allerdings wurde die Rettung nicht einfach. Die Seglerin kannte zwar den Namen der Ankerbucht, in der sich die Yacht aufhielt, aber diese Namen sind vielerorts keine offiziellen Namen, sondern stammen aus einem Küstenhandbuch, das von Yachtseglern geschrieben wurde.

Da die Armada tägliche Positionsangaben der Schiffe in ihrem Seegebiet verlangt, konnte bald der letzte Standort der Yacht bestimmt werden. Nun wurde geschätzt, welche Entfernung das Crewmitglied über einen Tag zurückgelegt haben könnte und ein Radius für eine Suchaktion festgelegt. Eine einzelne Person in einem extrem stark bewaldeten, völlig unberührten Gebiet zu finden, dauerte und erst am folgenden Nachmittag konnte die Frau erschöpft aber gesund gefunden und geborgen werden.

Das mitgenommene Satellitentelefon hat dieses Crewmitglied ohne Frage vor größeren Problemen bewahrt. Ein zusätzliches GPS-Handgerät mit einem Wegpunkt vom Ankerplatz hätte diese Notsituation gänzlichvermieden.

Dieser Zwischenfall zeigt, wie wichtig eine durchdachte Ausrüstung zum Landgang in abgeschiedenen Gebieten werden kann und es ohne Zweifel keine ängstliche Übertreibung ist, Regeln und Routinen für den Landgang aufzustellen.

6.9.1 Sicherheitsvorkehrungen zum Landgang

Um den Landgang möglichst sicher zu gestallten, muss man sich über die Gefahren in abgeschiedenen Revieren Gedanken machen:

- Kann die Yacht alleine gelassen werden, liegt sie sicher, auch wenn eine Wetteränderung eintritt?

- Ist die Wassertemperatur zu niedrig, um bei Verlust des Dingis zurück zum Boot schwimmen zu können?

- Gibt es gefährliche Wildtiere?

- Kann man sich an Land verirren?

- Sind Ausflüge über unstabiles Land, Eis oder Schnee geplant? Besteht die Gefahr von Erdrutsch, unsichtbaren Gletscherspalten oder Lawinenabgang?

- Ist mit rascher Wetteränderung zu rechnen?

Je nach dem Expeditionscharakter des Landganges muss die Crew ausgerüstet sein und Sicherheitsausrüstung mitgenommen werden.

Charteryachten und große Expeditionsyachten haben in vielen Fällen für den Landgang eigene wasserfeste Behälter mit Notausrüstung griffbereit. Diese Notausrüstung besteht unter anderem aus:

- Handfunkgerät (Radiocheck und gefüllte Batterien nicht vergessen)

- Satellitentelefon mit einprogrammierten Notfallnummern

- mobiles GPS-Gerät mit Wegpunkt vom Ankerplatz

- Trinkwasser und energiereiche Notlebensmittel (Energieriegel)

- Feuerzeug

- Regenschutz

- Überlebensanzüge

- Ersatzkleidung wasserdicht verpackt

- Zelt und Schlafsack

- Ofen für Kochen und Heizen

- Signalraketen

- nötige Medikamente von Crewmitgliedern

Diese Liste ist nicht für jede Expedition vollständig, da die mitgebrachte Ausrüstung sowohl vom Revier, Anzahl der Crew, Länge des Aufenthalts und der Aktivität an Land abhängt. Auch muss an exponierten Ankerplätzen (z.B. in Südgeorgien) damit gerechnet werden, dass die Crew an Bord notfalls vorübergehend wetterbedingt ablegen und beidrehen muss, oder die Landexpedition über einen Zeitraum Bedingungen vorfindet, die keine sichere Beibootpassage zurück zum Boot erlauben.

Deshalb kann die Notausrüstung auch Gegenstände wie Erste Hilfe Koffer, Ersatzdingi, Bergsteigerausrüstung wie Seile und Eispickel, Schneeschuhe oder Steigeisen beinhalten.

Landgang über gefrorene Eisflächen wird gesondert im Kapitel Überwintern 8.1.5 Alltag und Landgang auf Seite 236 behandelt.

6.9.1.1 Waffen und Selbstverteidigung

Bei Segeltörns nach Spitzbergen, Grönland, Nordkanada, Alaska und Nordrussland wird eine Waffe für den Landgang benötigt. Dies ist in diversen Nationen mehr oder weniger reglementiert.

Informationen und Bestimmungen zu mitgeführten Waffen an Bord siehe im Kapitel 10. Länderinformation auf Seite 232 unter den jeweiligen Ländern.

Die Auswahl der Waffe ist vom eigenen Können, den persönlichen Vorlieben und den Regulierungen des besuchten Landes abhängig. Faustfeuerwaffen sind in vielen Ländern nicht gestattet. Im Prinzip kommen daher drei Waffenarten zur Auswahl:

- Doppelläufige Schrotflinte Cal. 12

- Pumpgun Cal. 12

- Karabiner (Kugelgewehr) mindestens Cal. 30-06

Eine doppelläufige Schrotflinte hat den Vorteil, besonders zuverlässig zu funktionieren. Dabei ist die Variante Über/Unter einfacher und schneller zu handhaben, die Variante mit quer angeordneten Läufen ist durch ihre beiden gesonderten Abzüge möglicherweise noch zuverlässiger. Der Nachteil von doppelläufigen Schrotflinten besteht darin, dass sie nur

Abb. 141 „Über/Unter" doppelläufige Schrotflinte zum Selbstschutz gegen Eisbären.

zwei Schuss bieten. Besonders schnelles Nachladen muss geübt werden.

Eine Pumpgun hat selbstredend den Vorteil, mehrere Schüsse zur Verfügung zu haben. Allerdings kann sie beim Nachladen blockieren, wobei sie nutzlos wird. Ich musste beim Jagdausflug mit Inuit in Grönland miterleben, wie eine neue Pumpgun eines renommierten Waffenherstellers blockierte und die Waffe für den restlichen Tag unbrauchbar machte. Vor allem bei ungeübtem Repetieren ist der Ausfall der Waffe hoch.

Als Munition für Schrotgewehre wird Munition mit 12/70 Magnum verwendet. Bei Verwendung von Schrot für die ersten Schüsse wird die gröbste Körnung verwendet. Für die folgenden Schüsse werden Flintenlaufgeschosse für Großwild (schwere Einzelgeschosse aus Blei wie Brenneke, oder bleilose Expansionsmunition wie Hexolit 32 von DDupleks) empfohlen.

Karabiner sind reine Jagdwaffen und in der Hand eines geübten Schützens sehr effizient. Allerdings ist der regelmäßige Umgang mit Waffen und eine ruhige Hand nötig.

Generell muss der Umgang mit der Waffe von allen Crewmitgliedern gelernt und geübt werden. An Küsten, an denen mit einer Bärenbegegnung gerechnet wird, muss die Waffe einsatzbereit getragen werden. Dazu wird das Gewehr geöffnet oder gesichert über den Arm getragen, um Unfälle durch einen unvorhergesehenen Schuss zu vermeiden. Der Gewehrlauf darf trotz Sicherung nicht waagrecht gehalten oder auf Personen gerichtet werden (immer am Boden oder in die Luft).

Im Beiboot und an Bord muss die Waffe stets vor Salzwasser geschützt und entladen transportiert werden.

Die Gewehrlaufmündung kann durch eine dünne Lage Tape gegen Staub und Schmutz geschützt werden.

Abb. 142 Die Waffe einsatzbereit, aber offen tragen!

6.9.2 Verhalten bei Wildtieren und Vogelkolonien

Ein trauriges Kapitel der Seefahrtsgeschichte in den Hohen Breiten hängt mit dem Reichtum der Tierwelt dieser Reviere zusammen. Der Walfang, die Gier nach Robben- und Otterfellen, und die Jagd nach Dorsch hat Menschen in kleinen und später großen Schiffen über Jahrhunderte bis zu den Packeisgrenzen gebracht.

Heute ist die große Jagd vorbei und wir haben Glück gehabt. Nicht alle Wale wurde harpuniert, nicht allen Robben und Ottern wurde das Fell über die Ohren gezogen. Es ist immer noch genug Dorsch in den Nordmeeren, sodass die Angel auf den Ankerplätzen von Norwegen oder Grönland nicht unnütz ausgebracht wird.

Und wir haben dazugelernt. Heute versuchen viele Länder und Regionen, Wildtieren Platz zu bieten und Regelungen zwischen Tierschutz und wirtschaftlichen Interessen zu finden. Mit mehr oder weniger gutem Erfolg.

Egal, in welcher Region wir reisen, für Besucher gilt immer, Wildtiere mit sensiblem Respekt zu begegnen. Segler haben den großen Vorteil, genügend Zeit mitzubringen, um Wildtiere in Ruhe beobachten zu können ohne sie zu stören.

Es ist nicht nötig, hinter Seeotter mit dem Beiboot herzujagen, um sie genauer zu betrachten, oder Schneehühner und Wildgänse von ihren Brutplätzen hochzuscheuchen, um ihre Kücken zu bewundern. Denn wer sich in Ruhe und mit Abstand zu diesen Tieren gesellt, wird einen viel besseren Einblick in diese einzigartige Tierwelt der Hohen Breiten erhalten.

6.9.3 Eisbären

Die Arktis ist die Heimat der Eisbären. Sie sind die gefährlichsten Raubtiere des Nordens und machen auch vor Menschen keinen Rückzug. Eisbären verschwenden keine Ener-

Abb. 143 Ein neugieriger Eisbär betrachtet das Boot.

gie: Greift ein Eisbär an, handelt es sich nicht um einen Scheinangriff. Dann geht es um Leben und Tod.

Das Verhalten des Eisbären kann mitunter auf seine Absichten hinweisen: Ist der Bär neugierig, bewegt er sich ruhig und langsam näher, bleibt zwischendurch stehen. Aufgrund seines sehr ausgeprägten Geruchsinns schnüffelt er in der Luft und schleckt dabei immer wieder mit seiner schwarzen Zunge über die Nase. Dabei streckt er den Nacken und schwenkt seinen Kopf von Seite zu Seite. Dieses Verhalten zeigt Neugierde und ist nicht mit Unsicherheit zu verwechseln!

In dieser Situation muss sofort in normaler Schrittgeschwindigkeit der Rückzug angetreten werden. Die Crew muss zusammen bleiben. Nicht laufen, das könnte den Jagdtrieb des Tieres auslösen. Der Eisbär darf nicht aus den Augen gelassen werden und

Abb. 144 Ein Eisbär am Packeis beim Boot.

die Waffe muss schussbereit sein.

Auch wenn der Bär die Crew nicht verfolgt oder hinter einem Hügel verschwindet, sollte der Landgang abgebrochen werden. Der Eisbär könnte länger in der Umgebung bleiben und weiß nun vom Vorhandensein eventueller Beute!

In der kanadischen Arktis am Ankerplatz von Graham Harbour zum Beispiel habe ich erlebt, wie ein Eisbär über drei Tage im Umkreis unserer Yacht geblieben ist.

Ein aggressiver Bär tritt sicherer und schneller auf, es kann ohne Vorwarnung zum Angriff kommen. Manchmal gibt der Bär kurze Anzeichen für seinen Angriff: ein lautes Schnauben durch die Nase, ein hartes Schnappen mit seinem Maul. Der Angriff erfolgt schnell: Der Eisbär läuft im Galopp oder sprungartig direkt auf sein Opfer zu.

Die Crew muss in dichter Gruppe zusammen bleiben und langsam rückwärts gehen und Sichtkontakt mit dem Bären halten. Um Zeit zu gewinnen können Gegenstände (Handschuhe, Hauben, ...) zwischen den Bären und der Crew geworfen werden. Vielleicht bleibt der Bär stehen, um diese Gegenstände zu inspizieren.

Das Gewehr schussbereit halten. Je nach Art der Waffe (wenn die

Waffe über ein größeres Magazin verfügt) können Warnschüsse in den Boden direkt vor den Bären gefeuert werden. Weitere Crewmitglieder können Leucht- oder Knallkörper in den Boden vor den Eisbären abfeuern. Nicht in die Luft feuern, die Leuchtrakete könnte hinter dem Bären detonieren und ihn noch schneller vorwärtstreiben!

Bleibt der Bär dennoch auf Angriff, muss gezielt auf Kopf und Brust geschossen werden. Wird ein Schrotgewehr mit großem Magazin (Pumpaktion) benützt, gibt es die Empfehlung, die ersten ein bis zwei Schuss mit groben Schrot in Richtung Kopf abzufeuern, um den Bären zu blenden. Für die nächsten Runden kommen Flintenlaufgeschosse zum Einsatz.

Es muss damit gerechnet werden, dass ein Treffer den Bären nicht sofort stoppt. Deshalb den Eisbären nicht zu nahe kommen lassen. Im Gegenzug ist die Trefferquote von Flintenschüsse aus weiterer Entfernung gering.

Die kanadischen Behörden geben an, dass ab einer Entfernung eines angreifenden Eisbären von zehn Meter zum Menschen der Einsatz von Schusswaffen als Selbstverteidigung zählt.

Wird ein Eisbär von einer Segelcrew verwundet oder getötet, muss möglichst rasch eine Meldung an die Behörden abgegeben werden. Sollte es sich um einen verletzten Eisbären handeln, muss eine sofortige Warnung per Funk abgegeben werden. Von jeglichen weiterer Landgang ist abzusehen.

Eisbären zählen zu den gefährdeten Tierarten und stehen unter Schutz. Das Jagen von Eisbären ist deshalb weltweit streng reguliert und der Abschuss ist in vielen Ländern illegal und wird überprüft. Handelt es sich um einen Notfall und Selbstverteidigung, droht selbstverständlich keine Strafe. Allerdings wird nachgeforscht, ob die Crew durch ihr Verhalten den Angriff nicht verursacht oder eingeleitet hat.

Verhalten, das einen möglichen Angriff durch Eisbären verursachen kann und daher unbedingt zu unterlassen ist:

- BBQ an Land

- Das Transportieren von Lebensmittel oder Jagdbeute über Land

- Ein bewusstes Annähern an einen Eisbären - auf ihn zugehen oder nachgehen, mit dem Dingi einen schwimmenden Eisbären verfolgen

- Unterlassung eines Rückzuges aufgrund von Fotoshooting, Filmen, ...

- Nächtliche Landgänge oder Landgänge im Nebel

Auch wenn Eisbären gefährliche Raubtiere sind, eine Sichtung von Eisbären gehört sicherlich zum Highlight einer Reise in die Arktis. Eine Begegnung mit diesen majestätischen Tieren bleibt unvergesslich. Das selbstverschuldete Töten eines Eisbären würde für mich die Reise in die Arktis zunichtemachen.

6.9.4 Braun- und Schwarzbären

Vor allem in Alaska und Kanada muss mit Begegnungen mit Braun- und Schwarzbären gerechnet werden.

Braunbären werden regionsweise auch Grizzlybären genannt. Kodiakbären sind ebenfalls Braunbären, die nur auf der Insel Kodiak zuhause und etwas größer beziehungsweise stärker als ihre Verwandten am Festland

Abb. 145 Ein Braunbär beobachtet uns.

sind.

Braunbären sind größer als Schwarzbären, sie gelten aber als weniger aggressiv und vermeiden eher Kontakt mit Menschen. Wie alle Bären sind sie Einzelgänger, in Gruppen kann man sie nur während der Lachssaison beobachten.

Schwarzbären sind mitunter Zivilisationsfolger und nachts auch in großen Städten (wie Anchorage) auf der Suche nach Müll unterwegs. Die Bezeichnung Schwarzbär kann irreführend sein, es gibt sowohl Vertreter mit schwarzem, hellbraunem oder fast weißem Fell.

Im Unterschied zu Eisbären schwimmen weder Schwarz- noch Braunbären gerne, weshalb sie seltener auf kleinen Inseln vor der Küste anzutreffen sind.

Bären haben einen hervorragenden Geruchssinn, den sie für ihre Suche nach Nahrung benötigen. Ihre Seekraft ist im Gegenzug dazu gering.

Um Bären nicht anzulocken, müssen Düfte vermieden werden:

- Lebensmittel bei Wanderungen nicht offen tragen, sondern geruchsdicht verpacken

- Nicht campieren oder schlafen, wo gegessen oder gekocht wurde

- Lebensmittel nie im Zelt oder Dingi stauen

204

- Deodorants, Parfums, süße Duschcremen, ... vermeiden

Laufen und Radfahren kann den Jagdtrieb von Bären auslösen, weshalb in Gebieten von Bären das Wandern die bessere Bewegungsart bleibt. Bei Wanderungen durch Gebiete mit Sichteinschränkung (Wald, Busch) wird empfohlen, laufend Geräusche zu machen (Sprechen, Singen, Pfeifen). Damit wird ein Bär aufmerksam und kann sich zurückziehen, noch bevor er den Menschen sieht und sich in die Enge getrieben fühlt.

Kommt es dennoch zu einer Begegnung mit Bären, sind Angriffe selten.

Die Empfehlungen der amerikanischen und kanadischen Behörden im Falle eines Bärenangriffes sind kontrovers.

Handelt es sich bei dem Angriff um einen Braunbären, soll sich der Mensch so groß als möglich machen, um den Bären einzuschüchtern. Bleibt der Bär nicht stehen oder beginnt mit einem neuen Angriff, muss sich der Angegriffene so klein als möglich machen und Tod stellen. Handelt es sich bei einem Angriff um ein Revierverhalten, kann dies den Bären befriedigen, er wird langsam und scheinbar gelangweilt davontrotten.

Bleibt der Braunbär weiterhin auf Angriff, bleibt nur, sich zu verteidigen. Fast alle Einheimischen in Alaska haben deshalb Schusswaffen bei Wanderungen dabei. Das Mitführen einer Schusswaffe ist dem Touristen untersagt, es bleibt nur Pfefferspray, Leuchtsignale, Knallkörper und Stock.

Pfefferspray kann nur eingesetzt werden, wenn die Windrichtung dies erlaubt. Auch muss eine benützte Pfefferspray-Dose so rasch wie möglich entsorgt werden, da sie nun nach Paprika duftet und Bären anlockt.

Schwarzbären sind kleiner, aber gelten auch als aggressiver und mitunter angriffslustiger.

Greift ein Schwarzbär an, wird empfohlen, ihn mit aller Kraft auf die Schnauze zu boxen. Wie Hunde haben Bären sehr empfindliche Schnauzen und können so - vielleicht - vertrieben werden.

6.9.5 Walrösser, Pelzrobben, Seeelefanten und Seeleoparden

Besonders bei Segelreisen in die südliche Hemisphäre - zu subantarktischen Inseln und zur antarktischen Halbinsel - zählen Robbenbeobachtungen zu den Highlights.

Abb. 146 Pelzrobbe

Die verhältnismäßig kleinen Pelzrobben verhalten sich vor allem während ihrer Paarungszeit aggressiv gegen den Menschen. Auch an Land bewegen sie sich überraschend schnell und versuchen, durch Bisse den Eindringling zu vertreiben. Deshalb wird empfohlen, bei Landgängen im Gebiet von Pelzrobben

Abb. 147 Seeelefant

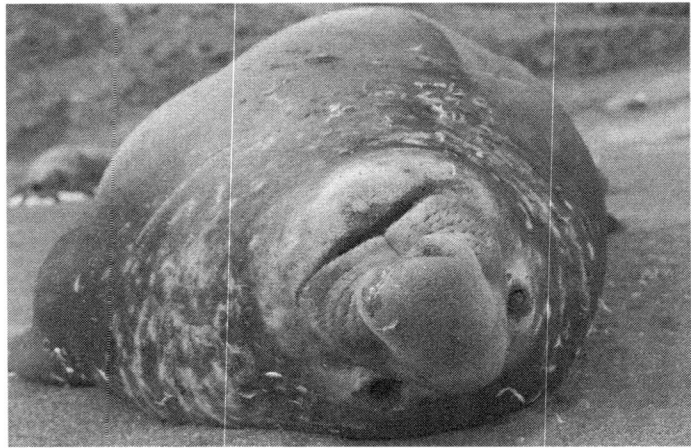

stets einen Stock oder ein Paddel zur Abwehr mitzubringen.

Die beeindruckend großen Seeelefanten zeigen in der Regel kein Interesse oder aggressives Verhalten gegenüber Menschen.

Besonders zur Paarungszeit können schonungslose Kämpfe zwischen männlichen Seeelefanten rund um die Brutkollonien der Weibchen beobachtet werden.

Im Zuge dieser Kämpfe kann es für ein Tier nötig werden, einen direkten Fluchtweg zum Wasser einzuschlagen, um vor den stärkeren Rivalen zu flüchten. Alles, was sich am direkten Weg zum Wasser befindet, läuft dann Gefahr, überrannt zu werden. Egal, ob es sich um einen im Sand sitzenden Menschen (z.B. beim Fotografieren) oder um ein Dingi handelt. Deshalb sollten Beiboote nicht in unmittelbarer Nähe zu Seeelefanten-Harems am Strand gelassen werden und Menschen den Fluchtweg von kämpfenden Elefanten nicht versperren.

In seltenen Fällen versuchen Weibchen mit Jungtieren, durch Bisse mögliche Eindringlinge zu vertreiben. Deshalb sollten einige Meter Sicherheitsabstand bei allen Wildtieren eingehalten werden.

Das Walross kommt nur in der Arktis und Beringmeer (Alaska, Russland und Nord Grönland) vor. Zu

Abb. 149 Seeleopard oder auch Leopardenrobbe genannt.

6.9.6 Sonstige Tierwelt

Der in der Arktis beheimatete Moschusochse zählt zur Gattung des Schafes. Segler sichten nur selten Moschusochsen, da sich diese mehr im Hinterland als an der Küste aufhalten. Kommt es zu einer Begegnung werden die Männchen versuchen die kleine Herde zu verteidigen indem sie sich mit gesenktem Kopf dem Eindringling entgegenstellen. Ein Rückzug ist dann angebracht.

In Alaska werden mehr Zwischenfälle mit Elchen als mit Bären verzeichnet. Gerade Kühe mit Jungtieren können sich sehr aggressiv gegen den Menschen verhalten, weshalb man ihnen besser ausweicht.

sehen sind sie meistens in Gruppen auf einem Strand oder am Packeisrand, Walross Sichtung zählt für mich immer noch zu einer Seltenheit.

Leopardenrobben sind die größten Jäger der Antarktis und Subantarktis. Sie sind hervorragende Schwimmer und beeindruckende Raubtiere.

In der Regel greifen sie Menschen nicht an, jedoch gibt es einige Zwischenfälle, in denen sie Beiboote zerbissen haben. Da unter Robben ein Ausstoßen von Blasen unter Wasser ein Zeichen von Aggression ist, wird vermutet, dass das Schraubenwasser von Außenborder mitunter zu diesen Attacken gegen Beiboote geführt hat.

Es ist nur ein Fall bekannt, bei dem eine Leopardenrobbe direkt einen Menschen angegriffen hat. Dabei handelte es sich um eine Taucherin in der Antarktis, die beim Angriff tödlich verletzt wurde.

Abb. 148 Elche

Kommt es zu einer Attacke eines Elches, hilft es, sich hinter einem Baum, Felsen oder einer Gebäudeecke zu verstecken. In der Regel ist der Angriff zu Ende, sobald man aus dem Sichtbereich des Tiers verschwindet.

Große Hirsche gelten nur während ihrer Paarungszeit als gefährlich, dann muss von ihnen Abstand gehalten werden.

Rentiere in Norwegen sind keine

Abb. 150 Grönländisches Karibu

Wildtiere, sondern Zuchttiere der Samen. Dennoch laufen sie im Norden des Landes überall frei herum. Sie sind an den Menschen gewöhnt und nicht aggressiv. Das Karibu, die Wildform des Rentiers (Nordamerika, Grönland, Spitz-

bergen, Russland) verhält sich scheu gegen den Menschen.

Wölfe und Berglöwen meiden in der Regel die Begegnung mit dem Menschen und es gibt kaum Berichte von Übergriffen.

6.9.7 Stechmücken

In den meisten Revieren der Hohen Breiten bevölkern zahlreiche Stechmücken das Land. Sie werden für Mensch und Tier zur Plage, in wenigen Gebieten (zum Beispiel Kanada) übertragen sie auch Krankheiten. Für den Landgang sollten daher diverse Schutzmittel an Bord mitgebracht werden: von Kopfnetzen bis Repellent. In vielen Gebieten ist es sogar nötig, die Kleidung mit Repellent zu behandeln, da die Insekten sogar durch Jeans durchstechen.

6.9.8 Berg- und Wintersport

Die Verbindung von Segelreisen und Bergsport erfreut sich steigender Beliebtheit. Vor allem Norwegen (und Spitzbergen), Grönland, einige kanadische Inseln in der Arktis, Alaska, Antarktis und einige subantarktische Inseln locken zum Bergsteigen, Klettern, Gletscherwandern, Skisport, Eisklettern, Schneeschuhwandern und Bergwandern. Aktivitäten, die eine grundlegende Erfahrung, die richtige Ausrüstung und genügend Vorsicht voraussetzen.

Ist kein Bergführer unter den Crewmitgliedern, müssen vorab in heimischen Regionen (z.B. den Alpen) Erfahrungen gesammelt werden. Trotz Erfahrungen dürfen die Gefahren der Reviere nicht unterschätzt werden:

In vielen Küstenregionen herrschen herausfordernde Wetterverhältnisse. Mit schnellen Wetteränderungen, Nebel und Niederschlägen muss gerechnet werden. Auch können sich die Schneeverhältnisse in Küstenregionen grundlegend vom Inland unterscheiden. Hohe Lawinengefahr und das Fehlen von Lawinenwarnungen muss bedacht werden.

Kommt es zu einem Notfall, kann nicht mit dem schnellen Einsatz durch eine Bergrettung gerechnet werden, da viele Gebiete weit entfernt von Hilfsmannschaften liegen.

Das Klettern von Eisbergen ist mit besonders hohem Risiko verbunden, da Eisberge unerwartet kentern können. Selbst erfahrenen Kletterern ist abzuraten, einen treibenden Eisberg zu besteigen.

Abb. 151 Wintersport mit der richtigen Ausrüstung

6.10 Müllentsorgung und Umweltschutz

Das englischsprachige Sprichwort: „Take nothing - leave nothing" („Nimm nichts und hinterlaß nichts") fast in aller Kürze zusammen, wie sich jede Crew gegenüber der Natur verhalten sollte.

Die Reviere der Hohen Breiten gelten als ökologisch sensibel und besondere Sorgfalt und Umweltschutz muss betrieben werden.

209

Speziell für den Süden werden deshalb von der Vereinigung IAATO (International Assoziation of Antarctic Tour Operators) Richtlinien zum Thema Umweltschutz und Verhalten in der Antarktis und in subantarktischen Inseln herausgegeben.

Reisende Yachtcrews sollten generell respektvoll mit ihrer Umwelt umgehen und folgende Verhaltensregeln müssen überall angewendet werden:

- keinen Biomüll innerhalb Ankerbuchten oder Küstennähe über Bord kippen

- kontaminiertes Bilgewasser in Kanister sammeln und fachgerecht entsorgen

- beim Umfüllen von Diesel/Benzin nichts verschütten, kleine Umfüll-pumpen verwenden, anstelle direkt aus dem Kanister in den Tank zu schütten

- Müll schon beim Einkaufen möglichst vermeiden

- während des Proviantierens Lebensmittel umpacken, Verpackungsmaterial bereits im Land des Einkaufs entsorgen

- für entlegene Gebiete einen Eisenbehälter zum Müllverbrennen mit an Bord führen

- Grau- und Schwarzwassertanks in einer Größe mitführen, die das Auspumpen außerhalb des Küstenbereiches erlauben.

Im Kapitel 11.2 Links auf Seite 315 finden sich interessante Internetseiten und weiterführende Literatur zum Thema Umweltschutz und Verhalten in der Natur.

Abb. 152 Albatrosse leiden unter anderen besonders an der Verschmutzung der Meere. Segler sollten sie schützen, nicht zusätzlich gefährden!

7. SCHWERWETTERSEGELN

Selten erzählen erfahrene Skipper der Hohen Breiten wilde Sturmgeschichten. Wir haben mehr Respekt vor den Ozeanen, um Starkwind und raue Tage mit ausgewachsenem Sturm zu verwechseln. 8 bis 9 Beaufort auf See und Seegang von 5 oder 6 Metern sollten eine Hochseeyacht und ihre Crew kaum in Bedrängnis bringen. Dann ist es gut zu wissen, vorbereitet zu sein, sollte der Starkwind weiter zulegen.

7.1 Planung und Vorbereitung

7.1.1 Routenplanung und Vorwahl von Sturmtaktik

Die beste „Sturmtaktik" ist, dem Sturm auszuweichen. Deshalb gehört die saison- und wetterorientierte Routenplanung zu den wichtigsten Aspekten der Yachtführung in den Hohen Breiten. Befindet man sich auf See und zeigen die Wetterkarten einen anziehenden Sturm, müssen alle Möglichkeiten genützt werden, dem schwersten Bereich des Sturms auszuweichen.

Viele Sturmsysteme sind zu groß, um ihnen komplett ausweichen zu können. Doch hat jedes System schwere und leichtere Bereiche und die eigene Positionierung innerhalb des Sturmtiefs kann den Unterschied zwischen einem rauen Tag und einem Überlebenskampf machen.

Meist bedeutet das, die Yacht so hart und schnell als möglich zu segeln und eventuell den Kurs zu ändern. Selbst der Motor kann dafür zu Hilfe genommen werden, solange genug Diesel für den möglichen Einsatz des Motors im Schwerwetter selbst vorhanden bleibt.

Manchmal kann einem Sturm auch ausgewichen werden, indem die Yacht gestoppt wird und in einem „sicheren" Gebiet gewartet wird, bis das System durchgezogen ist.

Wird klar, dass eine Fahrt durch Schwerwetter oder Sturm unvermeidlich ist, muss vorgewählt werden, welche Sturmtaktik in der

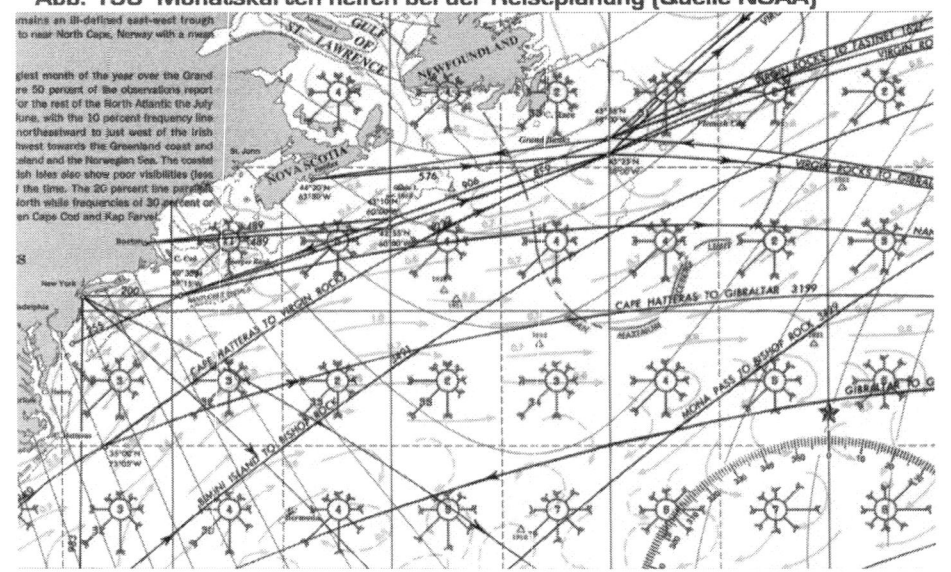

Abb. 153 Monatskarten helfen bei der Reiseplanung (Quelle NOAA)

voraussichtlichen Situation die beste Chance auf ein schadloses Durchkommen verspricht. Und es muss auch durchgesprochen werden, welche Taktik angewendet werden kann, sollte die bevorzugte Sturmtaktik versagen oder nötige Ausrüstung brechen.

Die Vorwahl der Sturmtaktik hängt hauptsächlich vom Seegebiet und dem zu erwartenden Wind ab. Bei Sturm aus West in der Tasman See zum Beispiel macht ein Ablaufen vor dem Wind keinen Sinn. Diese Sturmtaktik garantiert in diesem Fall nur, dass die Yacht bald an der Küste von Neuseeland in Not geraten wird, da an Neuseelands Westküste hauptsächlich Hafenanlagen in gefährlichen Flussmündungen liegen, sind sie bei Sturm unerreichbar.

Ein anderes Beispiel ist unser Segeltörn von der Antarktis zu den Falkland Inseln. Hätten wir bei Starkwind aus West beigedreht und dabei wertvolle Höhe verloren, hätten wir den Zielhafen bei den vorherrschenden Windverhältnissen nicht mehr erreichen können. Die nächstgelegenen Küsten wären allerdings erst Südgeorgien oder gar Südafrika gewesen.

Bei der Vorwahl der Sturmtaktik ist es generell gute Praxis, stets aktive Taktiken als erste Strategie zu wählen. Sollte der Sturm weiter zulegen, oder die Situation eine Änderung der Taktik verlangen, kann auf gut vorbereitete, passive Taktiken wie das Liegen vor Fallschirm-Seeanker oder Jordan-Treibankern umgestellt werden.

Läuft die Yacht erst einmal vor einem Treibanker oder liegt sie an einem Seeanker, ist es oft nicht mehr möglich, die Sturmtaktik zu ändern, ohne dabei die Ausrüstung aufzugeben und die Crew in exponierte Lage zu bringen.

7.1.2 Vorbereitung der Yacht

Neben der Planung müssen auch aktive Vorbereitungen für Schwerwetter an Bord getroffen werden.

Die beste Praxis ist es, die Yacht schon vor Auslaufen aus dem letzten Hafen grundlegend auf Sturm vorzubereiten.

Ein Trysegel sollte auf einer extra Mastschiene angeschlagen gefahren werden, ein Treibanker kann einsatzbereit am Heck vorbereitet sein. Bei Segeltörns durch Extremreviere ist bei uns an Bord selbst der Fallschirmseeanker stets so angeschlagen, dass er mit wenigen Handgriffen vom Cockpit aus ausgebracht werden kann.

Die Sturmsegel müssen in einwandfreiem Zustand und gut erreich-

Abb. 154 Es ist gute Seemannschaft, die Yacht vorbereitet zu haben: Das Trysegel wartet am Mastfuß, das Dingi ist sicher verzurrt, der Fallschirm-Seeanker ist vorbereitet und das Deck ist aufgeräumt.

bar, das Deck möglichst leergeräumt sein. Dingis von Davids entfernen, schwenkbare Solarpaneelen müssen fixiert werden. Biminis gehören abgebaut.

Ausrüstung und Leinen, die nicht zwingend zum Segeln nötig sind und von Deck gewaschen werden könnten, müssen in den Backskisten verschwinden. Sicherheitsleinen zum Einhaken der Crew entlang der Laufdecks montieren.

Wenn vorhanden, verschließbare Motorlüftungen, Auspuffventil und alle Seeventile, die nicht in Verwendung sind, schließen.

Im Inneren der Yacht alles sturmsicher stauen. Bodenbretter, Kühlfachdeckel und Schapps müssen so

verschlossen werden, das sie selbst bei Kenterung nicht aufspringen, Seekojen mit Leesegel vorbereiten.

Da Lärm die Erholung der Freiwache stört, müssen möglichst viele Lärmquellen im Inneren des Bootes beseitigt werden (Geschirrtücher zwischen Töpfe stecken, Dosen verkeilen, ...).

7.1.3 Vorbereitung der Crew

Viele Handgriffe, die im Schwerwetter oder Sturm beherrscht werden müssen, kommen im Segelalltag nur wenig zum Einsatz: das Riggen der Sturmvorsegel, das Hissen des Trysegel. Das Reffen der Segel, das Ausbringen oder Einholen des Treib- und Seeankers. Die Crew tut gut daran, diese Arbeiten routinemäßig zu trainieren. Auch ist es wichtig, dass jedes Crewmitglied Zeit am Ruder verbringt. Ungeübte Rudergänger stoßen in Schwerwetter schnell an ihre Grenzen.

Kurze Checklisten im Logbuch zum Einsatz der Sturmausrüstung helfen dem Erinnerungsvermögen. (Welche Holepunkte für die Sturmvorsegel? Wie wird das Trysegel angeschlagen? Wie dreht die Yacht am besten bei? Nötige Vorbereitungen im Boot? ...)

In Schwerwetter muss sowohl die geistige wie auch die körperliche

Leistungsfähigkeit der Crew an höchster Stelle stehen. Eine seekranke, übermüdete, ausgehungerte und lethargische Crew kann die Yacht in ernsthafte Probleme bringen: Sie macht Fehler, trift falsche Entscheidungen, wartet ab, anstelle aktiv zu werden und überlässt schlimmstenfalls die Yacht sich selbst.

Abb. 155 Noch vor Anzug des Sturms kann ein kräftiger Eintopf gekocht werden.

Vor Schwerwetter ist es deshalb wichtig, dass alle Crewmitglieder ausgedehnte Erholungsphasen einhalten. Menschen, die leicht seekrank werden, können vorab mit der Medikamenteneinnahme beginnen. Auch in der Pantry können Vorbereitungen getroffen werden:

- Thermoskannen mit dünnen Suppen und Tees vorbereiten

- leicht aufzuwärmende Hauptspeise für die nächsten ein bis zwei Tage vorkochen (Eintopf, Auflauf, ...)

- Snacks (Müsliriegel, Schokolade, Obst ....) für die Crew bereit legen.

7.2 Sturmtaktiken

Es gibt kein Generalrezept, keine ultimative Strategie zum Abwettern von Stürmen. Aber es gibt Taktiken, die funktionieren, und welche, die bei einem Überlebenssturm schnell an ihre Grenzen kommen.

Grundlegend ist es nicht der Wind, der einer Yacht gefährlich wird, sondern die Sturmsee. Oberste Priorität geeigneter Sturmtaktiken ist deshalb die Vermeidung des Querschlagens der Yacht. Kommt die Yacht in der Welle quer, kann und wird es zur Kenterung und vielleicht sogar zum Durchrollen kommen.

Je nach Yachtdesign, Seegebiet, Routenplan und dem Sturm selbst müssen geeignete Taktiken gewählt werden. Wichtig bleibt es, mehrere Taktiken zu kennen. Je mehr Optionen zur Verfügung stehen, desto leichter kann auf die vorgegebene Situation reagiert werden.

Als Beispiel unser Segeltörn im Anschluss der Nordwest Passage

Abb. 157 Nicht der Wind, sondern die See wird der Yacht gefährlich!

Abb. 156 Ein Sturm in Anzug!

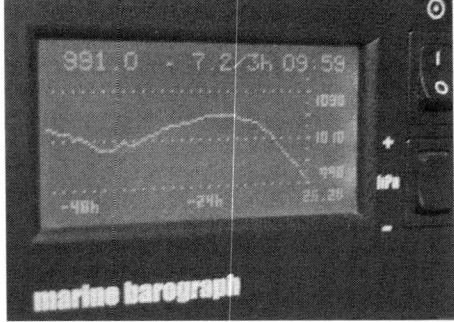

durch die herbstliche Bering See: Wir erreichten Nome, Alaska (im Norden der Bering See) Mitte September.

Es bestand keine Möglichkeit, dort den Winter zu verbringen oder die Kielyacht aus dem Wasser zu heben. Die Passage durch die Bering See im Herbst blieb die einzige Option.

Die Wetterdaten zeigten, dass zu dieser Jahreszeit rund alle drei bis fünf Tage ein ausgeprägtes Orkantief durchzieht. Dazwischen herrschte meist Starkwind mit Windstärke 8 und 9. Für die zirka 500 Seemeilen bis zum nächstmöglichen Anker-

platz wählten wir deshalb einen gemeldeten Starkwind bis 9 Beaufort von achtern.

Diese Ausgangssituation verlangte das aktive Laufen vor dem Starkwind. Stoppen oder beidrehen hätte bedeutet, auf ein schwereres System zu warten.

Um vor dem nächsten schweren Sturm durch das Seegebiet zu gelangen, segelten wir unter maximaler Besegelung. Wir steuerten die Yacht per Hand, da durch die flache Wassertiefe des Beringmeers die 5 bis 6 Meter hohe See kurz und steil lief. Dabei geriet das Boot wiederholt ins Surfen. Als wir mit über 18 Knoten über eine Welle surften, wurde es Zeit, die Taktik zu ändern:

Das Ablaufen vor einem fahrtreduzierenden Treibanker war die beste weitere Taktik für unsere Situation, um die Yacht vom Surfen abzuhalten, ohne dabei zuviel Fahrt zu verlieren.

Ohne des Wissens über dieser Taktik, oder der nötigen Ausrüstung, hätten wir in dieser Situation keine weitere Taktik zur Auswahl gehabt und damit riskiert, in einer Welle quer zu schlagen.

Die bekannten Sturmtaktiken sind folgend von aktiven bis passiven Taktiken aufgelistet.

7.2.1 Aktives Segeln im Sturm

7.2.1.1 Am Wind

Hart am Wind einen Sturm zu trotzen gehört zu den weniger beliebten aber sicheren und effektiven Taktiken. Dabei wird der anrollenden See der stärkste Teil des Rumpfs - der

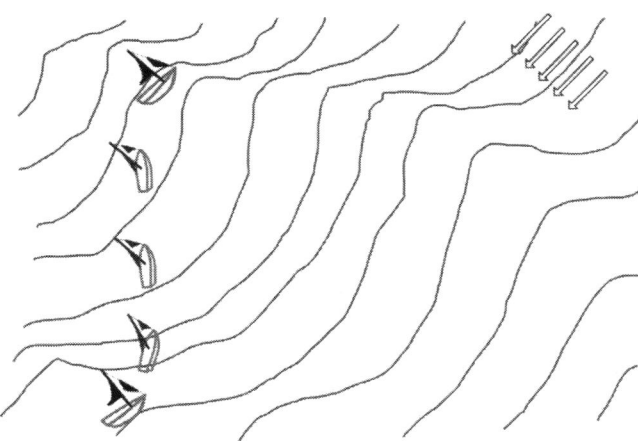

Abb. 158 Am Wellenkamm wird hart am Wind gedreht, am Rücken der Welle fällt die Yacht ab, um gute Fahrt für die nächste Welle aufzunehmen.

Bug - entgegengehalten. Die Yacht am Wind bleibt agil und manövrierfähig. Auch kann es nicht zum Surfen der Yacht kommen. In den meisten Fällen verkürzt diese Taktik die Zeit im Sturm.

Die Variante ist wenig beliebt, da sie höchst anstrengend für die Crew

ist. Die Yacht muss in Kreuzsee ebenfalls von Hand gesteuert werden, da sie nicht zu sehr abfallen und quer zur See kommen darf. Andererseits darf sie nicht zu stark anluven, da sonst die Segel mit derartiger Kraft schlagen, dass Schäden im Rigg entstehen können.

Durch das Segeln gegen den Wind addiert sich der Fahrtwind zum Sturmwind. Hartes Aufsetzen auf den Wellen und die Kränkung der Yacht Belasten Schiff und Mannschaft. Mit Reduzierung der Fahrtgeschwindigkeit werden diese Belastungen verringert.

Ist es nötig, besonders viel Höhe zu halten, kann es sinnvoll sein, den Motor mitschieben zu lassen.

Wird die Yacht untertakelt und unter verminderter Motordrehzahl gegen den Wind gehalten, werden die Schiffsbewegungen moderat und die Belastungen gering. Das kann eine sehr effektive Sturmtaktik sein, um möglichst schnell aus dem gefährlichen Quadranten eines Tiefs zu gelangen, um Höhe zu halten oder sich von einer Leeküste freizukreuzen.

7.2.1.2 Vorm Wind

Ablaufen vor Sturm gehört vermutlich zu den ältesten und weitest verbreiteten Taktiken von Yachten.

Die Vorteile dieser Variante liegen darin, dass sich die Yacht noch relativ komfortabel in der See bewegt. Der wahre Wind wird durch den Fahrtwind reduziert, was dem Sturm an Bedrohlichkeit nimmt. Das Risiko, von einer Welle überrollt zu werden ist vermindert, solange die Yacht gute Fahrt voraus macht.

Aber auch wenn das Segeln vor Sturm zu den beliebtesten Möglichkeiten gehört, geht es nicht ohne Nachteile:

Um die Yacht vor den Wellen zu halten, wird es im konfusen Seegang nötig, sie von Hand zu steuern. Die exakte Kurskontrolle vor dem Wind ist wichtig, um weder in einer Welle quer zu schlagen, von einem Brecher getroffen zu werden oder unbeabsichtigt zu Halsen. Damit ist diese Taktik sehr ermüdend, vor allem für eine kleine Crew.

Auch kann beim Ablaufen die Zeit im Sturm verlängert werden, wenn die Yacht mit dem System „mitläuft".

Wird die Yacht vor Wind und Welle zu schnell, beginnt sie, die Wellen zu surfen und läuft erhöhte Gefahr, querzuschlagen und dabei besonders

hart zu kentern oder im Extremfall über Kopf zu gehen.

Nötigenfalls kann die Yacht nur unter Sturmfock gesegelt werden, um die Geschwindigkeit zu reduzieren. Ablaufen unter gerefftem Großsegel und ohne Vorsegel ist sehr gefährlich, da dieses einen ungünstigen Drehpunkt erzeugt und das Risiko querzuschlagen erhöht.

Nimmt der Wind weiter zu und kann die Geschwindigkeit der Yacht durch Kürzen der Segelfläche nicht mehr reduziert werden, muss ein Treibanker ausgebracht werden.

7.2.2 Ablaufen mit Treibanker

Wie bereits in Kapitel Schwerwetterausrüstung 5.5.2 Treibanker auf Seite 146 beschrieben, bezieht sich die Bezeichnung Treibanker (drogue) auf einen Schleppwiderstand, der über das Heck ausgebracht wird.

7.2.2.1 Treibanker mit mittlerer Bremskraft

Wird die Segelyacht aktiv vor dem Wind gesegelt, kann die Gefahr von Surfen und Querschlagen das Nachschleppen eines Widerstandes erfordern. Der geschleppte Widerstand muss groß genug sein, um die Yacht daran zu hindern, auf der Welle zu beschleunigen. Andererseits soll die Yacht noch schnell genug sein, um gut am Ruder zu liegen.

Leinenbuchten, nachgeschleppte Gegenstände oder am Markt erhältliche Treibanker mit mittlerem Bremseffekt müssen die Yacht auf ungefähr ihre durchschnittliche Fahrtgeschwindigkeit reduzieren können. Die Aufnahmen am Heck müssen so ausgeführt

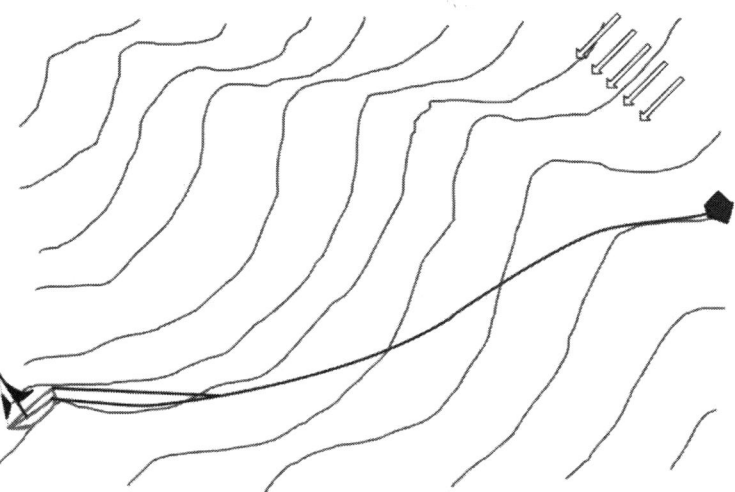

Abb. 159 Ein Treibanker mit mittlerer Bremskraft setzt aktives Segeln voraus.

sein, dass sie die Kraft des Treibankers aufnehmen können und Schamfilen ausschließen.

Diese Sturmtaktik hat den Vorteil, noch aktiv segeln zu können. Dabei wird aber die Gefahr des Ausbrechen des Hecks reduziert, das Kurshaltevermögen der Yacht wird verbessert und die Gefahr des Querschlagens vermindert. Die erhöhte Kursstabilität ermöglicht bei manchen Yachtdesigns das Steuern per Windfahne oder Autopilot. Die Crew wird wesentlich entlastet.

Die Sturmzeit kann sich durch das „Mitlaufen" im Sturm verlängern. Der größere Nachteil des Treibankers ist aber, dass, einmal ausgebracht, es kaum noch möglich ist, den Treibanker wieder einzuholen, um zu einer

anderen Taktik überzugehen.

In Kapitel 11.2 Links auf Seite 315 sind Internetseiten von diversen Anbietern von Treibankern mit mittlerer Bremskraft gelistet.

7.2.2.2 Treibanker mit hohem Bremseffekt

Wird die Sturmsee zu extrem, oder die Crew zu erschöpft, um vor einem Treibanker mit mittlerer Bremskraft sicher abzulaufen, kann ein Reihentreibanker mit einer hohen Bremskraft am Heck ausgebracht werden.

Dieser Treibanker, der aus einer Trosse mit hunderten, kleinen Bremskegeln besteht, wird nach seinem Erfinder auch Jordan-Treibanker genannt. Durch seine Reihen-Konst-

219

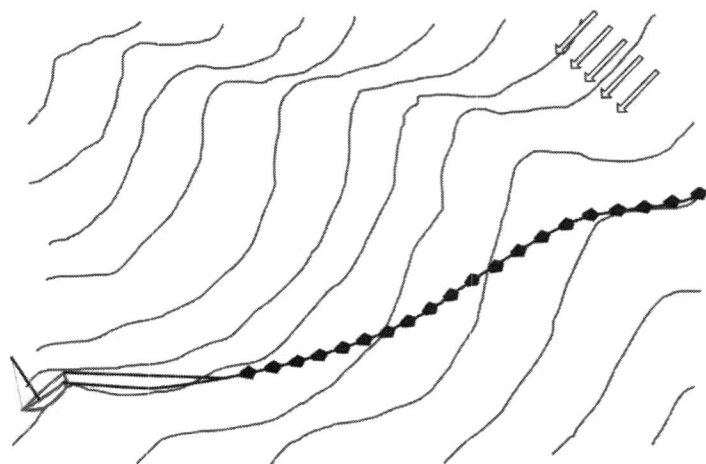

Abb. 160 Ein Reihentreibanker bremst die Yacht auf wenige Knoten und hält das Heck gegen Wind und See. Es muss nicht mehr aktiv gesegelt werden.

ruktion läuft der Jordan-Treibanker nicht Gefahr, vorübergehend aus dem Wasser zu tauchen oder vor der Welle seine Bremskraft zu verlieren.

Damit stellt er sicher, dass das Heck der Yacht immer gegen die See gehalten wird. Er hat außerdem eine derart hohe Bremskraft, dass die Fahrtgeschwindigkeit der Yacht auf zirka 2 bis 3 Knoten vermindert wird. Dabei kann an Bord entschieden werden, ob die Yacht noch unter kleiner Sturmbesegelung oder ohne Segel gefahren wird.

Der Reihentreibanker gilt als eine der letzten Rettungen einer Yacht im Überlebenssturm. Es gibt keine Berichte einer Kenterung vor einem Reihentreibanker, auch nicht bei Orkanfahrten.

Die Crew muss nicht mehr steuern und wird dadurch entlastet. Ganz im Gegenteil, sie sollte sich nicht mehr zu viel im Cockpit aufhalten, da die Yacht der vollen Wucht der Wellen von Achtern ausgesetzt wird. Die Gefahr besteht, dass das Cockpit wiederholt von einsteigenden Brechern geflutet wird.

Um einen Jordan-Treibanker erfolgreich einsetzen zu können, muss das Heck der Yacht entsprechend vorbereitet sein: Es muss den Belastungen der See standhalten können. Die Deckbeschläge, an denen der Treibanker gefahren wird, sind extremen Belastungen ausgesetzt und müssen so stabil ausgeführt sein, dass sie das Gewicht der Yacht tragen können. Die Trosse des ausgebrachten Treibankers darf nicht schamfilen. Auch der Niedergang muss so konstruiert sein, dass er weit genug vom Heck entfernt ist, oder der Wucht von Brechern standhalten kann.

Ein Reihentreibanker sollte nur gesetzt werden, wenn die Yacht über ausreichend Seeraum verfügt, da das Einholen im Sturm als beinahe unmöglich gilt. Selbst bei moderaten Bedingungen ist es viel Arbeit, einen Jordan Treibanker an Bord zu holen.

Wird mit Schifffahrt im Revier gerechnet, sollten per Funk laufend Securite-Meldungen über die eigene Manövrierunfähigkeit und Position gegeben werden.

Reihentreibanker kann man sowohl selber bauen als auch von diversen Segelmachern beziehen.

7.2.3 Abwettern unter Maschine

Fischkutter und größere Motoryachten nutzen in der Regel die Taktik, im Sturm unter verlangsamter Motorfahrt den Bug gegen die Wellen zu halten. Obwohl von vielen Seglern diese Variante nicht bedacht wird, handelt es sich um eine effektive Sturmtaktik. Bei Schwerwetter sollten alle Möglichkeiten der Yacht genützt werden und es ist nicht verwerflich, den Motor einzusetzen.

Vor allem große Segelyachten mit starken Motor (oder Motoren) und reichlich Diesel an Bord nützen vermehrt diese Sturmtaktik.

Dabei werden die Vorsegel gestrichen, das Großsegel (und eventuell der Besan) auf ein Maximum gerefft und unter langsamer Motorfahrt im optimalen Winkel gegen die Wellen gesteuert. Die Geschwindigkeit wird dabei soweit reduziert, dass die Yacht nicht über die Welle springt und stampft, aber die volle Manövrierfähigkeit erhalten bleibt.

Die Zeit im Sturm wird reduziert, die Bewegungen der Yacht sind angenehm und die Yacht reagiert gut aufs Ruder. In der Regel fühlt sich die Crew sicher und die Situation bleibt gut unter Kontrolle. Das Rigg ist entlastet und nimmt der Wind weiter zu, ist keine gefährliche Arbeit an Deck nötig.

Die Motortechnik muss sich in einwandfreiem Zustand befinden und auch bei Schräglage funktionsfähig bleiben. Keine Leinen dürfen über Bord gewaschen werden.

7.2.4 Beidrehen unter Segel

Beidrehen unter Segel gilt als eine der ältesten Sturmtaktiken der Segelschifffahrt. Dabei wird das Boot unter Segel in zirka 40 bis 50 Grad zur See gelegt und gestoppt.

Die Yacht treibt leicht seitwärts (mit zirka einem Knoten) und erzeugt dabei mit ihrem Unterwasserschiff einen Schlepp (Wasserverwirbelungen), an denen anrollende Brecher noch vor der Yacht in sich zusammenfallen.

Slup/Kutter Beidrehen

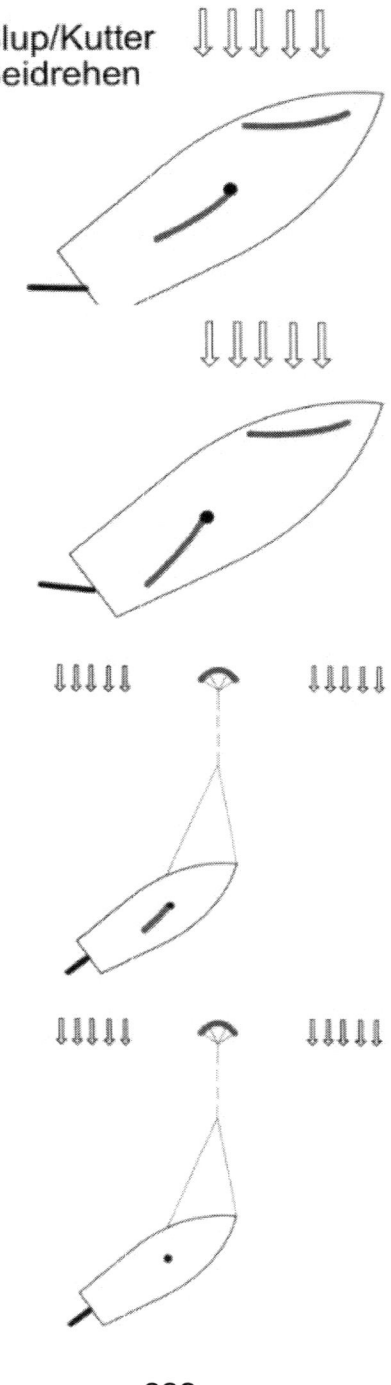

Ketsch/Schoner Beidrehen

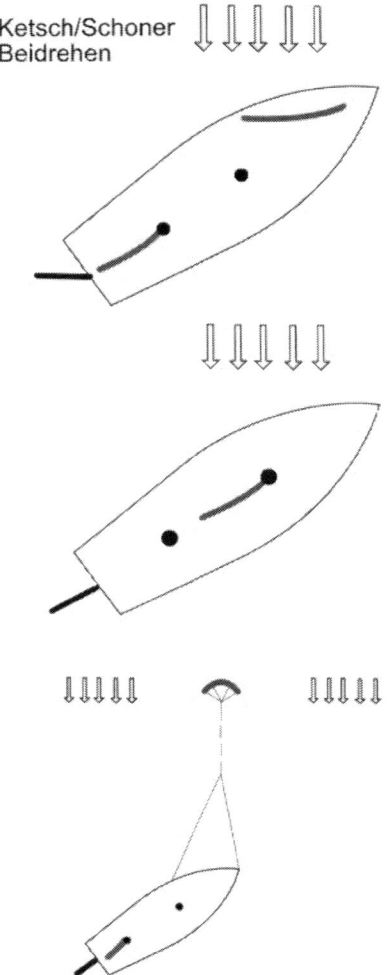

Abb. 161 Verschiedene Möglichkeiten, eine Slup oder eine Ketsch beizudrehen.

Liegt die Yacht richtig unter Segel beigedreht, läuft sie nicht Gefahr, quer zu schlagen oder zu kentern. Sie ist keinen Belastungen ausgesetzt und die Crew kann entspannen.

Beidrehen ist eine sehr effektive Sturmtaktik. Da aber nicht jede Yacht gleich beidreht, erfordert es Erfahrung mit der eigenen Yacht. Die Yacht darf auf keinen Fall Fahrt vorwärts machen, da sie sonst aus ihrem Schlepp fährt und nicht mehr vor Brechern geschützt liegt. Auch darf sie sich nicht quer zur Welle legen.

Je nach Yachtkonstruktion sind dafür unterschiedliche Anordnungen der Segel und/oder das Ausbringen eines Fallschirm-Seeankers über einen Hahnepot nötig. In der Abb. 161 werden verschiedene Varianten des Beidrehens vorgestellt.

Yachten mit langem Kiel und Ketsch Rigg lassen sich meist besonders gut beidrehen.

Beidrehen muss noch vor dem Einsatz im Sturm geübt werden. Von mir wird es wiederholt auch außerhalb von Sturm oder Starkwind genützt:

- Während des Durchzugs von Gegenwind auf See;

- um vor der Küste zu bleiben, wenn eine Einfahrt in die Ankerbucht im Dunkeln nicht möglich ist;

- um das Kentern von Strömungen an Fjordeingängen abzuwarten;

- oder um Reparaturen auf See vornehmen zu können.

7.2.5 Beidrehen oder Stoppen unter Fallschirm-Seeanker

Bei einem Fallschirm-Seeanker handelt es sich um einen Bremsfallschirm, der vom Bug aus unter Wasser ausgebracht wird, um die Yacht gänzlich zu stoppen. Dabei kann der Fallschirm-Seeanker (siehe 5.5.3 Fallschirm-Seeanker auf Seite 148) über einen Hahnepot ausgebracht werden, um die Yacht beizu-

Abb. 162 Beidrehen unter Fallschirm-Seeanker

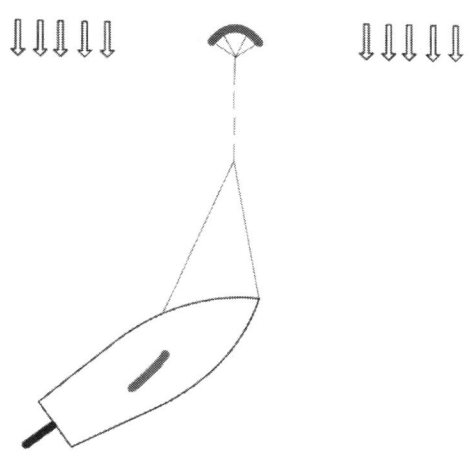

223

drehen.

Die zweite Variante besteht darin, den Seeanker über den Bug (zum Beispiel über das Ankergeschirr) auszubringen, um der See den Bug ent-

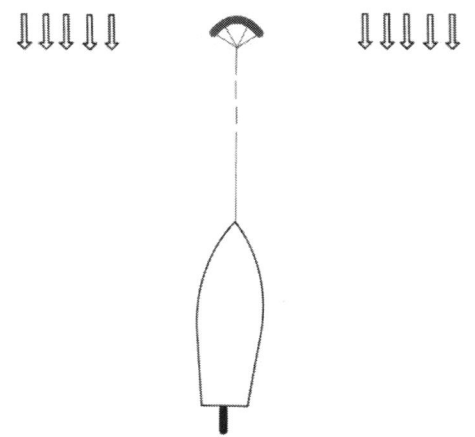

Abb. 163 Liegen hinter Fallschirm-Seeanker

gegenzuhalten.

In beiden Fällen müssen die Beschläge enormen Belastungen standhalten können und es gibt Berichte, in denen selbst massive Ankerbeschläge bei Einsatz des Fall-schirm-Seeankers zu Schaden gekommen sind. Die Verbindungs-leine zwischen Bug und Seeanker muss elastisch und lange genug sein, um einen Teil dieser Kräfte aufzu-nehmen.

Um die Yacht hinter einem Fall-schirm-Seeanker beizudrehen, ist

zusätzlich ein Hahnepot mit pas-sendem Beschlag nötig.

Das Abwettern eines Sturms hinter Fallschirm-Seeanker gilt als eine letzte Überlebensstrategie, die bereits Yachten erfolgreich durch Orkan gebracht hat.

Die Zeit im Sturm wird verkürzt, da das Schwerwetter über der war-tenden Yacht durchzieht. Auch wird die Crew entlastet: Liegen hinter Fall-schirm-Seeanker ist passiv und die Yacht muss nicht gesteuert werden. Besteht die Gefahr einer Leeküste und ist das Freikreuzen nicht mehr möglich, ist das Ausbringen eines Fallschirm-Seeankers eine der effek-tivsten Methoden, um die Yacht gänzlich zu stoppen.

Der Einsatz von Fallschirm-See-anker ist dennoch nicht unproble-matisch. Ist der Seeanker nicht bereits vorab angeschlagen und mit einer eigenen Tasche zum Ausbrin-gen ausgestattet, kann das Hantieren mit dem Fallschirm am Bug im Sturm mühsam und gefährlich werden.

Die Verbindungstrosse zum Fall-schirm-Anker darf auf keinen Fall unter den Kiel geraten, um die Yacht nicht quer zur Welle „aufzuhängen". Einmal ausgebracht, sind die Boots-bewegungen hart und unangenehm für die Crew.

Je nach Seegang und Lage des Seeankers in der Welle kann er

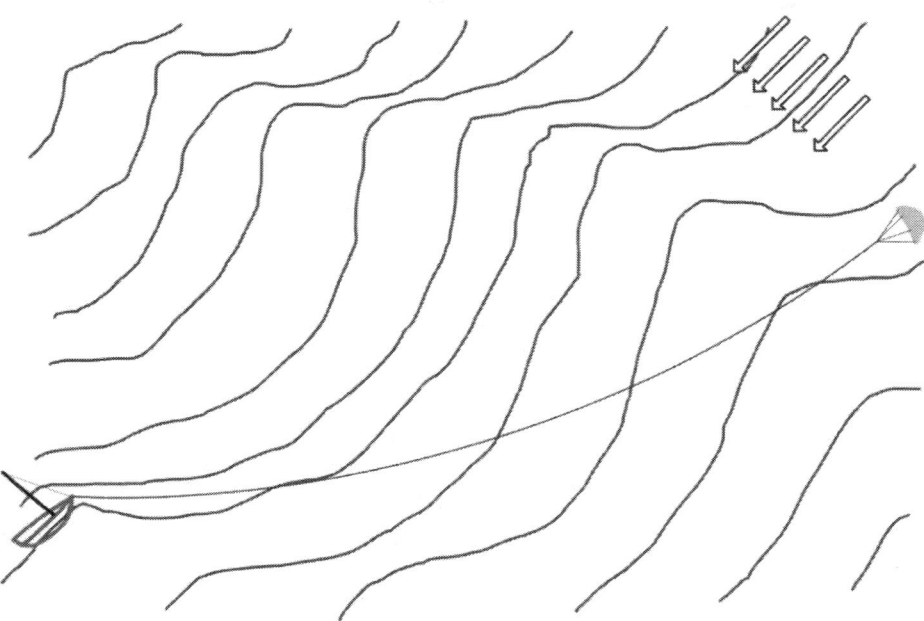

Abb. 164 Die Verbindungstrosse zwischen Fallschirm-Seeanker und Yacht muss lange genug sein, sodass der Seeanker nicht aus der Welle gewirbelt werden kann.

gelegentlich aus der Wasseroberfläche freibrechen und dabei vorübergehend seine Bremswirkung einbüßen. Die Yacht könnte rückwärts abrutschen und dabei das Ruder extrem belasten, es besteht die Gefahr des Ruderbruchs. Im Extremfall könnte die Yacht in dieser Situation eventuell querschlagen. Bei Beidrehen (mit Hahnepot) hinter Seeanker besteht diese Gefahr nicht.

Einmal ausgebracht, ist es beinahe unmöglich, den Fallschirm in rauem Seegang wieder an Bord zu holen.

Die größte Herausforderung mit Fallschirm-Seeanker scheint aber darin zu bestehen, die Ausrüstung nicht durch schamfilen oder verdrehen zu verlieren.

Deshalb ist der erfolgreiche Einsatz von Fallschirm-Seeanker immer mit einer hochwertigen und aufeinander abgestimmten Ausrüstung, einer einsatzbereiten Montage am Bug und einer laufenden Kontrolle auf Schamfilen verbunden.

Einige Anbieter haben sich auf die Weiterentwicklung von Fallschirm-Seeankern für Yachten spezialisiert und bieten passende Pakete an. Interessant in diesem Zusammenhang sind auch die gesammelten Informationen zu Treib- und Seeanker auf der Internetseite der „Drag Device Data Base". Eine Liste von Anbietern und weiterführender Literatur findet sich im Kapitel 11.2 Links auf Seite 315.

7.2.6 Lenzen unter Top und Takel

Speziell schlecht vorbereitete oder wenig erfahrene Yachtcrews sind teilweise der Meinung, Beiliegen unter Top und Takel gehört zu den erfolgreichen Sturmtaktiken. Dabei werden alle Segel gestrichen und die Yacht wird – ohne Steuerung oder Schlepphilfe – sich selbst überlassen. Vertreter dieser Taktik sind der Meinung, dass aufgegebene Yachten, die nach dem Sturm wieder gefunden werden, den Erfolg dieser Taktik bezeugen.

In der Regel wird diese Variante von Crews angewendet, die über keine einsatzbereite Sturmausrüstung verfügen, seekrank und lethargisch sind, oder durch Angstzustände und Überforderung nicht mehr effektiv arbeiten.

Lenzen oder Beiliegen unter Top und Takel ist keine Sturmtaktik, es ist viel mehr das sichere Rezept zur Kenterung im Sturm. Jede Yacht, die sich selbst überlassen wird, bietet der See ihre Breitseite - und damit ihre verwundbarste Position. Es ist nur eine Frage der Zeit, bis ein brechender Wellenkamm groß genug ist, um die Yacht zu kentern oder durchzurollen. Um in den Hohen Breiten sicher unterwegs zu sein, muss eine Yacht und ihre Crew besser ausgestattet sein, um je in die Situation zu geraten, unter Top und Takel zu liegen!

Abb. 165 Im Schwerwetter muss die Crew aktiv bleiben!

8. ÜBERWINTERN

Warum immer nur den kurzen Sommer der Hohen Breiten erleben? Ist doch eine Überwinterung in Eis und Schnee ein besonderes Abenteuer. Selbst die Yacht über Winter alleine an Land oder im Hafen zu lassen, bringt Vorteile: Eine längere Segelsaison im Revier wird genützt und eine Rückfahrt in die gemäßigten Breiten während der Sturmsaison bleibt aus.

8.1 Überwintern im Eis

Ein Segelschiff, einsam in der Polarnacht. Ächzende Holzspanten, krachendes Eis. Wer kennt nicht die Polar-Geschichten der großen alten Seefahrer. Geschichten, in denen viele alte Großsegler der Kraft des Packeises nicht standhalten konnten und zerdrückt für immer in der Tiefe verschwanden.

Und trotzdem verbringen auch heute kleine Segelyachten ganze Winter im Eis. Aber wie können sie

Abb. 166 Überwintern im Eis von Grönland.

dem Druck des Packeises standhalten? Wie schaffen sie es, nicht dem Schicksal der ENDURANCE oder der TERROR zu folgen?

Muss sich eine Yacht, ganz nach Vorbilde der unglaublich stabilen FRAM, aus dem Packeis heben können? Muss sie über einen runden Bauch als Rumpf und sowohl aufholbaren Kiel, als auch aufholbares Ruder und Schraube verfügen?

Die Antwort ist einfach: Keine Yacht darf bei ihrer Überwinterung ins Packeis gelangen. Denn auch die stabilste Yacht ist einer Pressung durch treibendes Packeis unterlegen. Friert die Yacht in „fast ice" ein, also in eine Eisdecke, die rund um die Yacht wächst und mit der Küste verbunden ist, wird sie keine großen Probleme mit Eispressung erleben müssen. Sie wird sich nicht herausheben. Aber sie wird anderen Herausforderungen begegnen. Zum Beispiel der Tatsache, dass Eis langsam in die Höhe wachsen kann, oder das Schneeverwehungen sie bis über ihr Deck bedecken können.

8.1.1 Ausrüstung für Überwinterung

- Landleinen oder mehrere Anker (Bug- und Heckanker) sind nötig, um die Yacht noch vor dem Einfrieren in die Hauptwindrichtung auszurichten. Vier Schwimmtrossen mit mindestens einhundert Metern Länge haben sich in den meisten Plätzen als ausreichend erwiesen

- Ketten- oder Drahtseilstücke, Eisenstangen und Eisnägel samt schwerem Hammer dienen zur Befestigung an Land

- Schneeschaufel (und Schaufel oder Spaten) aus Metall: für Arbeiten rund ums Boot,

- Schneeschaufel aus Plastik für auf Deck, um Lackschäden zu verhindern

- Schneebesen: zum Abkehren von Deck, Luken, Schuhe,...

- Großes Beil oder eventuell Kettensäge: zum Hacken/Schneiden von Eis rund ums Boot, sammeln von Eis für Trinkwasser und Löcher für Eisfischen oder Salzwasserschöpfen,...

- großer Dieselvorrat: für Heizung, Generator, Motor

- ausreichende Menge Brennstoff für Kocher (Gas, Kerosin, Diesel,...)

- zusätzliche Feuerlöscher

- Metallbehälter zum Müllverbrennen und Aufbewahrungsfässer für nicht verbrennbaren Müll

- großer Topf/Eimer und schwarzer Sammelsack für Eisschmelzen (Trinkwassergewinnung)

- zweites, möglichst leichtes aber kentersicheres Dingi, als Sicherheitsausrüstung bei Landgang über Eis

- Isoliermaterial: Styroporplatten für Luken, Niedergang und Schiffsfenster, dicke Teppiche für die Böden,...

- Beleuchtung mit LED ausrüsten, da in den Wintermonaten lange Dunkelzeit hohen Energieverbrauch durch Licht verursacht.

Überwintert die Yacht zum Beispiel in der Hohen Arktis von Kanada, muss mit Temperaturen von -40°C und mehr gerechnet werden. Im Arktischen Norwegen und Spitzbergen können die Wintertemperaturen über Tage auf -35°C fallen. Während die Temperaturen bei Überwinterungen im Eis von Süd- und Westgrönland oder entlang der antarktischen Halbinsel kaum unter -25°C sinken werden. (Windchill nicht mit eingerechnet).

Dem entsprechend muss die Crew ausgerüstet sein: warme Winterkleidung (z.B. aus dem Skisportbereich), Stiefel, Handschuhe und Fellmützen, gegebenenfalls bis zur Expeditionsbekleidung aus dem Fachhandel. Auch im Inneren der Yacht ist warme

Kleidung - vor allem warme Schuhe - nötig.

Tourenski, Schneeschuhe und Steigeisen für Eis vergrößern den Radius des Landgangs und das Erlebnis der Überwinterung. Vor allem Ski sind für die Überquerung von Eisflächen ein Sicherheitsgewinn.

Ist keine Schutzhütte oder Ansiedlung in der unmittelbaren Nähe vorhanden, kann es sinnvoll sein, ein Notcamp an Land zu errichten. Das Notcamp besteht mindestens aus:

- Winterzelt
- Schlafsäcke und Isoliermatten für extreme Temperaturen
- extra Kleidung
- Kocher und Brennstoff
- geruchsdicht verpackte Lebensmittel
- Erste Hilfe Ausrüstung und Medikamente je nach Crew

8.1.2 Auswahl des Ankerplatzes

Die Auswahl des Ankerplatzes gehört zu den entscheidenden Faktoren für eine gelungene Überwinterung.

Besonders wichtig bleibt, dass weder treibendes Packeis noch Eisberge in die Bucht gelangen können.

Der Ankerplatz liegt deshalb vorzugsweise in einer möglichst kleinen, von allen Seiten mit Land umgebenen Bucht einer niedrigen Inselgruppe oder in einem vielverzweigten Fjord. Keine Gletscherzunge darf direkt in die Bucht münden.

Das zweite große Kriterium, nach der die Ankerbucht gewählt wird, ist das zu erwartende Wetter - von der Großwetterlage bis zu lokalen Erscheinungen.

Über laufende Wetterbeobachtungen lässt sich erkennen, welche Bahnen Tiefdrucksysteme durchschnittlich nehmen, welche Gebiete entlang einer Küste von mehr oder weniger Stürmen heimgesucht werden.

Zum Beispiel hämmern schwere Stürme regelmäßig auf die Südküste von Grönland um Kap Farvel ein, während knappe vierhundert Seemeilen weiter nördlich im Gebiet von Nuuk und nördlicher vielleicht nur noch halb so viele Schwerwettersysteme durchziehen.

Derartige Wetterunterschiede lassen sich auch im hohen Süden beobachten: Die Südshetland Inseln in der Antarktis sind für bedeutend schlechteres Wetter bekannt als die etwas über 150 Seemeilen weiter südlich gelegenen Argentine Inseln.

Ist die Großwetterlage bekannt, wird lokales Wetter und Mikroklima betrachtet: Hohe, kahle Berge erzeugen Fallwinde, eine große Gletscherzunge in der Nähe kann steife Winde verursachen. Manche Täler werden von extremem Niederschlag (Schneefall) heimgesucht, während die wetterabgewendete Seite von Bergketten massiven Schneefall abhalten kann.

Buchten umgeben von niedriger Landschaft haben meist ruhigeres Wetter, einen schnelleren Wolkendurchzug und dadurch mehr Sonnenstunden.

Auch die Form der Bucht ist für ihre Wahl entscheidend: Sie muss möglichst in sich geschlossen sein. Vorgelagerte Inseln oder Untiefen helfen, dass keine Dünung oder Welle in die Bucht gelang. Je verzweigter die Bucht ist, desto unwahrscheinlicher bleibt es, dass selbst Minitsunamis von kalbenden Eisbergen bis in die Bucht dringen.

Eine möglichst flache Einfahrt hält größeres Eis davon ab, in die Ankerbucht zu treiben. Die Bucht selbst aber sollte nicht zu seicht sein, falls mit hohen Tidenschwankungen zu rechnen ist. Sie muss tief genug sein, um auch in extremer Kälte nicht bis an den Grund frieren zu können.

Kleine Buchten frieren schneller zu als große und sollten bevorzugt werden. Hat sich einmal eine mit dem Land verbundene Eisdecke (Fast Ice)

Abb. 167 Niedriges Land um die Ankerbucht sorgt für Sonnenlicht und keine Fallwinde.

um die Yacht geschlossen, liegt sie in der Regel sicher und ruhig.

Auch bricht die Eisplatte im Frühling zu kleineren Stücken in engen Buchten. Im Frühling brechen kleine Buchten allerdings später auf, was den Aufenthalt im Eis verlängert. Ist für das Folgejahr eine ausgedehnte Segeltour geplant, die einen frühen Aufbruch verlangt, kann das späte Aufbrechen der Bucht Verzögerungen bringen.

In der Hohen Arktis kann es vorkommen, dass die Bucht einen kalten Sommer über nicht aufbricht und die Yacht zu einem weiteren Jahr im Eis zwingt. Das ist zwar eher unwahrscheinlich, sollte aber dennoch bedacht werden.

Auch kann die unmittelbare Nähe zum Land zu unerwartet viel Schneeverwehungen führen, vor allem, wenn die Bucht von Bergen umgeben ist

231

und sich auf der Wetterseite von Bergketten befindet. Schneetrift kann die eingefrorene Yacht gänzlich verschütten und beschäftigt die Crew mit harter Arbeit: das laufende Freischaufeln der Yacht.

Wird die Yacht mit Landleinen in der Bucht verholt, müssen genügend stabile Befestigungspunkte vorhanden sein. Große Steine bieten teilweise falsche Sicherheit, da sie von schweren Yachten bewegt werden können und die Landleine darunter durchgezogen wird. Felsbrocken sind daher nur gute Befestigungspunkte, wenn sie:

- über der Hochwasserkante liegen, damit Schwimmtrossen nicht aufschwimmen können

- hinter anderen Felsen liegen, in denen sie sich verkeilen, falls sie bewegt werden

- die Trossen auf den Felsen davor nicht schamfilen können.

8.1.3 Vorbereitung der Yacht

Im Kapitel 5. Yacht und Ausrüstung auf Seite 79 sind die Eigenschaften, die eine Yacht zu einer geeigneten Expeditionsyacht machen, bereits ausführlich bearbeitet. Hier wird nur auf die speziellen Vorbereitungen

und Ausrüstungsanforderungen im Falle einer Überwinterung im Eis eingegangen.

Ist eine geeignete Bucht für die Überwinterung gewählt, wird die Yacht mit Landleinen oder mehreren Ankern so ausgerichtet, dass der Bug gegen die zu erwartende Hauptwindrichtung gehalten wird. Hat sich das Eis erst um die Yacht geformt, kann die Lage der Yacht nicht mehr beein-

Abb. 168 Die Riggspannung muss gelockert werden, da Metall bei Kälte schrumpft.

flusst werden.

Ist die Eisdecke stark genug, um die Yacht zu halten, werden die Landleinen und/oder die Ankerketten gelockert.

Die Vorbereitung der Yacht für den Winter kann beginnen:

- Rigg lockern, da Metall bei Kälte schrumpft und dabei die Riggspannung erhöht.

- Deck aufräumen: alle Schoten, Fallen, Segel (vor allem Rollsegel), Bimini, Stoffverdecke, abschlagen.

- Lukendichtungen, Backskistendichtungen, Tankdeckeldichtungen und -gewinde mit Vaseline oder Silikonfett einfetten, um das Zufrieren zu verhindern.

- Motor winterfest machen: Motorkühlung entleeren oder (bei geschlossenen Systemen) mit Frostschutz füllen.

- Während des Einfrierens und Auftauen müssen Wellen- und Ruderdurchbruch laufend auf Leckagen kontrolliert werden.

- Batterien möglichst im warmen Bereich des Bootes stauen, da sonst nur ein Teil ihrer Leistung zur Verfügung steht.

- Elektronik und Batterien für Kleingeräte frostsicher verstauen.

- Alle Luken, die im ungenützten Bereiche der Yacht liegen, mit Styropor isolieren.

- Luken, die für Licht im Wohnbereich sorgen, mit durchsichtiger Folie oder Acryl isolieren.

- Frischluftzufuhr sicherstellen und laufend darauf achten, dass sie nicht zufriert oder mit Schnee zuweht. (Hoher Sauerstoffverbrauch durch Heizung in der Yacht!)

- Böden mit Teppichen auslegen.

- Lebensmittel umstauen: Gemüse, Obst, Eier,... so stauen, dass sie nicht Frostschaden erleiden. Auch Dosen, Flaschen und Gläser dürfen nicht längere Zeit Minusgraden ausgesetzt werden, um nicht aufzubrechen und zu verderben. Trockenprodukte können im ungeheizten Bereich gestaut werden.

- Darauf achten, dass der Wassertank, Schläuche und Wasserfilter nicht zufrieren.

Borddurchbrüche, die im möglichen Bereich der Eisdecke liegen, können noch vor dem Einfrieren behandelt werden, um sicher zu gehen, dass sie nicht durch die Ausdehnung des Eises aufplatzen: Am besten werden sie von außen dicht verschlossen (z.B. mit einem Holz-Pfropfen). Dann vorübergehend den Schlauch abziehen und das verbleibende Wasser im Seeventil abpumpen. Auf dem trockenen Borddurchbruch den Schlauch erneut montieren.

Borddurchbrüche über der Wasserlinie oder tief genug, um unter der Eisdecke zu liegen, sind unproblematisch. Während meiner zwei Überwinterungen im Eis wurde der einzige Borddurchbruch unter der Wasserlinie von La Belle Epoque - die Wasserzufuhr der Toilette - nie zu einem Problem. Der Durchbruch lag tief genug und die Toilette konnte immer betrieben werden.

Liegt der Einlass und/oder Auslass der Toilette einer Yacht nicht tief genug unter der Eisdecke, wird die Toilette bei der Überwinterung unbrauchbar.

Sobald das Eis trägt, kann die Notausrüstung an Land gebracht werden. Falls keine Schutzhütte vorhanden ist, sollte ein Platz an Land gesucht werden, an dem mit keinen massiven Schneeverwehungen zu rechnen ist. Die Position gut markieren. (Koordinaten merken).

8.1.4 Proviant und Wasser

Wer für eine Überwinterung Lebensmittel proviantiert, sollte bereits über einige Erfahrung mit Proviantierung verfügen. Wiederrum muss ich in dem Zusammenhang auf eigenständige Werke zum Thema Proviant verweisen, da dieser Aspekt sonst den Umfang dieses Ratgebers sprengen würde (zum Beispiel das Sachbuch „Bordversorgung heute" von Claudia Kirchberger).

Es können Fleisch-, Gemüse- und Obstgerichte eingekocht werden. Auch Butter kann in Konserven gekauft oder in Gläser gekocht werden. Zusätzlich können Fleisch, Gemüse, Obst und Kräuter getrocknet werden.

Abb. 169 Konserven können selbst hergestellt werden.

Frisch eingekauft und richtig gelagert bleiben Wurzelgemüse wie Kartoffel, Karotten, Knollensellerie, diverse Rüben, aber auch Zwiebel, Knoblauch, Kürbis und Kraut besonders lange haltbar. Gewaschene Zitronen einzeln in Aluminiumfolie eingepackt können auch nach einem halben Jahr noch als Vitaminquelle dienen. Der Gemüsevorrat muss in einem frostsicheren Bereich des Bootes gestaut werden.

Trockenlebensmittel wie zum Beispiel Mehl, Reis, Nudel, diverse

Körner und Flocken, Müslis, Zucker, Milchpulver, Eipulver, Kartoffelpulver sind Grundlage in jeder Pantry und müssen in möglichst wasserdichten Plastikcontainern gestaut werden.

Joghurt- oder Kefirkulturen, sowie Trockenhefe (eventuell Sauerteigkultur) und Backtreibmittel für die Produktion von Milchprodukten und Brot mitbringen.

Abb. 170 Brotbacken

Manche Crews entscheiden sich, für Überwinterungen einen großen Vorrat von Fertigprodukten aus gefriergetrockneten Gerichten und Konserven an Bord mitzuführen. Ich rate dazu, diese Produkte vor dem Großeinkauf ausreichend zu verkosten, da wenig schmackhafte Lebensmittel die Moral an Bord auf Dauer sehr senken.

Saures Gemüse kann als Salat zu vielen Gerichten gereicht werden. Auch diese müssen vor dem Einkauf verkostet werden, da in manchen Ländern Gemüsesalate mit beson-

ders viel Zucker verarbeitet werden und dadurch ungewöhnlich schmecken können. Sauerkraut sollte einen besonderen Stellenwert an Bord erhalten, es liefert auch dann noch Vitamine, wenn frische Lebensmittel verbraucht sind. Auch saure Gemüse und Konserven müssen vor extremem Frost geschützt gelagert werden.

Lebensmittel mit hohem Energiegehalt, zum Beispiel Müsliriegel oder Nüsse, sind lange haltbar und für Outdoor-Aktivitäten besonders gut geeignet.

Auch rate ich dazu, möglichst verschiedene Lebensmittel, Gewürze und Kräuter sowie einige umfassende Kochbücher an Bord mitzubringen. Einmal eingefroren im Eis ist genug Zeit an Bord vorhanden, um in der Pantry ausgiebig zu experimentieren und festliche Menüs zu veranstalten. Kochen kann zur positiven Beschäftigung werden und schmackhafte Menüs werden besonders bei Schlechtwetter, Dunkelheit oder Missvergnügen an Bord zum Stimmungsaufheller.

Generell muss extra Proviant eingerechnet werden: Der Energiebedarf der Crew ist in kalten Revieren erhöht, vor allem, wenn hart gearbeitet oder sportlich betätigt wird. Auch muss Verderb eingerechnet werden. Um den Verlust von Lebensmittel durch Verderb gering zu halten, müssen frische Lebensmittel laufend kontrolliert und bei Bedarf rechtzeitig aufgebraucht oder haltbargemacht werden (Zum Beispiel durch einkochen).

Auch im Winter kann gefischt werden, allerdings haben wir die Erfahrung gemacht, dass während unserer Überwinterung in Grönland unmittelbar unter dem Boot nur noch wenige Fische zu fangen waren. Bessere Erfolge haben wir in tieferen Bereichen der Fjorde und beim Eisfischen in Süßwasserseen erzielt.

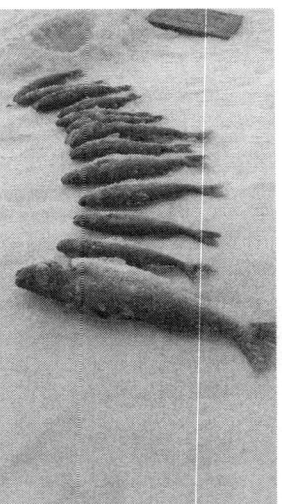

Abb. 171 Eisfischen

Trinkwasser stellt in der Regel bei Überwinterungen im Eis keine Schwierigkeiten dar, da Eis geschmolzen werden kann. Dazu wird sauberes Gletschereis, mehrjähriges Packeis (geringerer Salzgehalt als einjähriges Packeis oder Fasteis) oder Schnee in dunkle Behälter in der Sonne oder über der Heizung geschmolzen (zusätzlichen Energiebedarf nicht unterschätzen). Schnee ist am wenigsten ergiebig.

Je nach dem, wo die Wassertanks einer Yacht verbaut sind, kann es im extremen Klima passieren, dass die Tanks komplett einfrieren. Deshalb sollte vorsorglich ein Wassertank (oder mehrere lebensmittelechte Trinkwasserkanister) im beheizten Bereich des Bootes vorhanden sein.

Heiße Getränke wie Kaffee und Tee gehören zu den wichtigsten Getränken und müssen in ausreichenden Mengen mitgebracht werden.

8.1.5 Alltag und Landgang

Wie soll man sich das Leben, eingeschlossen in Eis und Schnee und abseits jeder Zivilisation, nun vorstellen? Worauf muss man sich vorbereiten und wie wird man die Zeit füllen?

Grundsätzlich erleben die meisten Menschen Überwinterungen als eine erholsame, ruhige Periode und gleichzeitig als eine Zeit voll Aktivität: von Sport und Bewegung über intensive Arbeit und Routine bis zur geistigen Stimulierung.

Durch das intensive Leben mit der Natur entsteht ein veränderter Lebensrhythmus, die eigenen Prioritäten werden verschoben und die Sinneswahrnehmungen geschärft. Zeit scheint mit einer anderen Geschwindigkeit als im Zivilisationsalltag zu verstreichen: Arbeiten, Freizeit, Lernen, Erholen und Erlebnis fließen ineinander über.

Wichtig für die eigene Gesundheit ist, aktiv zu bleiben. Je nach Charakter kann es helfen, Arbeiten zur Routine werden zu lassen, oder körperliche Übungen im Bootsinneren bei langen Schlechtwetterphasen zu trainieren.

Bücher und Informationsmaterial über Fauna und Flora sollten an Bord sein, um aus den Beobachtungen zu lernen.

Besonders in der Zeit der Polarnacht wird sich der eigene Biorhythmus umstellen, lange Schlafphasen sind normal. Dann ist es wichtig, sich dennoch täglich nötigen Arbeiten an Bord zu stellen, Routinen aufzubauen und Beschäftigungen nachzugehen, um keine Lethargie aufkommen zu lassen. Hobbys und Spiele helfen, sich die Zeit zu vertreiben.

Zwischenmenschliche Probleme müssen sofort behandelt werden, um Streit zu vermeiden. Abwechslungsreiche Mahlzeiten und Kaffeepausen mit Kuchen tragen besonders zur positiven Stimmung an Bord bei. Nichts ist abstumpfender, als eintöniges Essen ohne Tischkultur bei tagelangem Schlechtwetter.

Verschiedenste besondere Anlässe können mit kleinen Festen gefeiert werden.

Das Zurückkommen der Sonne wird als eine sehr intensive Zeit erlebt. Die Sonnenstunden werden täglich länger, die Lichtverhältnisse gehören zu den schönsten, die man erleben kann. Von nun an können Winteraktivitäten das Leben im Eis füllen: Tägliche Ausflüge mit Touren-

ski, Schneeschuhen, Foto-Exkursionen und Beobachtungs- und Entdeckungsausflüge.

Beim Landgang ist es wichtig, sich über die abgelegene Lage bewusst zu sein und Risiken oder Verletzungsgefahren weitgehend zu vermeiden.

Das beginnt bereits mit den ersten Schritten am Eis rund um die Yacht:

- Nach dem Einfrieren mittels eines Stocks (Eispol) auf das Eis schlagen, um zu testen, ob es trägt.

- Wird nicht mittels Skiern an Land gegangen, immer ein leichtes, kippsicheres Beiboot (Schlauchboot) über die Eisfläche mitschleppen. Bricht ein Crewmitglied in die Eisdecke ein, dient das Beiboot als Rettungsfloß, von dem der Unglückliche aus dem Wasser gezogen werden kann.

- Liegt Schnee auf der Eisfläche, sind Stellen mit dünnem Eis schwer zu erkennen. Vorsicht auch bei dunklen Flecken am Eis, die Eisdecke könnte brüchig sein.

- Entlang der Uferkante bricht in Gezeitenrevieren auch im Winter das Eis laufend auf. Deshalb ist gerade bei Hochwasser der Gang von der Eisfläche auf das Land sehr gefährlich und sollte nur mit Skiern oder dem Beiboot an der Hand unternommen werden.

Werden Ausflüge über Land unter-

Abb. 172 Ausflüge zu alten Walfangstationen bringen Abwechslung.

nommen, ist das Überqueren von zugefrorenen Gewässern mit Strömung (Sunde) besonders gefährlich. Strömung kann auch im Winter das Eis aufbrechen und den Rückweg zur Yacht abschneiden. Bricht eine Person durch eine Eisdecke, unter der Strömung läuft, wird sie schlimmstenfalls unter die Wasseroberfläche in den sicheren Tod gezogen.

Wird dennoch ein Sund überquert, sind Tourenski nötig. Eine lange Leinenverbindung zwischen den Personen ist zu empfehlen, ein stabiles Schlauchboot mit Notausrüstung (Schlafsäcke, Zelt, Lebensmittel, wasserdicht verpackte Ersatzkleidung, Notkommunikation) muss mitgeführt werden.

Wird im Gebiet von Eisbären überwintert, muss immer eine schussbereite Waffe getragen werden.

8.1.6 Gefahren bei Überwinterung

Mit guter Vorbereitung und Ausrüstung und einer sorgsam ausgewählten Bucht wird das Überwintern eingeschlossen im Eis kein gefährliches Erlebnis. Dennoch sollte man sich über mögliche Gefahren bewusst sein und diese weitgehend verhindern:

- Aufgefrorene Borddurchbrüche. Um dies zu vermeiden, können sie wie in 7.1.3 Vorbereitung der Crew auf Seite 214 beschrieben, behandelt werden.

- Keine Yacht kann ernsthafte Eispressung durch Packeis überstehen. Deshalb ist, wie in 8.2.2 Auswahl des Hafens auf Seite 242 beschrieben, besonderes Augenmerk auf die richtige Ankerbucht zu legen.

- Erhöhte Schneelast auf Deck (durch Niederschlag oder Schneeverwehung) kann die Yacht gefährlich tief ins Wasser drücken. Schnee muss deshalb auf und um das Boot laufend geräumt werden.

238

- Durch laufenden Betrieb einer Heizung wird in der Kajüte viel Sauerstoff verbrannt. Ausreichende Belüftung muss sichergestellt sein. Wird die Yacht über Doraden oder einer leicht geöffneten Luke permanent gelüftet, muss wiederholt kontrolliert werden, dass weder Eis noch Schnee die Belüftung verschließt. Sauerstoffmangel kann sich durch Kopfschmerzen und Antriebslosigkeit bemerkbar machen, kann aber auch unbemerkt (zum Beispiel im Schlaf) zu Bewusstlosigkeit und in der Folge zum Erstickungstod führen.

- Durch das laufende Betreiben einer Heizung muss sich die Crew über die erhöhte Feuergefahr bewusst sein. Gerade der Rauchfang ist bei manchen Yachtheizungen gefährlich heiß. Es muss sichergestellt werden, dass weder außen noch innen in der Yacht Gegenstände am Rauchfang oder Ofen anliegen können. Feuerlöscher und Löschdecken müssen griffbereit bei der Heizung und dem Kochofen installiert sein. Manche Yachtcrews entscheiden sich, die Heizung abzustellen, wenn sie tagsüber die Yacht verlassen.

- In der Arktis zählt der Eisbär zu den größten Gefahren beim Land-

gang. Nicht alle Eisbären gehen in Winterschlaf und Eisbärenschutz (Aufmerksamkeit und Mitführen einer schussbereiten Waffe) sind zu jeder Jahreszeit nötig. Mehr zum Thema siehe 6.9.3 Eisbären auf Seite 201. Nicht nur ein direkter Angriff durch einen Eisbären kann zur Gefahr werden. Ein befreundeter Segler hatte während seiner Überwinterung das Problem, nach einem ausgedehnten Landgang nicht mehr zur Yacht zurückkehren zu können, da sich ein Eisbär direkt bei der Yacht aufhielt.

Abb. 173 In der Arktis muss auch im Winter der Umgang mit der Waffe geübt werden.

- Das Einbrechen von Crewmitgliedern durch Eisflächen gehört nicht nur während der Frostperiode im Herbst und dem Auftauen im Frühsommer zu den Gefahren. Auch während des Winters kann speziell die Eiskante zu Land brüchig sein. Eisflächen über bewegtem Wasser sind ganzjährig gefährlich. Neben den Sicher-

239

heitsmaßnahmen, die im Kapitel 8.1.5 Alltag und Landgang auf Seite 236 beschrieben werden, ist es besonders wichtig, dass jedes Crewmitglied Erste Hilfe bei Unterkühlung leisten kann. Informationen zu Unterkühlung finden sich im Kapitel 6.4.1 Hypothermie / Unterkühlung auf Seite 186.

8.1.7 Notfall bei Überwinterung im Eis

Bei einem echten Notfall kann nicht mit sofortiger Hilfe von außen gerechnet werden. Selbst im Sommer kann Rettung zu spät kommen. Während meines Transits durch die Nordwest Passage stürzte zwischen den arktischen Inseln in der McClure Straße in Kanada ein Hubschrauber der kanadischen Küstenwache ab. Der Hubschrauber war im Zuge von wissenschaftlichen Arbeiten vom kanadischen Eisbrecher AMUNDSEN gestartet. Trotz hochwertiger Notausrüstung und Überlebensanzügen der Hubschrauberbesatzung, schaffte es der Eisbrecher im Gebiet nicht, rechtzeitig zu den Verunglückten zu gelangen. Die Besatzung konnte nur noch erfroren aus dem Wasser geborgen werden.

Vor allem während der Wintermonate, wenn selbst Eisbrecher das Gebiet verlassen, kann es Tage dauern, bis Hilfskräfte Verunglückte erreichen können. Speziell bei Überwinterungen im Eis muss die Crew deshalb bestmöglich auf Notfälle vorbereitet sein und selbständig mit Probleme umgehen können.

Ein vorsichtiges und bedachtes Verhalten, grundlegende Kenntnisse in Erster Hilfe und das Vorbereiten auf Notsituationen gehören deshalb zu den Grundlagen einer Überwinterung im Eis.

Wie bereits beschrieben, ist das Einrichten eines Notcamps in manchen Gebieten anzuraten. Zusätzlich muss sichergestellt werden, dass Kommunikation mit Funkmediziner und Einsatzkräften möglich ist. Im Anhang des Buches sind Kontaktinformationen und weiterführende Literatur zu finden.

8.2 Überwintern im Hafen

Eine Überwinterung in den Hohen Breiten muss nicht immer im Eis sein. Sicher und bequemer, aber dennoch spannend und erlebnisreich, können Yachtcrews in Ländern wie Norwegen, Island, Grönland (eingeschränkt), Kanada, Alaska, Patagonien, Südneuseeland und Tasmanien den Winter in Hafenanlagen verbringen.

Selbst im Hafen sind für Überwinterungen einige Besonderheiten zu bedenken.

8.2.1 Vorbereitung der Yacht

Auch in Hafenanlagen muss die Yacht für den Winter vorbereitet werden.

Abb. 174 Eine Überwinterung kann selbst im Hafen spannende Eindrücke bringen.

- das Rigg lockern, da Metall bei Kälte schrumpft und dabei die Riggspannung erhöht

- Deck aufräumen: alle Schoten, Fallen, Segel (vor allem Rollsegel), Bimini, Stoffverdecke, abschlagen

- Bei Minusgraden: Lukendichtungen, Backskistendichtungen, Tankdeckeldichtungen und -gewinde mit Vaseline oder Silikonfett einfetten, um das Zufrieren zu verhindern

- Motor winterfest machen: Motorkühlung/Zweikreiskühlung entleeren oder (bei geschlossenen Systemen) mit Frostschutz füllen

- Batterien wenn möglich im warmen Bereich des Bootes stauen, da sonst nur ein Teil ihrer Leistung zur Verfügung steht

- Elektronik und Batterien für Kleingeräte frostsicher verstauen

- Luken, die für Licht im Wohnbereich sorgen, mit durchsichtiger Folie oder Acryl isolieren (Vermeidung von Kondenswasser)

- Frischluftzufuhr sicherstellen und laufend darauf achten, dass sie nicht zufriert oder mit Schnee zuweht. (Hoher Sauerstoffverbrauch durch Heizung in der Yacht!)

- Böden mit Teppichen auslegen

- Gemüse, Obst, Eier,... so stauen, dass sie keinen Frostschaden erleiden. Auch Dosen, Flaschen und Gläser dürfen nicht längere Zeit tiefen Minusgraden ausgesetzt werden. Trockenprodukte können im ungeheizten Bereich gestaut werden.

241

- Ist Stromversorgung im Hafen gegeben, können kleine Ölradiatoren mitgebracht werden.

Wird mit schwerem Eis im Hafen gerechnet (Grönland), müssen die Borddurchbrüche wie im Kapitel 7.1.3 Vorbereitung der Crew auf Seite 214 behandelt werden.

8.2.2 Auswahl des Hafens

Viele Hafenanlagen im Norden sind für Fischerei- und kommerzielle Fahrzeuge und weniger für Yachten konzipiert.

In Grönland bedeutet dies, dass die Yacht im Paket mit mehreren stillgelegten Kuttern liegt. Es herrscht mitunter selbst im Winter (wenn das Eis es erlaubt) reger Verkehr. Auch gibt es kaum Stromversorgung am Pier und Wasser muss aus öffentlichen Trinkwasser-Zapfstellen geholt werden.

In Südwest Alaska sind die Fischereihäfen topmoderne Anlagen mit Schwimmstegen und großen Boxen. Viele sind gerade zur Nebensaison ausgebucht und ein Platz muss rechtzeitig reserviert werden.

Im Süden Patagoniens bietet der Hafen von Puerto Williams (Chile) die einzige Möglichkeit, längsseits zu überwintern. Ushuaia (Argentinien)

verfügt über einen Steg für Yachten, den ich aber derzeit für Überwinterungen nicht empfehlen kann.

Zur Auswahl des Winterhafens können folgende Kriterien bedacht werden:

- Lage zum Dorf: Ist der Hafen weit außerhalb, kann die Verbindung im Winter, wenn die Schiffe stillliegen, schwierig werden.

- Wind- und Wetterverhältnisse: Herausfinden, ob das Gebiet von Fallwinden geplagt ist, massiver Schneefall die Regel ist,...

Abb. 175 Treibt Eis in den Hafen, hat die Crew alle Hände voll zu tun!

- Sonnenstunden: Liegt der Hafen eingekesselt in einem Bergtal, wird die Yacht lange Zeit im Schatten verbringen.

- Verfügt der Hafen über Schwimmstege und bietet er Schutz aus allen Richtungen?

- Erreichbarkeit von öffentlichen Verkehrsmitteln: Ist die Verbindung zu einem Flughafen gegeben, falls ein kurzer Urlaub angedacht ist?

- Versorgungsmöglichkeiten: Bietet das Dorf Einkaufsmöglichkeiten und Unterhaltung?

- Wird die Hafenanlage im Winter teilweise geschlossen: Ist das Beziehen von Strom, Wasser möglich, sind Toiletten- und Duschanlagen geöffnet?

Mehr Informationen über diverse Hafenanlagen finden sich im Kapitel 10. Länderinformation auf Seite 232.

8.3 Yacht über Winter alleine lassen

Viele Crews entscheiden sich, ihre Yacht den Winter über alleine zu lassen. Geeignete Häfen oder Werften müssen gefunden, und die Yacht muss auf ihre ungeheizte Zeit in einem kalten Revier entsprechend vorbereitet werden.

Abb. 176 Winter in Nuuk Hafen, Grönland

Bei der Auswahl des Hafens sind Häfen mit Schwimmstegen und eigenen Boxen zu bevorzugen. Die zu erwartende Wetterlage muss bedacht werden. Ist mit massiven Schneefall zu rechnen, muss eine Vertrauensperson zum Abschaufeln des Schnees gefunden werden, damit die Yacht nicht unter ihrer Schneelast zu sinken droht.

Dünne Eisschichten sind in der Regel für stabile Hochseeyachten unproblematisch, kommt aber Eis von Außen in den Hafen (wie zum Beispiel in Grönlands Häfen) ist das Lagern der Yacht im Trockendock empfehlenswert. Nicht alle Werftanlagen sind gleichermaßen für Segelyachten geeignet. Vor allem Anlagen mit massiven Fallwinden

243

können problematisch werden, wenn das Rigg nicht abmontiert wird.

Und zu guter Letzt muss bedacht werden, ob der Hafen mit öffentlichen Verkehrsmitteln erreichbar ist.

Zusätzlich zu den üblichen Vorkehrungen, wenn eine Yacht alleine gelassen wird (Seeventile schließen, Segel abschlagen, sturmfest verholen (im Wasser), ...) Muss die Yacht auch auf die Kälte vorbereitet werden:

• Technik einwintern

• Batterien und Elektronik eventuell ausbauen und in geheiztes Lager geben

• Rigg lockern

• Deck aufräumen

• Wasserschläuche in Pantry und Toilette entleeren

• Wassertanks sowie Wasserfilter entleeren

• Wassermacher einwintern

• Lebensmittel, die nicht frostsicher sind, von Bord nehmen

Abb. 177 Ordentlich verzurrt warten die Yachten in Puerto Williams im Süden von Chile auf die Rückkehr ihrer Eigner im kommenden Frühling.

9. OZEANPASSAGEN, ROUTEN UND SAISONS

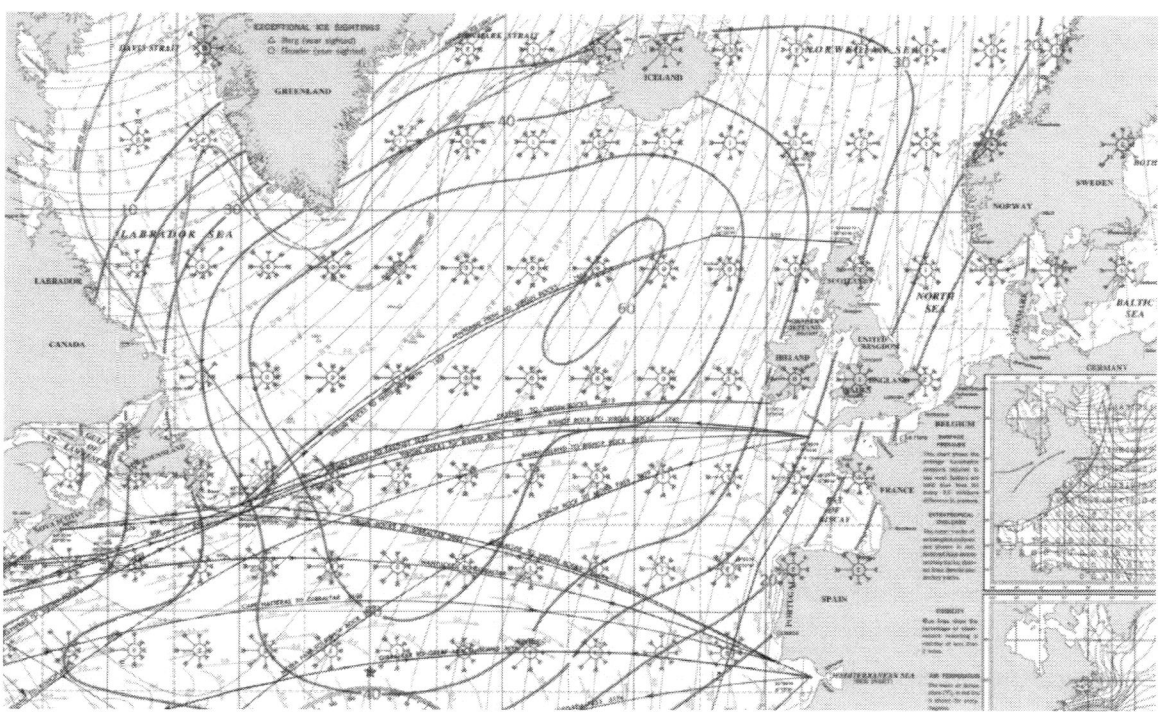

„Speed is everything!" hat mir vor Jahren ein hocherfahrener und weltbekannter französischer Nordmeer-Segler verraten. Nicht, weil er seinen Bekanntheitsgrad über mehrmalige Teilnahmen an dem Vandee Globe Rennen erreicht hatte, sondern weil er aus Erfahrung weiß: Ein nächstes, schweres Wettersystem ist immer im Anzug. Wer zu lange in einem Seerevier der Hohen Breiten verweilt oder nicht genug Bootsgeschwindigkeit erreichen kann, um den schwersten Bereichen von Systemen ausweichen zu können, der wartet auf Sturm.

9.1 Atlantischer Ozean

Der Atlantik bietet einige besonders reizvolle Segelrouten in die Hohen Breiten. Vor allem von Europa aus sind diverse spannende Reviere im Nordatlantik relativ schnell erreichbar.

Im Südatlantik sind Ziele wie die Falkland Inseln oder die Südspitze von Südamerika interessante Ausgangspunkte für weitere Routen in den Antarktischen Ozean.

In den Hohen Breiten des Atlantischen Ozeans muss besondere Warschau aufgrund von Treibeis gehalten werden.

Abb. 178 Wind und Strömung im Nordatlantik

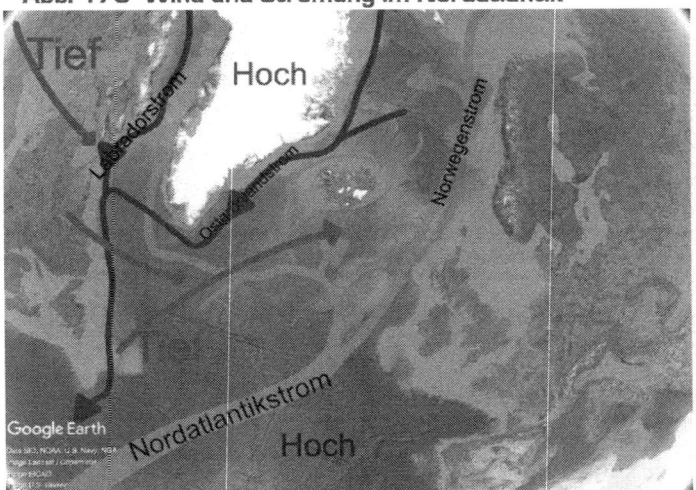

9.1.1 Nordatlantik: Wind und Strömung

Tiefdrucksysteme, die entlang der kanadischen Ostküste entstehen, oder sich aus ehemaligen tropischen Stürmen entwickeln, ziehen über den Nordatlantik in Richtung Europa. In Abb. 173 Wind und Strömung im Nordatlantik sind die regulären Zugbahn von Tiefdrucksystemen als rote Pfeile eingezeichnet. Je nach Lage und Stärke des stabilen Hochdrucksystems über Grönland und dem Azorenhoch, ziehen diese Tiefdrucksysteme mehr oder weniger südlich von Grönland durch.

Speziell im Frühling und Herbst ist alle drei bis fünf Tage mit durchziehenden Tiefdrucksystemen zu rechnen. Sie können sich zu massiven und großflächigen Sturmsystemen entwickeln.

Der warme Golfstrom, der entlang der amerikanischen Ostküste in den Norden fließt, trifft in der Höhe von Neufundland auf den Labradorstrom, ein kalter Strom aus dem Norden.

Durch dieses Zusammentreffen wird der Golfstrom auf einen Ostkurs Richtung Europa abgelenkt. Nur ein Teil des Golfstroms fließt weiter in den Norden die Westküste Grönlands hoch.

Die aus dem ostwärts gelenkten Golfstrom resultierende Nordatlantikströmung fächert vor der Küste Europas aus: Ein Teil des warmen Wassers fließt entlang von Norwegen in den hohen Norden, ein Teil fließt in Richtung des englischen Kanals.

9.1.2 Routen und Saisons im Nordatlantik

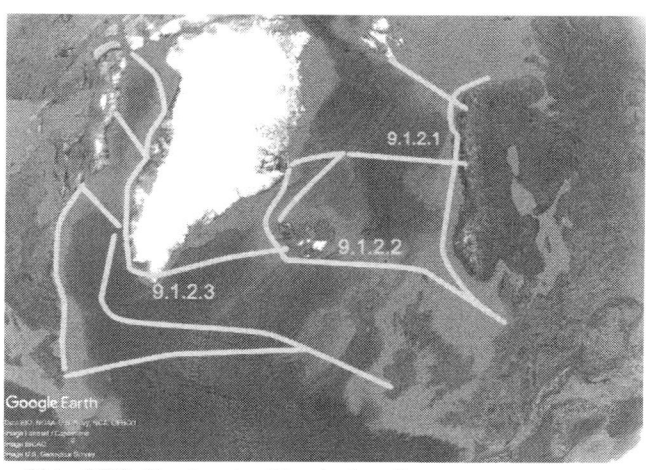

Abb. 179 Routen im Nordatlantik.

9.1.2.1 Norwegen, Spitzbergen und Jan Mayen

Die beste Segelsaison von der Nordsee oder Ostsee in den Norden **Norwegens** und zurück erstreckt sich von Mai bis September mit Hochsaison von Juni bis August. In den geschützten Gewässern des norwegischen Schärengartens und der tiefen Fjorde kann die Saison etwas verlängert werden.

Hauptwindrichtung entlang der Küste ist Nordost, jedoch ermöglichen gelegentliche Südwestwinde das Segeln entlang der Küste in den Norden.

Besondere Sorgfalt bei der Wetterbeobachtung fordert die Segelroute um die Südspitze von Norwegen, der Transit von Stattlandet - dem westlichsten Kap im Süden Norwegens,

der Südspitze der Lofoten Inseln und der Passage um das Nordkap in der Barents See. In diesen Gebieten muss mit teilweise massiven Strömungen und, bei rauer Wetterlage, mit konfuser und steiler See gerechnet werden.

Die Segeldistanz von **Helgoland** bis **Stavanger** im Südwesten von Norwegen beträgt 350 Seemeilen.

Von Stavanger bis zu den Lofoten bietet die Küste beinahe durchgehend Passagen innerhalb des norwegischen Schärengartens mit einer Vielzahl an Ankerplätzen und Häfen.

Segler, die eine Segelsaison im Norden des Landes verbringen wollen, oder die Weiterreise nach Spitzbergen planen, segeln in der Regel abseits der Küste nonstop bis zu den Lofoten, Bodø bietet einen beliebten Anlaufhafen.

247

Die Distanz von **Helgoland** nach **Bodø** beträgt 950 Seemeilen. Zieht Schlechtwetter an, bietet die gesamte Küste sichere Häfen, in denen die Etappe rechtzeitig unterbrochen werden kann.

Wird für den Segeltörn nach Spitzbergen direkt nach Tromsø gesegelt, müssen die Lofoten im weiten Bogen umsegelt werden.

Die Distanz von **Helgoland** bis **Tromsø** beträgt 1150 Seemeilen, wobei die letzten Seemeilen durch die Sunde von Tromsø gute Strömungsplanung verlangen.

Die Etappe vom **Nordkap** bis zur **russischen Grenze** wird nur von sehr wenigen Yachten jährlich bereist. Sie liegt nicht mehr innerhalb von Schären und führt entlang der Küste durch die Barents See. Viele Fjorde schneiden in die Küste. Sie bieten gute Ankerplätze und wenige Häfen (Fischerei).

Für eine Weiterreise nach **Spitzbergen** bietet sich Tromsø als günstigster Absprunghafen an. Die relativ kurze Segelsaison erstreckt sich von Juli bis August, je nach Wetter und Eis kann eventuell bereits Ende Juni gestartet werden.

Die Distanz von **Tromsø** bis **Hornsund** im Süden von Spitzbergen beträgt 450 Seemeilen.

Die Bäreninsel, die südlichste Insel der Inselgruppe auf zirka halbem Weg, bietet keinen rundum geschützten Ankerplatz, jedoch kann je nach Windrichtung an verschiedenen Plätzen geankert werden.

Die Route von Tromsø nach Hornsund führt westlich der Bäreninsel, da hier leicht nordsetzender Strom herrscht.

Ab Höhe der Bäreninsel kann mit vermehrtem Auftreten von Nebel gerechnet werden. Auf der gesamten Strecke ist mit treibenden Holzstämmen aus den sibirischen Wäldern zu rechnen. Sie sind selbst in ruhigen Bedingungen und bei guter Wahrschau schwer zu sichten. Mit Eis ist während der Segelsaison in der Regel erst kurz vor Landfall zu rechnen.

Die günstigste Route vom europäischen Festland nach **Jan Mayen** startet von der Westküste Norwegens, da die Hauptwindrichtungen in diesem Gebiet der Norwegischen See Nordost beziehungsweise Nord und Südwest sind. Die Segelsaison ist von Juli bis August.

Bodø bietet sich als Absprunghafen, die Distanz von **Bodø** bis **Jan Mayen** beträgt 530 Seemeilen.

Jan Mayen bietet keine Hafenanlagen, bei gemäßigtem Wetter kann geankert werden.

9.1.2.2 Færø Inseln und Island

Die beste Segelsaison von der Nordsee oder Ostsee zu den **Færø Inseln** ist von Mai bis September mit Hochsaison von Juni bis August.

Einen günstigen Zwischenstopp bietet Lerwick, die kleine Hauptstadt der Shetland Inseln.

Suðurøy, die südlichste Insel der Færø Inseln, bietet mit Tvøroyri einen guten Anlaufhafen.Die Distanz von **Helgoland** bis **Tvøroyri** beträgt 650 Seemeilen, von **Helgoland** bis **Lerwick** 450 Seemeilen.

Unzählige Ölplattformen liegen im Seerevier und müssen umsegelt werden.

Die Færø Inseln haben sehr starke Gezeitenströmungen, weshalb jedes Boot im Revier Strömungskarten an Bord haben muss. Durch die steilen Klippen der Inseln können Echowellen sehr konfuse und steile See rund um die Insel aufwerfen.

Vom europäischen Festland nach **Island** sind prinzipiell zwei Routen gängig:

- Über die schottischen Äußeren Hybriden Inseln, oder
- über Shetland Inseln mit Zwischenstopp auf den Færø Inseln.

Die Route über Shetland und Færø bringt den Vorteil, durch die geteilte Etappe einfachere Wetterplanung zu erlauben.

Die kleine Insel Vestmannæyjar an Islands Südwestküste bietet mit Haimaney einen hervorragenden Anlaufhafen, der bei jedem Wetter angesteuert werden kann. Diverse weitere Häfen an der Süd- bzw. Südostküste von Island sind bei Seegang gefährlich anzulaufen, da Untiefen vor den Hafeneinfahrten liegen.

Von Haimaney aus ist die Südwestküste und die sehenswerte Hauptstadt Reykjavík gut erreichbar.

Die Distanz von den **Færø Inseln** nach **Vestmannæyjar** beträgt 400 Seemeilen.

Von den **äußeren Hybriden** ist die Distanz nach **Vestmannæyjar** ca. 500 Seemeilen.

Die beste Segelsaison in Island liegt zwischen Juni und August, in manchen Jahren ist bei ruhiger Wetterlage eine (geteilte) Passage nach Island bereits Ende Mai möglich.

9.1.2.3 Grönland und Ostküste Kanada

Die Segelsaison in **Grönland** ist sich von Mai bis September, wobei die Anreise nach Grönland über den Nordatlantik nicht vor Juni und die Rückreise nicht nach August zu empfehlen ist.

Die gängigste Route an Grönlands West- und Ostküste führt über Island: Haimaney, Kevlavik oder Reykjavík bieten einen günstigen Zwischenstopp.

Manche Yachten wählen eine direkte Route von Irland nach Westgrönland, allerdings muss auf dieser Strecke mit mindestens einem Schlechtwetterdurchgang gerechnet werden.

Das Seerevier an der Südspitze von Grönland, Kap Favel (das „Kap Horn des Nordens"), ist besonders für seine gefährlichen Seebedingungen bekannt und darf auf keinen Fall unterschätzt werden.

Schwere Tiefdrucksysteme ziehen hier regelmäßig durch und treffen dabei auf den Ostgrönlandstrom, der mit seinem kalten Wasser schlechte Sichtbedingungen, schwere See und sehr viel Eis an Kap Farvel bringt. Bei einer Nonstopp-Fahrt zur grönländischen Westküste ist deshalb ein Abstand von 100 Seemeilen zu Kap Farvel anzuraten.

Eine interessante Alternative zur Umrundung von Kap Farvel bietet der Transit durch den Prinz Christian Sund, der die Südostküste Grönlands mit der Südwestküste verbindet.

Durch diese Segeletappe lässt sich nicht nur das gefährliche Seegebiet von Kap Favel vermeiden, sondern auch ein beeindruckender Teil von Grönland erleben. Der Prinz Christian Sund zählt zu den schönsten Fjordsystemen der Welt.

Vom Sundeingang an kann die gesamte Strecke bis Nuuk und weiter in Tagesetappen geplant werden.

Speziell die Südwestküste von Grönland wird von steilen, kahlen Bergrücken dominiert und ist deshalb besonders von Fallwinden geplagt.

Die Segeldistanz von **Reykjavík**, Island zum Eingang des **Prinz Christian Sund** beträgt 650 Seemeilen.

Von **Reykjavík** nach **Scoresby Sund** an der grönländischen Ostküste 270 Seemeilen.

Die direkte Etappe von **Irland** bis zur grönländischen Hauptstadt **Nuuk** an der Westküste beträgt 1700 Seemeilen.

Von **Irland** zum **Prinz Christian Sund** 1200 Seemeilen.

Eine weitere interessante Route verläuft von Norwegen kommend über Jan Mayen an Grönlands Ostküste.

Die Segeldistanz von **Jan Mayen** nach **Scoresby Sund** beträgt 270 Seemeilen.

Kanadas Ostküste bietet in den Hohen Breiten die Seereviere von Neufundland, Labrador und Baffin Insel - Nunavut. Das schwierige Seegebiet der **Hudson Bay** wird bisher nicht von Segelyachten frequentiert.

Die generelle Anreise an die kanadische Ostküste erfolgt am besten über den Süden nach einer Atlantiküberquerung (in die Karibik oder an die amerikanische Ostküste), oder über Grönland.

Einige Yachten wählen die direkte Anreise von **Irland** nach **Neufundland**. Diese Route über 1650 Seemeilen gilt jedoch als eine der schwersten Segeletappen des Nordatlantiks und kann von mir nicht empfohlen werden. Da die Route gegen den vorherrschenden Westwind und gegen die Zugrichtung der Tiefdrucksysteme führt, muss mit mindestens einem, wenn nicht mehreren Schlechtwetter Systemen auf dieser Strecke gerechnet werden.

Von Grönlands Westküste aus sind mehrere interessante Segelreviere Kanadas erreichbar. In den Sommermonaten herrschen Nord- und Südwinde vor und ermöglichen die Segelreise in beide Richtungen.

Die Distanz von **Nuuk** nach **Hopedale, Labrador** beträgt ungefähr 570 Seemeilen.

Weiter im Norden ist Baffin Insel (Nunavut) erreichbar.

Die Distanz von **Aassiaat** in Grönland bis **Clyde Inlet** auf Baffin Insel beträgt 350 Seemeilen.

Von **Upernavik** (Grönland) nach **Pond Inlet** auf Baffin Insel 400 Seemeilen.

Da während der Sommermonate Südwestwinde in Neufundland vorherrschen, ist die direkte Segelroute von Nuuk nach St. John´s schwierig.

Alle Zielgebiete in Kanadas Nordosten sind anspruchsvoll. In den südlicheren Seegebieten wie der Ostküste von Neufundland muss mit schweren Stürmen und Nebel gerechnet werden. Ab der Küste von Labrador kommt vermehrt Eis dazu, da hier der Labradorstrom aus dem Norden Eis bringt. Mit dem Eis treiben Eisbären aus der Hohen Arktis an die Küste Kanadas.

Der kalte Labradorstrom ist auch Grund dafür, dass mit einer möglichen Segelsaison in Labrador und Baffin Insel nicht vor Ende Juni gerechnet werden kann.

Die Eissituation variiert von Jahr zu Jahr und ein früher Aufbruch nach Labrador kann erst mithilfe der genauen Eiskarten entschieden werden. Die kurze Saison liegt zwischen Anfang Juli und Ende August.

Die Segelsaison für die Insel Neufundland ist etwas länger, von Juni bis Anfang September.

9.1.3 Südatlantik und Antarktischer Ozean

Ab zirka 40°Süd wird der Südatlantik von einer Westströmung dominiert, mit Hauptwindrichtungen von Nordwest und Südwest. Durch den laufenden Durchzug von Systemen kann der Wind allerdings aus allen Quadranten kommen und ist in Richtung und Stärke höchst unstabil. Tiefdrucksysteme ziehen von West nach Ost durch, wobei die vordere Nordflanke der Tiefs ausgeprägte Fronten mit teilweise sehr schweren Nordwestwinden bringt.

Mit nur leichter ONO-setzender Strömung unter einem Knoten kann im hohen Südatlantik gerechnet werden. Eine permanente Dünung aus West ist normal, die sich während des Durchzugs von Tiefdrucksystemen zu einer hohen See aufstellt.

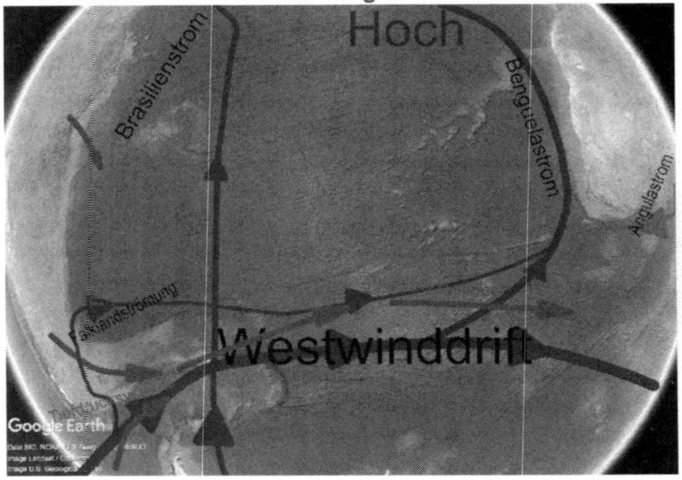

Im gesamten Seegebiet der Hohen Breiten des Südatlantiks kann auf Eisberge aus der Antarktis gestoßen werden.

Speziell in der Drake Passage ab zirka 200 Seemeilen vor Erreichen der antarktischen Halbinsel und im Gebiet rund Südgeorgien muss mit Gletschereis gerechnet werden.

Südlich von 60° Süd ist je nach Durchzug von Tiefdrucksystemen Südwestwind und Nordostwind gleichermaßen möglich.

9.1.4 Routen und Saisons im Südatlantik und Antarktischen Ozean

9.1.4.1 Falkland Inseln

Die Segelsaison zu und von den Falkland Inseln ist von September bis April, wobei das Segeln zwischen Chile und den Falklands ganzjährig möglich ist (passend ausgerüstet).

Hauptwindrichtung im Seerevier der Falkland Inseln sind Westwinde, die teilweise sehr stark von der Pampa Argentiniens kommend

Abb. 180 Wind und Strömung im Südatlantik

252

wehen und schwere Sturmsysteme aus den Anden nordwestlich bringen können. Von Kap Horn kommend ziehen außerdem Tiefdrucksysteme laufend südlich durch und können die Falkland Inseln streifen. Um die Falkland Inseln kann mit Nebel und schlechter Sicht gerechnet werden.

Aus dem Norden kommend beträgt die direkte Etappe von **Rio de la Plata**, Uruguay, nach **Stanley Harbour** an der Ostküste der Falkland Inseln, zirka 1000 Seemeilen.

Viele Segler bevorzugen einen Kurs dicht unter Land, um bei vorherrschenden Westwinden geringere See zu erleben. Ab Mar del Plata, Argentinien, gibt es nur noch wenige Ankerplätze entlang der Küste. Alle Ankerplätze sind schwierig zu erreichen, da sie besonders flach sind und von starken Gezeitenströmungen dominiert werden. Auch muss mit massiven Fischereiaufkommen rund um Rio de la Plata und Mar del Plata gerechnet werden.

Der direkte Kurs von **Mar del Plata**, Argentinien, nach **Stanley Harbour**, Falkland Inseln, beträgt 800 Seemeilen, wird entlang der Küste gesegelt, verlängert sich die Distanz auf zirka 1250 Seemeilen.

Fährt die Yacht durch die Magellan Straße von Chile kommend, beträgt die Segeldistanz vom Ausgang der **Magellan Straße** bis **Stanley Har-**

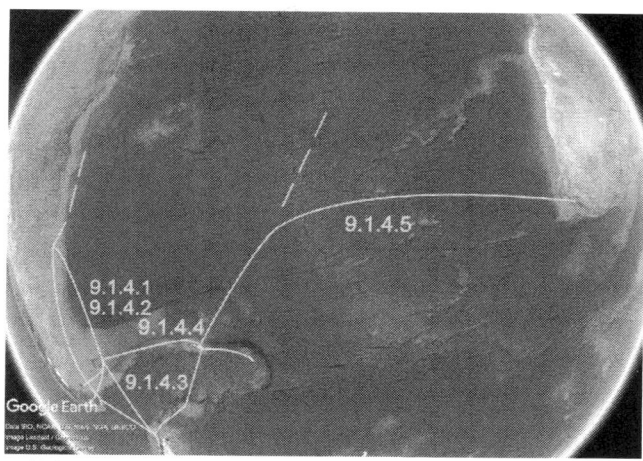

Abb. 181 Routen im Südatlantik

bour 430 Seemeilen.

Alle diese Strecken sind in beide Richtungen möglich, wenn auch eine Fahrt von den Falkland Inseln zur Magellan Straße kaum sinnvoll ist, da der Transit durch die Magellan Straße von Ost nach West sehr schwierig und gegen die vorherrschenden Winde ist.

Wird geplant, nach einem Stop auf den Falkland Inseln neuerlich Argentinien anzulaufen, muss vor dem Besuch der Falklands in Argentinien eine Bewilligung angefordert werden. Mehr dazu im Kapitel 10.9 Falkland Inseln, Gough Insel und Tristan de Cuna auf Seite 297.

Eine weitere Route zu den Falkland Inseln führt von der Südspitze Südamerikas, aus dem Beagle Kanal. Ein Zwischenstopp auf der argentinischen Staaten Insel ist günstig, da diese Insel einen sehr guten Anker-

253

platz für das Abwarten von Schlecht-wetter bietet.

Von **Staaten Insel** nach **Stanley Harbour** beträgt die Segeldistanz 300 Seemeilen.

Um die Staaten Insel laufen ext-reme Strömungen. Vor allem in der Le Maire Straße (zwischen der Insel und dem südamerikanischen Fest-land) kann massive Strömung gefähr-lich werden. Der Strom kentert mit den Gezeiten und kann bis zu 8 Knoten erreichen. Zusätzlich können im Ausgang des Beagle Kanals mas-sive Flur- und Fallwinde entstehen. Das Gebiet erfordert besonders gute Planung.

Im Gegensatz zu vielen Ankerplät-zen der Falkland Inseln wird Stanley Harbour nicht von massiven Strö-mungen geplagt und ist bei jeder Wetterbedingung zu erreichen.

9.1.4.2 Chile und Kap Horn

Die Segelsaison nach Chile erstreckt sich von September bis April, wobei in den Kanälen von Chile das gesamte Jahr gesegelt werden kann. Südlichster Anlaufhafen von Chile ist Puerto Williams, wo einklariert werden muss.

Die Strecke aus dem Norden führt von Mar del Plata (Argentinien) direkt zum Beagle Kanal (mit eventuell einem Zwischenstopp auf den Fal-kland Inseln), oder entlang der Küste.

Die Küste bietet wenige Ankerplätze, die alle schwierig und nicht unter allen Bedingungen erreichbar sind, da sie flach sind und von massiven Gezeitenströmungen heimgesucht werden. Die Staaten Insel (Argen-tinien) am Eingang zum Beagle Kanal bietet interessante Ankerplätze.

Die Distanz von **Mar del Plata** (Argentinien) nach **Puerto Williams** (Chile) beträgt 1150 Seemeilen.

Die vorherrschende Windrichtung im Seerevier bis zum Beagle Kanal ist aus West. Pampa und Anden können diese Westwinde verstärken. Schwere Tiefdrucksysteme erreichen ebenfalls vom Nordwesten aus den Anden oder aus Südwesten von Kap Horn kommend das Seegebiet.

Um die Staaten Insel herrschen massive Strömungen, vor allem in der Le Maire Straße ist mit Strom bis 8 Knoten zu rechnen. Die Strömung kentert mit den Gezeiten. Auch kann in diesem Gebiet mit schlechter Sicht und Nebel gerechnet werden.

Die Segelstrecke nach Kap Horn durch das chilenische Seegebiet erfordert eine Fahrerlaubnis (Zarpe) von Chile, welche in Puerto Williams zu beziehen ist, siehe auch Kapitel 10.8 Patagonien auf Seite 292.

Deshalb führt die Route zu Kap Horn vom Beagle Kanal über Bahia Nassau, mehrere Ankerplätze können angelaufen werden, weshalb gute Wetterplanung möglich ist.

Die Distanz von **Puerto Williams** nach **Kap Horn** beträgt 90 Seemeilen.

9.1.4.3 Antarktis, Südshetland Inseln, Südorkney Inseln

Die Segelsaison zur antarktischen Halbinsel, den Südshetland Inseln und Südorkney Inseln liegt zwischen Dezember und März. Da sich Wintersport an der antarktischen Halbinsel steigender Beliebtheit erfreut, starten Charteryachten mittlerweile bereits Ende Oktober mit ihren Fahrten in die Antarktis.

Die Strecke bis 60°Süd wird von einer Westströmung dominiert, südlich davon sind je nach Durchzug von Systemen Südwest und Nordostwinde gleichermaßen verteilt. Im Revier vor der Antarktis und den antarktischen Inselgruppen tritt häufig schlechte Sicht mit Nebel und Schneefall auf, Eisbergen kann begegnet werden.

Decepcion Insel im Süden der Südshetland Inseln ist ein beliebter Anlaufhafen. Die Segelroute führt vom südamerikanischen Festland (Puerto Williams in Chile oder Ushuaia in Argentinien) kommend, oder von den Falkland Inseln mit möglichem Zwischenstopp auf den

Staaten Inseln über die Drake Passage in den Süden.

Die Distanz von **Puerto Williams** (Chile) nach **Decepcion Insel** beträgt 560 Seemeilen.

Von **Stanley Harbour** (Falkland Inseln) nach **Decepcion Insel** beträgt sie 720 Seemeilen.

Die Rückfahrt nach Chile, Argentinien oder Falkland Inseln sollte von einem möglichst westlichen Absprunghafen aus der Antarktis geplant werden, um genug Höhe bei den vorherrschenden Westwinden und der ostsetzenden Strömung in der Drake Passage zu behalten.

Am südamerikanischen Kontinentalschelf, beziehungsweise der Burdwood Bank südlich von den Falkland Inseln, muss mit besonders schwerer See gerechnet werden. Diese Gebiete sollten bei Sturm vermieden werden.

Wird eine Reise von der antarktischen Halbinsel entlang der Südshetland Inseln zu den Südorkney Inseln geplant, ist die Rückfahrt nach Chile oder den Falkland Inseln sehr schwierig, da die vorherrschenden Westwinde im Seegebiet kaum genug Höhe erlauben. In der Regel segeln Yachten von den Südorkneys in Richtung Südgeorgien weiter.

255

9.1.4.4 Südsandwich Inseln und Südgeorgien Insel

Die Segelsaison nach **Südgeorgien** erstreckt sich von Oktober bis März.

Prinzipiell gibt es zwei Routen, über welche diese Insel erreicht werden können: Über die Falkland Inseln oder nach einem Besuch der Antarktis aus dem Süden kommend (erst ab Dezember möglich).

Die Reise nach Südgeorgien gehört zu den anspruchsvollsten Segelreisen im Südatlantik, da sich die Insel innerhalb der antarktischen Konvergenzzone befindet und damit mit kalten und schweren Wettern zu rechnen ist. Nebel und Schneetreiben ist um die Insel häufig, auch muss mit Eis (sowohl aus der Antarktis also auch von den Gletschern der Insel selbst) gerechnet werden.

Beide Segelrouten nach Südgeorgien liegen in der Westströmung des Südatlantiks, Westwind und von West nach Ost durchziehende Tiefdrucksysteme dominieren die Strecke. Deshalb ist vor allem die Rückfahrt zu den Falkland Inseln sehr schwierig und wird in der Regel hauptsächlich von großen Charteryachten mit hohem Einsatz des Dieselmotors bestritten.

Die geeignetere Route von Südgeorgien zurück in die gemäßigten Breiten führt über Südafrika, oder in einem Bogen nach St. Helena.

Anlaufhafen in Südgeorgien ist Grydviken, wo an einem Steg festgemacht werden kann und einklariert werden muss.

Die Distanz von **Stanley Harbour**, Falkland Inseln nach **Grydviken** in Südgeorgien beträgt 800 Seemeilen.

Von den antarktischen Inseln kommend beträgt die Distanz von **Südshetland Inseln** nach **Grydviken** 900 Seemeilen und von den **Südorkney Inseln** 560 Seemeilen.

Diese Segeletappe, von der Antarktis kommend, ermöglicht eventuell einen Stopp auf den abgelegenen **Südsandwich** Inseln zirka 300 Seemeilen südöstlich von Südgeorgien. Sie bieten keinen rundum geschützten Ankerplatz und es muss damit gerechnet werden, dass aufgrund von Brandung an der Küste kein Landgang möglich ist.

9.1.4.5 Südafrika

Obwohl **Südafrika** selbst nicht mehr in den Hohen Breiten liegt und deshalb nicht im Kapitel 10. Länderinformation auf Seite 232 beschrieben wird, befindet sich die Segeletappe von Südamerika nach Südafrika größtenteils in den Hohen Breiten. Auch ist diese Etappe Teil der anspruchsvollen Segelreise rund um die Antarktis.

Die Segelsaison erstreckt sich von frühestens Oktober bis März.

Vom zirka 40. Breitengrad südwärts bis zu zirka 60°Süd kann diese Etappe in der Westströmung der Hohen Breiten gesegelt werden. Der beste Kurs ergibt sich aus dem laufenden Wetterrouting und verläuft auf der Nordflanke durchziehender Tiefdrucksysteme und der Südseite von Hochdruckgebieten. Ein Stopp auf den Falkland Inseln und in Südgeorgien ist möglich.

Nachdem die Großkreis Route sehr weit in den Süden bis zirka 58°S reicht, ist es nicht üblich, dieser Route zu folgen. Je nach Wetter wird sich eine Kurslinie zwischen der Kursgleich-Route und der (kürzeren) Großkreis-Route ergeben. Die Segeldistanz wird bei zirka 3800 Seemeilen liegen.

9.2 Arktischer Ozean

9.2.1 Wind und Strömung

Theoretisch ist die Hauptwindrichtung auf Meereshöhe in der Arktis Westwind, der gegen den Uhrzeigersinn rund um den Pol weht. Aller-

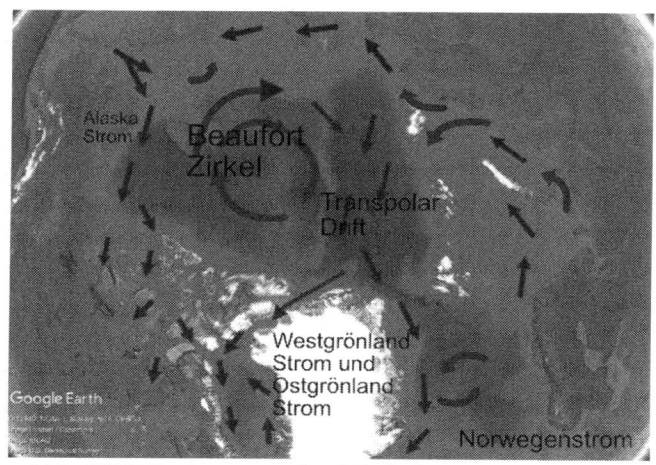

Abb. 182 Strömungen im Arktischen Ozean

dings wird dies über die Sommermonate kaum von Seglern wahrgenommen, da die Windrichtung von den durchziehenden Systemen beeinflusst wird. Winde aus allen Richtungen und Stärken sind die Praxis. Der Wind beeinflusst auch die Eistrift und öffnet und schließt Passagen durch Packeis. Deshalb ist besonders in der Arktis der laufende Empfang von Wettervorhersagen (und Eiskarten) für den Erfolg einer Segelpassage entscheidend.

Zwischen Spitzbergen, Norwegen und über das Bering Meer fließt warmes Wasser gegen den Uhrzeigersinn nordwärts und sorgt dabei entlang der Nordwest Passage und der nördlichen Seeroute für eine ostsetzende Strömung.

Obwohl der generelle Tidenhub in der Arktis verhältnismäßig gering ist, kann zwischen Inseln und in Sunden

257

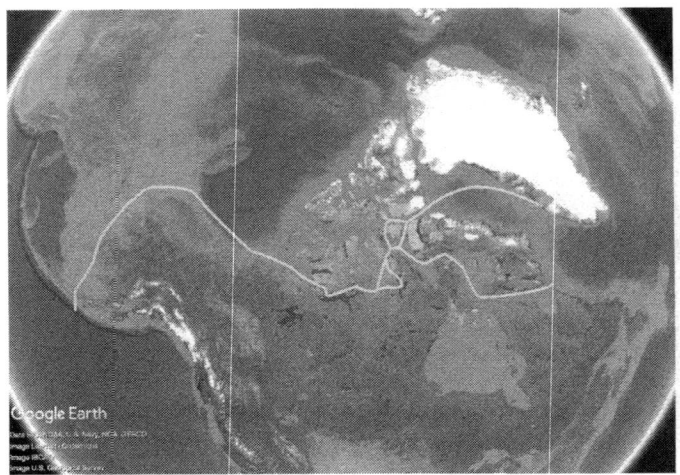

Abb. 183 Routen der Nordwest Passage

9.2.2 Nordwest Passage

Die Segelsaison für den Transit der 3550 Seemeilen langen Nordwest Passage (Upernavik, Grönland bis Dutch Harbor, Alaska) ist sehr kurz und streckt sich in der Regel von Juli bis September, wobei einige Sunde in der kanadischen Inselgruppe in stärkeren Eisjahren erst mit Mitte bis Ende August eine Passage erlauben.

Diese Tatsache kann bei der Entscheidung der generellen Transit-Richtung mit einbezogen werden.

Segelt die Yacht von Grönland nach Alaska durch die Passage, also von Ost nach West, wird sie bereits am Beginn der Reise im Peel Sund, der Bellot Straße beziehungsweise der Franklin Straße, Victoria Straße und James Ross Straße mit massiven Eisbarrieren rechnen müssen.

Lange Wartezeiten können auftreten und starken Zeitdruck für die restliche Passage bringen.

Das Risiko besteht, dass die Schlüsselstelle Cap Barthust am westlichen Ausgang der kanadischen Inselwelt nicht rechtzeitig erreicht wird, bevor das Packeis der nordpolaren Eiskappe zurück bis zum Festland greift und die Passage für das Jahr schließt. Auch wird der Tran-

eine bemerkenswerte Gezeitenströmung auftreten. Besonders in der Bellot Straße in der kanadischen Inselgruppe der Nordwest Passage erreicht der Gezeitenstrom bis zu acht Knoten und kann gefährliche Eistrift und Eispressung erzeugen. Die Gezeiteninformationen aus verschiedenen Quellen in diesem Revier decken sich zur Zeit noch nicht vollständig, wobei bisher die Angaben der Software „wxtide" als die zuverlässigsten erscheinen.

Durch unterschiedliche Temperaturen von Wasser und Luft entsteht im schiffbaren Bereich der Arktis häufig Nebel oder Dunst. Auch treten sämtliche Phänomene der Hohen Breiten auf, mehr dazu im Kapitel 2. Besonderheiten der Hohen Breiten auf Seite 21.

sit durch das Bering Meer umso gefährlicher, je später im Jahr dieses Revier erreicht wird.

Wird die Route von Alaska nach Grönland geplant, also von West nach Ost, erlauben manche Jahre einen frühen Aufbruch. Sobald sich das Packeis entlang der Nordküste Alaskas zurückzieht und südliche Winde eine Passage ermöglichen, kann zwischen Packeis und Festland bis zur kanadischen Inselgruppe gesegelt werden.

Nachteil dieser Transitrichtung liegt darin, dass die Baffin Bucht, das Seerevier zwischen Kanada und Grönland, erst zu einer Jahreszeit erreicht wird, in der während der Nächte bereits stundenlange Dunkelheit herrscht. Da in der Baffin Bucht sowohl Eisberge wie auch Packeis treiben, ist die Navigation in der Dunkelheit besonders gefährlich.

Erreicht die Yacht so spät im Jahr den östlichen Ausgang der Nordwest Passage, dass eine Weitereise nach Europa oder zu den Hafenanlagen der nordamerikanischen Ostküste nicht mehr ratsam ist, kann die Yacht in Grönlands Eis überwintern oder in Grönlands Städte an Land abgestellt werden.

Diese Möglichkeit besteht entlang der Küste des Bering Meers in Alaska nicht oder nur sehr begrenzt. Das Überwintern im Hafen von Nome

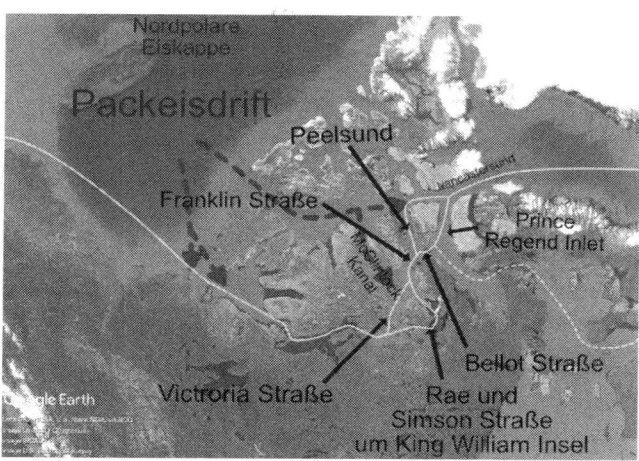

Abb. 184 Details zur Nordwest Passage

wird generell nicht erlaubt und die Möglichkeiten die Yacht an Land zu stellen sind sehr begrenzt. Nur kiellose Yachten können eventuell über den Strand an Land gezogen werden.

Insgesamt werden sieben Routen durch die Nordwest Passage gezählt, wobei für Yachten in der Regel nur vier dieser Routen relevant sind. Da die Wahl der Route nur im Zusammenhang mit der jeweiligen Eissituation getroffen werden kann, müssen sich Yachtcrews generell für alle vier Möglichkeiten vorbereiten und sowohl Seekarten als auch Informationen über Ankerplätze für alle Gebiete mit an Bord führen.

Die Routen werden hier einfachheitshalber von Ost nach West beschrieben, für den entgegengesetzten Transit gelten natürlich dieselben Regeln.

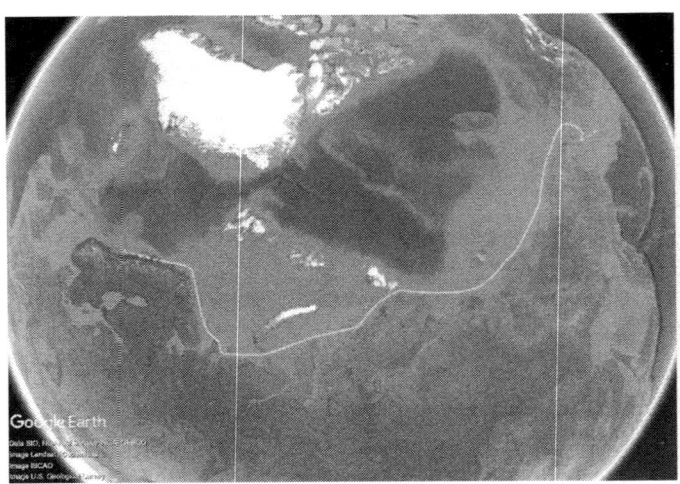

Abb. 185 Nördlicher Seeweg (Nordost Passage)

Öffnet sich das Fahrwasser von Prinz Regend Inlet vor dem Peel Sound, kann über die Bellot Straße in die Franklin Straße gesegelt werden. Dabei muss allerdings mit Wartezeiten vor der Bellot Straße gerechnet werden, da diese jährlich schwere Eisbarrieren aufweist.

Die geografische Ausrichtung und die generellen Strömungen des McClintock Kanals sind verantwortlich dafür, dass dieser Sund in der Regel schweres Packeis von der nordpolaren Eiskappe bis in die Victoria Straße bringt und für massive Eisbarrieren im Seegebiet sorgt. Teilweise öffnet sich aus diesem Grund der Umweg rund King William Insel über die Rae Straße und die Simpson Straße noch vor der Victoria Straße. Allerdings muss vor allem in der Sim-

pson Straße über sehr untiefes Wasser navigiert werden.

9.2.3 Nördlicher Seeweg (Nordost Passage)

Frühester Start in die „Northern Searoute", wie heute die Nordost Passage offiziell heißt, kann mit Juni geplant werden. Die Saison für die arktischen Gewässer endet mit September, Anfang Oktober beginnt das neuerliche Zufrieren.

Die Route von 3800 Seemeilen erstreckt sich zwischen **Kirkenes** (Norwegen) und **Dutch Harbor** (Alaska) durch russisches Seegebiet.

Generell begünstigt die vorherrschende ostsetzende Strömung entlang der Küste Russlands einen Transit von West nach Ost. Bei dieser Reiserichtung lässt sich allerdings die herbstliche Überquerung des Bering Meers nicht vermeiden. Segelt die Yacht von Ost nach West durch die Northern Searoute, kann mit einer Überwinterung in einem eisfreien Hafen von Nordnorwegen abgeschlossen werden, um die herbstliche Nordsee zu vermeiden.

Trotz des Rückgangs des Eises der letzten Jahre staut sich Packeis in drei Schlüsselstellen in der Northern Searoute: an der Neusibirischen Insel, in der Viltitsky Straße und in Yuborski Shar an der Südspitze von Novaya Zemlya.

Falls von den russischen Behörden genehmigt, kann der baltische Kanal, der das Weiße Meer (in der russischen Arktis) mit der Ostsee verbindet, eine interessante Zu- oder Abreise in die Northern Searoute darstellen.

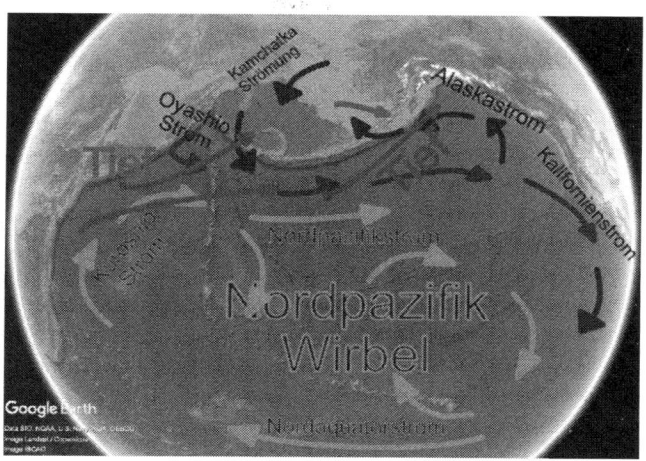

Abb. 186 Wind und Strömung im Nordpazifik

9.3 Pazifischer Ozean

9.3.1 Nordpazifik: Wind und Strömung

Die Hauptwindrichtung im Nordpazifik nördlich von 40°N ist Südwest bis West. Durch den laufenden Durchzug an Systemen kann der Wind allerdings aus allen Quadranten kommen und ist in Richtung und Stärke unstabil. Dabei verläuft die Zugbahn der Tiefdrucksysteme (sowohl tropische wie extratropische Depressionen) von Japan hoch zur Aleuten Kette in den Golf von Alaska. Vor allem im Herbst und Frühjahr ziehen einige Sturmsysteme nördlich über die Aleuteninseln hinweg in das Bering Meer. Weitere Depressionen schlagen eine östliche Richtung ein und ziehen bis zur Küste von Südalaska und Kanada.

In den Breiten von Japan trifft der warme, nordwärts gerichtete Kuroshio Strom auf den kalten, südwärts verlaufenden Oyashio Strom. Beide biegen vor der Küste ab und setzen ostwärts durch den Nordpazifik. Etwas nördlich von Vancouver Insel teilt sich der ostsetzende Strom neuerlich auf, in den Alaska Strom und den Kalifornischen Strom. Der Alaska Strom bewegt sich nordwärts entlang der Küste Alaskas und biegt nach Westen entlang der Aleuten Kette.

261

9.3.2 Nordpazifik: Routen und Saisons

Die Hauptsaison im Golf von Alaska ist von Juni bis August, wobei bei guter Wetterplanung und mit einer entsprechenden Yacht entlang der Küste Alaskas und Kanadas von März bis November und in geschützten Küstenbereichen der Inside Passage ganzjährig gesegelt werden kann.

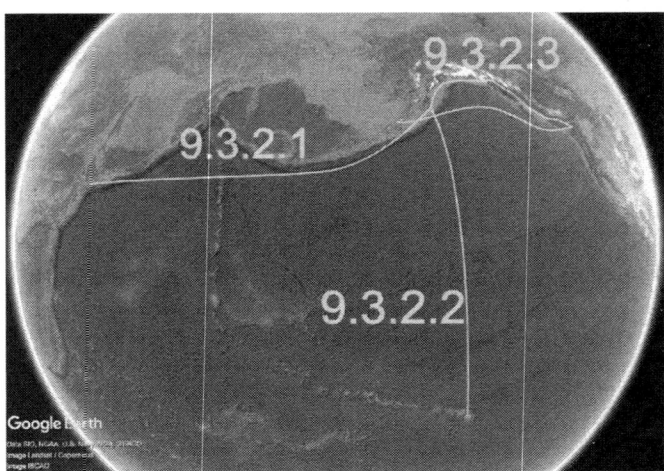

Abb. 187 Routen im Nordpazifik

9.3.2.1 Japan bis Alaska

Die 2800 Seemeilen lange Route von **Japan zu den Aleuten Inseln** (Dutch Harbor) führt durch das Gebiet der Ausläufer von Taifunen, den tropischen Wirbelstürmen entlang der asiatischen Küste. Da sich die Segelsaison mit der Hauptsaison der Taifune (Mai bis Dezember) deckt, ist die zeitliche Planung der Route riskant. Wird die Reise zu Beginn der Taifun-Saison von Mai bis Juni geplant, ist die Wahrscheinlichkeit geringer, von einem lebensbedrohenden Taifunausläufer eingeholt zu werden. Dafür machen die niedrigen Frühlingstemperaturen die Etappe anstrengender.

Obwohl das Sommerwetter im August die wärmsten Temperaturen im Golf von Alaska bringt, sollte eine Passage von Japan bis Aleuteninseln nicht im August und September, der Hautsaison der Taifune, angesetzt werden.

In den Wintermonaten ist das Auftreten von Taifunen weniger wahrscheinlich, durch die häufigen und schweren Winterstürme kann aber eine Passage zwischen Japan und Alaska nicht geplant werden.

9.3.2.2 Hawaii nach Alaska

Eine weitere Route nach Alaska führt über Hawaii, wobei Yachten in der Regel entweder direkt nach Kodiak Insel in Südwest Alaska segeln oder einer östlicheren Route zur Inside

262

Passage von Kanada oder Alaska folgen.

Die Distanz von **Hawaii** nach **Kodiak Insel** beträgt 2200 Seemeilen.

Da die Hurrikan Saison des Ostpazifiks maximal den südlichen Teil der Etappe betrifft, kann die Strecke in den Norden mit Ende Mai angesetzt werden.

Die Route in den Süden von Britisch Kolumbien nach Hawaii ist problematisch. Auch hier muss eine Zeit zwischen Hurrikansaison und Herbststürmen angesetzt werden. Nach September wird der Golf von Alaska zunehmend von herbstlichen Depressionen frequentiert und raues, kaltes Wetter dominiert die Strecke. Andererseits ziehen Hurrikans hauptsächlich bis Oktober im Seegebiet östlich von Hawaii, deren Ausläufer durchaus das Seerevier von Hawaii erreichen können. Alternativ zu dieser Hochseeroute kann eine Route entlang der Küste mit Unterbrechung in San Franzisko gewählt werden. Dadurch kann die Strecke von Britisch Kolumbien bis San Franzisko zur besten Zeit bis Ende August geplant und dort auf die Weiterfahrt in den Süden nach Ende der Hurrikansaison abgewartet werden.

9.3.2.3 Alaska bis Vancouver, Kanada

Wenige Yachten, die aus der Arktis kommen, segeln noch im selben Herbst von den Aleuten Inseln bis Vancouver. Diese Strecke führt quer durch den Golf von Alaska in Zugrichtung der Tiefdrucksysteme. Über die Strecke von 1600 Seemeilen muss im Herbst mit mehreren Schwerwettersituationen gerechnet werden.

Diese Nonstop Etappe umsegelt eines der eindrucksvollsten Segelreviere der Welt - die Küste Alaskas. Aus diesen beiden Gründen ist diese Etappe nicht zu empfehlen.

Alternativ kann die Küste in Abschnitten bereist werden, wobei mindestens eine Saison für diese Reise eingerechnet werden sollte. Die Segelreise durch die Inside Passage von Kanada und Alaska und entlang der Küste Südwest Alaskas ist in beide Richtungen möglich, da die relativ kurzen Etappen mit dem Wetter geplant werden können.

Nur wenige Yachten segeln nördlich der Inside Passage, obwohl Cordova am Eingang zum Prinz William Sund nur 380 Seemeilen entfernt von Glacier Bay liegt. Der Prinz William Sund ist ungleich ungezähmter als die Inside Passage, mit gewaltigeren Gletschern und weit voneinander entfernten Ansiedlungen.

Cook Inlett weiter im Westen ist das zweitstärkste Gezeitenrevier der Welt und so muss im Seerevier um den Cook Inlett und um Kodiak Insel mit extremen Strömungen gerechnet werden.

9.3.3 Südpazifik: Wind und Strömungen

Ab zirka 40°Süd wird der Südpazifik von einer Westströmung dominiert, mit Hauptwindrichtungen von Nordwest und Südwest. Durch den laufenden Durchzug von Systemen kann der Wind allerdings aus allen Quadranten kommen und ist in Richtung und Stärke höchst unstabil.

Tiefdrucksysteme ziehen ebenfalls von West nach Ost durch, wobei die vordere Nordflanke der Tiefs ausgeprägte Fronten mit teilweise sehr

Abb. 188 Wind und Strömung im Südpazifik

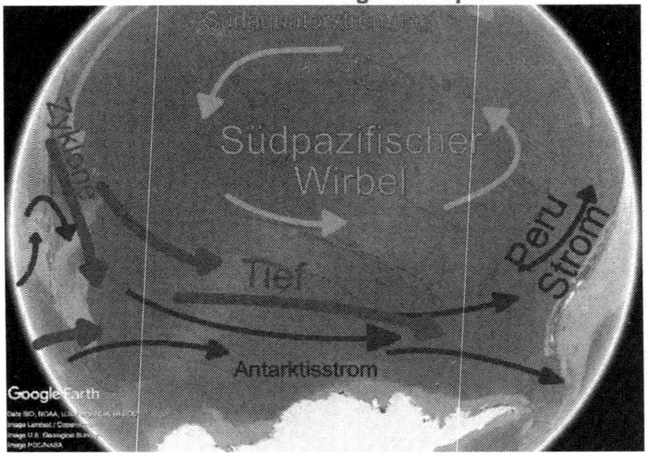

schweren Nordwestwinden bringt. Diese Fronten reichen mitunter weit in den Norden und können auch bei laufendem Wetterrouting nicht immer umsegelt werden.

Vor allem während der Zyklonzeit im tropischen Südpazifik formen sich schwere Depressionen aus ehemaligen tropischen Systemen, die aus dem Norden kommend in südöstliche Richtung ziehen und teilweise bis 50°S vorstoßen, um dann ihren Kurs nach Ost zu ändern und sich in die Reihe der Tiefdrucksysteme eingliedern.

Mit nur leichter ONO-setzender Strömung unter einem Knoten kann im hohen Südpazifik gerechnet werden. Ein Teil dieser Strömung dreht an der Küste Südamerikas in den Norden und wird zum Humboldtstrom.

Eine permanente Dünung aus West ist normal, die sich während des Durchzuga von Tiefdrucksystemen zu einer hohen See aufstellt.

Südlich von 45°S kann vereinzelt auf Eisberge aus der Antarktis gestoßen werden.

In der Tasman See zwischen Australien und Neuseeland dominiert Südwestwind, bei Durchzug eines Systems kann Wind aus allen Richtungen wehen. Der ostsetzende Strom erreicht bis zu einem Knoten.

9.3.4 Südpazifik: Routen und Saisons

9.3.4.1 Tasman (Australien) bis Neuseeland

Die Segelsaison zwischen Tasmanien und der Westküste **Neuseelands** ist während der Sommermonate November bis März.

In der Regel verläuft die Route von Hobart (Australien) nach Nelson (Neuseeland), da beide Orte Zollhäfen sind und das Einlaufen nach Nelson zu allen Bedingungen möglich ist. Allerdings liegt Nelson an der Cook Straße, in der mit teilweiser Verstärkung von Winden durch zusätzliche Flurwinde gerechnet werden muss. Weitere Häfen entlang der Südinsel von Neuseeland liegen in Flussmündungen und sind nur bei besten Wetterbedingungen erreichbar, da sie Untiefen und starke Strömungen aufweisen.

Im Gebiet von Tasmanien treten Kapeffekte auf, die in Verbindung mit durchziehenden Depressionen den Wind verstärken.

Die Distanz von **Hobert** nach **Nelson** beträgt 1200 Seemeilen.

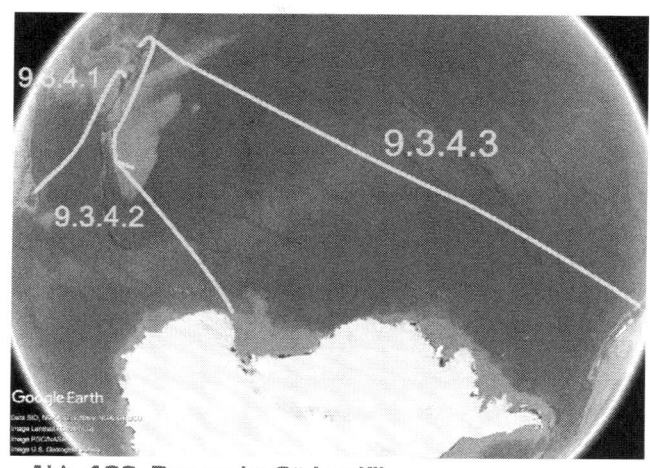

Abb. 189 Routen im Südpazifik

9.3.4.2 Snares Inseln, Auckland Inseln, Campbell Inseln und Antarktis

Die Segelsaison zu den **subantarktischen Inseln** in den Süden erstreckt sich von November bis März, wobei die Saison für die Antarktis von Dezember bis Februar ist.

Für alle subantarktischen Inseln sind Genehmigungen von Neuseeland nötig. Für die Reise in die Antarktis ist die Erlaubnis vom Flaggenland der Yacht vorgeschrieben, so fern es sich um ein Mitgliedsland des Antarktisvertrages handelt, siehe Kapitel 10.10 Antarktis, Südshetland Inseln, Südorkney Inseln auf Seite 301.

Die Route führt von Stewart Insel an Neuseelands Südspitze direkt in den Süden und zurück, wobei die

265

relativ kurzen Segeletappen zu den subantarktischen Inseln eine sehr gute Wetterplanung ermöglichen.

Die Distanz von **Stewart Insel** nach **Snares Insel** beträgt 90 Seemeilen und Anlaufbucht ist Boat Harbour. Die Insel steht unter Naturschutz.

Von **Stewart** nach **Auckland Insel** ist die Entfernung 240 Seemeilen.

Auckland Insel bietet mehrere gut geschützte Ankerplätze, Port Ross als die nördlichste gut geschützte Bucht dient als Anlaufhafen. Viele Ankerplätze von Auckland Inseln sind starken Fallwinden ausgesetzt.

Die **Campbell Insel** liegt 100 Seemeilen südöstlich von Auckland Insel und die Route verläuft in der Regel mit einem Zwischenstopp auf den Auckland Inseln. Anlaufbucht auf den Campbell Inseln ist Perseverance Harbour.

Die Reise bis in das Ross Meer der Antarktis, von Neuseeland aus, wird nur von den allerwenigsten Yachten bestritten und darf unter keinen Umständen von wenig erfahrenen Crews gesegelt werden. Dieses Seegebiet verbucht auch das bisher einzig bekannte Yachtunglück mit Todesfällen im antarktischen Ozean - den Verlust der S/V Berserk mit ihrer Besatzung.

Anlaufhafen in der Antarktis ist McMurdo, wo sich eine amerikanische wissenschaftliche Station befindet.

Die Distanz von **Stewart Insel** bis **McMurdo** ist 1900 Seemeilen.

9.3.4.3 Neuseeland bis Chile, und Chatham Inseln

Die Segelsaison über die „Brüllenden Vierziger" des Pazifiks von Neuseeland bis nach Patagonien oder Kap Horn streckt sich von November bis Februar. Ein später Aufbruch ist nicht zu empfehlen, da tropische Depressionen und Zyklone eine südliche Laufbahn einschlagen und sich zu schweren Tiefdrucksystemen in den Hohen Breiten entwickeln können. Noch vor der Hauptsaison der tropischen Zyklone sollte die Yacht das Seerevier südöstlich der Länge von 150°W erreichen.

Vom zirka 40. Breitengrad südwärts bis zu zirka 60°Süd kann diese Etappe in der Weströmung der Hohen Breiten gesegelt werden. Der beste Kurs ergibt sich aus dem laufenden Wetterrouting und verläuft auf der Nordflanke durchziehender Tiefdrucksysteme und der Südseite von Hochdruckgebieten. Die Tiefdrucksysteme bringen an ihrer Nordostseite meist ausgeprägte Fronten, die teilweise weit in den Norden reichen und nicht immer umsegelt werden können. Diese Systeme ziehen in der Regel alle paar Tage durch.

Die Großkreis Route ist die theoretisch kürzeste Route mit 4450 Seemeilen von **Auckland** (Neuseeland) bis **Kap Horn**, da sie aber bis 67°Süd reicht, ist sie praktisch kaum umzusetzen. Deshalb ist eher mit einer Distanz von **Auckland** nach **Kap Horn** mit 5000 Seemeilen zu rechnen. Ein weiterer günstiger Zielhafen ist Valdivia in Chile, an der Nordspitze Patagoniens auf zirka 40°S.

Als Absprunghafen kann jeder Zollhafen entlang der neuseeländischen Ostküste verwendet werden, wobei zu bedenken ist, dass Wellington in der Cook Straße liegt und diese für schweren Flurwind und massive Strömungen an ihrem östlichen Ausgang bekannt ist. Ein Start aus der Cook Straße setzt eine gute Wetter- und Strömungsplanung voraus.

Wird ein Zwischenstopp auf Chatham Insel im Zuge einer Segelreise über das Südmeer eingeplant, muss vorab vom neuseeländischen Zoll eine Bewilligung erworben werden, da auf Chatham Insel kein Zoll stationiert ist und bereits in Neuseeland ausklariert werden muss. Die Entfernung von **Wellington** nach **Waitangi** (Chatham Insel) beträgt 420 Seemeilen.

9.4 Indischer Ozean

9.4.1 Wind und Strömung

Ab zirka 40°Süd wird der Indische Ozean von einer Westströmung dominiert, mit Hauptwindrichtungen von Nordwest und Südwest. Dominiert wird das Wettergeschehen von laufend durchziehenden Tiefdrucksystemen mit Zugrichtung West nach Ost. Durch den laufenden Durchzug von Systemen kann der Wind aus allen Quadranten kommen und ist in Richtung und Stärke höchst unstabil.

Die Zyklonzeit im Indischen Ozean

Abb. 190 **Strömungen und Routen im Indischen Ozean.**

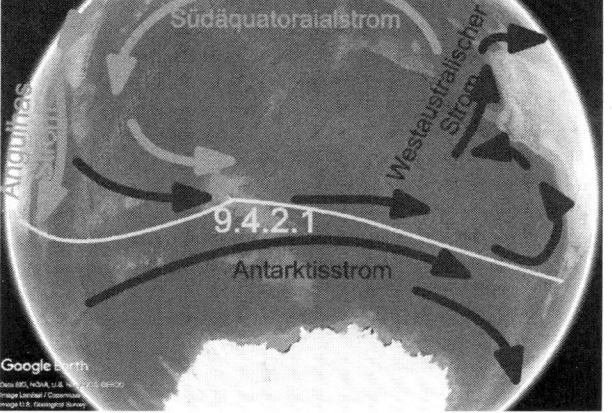

267

nördlich der Hohen Breiten ist von November bis Mai, mit den Hauptmonaten Dezember bis April. Die Hohen Breiten selbst liegen nicht in der Zyklonbahn, aber aus den Ausläufern können sich schwere extratropische Stürme bilden. Diese schweren Depressionen können im Seegebiet südöstlich von Madagaskar und südwestlich von Australien die Hohen Breiten erreichen.

Der Großteil des Agulhasstroms entlang der ostafrikanischen Küste biegt an der Südspitze Afrikas nach Westen in den Atlantik. Ein kleiner Teil fließt in Wasserwirbeln südlich und als schwache ostsetzende Strömung zurück in den Westaustralstrom.

9.4.2 Routen und Saisons

Die Segelsaison ist Dezember bis Jänner. Die Strecke von **Südafrika** bis zu den **Kerguelen Inseln** beträgt 2500 Seemeilen, die Weiterfahrt bis nach **Tasmanien** weitere 3200 Seemeilen.

Durch die Lage der Kerguelen in der Westwindtrift ist die direkte Rückfahrt nach Südafrika kaum realisierbar. Auch direkter Nordkurs und Rückfahrt nach Südafrika in den subtropischen Breiten ist nicht möglich, da dieser Kurs direkt in die Zyklonbahn des Westindiks zur Hauptsaison der Zyklone führen würde. Deshalb bleibt nur die Weiterfahrt nach Tasmanien. Hobart, an der Südostküste Tasmaniens, wird meist angelaufen.

Die direkte Fahrt von Südafrika nach Tasmanien wird in der Regel nicht auf der Großkreisroute gefahren, da diese weit in den Süden bis 62°S reicht. Wetterorientiertes Segeln mit Einbezug der Tiefdrucksysteme entlang der gesamten Strecke werden die Route bestimmen. Eine Länge von 5800 Seemeilen muss für die Strecke veranschlagt werden.

Da die segelbare Saison im südlichen Indischen Ozean in der Hauptsaison der Zyklone liegt, müssen die Wetterentwicklungen im Norden laufend beobachtet werden, um einem tropischen System, das als extratropische Depression in den Süden zieht, ausweichen zu können.

10. LÄNDERINFORMATION

Die große Freiheit hartgesottener Abenteurer scheint immer mehr Geschichte zu sein, denn auch in den Hohen Breiten werden Regulierungen und damit verbundene Kosten höher. Ob teurere Auflagen auch zu selbstverantwortlicherem Bootstourismus führt, darf allerdings bezweifelt werden. Tatsache ist, dass das selbstbestimmte Reisen in den Hohen Breiten ausführliche Planung verlangt und nötiger Papierkrieg bestritten werden muss.

10.1 Russland, Nördliche Seeroute (Nordost Passage)

10.1.1 Regulierungen und Visa

Um die Nördliche Seeroute zu befahren, bedarf es sowohl einer Fahrerlaubnis für die Yacht als auch diverse Visa für jedes Crewmitglied. Um diese Formalitäten zu erlangen, ist in der Regel eine Einladung durch eine russische Person oder Organisation, die vom russischen Auswärtigen Amt anerkannt ist, nötig. Einladungen durch Yachtclubs werden für diese Zwecke zur Zeit nicht mehr anerkannt.

Die Beantragung sämtlicher Formalitäten sollte bereits ein Jahr vorab begonnen werden. Auch muss für die Beantragung eventuell eine Reise nach Moskau zu NSRA (Northern Searoute Administration) unternommen werden.

Neben der Beweispflicht der Fähigkeiten von Skipper und Crew und der geeigneten Yacht kann es erforderlich sein, einen Eislotsen für die gesamte Reise durch die nördliche Seeroute an Bord nehmen zu müssen. Die Bestimmung des Eislotsen liegt im Aufgabenbereich der NSRA.

Mit erheblichen Unkosten sowohl für Einladung, Fahrerlaubnis, Visa und Eislotsen ist zu rechnen.

Da es nicht erlaubt ist, eine Waffe in Russland einzuführen, wird empfohlen, erst vor Ort am Eingang zur nördlichen Seeroute eine Waffe zu kaufen, um sie als Schutz gegen Eisbären durch die Passage mit an Bord zu führen.

10.1.2 Natur und Kultur

Die Sommertemperaturen sind sehr unterschiedlich. Die Durchschnittstemperaturen während der Sommermonate liegen bei +1° bis +2° Celsius. Dennoch können Tage mit +15°C oder höher erlebt werden. Die Wetterbedingungen bleiben den ganzen Sommer über wechselhaft. Schlechte Sicht, Nebel und Schneefall werden ganzjährig angetroffen.

Die Tundra der Arktis ist eine Schotterwüste, mit einer sehr kurzen Vegetationszeit. Durch den Permafrostboden ist es Pflanzen unmöglich, tief zu verwurzeln und Humus bildet sich nur sehr wenig und langsam. Die Vegetation besteht aus bodennahen, widerstandsfähigen Sträuchern, kleinen Gräsern und Blühpflanzen, Flechten und Moosen, die hauptsächlich entlang von Wasserläufen wachsen.

Heimische Landtiere der Arktis sind Lemminge und Schneehasen, Karibu, Moschusochsen, Schneefüchse, Wölfe. Dazu kommen unzählige migrierende Vogelarten, die den Sommer in der Arktis zur Brut und Jungtieraufzucht verbringen.

Meeressäuger wie Walrösser, Robben, Eisbären, Beluga- und Narwale können gesichtet werden. Weitere Walarten migrieren die Gewässer der Arktis.

Entlang der Küste der nördlichen Seeroute liegen wenige Ansiedlungen, deren Bevölkerung sich aus Urbevölkerung und Bürgern aus südlicheren Teilen zusammensetzt.

Die Anliegen der Urbevölkerung Russlands werden von RAIPON (Russian Association of Indigenous Peoples of the North) vertreten, darunter auch die sibirischen Yupik, deren Heimat Yachten am Weg durch die nördliche Seeroute durchqueren.

10.1.3 Versorgung und Häfen

Yachten, die in die Nördliche Seeroute aufbrechen, sollten für die gesamte Dauer der Reise ausreichend verproviantiert werden. Eventuell kann Fisch und Karibufleisch von Einheimischen bezogen werden, in einigen Häfen sind beschränkt Lebensmittel erhältlich. Trinkwasser ist teilweise kostenpflichtig.

Diesel wurde von Yachten in der nördlichen Seeroute mitunter über Schiffe bezogen. Bargeld (US-Dollar und russische Rubel) müssen dafür an Bord mitgebracht werden.

Ersatzteile für die Yacht sind in der russischen Arktis nicht erhältlich, die Yacht muss in einwandfreiem Zustand sein und nötige Ersatzteile für Eventualitäten müssen mitgeführt werden.

Mögliche Versorgungshäfen für Diesel, Wasser und Lebensmittel von Ost nach West sind:

- Anadyr - Zollhafen
- Povidenia
- Pevek
- Diksi
- Dikson
- Khatanga
- Murmansk - Zollhafen

10.1.4 Informationsquellen

Murmansk und Pevek senden Wetterfax aus. Dabei werden Bodenanalysekarten, Seegangsanalysen, Wassertemperatur- und Eisbergkarten ausgesendet.

Großflächige Eiskarten sind über die Universität Bremen erhältlich: https://seaice.uni-Bremen.de/sea-ice-concentration/.

Die russischen Behörden müssen täglich über die Position und Situation der Yacht informiert werden, so ist es einfacher für die Behörden, im Seenotfall zu reagieren. In der russischen Arktis befinden sich Eisbrecher sowie spezialisierte Seenotrettungsschiffe im Einsatz. Die großen Entfernungen oder Eis kann jedoch Hilfeleistung zum Teil um Tage verzögern. In den größeren Ortschaften ist medizinische Versorgung kein Problem.

10.2 Norwegen, Spitzbergen und Jan Mayen

10.2.1 Regulierungen und Visa

Norwegen ist Mitglied des Schengen Abkommen. Das bedeutet, dass Staatsbürger von Mitgliedsländern und Reisende, die bereits in ein Schengen-Mitgliedsland einklariert sind, ohne erneutes Einklarieren in Norwegen reisen können.

Wollen Staatsbürger aus Nicht-Mitgliedsländern länger als drei Monate in Norwegen reisen, müssen sie vorab ein Visum beantragen.

Die Yacht kann sechs Wochen steuerfrei in Norwegen verbringen. Noch vor Ablauf dieser sechs Wochen kann der steuerfreie Zeitraum problemlos bis zu zwei Jahren erhöht werden.

Spitzbergen und **Jan Mayen** gehören zum Königreich Norwegen. Daher sind keine speziellen Visa für diese Inseln nötig und aus Norwegen kommend muss nicht erneut einklariert werden.

Allerdings sind Vorbereitungen für die Segelerlaubnis in Spitzbergen nötig. Dazu muss die Verwaltung von Spitzbergen vorab kontaktiert werden: www.sysselmannen.no

Yacht, Crew und geplante Route muss bekannt gegeben werden und eine zugelassene Bergeversicherung muss vorgelegt werden.

Für die Segelreise in Spitzbergen ist eine Schusswaffe zur Selbstverteidigung gegen Eisbären nötig. Eine Waffe kann entweder im Verwaltungsbüro von Spitzbergen (Sysslemannen Office) gemietet werden, oder an Bord mitgebracht werden. Wird an Bord eine Schusswaffe mitgeführt, muss diese beim Zoll in Norwegen gemeldet werden. Die Meldung ist unkompliziert und problemlos möglich.

10.2.2 Natur und Kultur

Norwegen bietet ungefähr 150.000 Inseln, deren Küsten zusammen mit der Festlandküste mehr als 43.000 Seemeilen umfassen. Im Überblick kann die Küste Norwegens in mindestens drei unterschiedliche Segelreviere eingeteilt werden:

- Die milde Südküste Norwegens inklusive Oslofjord.

- Westnorwegen mit unzähligen Sunden und Fjorden, die tief ins Landesinnere schneiden.

- Der Norden Norwegens mit den berühmten Lofoten Inseln, dem Nordkap und der wilden Küste bis zur russischen Grenze.

Der Großteil der Südküste kann im geschützten Gewässer innerhalb des Schärengartens navigiert werden. Neben der interessanten Hauptstadt Oslo sind zahlreiche kleinere Dörfer und Siedlungen mit Steganlagen für Yachten erreichbar.

Die Landschaft wird vom Schärengarten mit runden Granithügeln und relativ flachen Küsten geprägt. Das Wetter im Hochsommer ist relativ mild und warm, weshalb die Küste gerne auch als die „Riviera Norwegens" bezeichnet wird. Speziell vor Saison muss mit häufigem Nebel gerechnet werden.

Westnorwegen beeindruckt mit unzähligen tiefen Fjorden und majestätischen Gebirgslandschaften. Viele Seemeilen entlang der Küste können innerhalb der Schärengärten gesegelt werden, mit langen Passagen bis tief ins Innere der Fjorde.

Die Passage um Stattlandet führt durch die offene Nordsee. Aufgrund von Strömungen ist in diesem Revier generell mit rauem Seegang zu rechnen und gute Wetterplanung ist Voraussetzung für einen sicheren Transit.

Das Wetter in Westnorwegen ist generell wechselhaft und vor allem im Revier um Bergen (regenreichste Stadt Europas) sehr regnerisch.

In den Sunden können starke Gezeitenströmungen auftreten und vor allem in den tief ins Landesinnere reichenden Fjorden sind Fallwinde von den steilen Berghängen möglich.

Die Bevölkerungsdichte in Westnorwegen ist geringer als im Süden des Landes, dennoch sind entlang der gesamte Küste Ansiedlungen und Dörfer zu finden.

Kulturell interessant ist die Hansestadt Bergen, die als UNESCO Weltkulturerbe gelistet ist, die Ölhauptstadt Stavanger, das gut erhaltene Ålesund und die besonders schöne Kulturstadt Trondheim. Auch können in manchen Fjorden alte Stabkirchen begutachtet werden.

Westnorwegen bietet aber vor allem eine beeindruckende Natur mit unzähligen Wandermöglichkeiten.

Viele besuchende Yachten planen die Lofoten Inseln als ihr nördlichstes Ziel der Reisen. Zusammen mit den Vesterålen sind sie im Winter Zentrum der traditionellen Dorschfischerei Norwegens mit kleinen Dörfern und unzähligen Häfen, die teilweise Platz für besuchende Yachten bieten.

Zwischen den Inseln können steife Flurwinde von West nach Ost auftreten und mit teilweise massiven Strömungen im Süden der Lofoten muss gerechnet werden.

Das Wetter ist generell trockener als im Süden des Landes. Im Hochsommer scheint ab den Lofoten die Mitternachtssonne.

Die Landschaft in Nordnorwegen bis zum Nordkap ist etwas flacher und einsamer als in den Gebirgsketten weiter südlich. Viele Gebiete können auch hier innerhalb von Sunden und zwischen Inseln navigiert

werden. Tromsø ist interessant mit seiner Geschichte als „Tor in die Arktis" und wird bis heute von Yachten und Schiffen auf dem Weg in den Hohen Norden als Absprunghafen verwendet. In Alta können Jahrtausende alte Felsmalerei besichtigt werden.

Die Nordküste vom Nordkap bis zur russischen Grenze bietet keine geschützten Gewässer innerhalb von Schären, doch reichen einige Fjorde ins Landesinnere. Die Küstenlandschaft ist von Moosen und Flechten dominiert und unzählige Rentiere prägen das Bild. Die Fischereiansiedlungen sind weiter von einander entfernt als entlang südlicheren Küsten. Das Wetter ist generell wechselhaft und teilweise können steife Flurwinde aus den Fjorden wehen.

Die Inselgruppe von **Spitzbergen** umfasst zwei große und mehrere kleinere Inseln die in der Hohen Arktis zwischen 77°N und 80°N liegen. Die von Gletschern geformte Natur wird von Bergen und Fjorden dominiert.

Neben den norwegischen Ansiedlungen Longyearbyen, Sveagruva und Ny Ålesund befinden sich auf Spitzbergen die russische Kohleabbau-Stadt Barentsburg und die polnische Forschungsstation Hornsund.

In Spitzbergen sind ganzjährig Eisbären anzutreffen.

Jan Mayen ist eine aktive Vulkaninsel, dessen letzter Ausbruch 1985 verzeichnet werden konnte.

Die Insel ist in ihrer längsten Ausdehnung 53 Kilometer lang, mit seinem höchsten Berg von 2277m und verfügt über keinen generell geschützten Ankerplatz.

Mit Ausnahme der Wissenschaftlichen und meteorologischen Station in Jan Mayen ist die Insel unbewohnt.

10.2.3 Versorgung und Häfen

Norwegen bietet bis in seinen hohen Norden alle nötigen Versorgungsmöglichkeiten und Häfen. Diesel, Propangas, Wasser, Lebensmittel, Internet und Dienstleistungen sind generell in allen Ballungszentren erhältlich. Die Versorgungsmöglichkeiten in kleineren Ortschaften können vor allem im Norden und auf Inseln beschränkt oder hochpreisiger sein.

Während im Süden des Landes viele Häfen für Yachten konzipiert sind und auch Ersatzteile teilweise direkt vor Ort bezogen werden können, so können Yachten im Norden in Fischerei- und Sportboothäfen Platz finden und per Internet und Post nötige Ersatzteile beziehen.

Spitzbergen bietet grundlegende Versorgungsmöglichkeiten (Lebensmittel, Wasser, Diesel) im hohen Preisniveau.

Auf **Jan Mayen** ist keine Versorgung möglich.

10.2.4 Informationsquellen

Wetterinformationen für das norwegische Seegebiet können auf verschiedenste Wege empfangen werden. Die Internetseite des norwegischen Wetterdienst ist www.yr.no.

Behördliche Aussendungen über VHF sind in norwegischer Sprache, doch bietet die Organisation www.sjoassistanse.com gegen eine kleine Gebühr das Service, lokale Wetterberichte auch in Englisch über Funk durchzugeben.

Wetterberichte werden weiters über NAVTEX, Wetterfax und Radiostationen ausgesendet. Direkte Wetterberatung durch norwegische Meteorologen ist gegen Gebühren möglich.

Eiskarten für Spitzbergen sind auf der Internetseite des norwegischen Wetterdienstes zu beziehen. Das Norwegische Meteorologische Institut in Tromsø (e-mail: istjenesten@met.no) bietet das Service, Eis-

275

karten laufend direkt an die Bord-email-Adresse zu sende.

NSSR (Norwegian Society for Sea Rescue) heißt die norwegische See-notrettungs-Organisation. Für Mit-glieder sind Serviceleistungen außer-halb von Seenotfällen (z.B. Schlepp-hilfe) inkludiert. Auch ausländische Yachten können gegen ein kleine Gebühr Mitglied werden: www.red-ningsselskapet.no

Küstenhandbücher für Norwegen, Spitzbergen und Jan Mayen:

Norwegian Cruising Guide, von Phyllis Nickel & John Harries, ISBN 978-976-95204, www.norwegiancrui-singguide.com

Norway von Judy Lomex, ISBN 978-184623-284-8, erschienen bei IMRAY, www.imray.com

10.3 Island

10.3.1 Regulierungen und Visa

Island ist nicht EU Mitglied, aber Mitglied des Schengen Abkommens. Yachten werden bei der Ankunft von den Behörden kontrolliert und einkla-riert, in der Regel sind weder Visa noch Fahrerlaubnisse vorab nötig. Waffen an Bord müssen gemeldet werden und werden vom Zoll an Bord verplombt, beim Ausklarieren wird diese Plombe von den Behörden kontrolliert.

10.3.2 Natur und Kultur

Island befindet sich am mittelatlanti-schen Rücken und ist die größte Vulkaninsel der Erde. Gleichzeitig ist Island das am dünsten besiedelte Land Europas.

Dicht unter dem nördlichen Polar-kreis gelegen, ist das Klima ozeanisch kühl. Durch den Einfluss des Golf-stroms in Form des relativ warmen Irmingerstroms (ca. 5°C) sind die Temperaturen milder als in anderen Regionen dieser Breitengrade. Die Temperaturen im Sommer schwanken an der Küste zwischen 12 und 15°C, im Winter zwischen 0 und 3°C.

Die vorherrschenden Winde werden von den durchziehenden Depressionen von Kanada kommend bestimmt, die schwersten Stürme werden in der Regel aus Süd-Süd-west gemessen, weshalb die Süd-küste Islands für ihre gefährlichen Hafeneinfahrten berühmt ist und mit Schiffsfriedhöfen beeindrucken kann. Die kleine, vorgelagerte Insel Vest-mannæyjar bietet den einzigen Hafen entlang der Südküste Islands, der in allen Wetterbedingungen ein sicheres Einlaufen ermöglicht und ist daher ein günstiger Anlaufhafen beim Segeltörn nach Island.

Die Landschaft Islands ist von Vulkanismus, Wasserreichtum und Gletschern geprägt, mit zahlreichen aktiven Vulkanen, heiße Quellen, Flüssen und beeindruckenden Wasserfällen. Zirka 11% der Fläche Islands ist von Gletschern bedeckt.

Die Fauna ist abgesehen von einer großen Vogelvielfalt nicht besonders artenreich. Polarfüchse, Robben und Wale gehören zu den Besonderheiten, die sich an der Küste beobachten lassen. Eisbären sind generell nicht in Island beheimatet, werden jedoch (selten) von treibenden Eisschollen aus Grönland an der Küste angeschwemmt. Island ist berühmt für seine Islandpferde und Islandschafe.

Heute hat Island einen der höchsten Lebenstandards und Pro-Kopf-Einkommen der Welt. Dennoch werden viele Teile der alten Kulturen (wie zum Beispiel die Sprache) aus der Zeit der Wikinger aufrecht erhalten. In jüngsten Jahren hat Island den Tourismus stark gefördert, weshalb unzählige Attraktionen leicht erreichbar sind. Island hat eine fortschrittliche Entwicklung im Themenbereich erneuerbare Energien.

10.3.3 Versorgung und Häfen

Mit Ausnahme von Reykjavík und Kevlavík verfügt Island über keine dezidierten Yachthäfen. Yachten werden aber in der Regel in allen Fischereihäfen willkommen geheißen und meist längsseits an einem stilliegenden Kutter verholt. Die große Hafenanlage in Kevlavík bietet Werften und Reparaturmöglichkeiten, wobei auch diese für kommerzielle Schifffahrt ausgelegt sind, jedoch durchaus mit Yachten umgehen können. Der Segelclub in Reykjavík ist besonders hilfsbereit gegenüber besuchenden Yachten.

Grundlegende, westliche Versorgungsmöglichkeiten bietet jeder Hafen.

10.3.4 Informationsquellen

Wetterinformationen für das isländische Seegebiet können auf verschiedensten Wegen empfangen werden. Die Internetseite des isländischen Wetterdienst ist en.vedur.is.

Ein Küstenhandbuch für Island, Grönland und Færø Inseln wird von IMRAY mit dem Titel „Arctic and Northern Waters" von Andrew Wilkes in englischer Sprache herausgegeben. ISBN 978 184 623 5030

10.4 Grönland

10.4.1 Regulierungen und Visa

Grönland ist ein autonomer Bestandteil des Königreichs Dänemark, aber kein Mitglied der EU oder Schengen Abkommen. EU Staatsbürger benötigen kein Visum für den Besuch von Grönland und generell ist für Yachten keine Fahrerlaubnis nötig. Staatsbürger aus Ländern, die für Dänemark ein Visum benötigen, sind auch in Grönland visumpflichtig, welches über dänische Konsulate angefordert werden kann.

Theoretisch muss per Küstenfunk (UKW-Seefunk) die Ankunft in Grönland vorab gemeldet werden. Das Einklarieren sollte in Nuuk möglich sein. Eventuell können die Pässe der Crew auf einem Polizeiposten in einer Ansiedlung vorab abgestempelt werden. Dort kann auch eine mitgeführte Waffe gemeldet werden. Offiziell ist die Einfuhr von Waffen nach Grönland nicht gestattet, allerdings wurde diese Regelung bisher nicht geahndet.

10.4.2 Natur und Kultur

Grönland ist die größte Insel der Erde und hat mit rund 56000 Einwohnern die geringste Bevölkerungsdichte der Welt. Die Insel reicht von 59°46′ Nord bis 83°40′ Nord und ist zum Großteil mit dem bis zu 3400m dicken Grönländischen Eisschild bedeckt. Die Küsten werden von vielen Fjorden geprägt, die größtenteils von Gletschereis des Eisschilds gefüllt werden.

Die gesamte Insel befindet sich über der nördlichen Baumgrenze. Die Vegetation im Süden besteht aus niedrigen Stauden von Birken, Erlen und Weiden, Gräsern, Beeren und niedrigen Blühpflanzen. Weiter nördlich beschränkt sich die Vegetation auf Moose, Gräser niedrige Blühpflanzen und einige Beerenarten.

Bekanntester Vertreter der grönländischen Tierwelt ist der Eisbär. Sein hauptsächlicher Lebensraum befindet sich im äußersten Norden sowie im Nordost-Grönland-Nationalpark, dem größten Nationalpark der Welt. Mit dem Treibeis gelangten einzelne Tiere bis an die Südspitze und die Westküste Grönlands. Deshalb muss in allen Küstengebieten Grönlands mit einer Begegnung gerechnet werden.

Weitere Säugetiere sind Moschus-ochsen, Rentiere, Polarfüchse, Polarhasen und Kleinsäuger wie Lemming und Hermelin. Polarwölfe kommen in Nordost- und Nordgrönland vor.

Meeressäuger kommen in den Gewässern um Grönland in zahlreichen Arten vor: diverse Walarten, Atlantik-Walross und verschiedene Robbenarten. Auch sind die Gewässer Grönlands sehr fischreich.

Die meisten Vögel Grönlands sind Zugvögel, die während der kurzen Sommermonate auf der Insel brüten. Einige Raben, Schneeeulen, Schneehühner und Enten überwintern in Grönland.

Wie überall in arktischen und subarktischen Gebieten sind Stechmücken zahlreich in den Sommermonaten.

In Grönland herrscht polares und subpolares Klima, das an der Westküste durch den Grönlandstrom gemildert wird, den hier der Nordatlantische Strom und der Golfstrom mit relativ warmem Wasser versorgen. Deshalb ist die grönländische Südwestküste bereits früher besegelbar als die grönländische Ostküste oder die Küste Labradors.

Der Süden Grönlands mit Kap Favel ist für wechselhaftes Wetter mit Fallwinden (von den steilen Bergen) bekannt. Nebel tritt häufig auf und Strömungen vor der Küste können in Starkwind für schwere See sorgen. Diese Küste sollte entweder dicht unter Land und durch die Fjorde, oder mit großem Abstand auf Hochsee umrundet werden.

Aufgrund des stabilen Hochdrucks über der Eiskappe Grönlands ist speziell die Westküste im Gebiet um Sissimiut für trockenes und sonniges Sommerwetter bekannt. Die Küste erlebt so geringen Niederschlag, dass sie als Steinwüste eingestuft wird.

Von Disco Sund in den Norden wird das Treibeis dichter und die Ankerplätze weniger, beziehungsweise weniger geschützt.

Die Bevölkerung Grönlands stellt sich hauptsächlich aus Ureinwohnern (einer Untergruppe der Inuit), dänischen und einigen philippinischen Zuwanderern zusammen.

Ursprünglich waren die Grönländer Jäger, Fischer und Sammler und bis heute wird die Jagdkultur hoch geschätzt. Die Sprachen im Land sind Inuktitut (Grönländisch) und Dänisch. Englisch wird teilweise verstanden.

10.4.3 Versorgung und Häfen

Generell sind die Versorgungsmöglichkeiten in grönländischen Dörfern gut, wenn auch hochpreisig. Jedes größere Dorf verfügt über westliche Supermärkte, die mit europäischen Gütern gefüllt sind. Darüber hinaus werden auf lokalen Märkten Fisch, Robben- und Karibufleisch angeboten. Internetzugriff ist in allen Büchereien Grönlands gratis erhältlich.

Mit Ausnahme von Nuuk gibt es in Grönland keine Yachthäfen. Der Yachthafen in Nuuk kann während der Sommermonate Yachten bis 10m LOA Platz bieten. Größere Yachten finden in der Regel am Kuttersteg längsseits eines Kutters Platz, oder ankern in der Bucht von Nuuk Hafen. Alle weiteren Städte Grönlands bieten Häfen, in denen längsseits von Kuttern festgemacht werden kann. Die Frequentierung dieser Häfen durch Fischkutter ist hoch und es muss täglich mit mehrmaligen Umlegen gerechnet werden.

Nuuk verfügt über eine große Werft, die auch Yachten aus dem Wasser heben und über Winter lagern kann, ebenfalls zu relativ hohen Preisen. In Sissimiut und Aassiaat werden Kutter über Schienen aus dem Wasser gezogen, eventuell können diese Werften auch Yachten herausheben.

Ersatzteile und Yachtzubehör ist nur in Nuuk erhältlich. Das aus Dänemark bestückte Geschäft ist relativ gut ausgestattet, Ausrüstung speziell für Segelyachten wird allerdings bestellt und mit Lieferzeiten bis zu einem Monat muss gerechnet werden.

In allen Ansiedlungen Grönlands ist erstklassiger Polar-Diesel im Hafen erhältlich. Auch werden in den meisten Geschäften Waffen und Munition verkauft, die für die Weiterfahrt in den Norden zum Schutz gegen Eisbären erworben werden sollten.

10.4.4 Informationsquelle

Am Schiffsreport-System „Greenpos" können Yachten freiwillig teilnehmen. Dabei werden Schiffspositionen von in Fahrt befindlichen Schiffen und Yachten mitgeplottet. Kontaktdaten von MRCC Nuuk sind e-Mail: ako-commcen@mil.dk, Telefon: +299 364023 und Fax: +299 364099

Greenpos dient zur schnellen Rettungskoordination bei Notfällen. Da Grönland selbst über keine Seenotrettung verfügt, werden Notfälle an stationiertes dänisches Militär weitergeleitet. Alle an „Greenpos" teilnehmenden und verfügbaren Schiffe (inklusive Yachten und Kutter) werden ebenfalls in Notfällen zur Hilfeleistung koordiniert.

Ein Küstenhandbuch für Island, Grönland und Færø Inseln wird von IMRAY mit dem Titel „Arctic and Northern Waters" von Andrew Wilkes in englischer Sprache herausgegeben. ISBN 978 184 623 5030

10.5 Kanada

10.5.1 Regulierungen und Visa

Für die Einreise in Kanada sind für EU-Bürger keine Visa vorab nötig. Ein Aufenthalt bis zu einem halben Jahr kann vor Ort gewährt werden. Auch für die Yacht ist bisher keine Fahrtgenehmigung nötig. Die Einklarierung verläuft im Normalfall unkompliziert und teilweise über Telefon an einem Zollhafen.

Die Mitnahme von Jagdflinten an Bord benötigt ebenfalls keine besonderen Vorbereitungen. Bei der Einreise werden gegen Gebühr Jagdlizenzen für Kleinwild ausgestellt, womit die Waffe legal mitgeführt werden darf (und zum Schutz gegen Eisbären auch mitgeführt werden soll, unabhängig davon, ob sich Jäger unter der Crew befinden).

10.5.2 Natur und Kultur

Kanada, das zweitgrößte Land der Erde, hat mit 243.042 Kilometern die längste Küstenlinie der Welt und bietet somit unzählige interessante Segelreviere. Im Überblick wird die Küsten Kanadas in mindestens sechs unterschiedliche Segelreviere eingeteilt:

- Neuschottland (Nova Scotia) mit seiner Ostküste liegt eigentlich noch in den gemäßigten Breiten und wird hier nur vollständigkeitshalber erwähnt.

- Neufundland (Newfoundland) am Eingang zum St. Lawrence Fluss wird durch die Straße von Belle Insel getrennt vom Festland und dem gefährlichen Gebiet der Grand Banks.

- Die raue Küste Labradors bis zum Eingang der Hudson Bucht.

- Arktisches Kanada mit der größten kanadischen Insel Baffin Insel und dem kanadischen Teil der Nordwest Passage.

- Britisch Kolumbien (British Columbia) mit seiner Inside Passage und den größeren Inseln Haida Gwaii (Queen Charlotte Inseln) und Vancouver Insel

- Ein weiteres Segelrevier Kanadas bieten die Großen Seen Inland, auch dieses Revier wird hier nur vollständigkeitshalber erwähnt.

Die arktische Hudson Bucht sowie die Inseln nördlich der Nordwest werden bisher nicht von Segelyachten frequentiert (mit Ausnahme von Ellesmare Insel), weshalb hier nicht darauf eingegangen werden kann.

Neufundland erlebt durch das maritime Klima Sommertemperaturen unter dem kontinentalen Durchschnitt und wechselhaftes Wetter mit viel Niederschlag (in allen Formen), Nebel und Winden aus allen Richtungen. Die Sturmhäufigkeit ist über die Sommermonate geringer als im restlichen Jahr, allerdings erreichen im Sommer und Herbst Ausläufer von tropischen Hurrikans aus dem Süden die Küste und stürmische Tiefdrucksysteme können durchziehen.

Die Seegebiete von Avalon Halbinsel und den Grand Banks zählen zu den nebelreichsten der Welt.

Im Frühling behindert Treibeis die Fahrt um Neufundland, in normalen Jahren kann die Straße von Belle Insel mit Mitte Mai befahren werden. Vor allem an der Außenküste von Neufundland treiben auch im Sommer Eisberge in den Süden.

Nach vielen Jahren schwerer Überfischung ist der Fischreichtum von Neufundland fast zusammengebrochen und die Fischerei ist zurückgegangen. Dennoch ist die Kultur geprägt von Fischerei.

Die Küste **Labradors** wird vom gleichen Wettergeschehen wie die Insel Neufundland geprägt. Die kalte Labradorströmung bringt zusätzlich das gesamte Jahr durch viel Eis aus dem Norden (Packeis und Eisberge). Mit Mitte Juni öffnet sich in normalen Jahren der Eismantel Labradors ungefähr bis zur halben Küstenlänge. Die Gebiete nördlich davon sind selten vor Juli befahrbar.

Viele Gebiete Labradors sind bis heute nur über Luft oder Wasser zu erreichen. Die Abgeschiedenheit, eine karge Natur, lange Winter und das kalte Klima prägen die Kultur in Labrador. Die Fauna ist geprägt von Eisbären, einer Vogelvielfalt und einer arktischen Tierwelt.

An der Ostküste von **Baffin Insel** sind die Hauptwindrichtungen Nordwest und Südost. Kaltes Wasser aus dem Norden strömt entlang der Ostküste in den Süden, weshalb das ganze Jahr durch mit einer hohen Eiskonzentration gerechnet werden muss. Die Küste selbst ist felsig, schroff und mit unzähligen, gletschergeformten Fjorden beschnitten. Nur wenige Unterlagen zu möglichen Ankerplätzen existieren. Gletschereis, Fallwinde von den Gletschern und tiefes Wasser erschweren das Ankern. Über die Westküste von Baffin Insel gibt es kaum Information, da bisher Yachten diese Küste nicht bereisen.

Eine arktische Tierwelt ist auf Baffin Insel beheimatet, mit Eisbären, Polarfüchsen, Polarwölfen, Karibus... Außerdem wird die Insel von vielen Zugvögeln den Sommer über besucht. Die wenigen Ansiedlungen auf Baffin Insel beheimaten hauptsächlich kanadische Urbevölkerung.

Auf den kanadischen Teil der **Nordwest Passage** wird im Kapitel 9.2.2 Nordwest Passage auf Seite 258 näher eingegangen.

Die niederschlagsreiche Pazifikküste von **Britisch Kolumbien** wird von großflächigen Nadelwäldern beherrscht, die trotz ausgedehnter Forstwirtschaft noch zu einem der größten Gebiete von Urwäldern dieser Welt zählen.

Die Küste ist zerklüftet und weist viele Fjorde und vorgelagerten Inseln auf. Die Außenküsten zum Pazifik können von schwerer See geprägt sein, weshalb viele Yachten die geschützten inneren Gewässer entlang der Küste bevorzugen. Teilweise massive Gezeitenströme müssen beachtet werden, die Hauptwindrichtung im Sommer ist Nordwest.

Die Wälder im Norden sind idealer Lebensraum für Karibus und Elche, Luchse, Schwarz- und Braunbären. Biber, Marder, Bisamratten, Nerze sind auch heute noch Grundlage des inzwischen unbedeutenden Pelzhandels. Weißkopfadler und viele weitere heimische Vögel sind neben unzähligen Zugvögeln entlang der Küste anzutreffen.

Die Fjorde sind berühmt für ihr reiches Marineleben von Walen über Robben bis zum Fischreichtum.

In allen Gebieten Kanadas sind Stechmücken zahlreich in den Sommermonaten.

Im Norden ist die Stadt Prinz Rupert zu einer hochmodernen Hafenanlage gewachsen, da es die kürzeste Schifffahrtslinie zwischen den wichtigsten asiatischen Häfen und Nordamerika bietet. Die wenig südlich davon liegende Stadt Kitimat ist Zentrum einer großen Aluminiumindustrie. Weiter südlich werden die Ansiedlungen kleiner und weniger und sind teilweise von der Urbevölkerung geprägt. Erst ab Vancouver Insel ändert sich das Bild erneut, deren Küste mehrere größere Ortschaften und die Stadt Victoria beheimatet. Die Millionenstadt Vancouver im Süden von Britisch Kolumbien bietet ein schönes Segelrevier, in dem die Gulf Inseln und die US-amerikanischen San Juan Inseln zu einem beliebten Freizeitrevier der Nordamerikaner zählen.

10.5.3 Versorgung und Häfen

Kanada bietet bis in seinen hohen Norden alle nötigen Versorgungsmöglichkeiten, aber nur teilweise Häfen oder Anleger. Diesel, Propangas, Wasser, Lebensmittel, Internet und Dienstleistungen sind generell in allen Ballungszentren erhältlich. Die Versorgungsmöglichkeiten in kleineren Ortschaften sind vor allem im hohen Norden hochpreisig.

Während im Süden des Landes viele Häfen für Yachten konzipiert sind und auch Ersatzteile teilweise direkt vor Ort bezogen werden können, können im Norden nur teilweise Anleger der Berufsschifffahrt genützt werden. In vielen Ansiedlungen bleibt das Ankern die einzige Möglichkeit für Yachten.

Ersatzteile können per Internet und Post bestellt werden, die Lieferung per Flugzeug kann allerdings teuer sein.

10.5.4 Informationsquellen

NORDREG heißt das arktische Reportsystem der Schifffahrt, das von der kanadischen Küstenwache betrieben wird. Die Teilnahme für Yachten ist bisher freiwillig und sehr empfehlenswert.

Für SAR-Einsätze im kanadischen Hoheitsgebiet sind kanadische Küstenwache gemeinsam mit allen kanadischen Militärs zuständig, wofür spezielle SAR-Schiffe, alle Schiffe der kanadischen Behörden wie auch alle in Kanada regestierten Wasserfahrzeuge koordiniert werden: http://www.ccg-gcc.gc.ca/eng/CCG/Home

Wetterinformationen für die einzelnen kanadischen Seegebiete können auf verschiedenste Wege empfangen werden. Die Internetseite des kanadischen Wetterdienstes ist weather.gc.ca. Die Küstenfunkstellen von Halifax und Sydney (Neuschottland), Iqualuit und Resolute (Nunavut) und Inuvik (Northwestern Territories) senden laufend Wetter- und Eisinformationen per Wetterfax aus.

Navtex-Aussendungen werden sowohl über die pazifischen wie auch über die atlantischen Seegebiete veröffentlicht.

Eisinformationen werden teilweise in Zusammenarbeit mit den USA zusammengestellt und in der schiffbaren Saison bis zu zweimal täglich per Internet veröffentlicht: http://ice-glaces.ec.gc.ca. Auch werden auf dieser Internetseite bereits zu Beginn der Saison Eisprognosen gestellt.

Entlang der Küsten von Britisch Kolumbien werden außerdem über UKW-Funk Wetterinformationen durchgegeben.

Über die einzelnen Seereviere Kanadas sind diverse Küstenhandbücher in englischer Sprache erschienen:

- Cruising Guide to Newfoundland von Cruising Club of America, erhältlich zum Beispiel bei Nautical Mind

- Cruising Guide to the Gulf of St. Lawrence von Jim Evans

- Cruising Guide to the Labrador von Puffin Press

- Cruising Guide to Nova Scotia von Alexander Macmillan

- Aleutian Islands and the Alaska Peninsula to Vancouver Island www.rccpf.org.uk

- Exploring the North Coast of British Columbia von Don und Reanne Douglas

- Waggoner Cruising Guide to the Pacific North West (2016) http://waggonerguide.com/download-the-2016-waggoner-cruising-guide/

10.6 Nordwest Passage

10.6.1 Regulierungen und Visa

Für die Einreise in Kanada sind für EU-Bürger keine Visa vorab nötig. Ein Aufenthalt bis zu einem halben Jahr kann vor Ort gewährt werden. Auch für die Yacht ist bisher kein Cruising Permit nötig. Das Einklarieren verläuft im Normalfall unkompliziert in der ersten erreichten Ansiedlung. Dafür muss ein Beamter der RCMP (Royal Canadian Mounted Police) aufgesucht werden, der über Telefon mit der Zoll- und Immigrationsbehörde das Einklarieren abwickelt.

Die Mitnahme von Jagdflinten an Bord benötigt ebenfalls keine besonderen Vorbereitungen, bei der Einreise werden gegen Gebühr Jagdlizenzen für Kleinwild ausgestellt, womit die Waffe legal mitgeführt werden darf (und zum Schutz gegen Eisbären auch mitgeführt werden soll, unabhängig davon, ob sich Jäger unter der Crew befinden).

NORDREG heißt das arktische Reportsystem der Schifffahrt, das von der kanadischen Küstenwache betrieben wird. Die Teilnahme für Yachten ist bisher freiwillig und empfehlenswert.

Für die Einreise nach Alaska per Privatyacht ist ein vorab ausgestelltes und gebührenpflichtiges B1/B2-Visum für jedes Crewmitglied nötig. Dieses Visum wird für wiederholte Einreise innerhalb des Zeitraums von 10 Jahren ausgestellt. Die jeweilige maximale Länge des Aufenthaltes wird bei der Beantragung festgelegt, wobei sich ein Antrag auf das Maximum von einem halben Jahr als günstig gezeigt hat (Visa für einen Jahresaufenthalt werden nur sehr selten genehmigt). Beantragt kann ein B1/B2 Visum per Internet http://www.ustraveldocs.com/at_de/at-niv-ds160info.asp werden. Jedoch ist für die Ausstellung ein persönliches Erscheinen auf der im Antrag angegebenen US-amerikanischen Botschaft nötig. Das Visum wird in den Pass eingetragen, weshalb ein Pass mit mehreren Jahren Gültigkeit sinnvoll ist.

Die regulären Visa-Bestimmungen der USA (90-tägiges Touristenvisa (I-95), das bei Einreise ausgestellt wird) sind für Yachtcrews nicht gültig! Reist ein Crewmitglied ohne B1/B2 Visum ein, kann sowohl die Einreise verwehrt, als auch hohe Geldstrafen auferlegt werden.

Trotz B1/B2 Visum im Pass obliegt es dem jeweiligen Grenzbeamten, die Einreisegenehmigung und Aufenthaltsdauer in die USA festzulegen. Bevor die Einreisegenehmigung erteilt ist, darf kein Crewmitglied die Yacht verlassen und an Land gehen.

Beim Einklarieren wird auch eine kostenpflichtige, einjährige Fahrerlaubnis im amerikanischen Hoheitsgebiet (Cruising Permit) für die Yacht ausgestellt. Yachtcrews, die nicht unter nordamerikanischen Flaggen fahren, müssen in jedem angelaufenen Hafen die Zollbehörde telefonisch informieren. In Alaska helfen in der Regel Hafenmeister beim Anruf, sollte kein eigenes Telefon an Bord sein.

10.6.2 Natur und Kultur

Das gesamte Gebiet der Nordwest Passage liegt nördlich der Baumgrenze und nur spärliche Vegetation in Form von Moosen und niedrigsten Pflanzen ist möglich. Es gibt kaum Humus, die Böden sind Wüsten aus Schotter und Stein, geformt von Eis und Gletschern mit sehr wenigen Frischwasserläufen.

Bekanntester Vertreter der arktischen Tierwelt ist der Eisbär, der an allen Küsten der Nordwestpassage zahlreich angetroffen wird.

Weitere Säugetiere sind Polarwölfe, Moschusochsen, Rentiere, Polarfüchse, Polarhasen und Kleinsäuger wie Lemming und Hermelin.

Meeressäuger kommen in den arktischen Gewässern in zahlreichen Arten vor: diverse Walarten, Walross und verschiedene Robbenarten. Der Saibling migriert jeden Sommer in großen Schulen in die Flüsse der Arktis.

Diverse Zugvögel brüten den Sommer über in der Arktis.

Wie überall in arktischen Gebieten sind Stechmücken zahlreich in den Sommermonaten.

Es herrscht arktisches Klima vor und ganzjährig ist Schneefall möglich. Ende April bis Mitte Juni setzt Frühling mit erster Schneeschmelze ein. In regulären Eisjahren bilden sich ab Juni Polynyas und der Aufbruch des Eises beginnt langsam. Schiffbar sind die Gewässer der Nordwest Passage selten vor Ende Juli. Die neuerliche Packeisbildung setzt mit Oktober ein.

Vorherrschende Windrichtungen und Wettergeschehen während der Sommermonate wird im Kapitel 9.2 Arktischer Ozean auf Seite 222 beschrieben.

Die Bevölkerung des arktischen Kanada und Alaska stellt sich hauptsächlich aus Ureinwohnern (einer Untergruppe der Inuit), Weißen und Saisonarbeitern zusammen.

Ursprünglich waren die Inuit Jäger, Fischer und Sammler und bis heute wird die Jagdkultur hoch geschätzt. Heute basiert die Wirtschaft auf Abbau und Tourismus. Die Sprachen im Land sind Inuktitut und Englisch.

10.6.3 Versorgung und Häfen

In allen Ansiedlungen der nordamerikanischen Arktis sind grundlegende Versorgungsmöglichkeiten vorhanden, aber teuer. Dies beinhaltet Lebensmittel, Trinkwasser, Diesel, Propangas und Kleidung. Kommunikation über Telefon und Internet ist nur im Umkreis von Siedlungen ausgebaut.

Keine Ansiedlung entlang der Nordwest Passage verfügt über einen regulären Hafen, in manchen Ortschaften dürfen kurzzeitig Anleger genützt werden. Durch die Abbauindustrie sind teilweise Reparaturmöglichkeiten und Fachkräfte vorhanden (zum Beispiel im Bereich Antriebstechnik), die jedoch nicht auf Yachten spezialisiert sind. Die Menschen der Arktis sind hilfsbereit, jedoch darf nicht damit gerechnet werden, dass bei einem technischen Problem der Yacht Hilfe gefunden werden kann. Ersatzteile für Yachten können nicht vor Ort bezogen werden. Bei Ersatzteilbestellungen aus dem Süden muss mit langen Versandzeiten gerechnet werden.

Wird die Nordwest Passage nicht innerhalb einer Saison besegelt, kann eventuell die Yacht in Cambridge Bay mittels Autokran oder in Inuvik und Nome (nur für Yachten mit geringem Tiefgang möglich) per Hänger vom Strand aus an Land gestellt werden.

10.6.4 Informationsquellen

NORDREG Kanada ist das arktische Reportsystem der Schifffahrt, das von der kanadischen Küstenwache betrieben wird. Die Teilnahme für Yachten ist bisher freiwillig und empfehlenswert.

Für SAR-Einsätze im kanadischen Hoheitsgebiet ist die kanadische Küstenwache in Zusammenarbeit mit allen kanadischen Militärs zuständig. In den Seegebieten der kanadischen Nordwest Passage ist während der schiffbaren Saison mindestens ein kanadischer Eisbrecher stationiert. Entlang der amerikanischen Küste der Nordwest Passage ist die amerikanische Küstenwache für SAR-Einsätze zuständig. Allerdings gibt es keine Stützpunkte der US-Küstenwache entlang der Nordküste Alaskas.

Allgemein darf in der Arktis nicht mit schneller Hilfe durch Einsatzkräfte gerechnet werden.

Wetterinformationen können auf verschiedenste Wege empfangen werden. Die Internetseite des kanadischen Wetterdienstes ist weather.gc.ca, des amerikanischen Wetterdienstes ist http://www.nws.noaa.gov/om/marine/home.htm.

Die Küstenfunkstellen von Halifax und Sydney (Neuschottland), Iqualuit und Resolute (Nunavut) und Inuvik (Northwestern Territories), senden laufend Wetter- und Eisinformationen per Wetterfax aus. Die Küstenfunkstelle in Kodiak, Alaska sendet Wetter- und Eisinformationen für Seegebiete südlich 70°N aus.

Eisinformationen werden in Zusammenarbeit von kanadischen und US-amerikanischen Behörden, beziehungsweise dem dänischen Meteorologischen Institut (für die Grönländischen Gewässer bis zur Ostküste Kanadas) erstellt. Während der schiffbaren Saison werden diese Eisinformationen bis zu zweimal täglich per Internet veröffentlicht: http://ice-glaces.ec.gc.ca, http://www.uscg-iip.org/cms/, http://www.natice.noaa.gov/, http://nsidc.org/arcticseaicenews/, http://www.dmi.dk/dmi/en/gronland/iskort.htm.

Auch werden auf der kanadischen Internetseite bereits zu Beginn der Saison Eisprognosen gestellt.

Ein umfangreiches Küstenhandbuch zur Nordwest Passage ist in englischer Sprache von RCC Pilot Fundation (www.rccpf.org.uk) erschienen: Arctic and Northern Waters, herausgegeben über www.imray.com

10.7 Alaska

10.7.1 Regulierungen und Visa

Für die Einreise nach Alaska per Privatyacht ist ein vorab ausgestelltes und gebührenpflichtiges B1/B2-Visum für jedes Crewmitglied nötig. Dieses Visum wird für wiederholte Einreise innerhalb des Zeitraums von 10 Jahren ausgestellt. Die jeweilige maximale Länge des Aufenthaltes wird bei der Beantragung festgelegt, wobei sich ein Antrag auf das Maximum von einem halben Jahr als günstig gezeigt hat (Visa für einen Jahresaufenthalt werden nur sehr selten genehmigt). Beantragt kann ein B1/B2 Visum per Internet werden (http://www.ustraveldocs.com/at_de/at-niv-ds160info.asp). Jedoch ist für die Ausstellung ein persönliches

Erscheinen auf der im Antrag angegebenen US-amerikanischen Botschaft nötig. Das Visum wird in den Pass eingetragen, weshalb ein Pass mit mehreren Jahren Gültigkeit sinnvoll ist.

Die regulären Visa-Bestimmungen der USA (90-tägiges Touristenvisa (I-95), das bei Einreise ausgestellt wird) sind für Yachtcrews nicht gültig! Reist ein Crewmitglied ohne B1/B2 Visum ein, kann sowohl die Einreise verwehrt, wie auch hohe Geldstrafen auferlegt werden.

Trotz B1/B2 Visum im Pass obliegt es dem jeweiligen Grenzbeamten, die Einreisegenehmigung und Aufenthaltsdauer in die USA festzulegen. Bevor die Einreisegenehmigung erteilt ist, darf kein Crewmitglied die Yacht verlassen und an Land gehen.

Beim Einklarieren wird auch eine kostenpflichtige, einjährige Fahrerlaubnis im amerikanischen Hoheitsgebiet (Cruising Permit) für die Yacht ausgestellt. Yachtcrews, die nicht unter nordamerikanischen Flaggen fahren, müssen in jedem angelaufenen Hafen die Zollbehörde telefonisch informieren. In Alaska helfen in der Regel Hafenmeister beim Anruf, sollte kein eigenes Telefon an Bord sein.

Das Mitführen von Waffen in US-amerikanischen Gewässern ist prinzipiell nicht erlaubt.

10.7.2 Natur und Kultur

Alaska ist ein Bundesstaat der Superlativen: Es ist der flächenmäßig größte Bundesstaat der USA und wurde Mitte des 19. Jahrhunderts von Russland an die USA verkauft. Damit stellt Alaska auch die größte friedliche Landübernahme in der Geschichte dar. Es beheimatet die höchsten Berge des amerikanischen Kontinents und tausende Seen. Während die Nordküste des Landes aus flachen Schotterwüsten besteht (Northern Slope), ist die Pazifikküste von besonders hohen Bergketten, Fjorden, Gletschern und regenreichem Nasswald geprägt. Die Inselkette der Aleuten trennt den Golf von Alaska mit der Bering See. Eine Trennung, die sich entlang der Küsten auch besonders im Landschaftsbild und in der Fauna auszeichnet.

Im Überblick können die Küsten Alaskas in mindestens vier Segelreviere eingeteilt werden:

- Die Arktis einschließlich der Bering See

- Die Aleuten Inselkette

- Südwest Alaska mit dem Cook Inlet, Kodiak Insel und dem Prinz William Sund

- Südost Alaska (Alaska´s Panhandle) mit der Inside Passage

Die Seereviere des **arktischen Alaskas** werden im Kapitel 9.2 Arktischer Ozean auf Seite 222 sowie im Kapitel 9.2.2 Nordwest Passage auf Seite 258 beschrieben.

Die **Aleuten Inselkette** wird aufgrund ihrer exponierten Lage und unstabiler Wetterlage nur von wenigen Yachten bereist. Dennoch sind hervorragende Seekarten erhältlich und die Inseln bieten viele geschützte Ankerplätze. Während der Sommermonate ist Nebel besonders häufig und nasses Klima überwiegt. Tiefdrucksysteme ziehen in der Regel von West nach Ost über die Inselkette. Die Inseln sind baumlos und westlich von Unalaska leben keine Säugetiere, mit Ausnahme von eingeschleppten Ratten und in wenigen Gebieten eingeführte Füchse und Rentiere. In Umiak und östlich davon sind unzählige Braunbären beheimatet. Die Inseln sind besonders für ihren Vogelreichtum bekannt.

Südwest-Alaska vereint die Highlights des Landes: von aktiven Vulkanen, massiven Gletschern, Fjorden,

Bergketten, dichten Nasswäldern, Lachsflüssen, vorgelagerte Inseln (wie zum Beispiel Kodiak) bis zu einer umfangreichen Tierwelt zu Land und zu Wasser.

In den Nadelwäldern der Küste sind unter anderem Braun- und Schwarzbären, Wölfe, Kojoten, Elche, Rehe, Hirsche, Berggämsen, Berglöwen, Biber und unzählige Kleintierarten beheimatet.

An den Küsten leben Seeotter, Seelöwen, Robben und Delfine. Saisonal migrieren diverse Walarten in die Küstengewässer. Der jährliche Einzug der Lachse in die Flüsse prägt sowohl die Tierwelt als auch die Küstenfischerei des Landes.

Durch den Pazifik ist das Wetter entlang der Küsten ganzjährig milder und niederschlagsreicher als im Inland. Die Küsten frieren nur in Fjorden und Buchten zu und mit Vorsicht und Erfahrung kann das ganze Jahr über gesegelt werden. Tiefdrucksysteme erreichen die Küsten von Westen kommend. Schlechte Sicht und Nebel sind häufig. Das Seerevier des Cook Inlets ist das zweitstärkste Gezeitenrevier der Erde. Die massiven Gezeitenströmungen betreffen vor allem auch die Reviere der Shelikof Straße und Kodiak Insel.

Die Inside Passage von **Südost Alaska** zählt zu den berühmtesten Segel- und Motorbootreiserevieren

der amerikanischen Westküste und wird außerdem von unzähligen Kreuzfahrtschiffen besucht. Natur und Tierwelt sind mit Südwest Alaska zu vergleichen, jedoch ist das Gebiet noch niederschlagsreicher, dichter besiedelt und von kleineren Gletschern bedeckt. Generell ist das Seerevier der Inside Passage ein sehr geschütztes Revier mit unzähligen ruhigen Ankerplätzen aber intensiven Gezeitenströmen.

10.7.3 Versorgung und Häfen

In allen Ansiedlungen Alaskas sind grundlegende Versorgungsmöglichkeiten vorhanden, aber teuer. Dies beinhaltet Lebensmittel, Trinkwasser, Diesel, Propangas und Kleidung. Kommunikation über Telefon und Internet ist nur im Umkreis von Siedlungen ausgebaut.

Im Norden und entlang der Aleuten Inseln verfügen die wenigen Dörfer über keine für Yachten geeigneten Hafenanlagen. In Südwest Alaska sind die Häfen von False Pass, King Cove, Sand Point, Kodiak Stadt, Homer, Seward, Whittier, Valdez und Cordova hervorragend ausgebaut und können eventuell Yachten Platz bieten. Alle diese Hafenanlagen, mit Ausnahme von False Pass und Whittier, verfügen außerdem

291

über die Möglichkeit, Yachten aus dem Wasser zu heben. Aufgrund der vorhandenen Fischerei können diverse Fachkräfte für Antriebstechnik, Fieberglas- und Metallarbeiten gefunden werden. Spezielle Ersatzteile müssen (in der Regel aus Seattle) bestellt werden. Reparaturen an Segel können in Homer durchgeführt werden.

In Südost Alaska verfügt fast jede Ortschaft über einen Sportboothafen und diverse Reparaturmöglichkeiten.

10.7.4 Informationsquellen

Sehr gute Wetterinformationen für Alaskas Küste und Hochsee sind auf unterschiedliche Weisen erhältlich. Die Internetseite des NWS/NOAA für Alaska: https://www.weather.gov/afc/marine. Hier finden sich auch die Bezeichungen und Nummerierungen der einzelnen Seegebiete. Die Wettervorhersagen dieser Gebiete werden sowohl über UKW, KW und über Wetterfax ausgesendet.

Diverse Küstenhandbücher sind erhältlich:

- Aleutian Islands and the Alaska Peninsula to Prince William Sound von RCCPF (edited von Martin Walker) gratis Download auf https://rccpf.org.uk/

- Exploring the Inside Passage to Alaska: A Cruising Guide from the San Juan Islands to Glacier Bay von Don und Reanne Douglass

- Exploring Alaska's Kenai Fjords von David Wm. Miller

- Cruising Guide to Prince William Sound von Jim und Nancy Lethcoe

- Kodiak Cruising Guide von PK Connor und Julia Norlin

- Charlies Charts North to Alaska von Charles und Margo Wood

- United States Coast Pilot Volumen 8 und 9, gratis Download bei https://nauticalcharts.noaa.gov/publications/coast-pilot/index.html

10.8 Patagonien

10.8.1 Regulierungen und Visa

Chile und auch Argentinien geben Touristen bei der Einreise ein 90 tägiges Visum. Eine kostenpflichtige Verlängerung des Visums auf weitere 90 Tage kann eventuell in einem weiteren Zollhafen gemacht werden. Wenn nicht oder für Visa danach, muss die Crew über Land oder Seeweg ausreisen, um bei der Wiedereinreise ein neues Touristenvisum zu erhalten. Im Süden des Landes im Beagle Kanal ist diese Ein- und Ausreise einfach, da die beiden Zollhäfen Puerto Williams (Chile) und Ushuaia (Argentinien) wenige Seemeilen voneinander entfernt liegen. In den chilenischen Kanälen weiter nördlich muss die Ausreise per Mietauto geplant werden, da viele Gebiete über keine Straßenverbindungen oder geeignete Ankerbuchten/Häfen für das zwischenzeitliche Hinterlassen der Yacht verfügen.

Für die Einreise per Segelyacht muss sowohl in Chile wie auch in Argentinien ein Zollhafen angelaufen werden, wo je nach Ortschaft Zoll, Immigration, Landwirtschaftsbehörde und eventuell Hafenkapitän und ein zuständiger Arzt aufgesucht werden müssen (beziehungsweise die Yacht von den Behörden inspiziert werden muss). Für die Yacht wird eine temporäre Einfuhr für die Dauer bis zu einem Jahr genehmigt.

Mindestens 24 bis 48 Stunden vor Ankunft per Yacht in Chile muss die SAG (Servicio Agricola y Ganadero, die Landwirtschaftsbehörde) verständigt werden. Nötige Information dazu finden sich auf der Website der Behörde: http://www.sag.cl/directorio-oficinas. An Bord mitgebrachte frische Lebensmittel müssen bei der Ankunft deklariert werden. Der zuständige Beamte entscheidet, ob die Lebensmittel an Bord zum Verzehr bleiben dürfen oder vernichtet werden müssen.

Argentinien behauptet, einen Rechtsanspruch auf die Falkland Inseln (Islas Malvinas), Südgeorgien und einige weitere antarktischen Inselgruppen zu haben. Um diesen Anspruch zu untermauern, stellt das Land Genehmigungen für das Bereisen dieser Inselgruppen aus und droht mit massiven Strafen, falls ohne Genehmigung gesegelt wird.

In beiden Ländern kontrolliert maritimes Militär (in Chile die „Armada de Chile", in Argentinien die „Prefectura Naval") jede Bewegung der Schifffahrt und Yachten dürfen nicht ohne Fahrerlaubnis bewegt werden. Die Behörden stellen für das gebietsweise Befahren ihrer Gewässer jeweils ein „Zarpe" aus, das in jedem Hafen erneuert werden muss. Das Einholen dieser Fahrerlaubnis ist in der Regel unkompliziert und in jedem Hafen möglich. In manchen Häfen werden geringe Kosten dafür verrechnet.

Auch müssen Yachten unterwegs laufend Positionsmeldungen an die Behörden weitergeben. Die Positionsmeldungen werden in Chile (CHILREP) entweder über email täglich gesendet (mrccchile@directemar.cl), oder per UKW-Funk an Leuchtturmwärter und über begegnende Schiffe durchgegeben. Deshalb muss die Yacht für das Befahren von chilenischen Gewässern mindestens mit einem funktionstüchtigen UKW-Sprechfunk ausgestattet sein.

Sowohl Chile als auch Argentinien haben strikte Bestimmungen für das Betreiben von Charter und Kojencharter. Illegaler Charter an Bord von ausländischen Yachten kann hoch bestraft werden.

10.8.2 Natur und Kultur

An der Westseite der Kordilleren und an der Südspitze des Kontinents beeidruckt Patagonien mit tiefgreifenden Fjorden und einer teilweise weitläufig unberührten Natur mit ausgedehnten Nadelwäldern. Ab der Höhe von Golfo de Peñas bis in den Süden können große Gletscher besucht werden, während weiter im Norden (die Küsten von Chiloé und nördlich von Golfo de Ancud) Hügellandschaften mit Wiesen, Seengebieten und bemerkenswerten Vulkanen zu sehen sind.

Unzählige Inseln sind der westlichen Küste vorgelagert und fast die gesamte Strecke kann innerhalb geschützter Sunde befahren werden.

Die äußeren Inseln sind windgepeitscht und felsig kahl.

Die Wind- und Wetterbedingungen sind das gesamte Jahr über anspruchsvoll und sehr nass. Schwere Stürme treffen regelmäßig auf die Küste und stürmische Windeffekte wie Fallwinde, Flurwinde und Kapwinde treten zu allen Zeiten und mit teilweise hohen Windgeschwindigkeiten auf. Die Hauptwindrichtung bleibt ganzjährig Nordwind, wobei der Wind meist den Sunden folgt und seine Richtung in den Fjorden ändern kann. Auch die generelle Strömung verläuft in den Kanälen Nord-Süd, wobei teilweise massive Gezeitenströme in diverse Richtungen laufen können und in einigen Bereichen Tidennavigation erforderlich machen. Das Befahren der patagonischen Kanäle von Nord nach Süd ist deshalb empfehlenswert.

Hauptwindrichtung in der Magellanstraße und um die Südspitze von Südamerika ist von West nach Ost.

Die Flora Patagoniens besteht großteils aus einem Nasswald, der beinahe undurchdringlich dicht ist. Die Pflanzenwelt ist verwandt mit der Fauna von Tasmanien, Neuseeland und Neuginea und stammt aus der Zeit von Godwana.

An den Küsten findet man außerdem ein großes Vorkommen von diversen Tangarten.

Auch die Tierwelt Patagoniens ist speziell: von Guanacos, Füchsen, Mader, Otter und eingeschleppten Bibern bis zum Puma. Die Küsten bieten unzähligen Meeressäugern ein Zuhause: von Robben, Seelöwen bis Seeelefanten und Delfinen. Etliche Walgattungen besuchen die Fjorde im Sommer. Die Vogelwelt Patagoniens beeindruckt mit Kondor, Geier und Falken, diversen Enten und Gänsen, unzähligen Wald- und Küstenvögeln sowie besonders bemerkenswerten Seevögeln wie Albatrosse, Sturmvögel, Seeschwalben und Pinguine.

10.8.3 Versorgung und Häfen

Viele Ansiedlungen Patagoniens (wie Tortel oder Puerto Williams) verfügen über ausreichende Grundversorgung, Städte (Valdivia, Puerto Montt, Castro, Aysén, Puerto Natales, Punta Arenas, Ushuaia) beherbergen große Supermärkte.

Trinkwasser ist in den meisten Dörfern frei erhältlich, wobei teilweise nicht für Trinkwasserqualität garantiert werden kann, da in der Regel Oberflächenwasser verwendet wird. In den spärlich bewohnten Kanälen kann der ergiebige Regen für zusätzliches Trinkwasser aufgefangen werden. Von der Praxis vieler Yach-ten, Flusswasser als Trinkwasser zu sammeln muss abgeraten werden, da speziell im Süden durch Biber und andere Tiere verunreinigtes Wasser nach Genuss zu schweren Fieberausbrüchen führen kann.

Diesel ist nicht überall erhältlich und kann teilweise nur in schlechter Qualität bezogen werden (Verschmutzt und eventuell mit Algenbefall). Yachten sollten daher mit guten Filtersystemen ausgestattet sein und möglichst große Tanks mitführen. Teilweise muss über Autotankstellen Diesel bezogen werden, weshalb Kanister an Bord mitgeführt werden sollten. Erhältlich ist Diesel meist in Valdivia und Puerto Montt, Castro, Puerto Chacabuco (und Puerto Aysén), eventuell Tortel (notfalls muss hier Diesel per Mietauto oder Taxi herangeschafft werden), Puerto Natales, Punta Arenas, Ushuaia und eventuell Puerto Williams.

Propangas wird in der Regel in Tauschflaschen verkauft und kann nicht überall in bordeigene Flaschen gefüllt werden. Für einen längeren Aufenthalt in Patagonien kann das Umstellen auf lokale Flaschen sinnvoll werden. Die Werft von Alwoplast in Valdivia hilft in der Regel bei ausländischen Flaschen.

Häfen und Werften gibt es in Patagonien kaum, auch sind Ersatzteile für Yachten im Land nicht zu kaufen.

Import von bestellten Ersatzteilen kann sehr lange dauern und kostenintensiv werden, weshalb jede Yacht bereits bei der Einreise nach Chile/Argentinien mit einem gut sortierten Ersatzteillager ausgestattet sein sollte.

Geschützte Hafenanlangen, in denen die Yacht länger alleine gelassen werden kann, gibt es in Valdivia, Puerto Montt, auf Chiloé und längsseits eines Wracks in Puerto Williams. Ushuaia bietet einen Yachtclub und Steg, der aber nicht bei allen Windrichtungen optimal geschützt ist.

Die Werft Alwoplast in Valdivia empfängt Fahrtenyachten sehr freundlich und kann bei Fieberglasreparaturen, Metallarbeiten und bei der Bestellung von Ersatzteilen helfen. Über Kranmöglichkeiten verfügen überdies Puerto Montt (geeignetster Platz für Routinearbeiten am Unterwasserschiff), Puerto Natales (nicht immer selbstverständlich, dass Yachten gekrant werden) und Puerto Williams (ebenfalls nicht sichergestellt, dass Yachten gekrant werden).

10.8.4 Informationsquellen

Wetterberichte abseits GRIB-Daten (über Satellitenempfang oder HF)

werden von der Armada de Chile und der Prefectura Naval (Argentinien) ausgegeben. In spanischer Sprache werden Wetterberichte über HF-Radio von **Radio Puerto Montt** und **Radio Magellanes** ausgesendet. Alle Leuchtturmwärter und Armada-Stationen in den Kanälen können über UKW um neueste Wetterinformationen gebeten werden (grundlegende Spanischkenntnisse sind hilfreich).

Zusäzlich werden von Valparaiso Radio **Wetterfax** Bodenalanlysekarten, Satellitenbilder, Windvorhersagen sowie Eisinformationen in der Drake Passage und für die antarktische Halbinsel ausgesendet.

Radio Puerto Montt und Radio Magellanes senden zusätzlich **Navtex**-Aussendungen über Wetterberichte (in Englisch und Spanisch) und wichtige Seefahrtsinformationen.

Alle Aussendungen können zeitlich zu den vorgegebenen Plänen variieren.

Chiles **SAR** (durchgeführt von der Armade de Chile) deckt das Gebiet zwischen Osterinsel und dem chilenischen Festland, beziehungsweise das gesamte pazifische Seegebiet am Kontinentalschelf vor Chiles Küste, dem gesamten Kanalsystem Chiles, die Drake Passage und den Bereich der „chilenischen Antarktis" ab. Notfallnummern für Chile:

Radio Magellanes

KW Frequenz: 4146 kHz, 2182 kHz

UKW Kanal 16

zonamarpar@directemar.cl

Tel: (0056)-(61)-2201100

Fax: (0056)-(61)-2201186

SERBREM (Service SAR Maritime)

mrcchile@directemar.cl

Bei Notfällen in Argentinien kann die **Prefectura Naval in Ushuaia** verständigt werden:

KW Requenz: 4345 kHz, 2065 kHz

UKW Kanal 16

ushu@prefecturanaval.gov.ar

Fax: (0054)-02901-422382

Interessante Küstenhandbücher in englischer Sprache für Patagonien sind:

- **Patagonia and Tierra del Fuego Nautical Guide** von Mariolina Rolfo and Giorgio Ardrizzi, herausgegeben von Editrice Incontri Nautici, ISBN: 888598634X (eines der besten Küstenhandbücher, die am Markt erhältlich sind)

- **Chile (Arica Desert to Tierra Del Fuego)** von Andrew O'Grady, herausgegeben von Imray, ISBN: 9781846238581 (auch auf Imray

Natical APP im Apple Appstore erhältlich)

- **Cape Horn and Antartic Waters** von RCCPF/Paul Heiney, herausgegeben von Imray, ISBN:9781846238369

10.9 Falkland Inseln, Gough Insel und Tristan de Cuna

10.9.1 Regulierungen und Visa

Die Falkland Inseln, Gough Insel und Tristan de Cuna sind britische Überseegebiete (keine EU-Mitglieder und nicht Teil des Schengen-Abkommen).

Der einzige Zollhafen der **Falkland Inseln** ist Stanley Harbour. Der Zoll muss mindestens 24 Stunden vor Ankunft der Yacht informiert werden. (**Customs & Immigration,** Byron House, 3 H Jones Rd. Stanley, Falkland Islands., Tel:(+500) 27340 Fax:(+500) 27342 ,VHF Channel 12, 16 admin@customs.gov.fk). Auch ein Zwischenstopp in einer Bucht vor Stanley Harbour muss gemeldet werden, Landgang ist in diesem Fall nicht erlaubt.

Europäischen Staatsbürgern wird in der Regel ein Touristenvisum mit der Gültigkeit von 30 Tagen vor Ort ausgestellt, eine Verlängerung ist möglich. Jeder Besucher muss Nachweis einer gültigen Gesundheitsversicherung vorzeigen können und Gebühren für Visa, Zollabwicklung und Hafengebühren werden verrechnet.

Feuerwaffen müssen deklariert werden und benötigen eine polizeiliche Importlizenz (durch Falkland Island Police Authority). Obst, Gemüse und tierische Produkte dürfen nicht eingeführt werden und müssen an Bord bleiben.

Argentinien behauptet, einen Rechtsanspruch auf die Falkland Inseln (Islas Malvinas) zu haben. Um diesen Anspruch zu untermauern, stellt das Land Genehmigungen für das Bereisen dieser Inselgruppe aus und droht mit massiven Strafen, falls ohne Genehmigung gesegelt wird. Jede Yacht, die plant, nach den Falkland Inseln die Küste Argentiniens anzulaufen, muss sich deshalb vorab um eine Fahrerlaubnis kümmern. Für die Einreise auf die Falkland Inseln selbst ist eine Genehmigung seitens Argentiniens selbstverständlich irrelevant.

Gough Insel ist ein Territorium von Sankt Helena und an Südafrika für das Betreiben einer Wetterstation verpachtet. Der Landgang auf die Insel ist prinzipiell verboten, ausgenommen es handelt sich um einen medizinischen Notfall.

Tristan de Cuna ist eine Gruppe von drei kleinen Inseln, die britisches Überseeterritorium sind und von Sankt Helena verwaltet werden. Vor Landfall muss Tristan Radio auf UKW Kanal 16 für das Einklarieren auf der Insel angerufen werden. Die örtliche Polizei übernimmt Passkontrolle und Zollüberwachung, eventuell fallen geringe Landungsgebühren an.

10.9.2 Natur und Kultur

Die **Falkland Inseln** bestehen aus etwa 200 Inseln, deren wichtigste Westfalkland und Ostfalkland mit je etwa 6.000 km^2 sind. Die nördlichen Teile der beiden Hauptinseln sind von Hügelketten überzogen mit der höchsten Erhebung von 708 m Höhe.

Zwischen Ost- und Westfalkland verläuft der breite Falklandsund. Auch die Ostinsel selbst wird von einem langen Fjord (bei Darwin) beinahe in zwei Hälften geteilt; an ihrer Ostküste liegt die Hauptstadt Stanley mit rund 2000 Einwohnern. Von den übrigen 200 Inseln sind nur etwa fünf größer als 10 km².

Die heutige Landschaft der Falklandinseln wurde durch die wiederholten Vergletscherungen im Eiszeitalter geformt. Fjorde, Rundhöcker und durch das Eis geformte Seen sind typisch. Durch die intensive Schafwirtschaft auf den Inseln ist die ursprüngliche Buschlandschaft zum großen Teil Graslandschaft gewichen.

Es gab auf den Falklandinseln nur ein heimisches Landsäugetier, den Falklandfuchs, der im 19. Jahrhundert ausgerottet wurde.

Heimisch sind 63 Vogelarten, darunter Albatrosse, Enten, die Falklanddrossel und der Falklandpieper. An den Küsten brüten unterschiedliche Pinguinarten in Kolonien, die zusammen mehrere Millionen Tiere umfassen. Außerdem findet man an den Küsten Kolonien von Mähnenrobben, Seebären und Seeelefanten. Heute gibt es auf den Inseln neben vielen Schafen und einigen Rentieren zahlreiche eingeschleppte Tiere, wie etwa Ratten, Mäuse, Kaninchen und Katzen.

Das Klima ist kalt, windig und regenreich. Die jährliche Durchschnittstemperatur liegt bei nur 5 °C. Auch die Sommer sind mit durchschnittlich 12°C kühl, durch das maritime Klima sind die Winter mild.

Stramme Westwinde herrschen vor, Windstärken mit 7 Beaufort sind beinahe alltäglich. Schwere Tiefdrucksysteme können über die Falkland Inseln ziehen und Sturmwinde bringen. Auch verstärken Windeffekte (Flurwinde, Kapwinde) gewöhnlich Winde entlang der Küsten und Sunde.

Zwischen den Inseln und an den Eingängen zu Buchten und Fjorden können massive Gezeitenströmungen auftreten.

Auf den Falkland Inseln gibt es keine Urbevölkerung, die meisten Einwohner sind britischstämmig. Außerhalb Stanley werden die Ansiedlungen als „Camps" betitelt, auf denen hauptsächlich Schafwirtschaft und Tourismus betrieben wird. Hochseefischerei und Fischereirechte sind mitunter wirtschaftliche Grundlage der Inselgruppe.

Gough Insel ist eine grüne, unbewohnte Vulkaninseln, auf der eine südafrikanische Wetterstation betrieben wird und keine geschützte Ankerbucht aufweist. Viele Seevögel, unter anderem Albatrosse, brüten auf der Insel.

Tristan de Cuna besteht aus drei grünen Vulkaninseln, von denen nur die Insel Tristan bewohnt wird. Die kleine Ansiedlung Edinburgh auf Tristan mit seinen rund 270 Bewohnern gilt als die abgeschiedenste Siedlung der Welt. Seevögel brüten auf den

Inseln. Auch auf diesen Inseln gibt es keinen geschützten Ankerplatz, je nach Wetter kann Ankern und Landgang unmöglich bleiben.

10.9.3 Versorgung und Häfen

Auf den **Falkland Inseln** bietet Stanley Hafen gute grundlegende Versorgungsmöglichkeiten mit diversen Supermärken sowie Obst- und Gemüsehändler. Hochwertiger Diesel kann gebunkert werden und Propangas kann in südamerikanischen Flaschen nachgefüllt werden.

Besonders für die Fahrt in den extremen Süden ist das Angebot an Fischereiausstattung (Thermogummistiefel, wasserdichte Arbeitshandschuhe, Thermokleidung,...) interessant.

Internetzugang und Telefonkarten sind erhältlich, jedoch teuer.

Ein umfangreicher Hafenbau mit Schwimmanlegern für Yachten ist in Planung. Im Moment kann der öffentliche Steg („public jetty") von Yachten gratis benützt werden, solange keine Kreuzfahrtschiffe vor Anker liegen (und den Anleger zum Ausbooten der Gäste benötigen). Gegen kleine Gebühr kann eventuell am FIC (Falkland Island Company) Steg festgemacht werden.

Auf den Falkland Inseln gibt es generell keinen Service für Yachten, wobei in Notfällen Fachkräfte für Motorentechnik oder für Metallarbeiten gefunden werden können. Yachtausrüstung ist nicht erhältlich, kann jedoch zollfrei aus England importiert werden. Lange Wartezeiten bei Lieferungen aus Europa sind üblich. Segelmacher gibt es vor Ort nicht.

Gough Insel verfügt über keinerlei Versorgung.

In Edinburgh auf **Tristan de Cuna** können einige südafrikanische Lebensmittel und lokale Produkte erworben werden. Da jedoch bei vielen Wetterlagen das Ankern und der Landgang in Edinburgh unmöglich bleiben, darf nicht mit einer Versorgungsmöglichkeit auf Tristan gerechnet werden.

10.9.4 Informationsquellen

Bodenalanlysekarten, die das Seegebiet der Falkland Inseln beinhalten werden per **Wetterfax** von Brasilien und von Chile ausgesendet.

Bodenalnysekarten, die die Seegebiete von Gough Insel und Tristan de Cuna beinhalten, werden von Südafrika per Wetterfax ausgesendet.

Eine Liste von Frequenzen, Aussendungen und Zeiten kann per Internet bezogen werden und sollte auf jeder Fahrtenyacht mit KW-Funkempfänger an Bord sein. Ein Link dazu findet sich im Anhang unter 11.2 Links auf Seite 315.

Der Empfang von GRIB-Daten an Bord bietet darüber hinaus die beste Möglichkeit, Wetterprognosen von allen Gebieten des Südatlantik zu erhalten.

Ein Küstenhandbuch, das das Seegebiet der Falkland Inseln beinhaltet, wird in englischer Sprache von Imay herausgegeben:

Cap Horn and Antarctic Waters von RCCPF/Paul Heiney, ISBN: 9781846238369

RCCPF deckt in der Sammlung **South Atlantic Islands** von Peter Hill die Küsten von Gough Insel, Tristan de Cuna, St. Helena und Ascension Insel ab. Die Unterlagen sind auf der Website http://www.rccpf.org.uk erhältlich.

Weitere Informationen über die Falkland Inseln können auf der Website des Touristenverbandes und des Segelclubs gefunden werden:

https://www.falklandislands.com/

http://www.falklandsailing.com/

sailing@horizon.co.fk

10.10 Antarktis, Südshetland Inseln, Südorkney Inseln

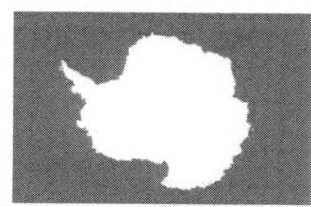

10.10.1 Regulierungen

Reisen südlich von 60°S werden durch die mehr oder weniger internationale Vereinbarung des Antarktisvertrages geregelt (Antarctic Treaty).

Alle Staatsbürger von Ländern, die diesen Antarktisvertrag unterzeichnet haben, müssen bei ihrer eigenen Regierung um eine Fahrerlaubnis in antarktische Gewässer ansuchen. Wird die Reise in die Antarktis von Chile oder Argentinien aus gestartet, muss bei der Ausklarierung vor Ort eine Fahrerlaubnis vom Flaggenland der Yacht in schriftlicher, offizieller Form dargelegt werden. Stellt das jeweilige Heimatland kein derartiges Papier aus, kann die Reise auch von den Falkland Inseln gestartet werden.

10.10.2 Natur

Die **antarktische Halbinsel** erstreckt sich über eine Länge von 650 Seemeilen in den Norden. Darü-

301

ber liegen die Südshetland Inseln und die Südorkney Inseln.

Auch im Hochsommer ist nur die Nordwestküste der Halbinsel für Yachten erreichbar, da südlichere Teile mit Eis verschlossen bleiben.

Die Landschaft ist gebirgig und mit unzähligen Gletschern verhangen. Die Halbinsel weist das mildeste Klima der Antarktis auf, mit Temperaturen im Sommer an der Küste von 0 bis 3°C. Schneefall ist das ganze Jahr über möglich und viele Ankerplätze werden von schweren Fallwinden heimgesucht. Die Halbinsel beheimatet große Kolonien verschiedener Pinguinen (vor allem Eselpinguine, Zügelpinguine, Adelepinguine und Kaiserpinguine). Auch leben viele Krabbenfresserrobben, Weddellrobben und Seeleoparden entlang der Halbinsel. Seeelefanten und Pelzrobben halten sich im Norden auf und sind auf den Südorkney Inseln und den Südshetland Inseln anzutreffen. Diverse Walarten treffen den Sommer über im antarktischen Gewässer ein.

Die **Südshetland Inseln** schließen im Nordwesten der Halbinsel an, sie haben in der Regel unstabileres Wetter mit mehr Niederschlag und Nebel. Auf den Inseln sind viele wissenschaftliche Stationen beheimatet. Deception Insel wird von Yachten gerne als Anlaufhafen verwendet.

Die **Südorkney Inseln** werden nur von wenigen Yachten besucht, sie sind durch ihre Lage im Nordosten der Halbinsel exponierter bei Schlechtwetter. Vor allem Elefant Insel ist unter Seefahrern besonders berühmt, da hier die Shackleton Expedition überwinterte.

10.10.3 Versorgung und Häfen

Es gibt keine Versorgungsmöglichkeiten oder Häfen. Bei extremen Notfällen können eventuell wissenschaftliche Stationen helfen. Die ehemalige wissenschaftliche Station Port Lockroy wird heute als historisches Museum geführt und verfügt über einen Souvenir Shop. Beeindruckender allerdings ist der „südlichste Souvenirshop der Welt" – auf der wissenschaftlichen Station Vernadsky (Ukraine), wo die ganzjährig stationierten Wissenschaftler in der Freizeit selbst produzierte Souvenirs zum Verkauf anbieten.

10.10.4 Informationsquellen

Chile produziert und sendet Wetterfax für das Gebiet der antarktischen Halbinsel. Doch sind diese

Wetterfax sehr schwer über Funk in der Antarktis zu empfangen.

Viele Chateryachten im Revier zwischen Chile, Argentinien, Falkland Inseln und der Antarktis verfügen über gesammelte Skizzen zu Ankerplätzen, die sie in der Regel gerne mit Privatyachten teilen.

Ein Küstenhandbuch und Download zu dem Seerevier ist von RCCPF erschienen:

- Cape Horn and Antarctic Waters von Paul Hainey
- South Shetland Islands and Antarctic Peninsula von Peter Hill und Noel Marshal als gratis Download bei https://rccpf.org.uk/pilots/61/South-Shetland-Islands-and-Antarctic-Peninsula

Informationen zu Segelreisen und Verhaltensregeln in der Antarktis sind sowohl auf der Homepage von IAATO wie auch vom Sekreteriat des Antarktisvertrags zu finden:

https://iaato.org/guidelines-and-resources

https://www.ats.aq/e/ats_other_tourism.htm

10.11 Südgeorgien und Südsandwich Inseln

10.11.1 Regulierungen und Visa

Um Südgeorgien oder Südsandwich besuchen zu können, muss ein spezieller Antrag an die Regierung von Südgeorgien gestellt werden. Dieser Antrag kann online bezogen und per e-Mail gesendet werden. Anträge und sämtliche Informationen finden sich auf der Homepage http://www.gov.gs/visitors/information-documents-visit-application-form/. Regierungssitz ist übrigens auf den Falkland Inseln. Neben der strikten Einhaltung der Umweltrichtlinien muss eine Versicherungsurkunde der Yacht sowie jedes Crewmitglieds vorgelegt werden.

Da die Bearbeitung der Unterlagen und Erteilung einer Einreiseerlaubnis zeitlich dauern kann und Kommunikation über Internet erfordert, sollte die Beantragung bald genug begonnen werden.

Alle Yachten müssen als ersten Anlaufhafen Grydviken zum Einklarieren anlaufen.

10.11.2 Natur

Südgeorgien und Südsandwich Inseln sind spektakuläre subantarktische Inseln, die im Strömungsgebiet des kalten Antarktisstroms liegen. Durch diese direkte Strömung aus der Antarktis sind die Inselgruppen besonders reich an antarktischen und subantarktischen Leben. Südgeorgien verfügt unter anderem über die weltweit größten Kolonien von Königspinguinen, sowie über weitere Pinguinarten. Unzählige Seeelefanten versammeln sich jährlich in Harems an den Stränden, um Jungtiere zu gebären und aufzuziehen, auch Pelzrobben bevölkern die Strände. Albatrosse nisten in den Hängen der Berge und Riesensturmvögel versammeln sich an den Stränden.

Die Strömung bringt aber auch Eis aus der Antarktis und so ist rund um Südgeorgien und Südsandwich erhöhte Warschau nötig.

Das Klima der Inseln ist kalt und sehr stürmisch. Durch die hohen kahlen Berge und Gletscher sind schwere Fallwinde normal und Schneefall ist das ganze Jahr über möglich.

Südgeorgiens Geschichte ist eng verbunden mit Walfang und so gibt es bis heute Ruinen ehemaliger Walfang-Stationen an vielen Stränden. Viele dieser Stationen dürfen heute nicht mehr besucht werden, die Station in Grydviken ist zu einem Museum umgestaltet worden.

10.11.3 Versorgung und Häfen

Weder Südgeorgien noch die Südsandwich Inseln bieten Versorgung oder Häfen. Die Station in Grydviken bietet aber einen Steg mit Wasseranschluß, an dem Yachten anlegen dürfen. Große Ballfender sind empfohlen. Im Shop des Walfang-Museums können Bücher und Souvenirs erworben werden.

Die Südsandwich Inseln bieten darüberhinaus keinen geschützten Ankerplatz. Ihre exponierte Lage in den „Furiosen Fünfzigern" macht deshalb eine Segelreise an ihre Küste besonders schwierig.

10.11.4 Informationsquellen

Alle nötigen Informationen finden sich auf der Homepage der Regierung von Südgeorgien: http://www.gov.gs

Bei RCCPF ist ein Küstenhandbuch zum gratis Download erschienen: https://rccpf.org.uk/pilots/57/South-Georgia-Guide

10.12 Neuseelands Süden und subantarktische Inseln

10.12.1 Regulierungen und Visa

Neuseeland verhängt strikte Regeln, die von einlaufenden Yachten erfüllt werden müssen. Dies liegt hauptsächlich am Versuch, die lokale Flora und Fauna vor eingeschleppten Schädlingen zu schützen.

Um dennoch Yachtcrews willkommen zu heißen und die Einreise zu vereinfachen, veröffentlicht der neuseeländischen Zoll jährlich einen „Yacht Welcome Pack", eine Infomappe mit allen Auflagen und Formalitäten, die sowohl auf der Internetseite https://www.customs.govt.nz/personal/travel-to-and-from-nz/yachts/ zum Download bereitsteht, wie auch auf etlichen benachbarten Inseln zur kostenlosen Entnahme bereitliegt.

Halten sich Yachtcrews an diese Bestimmungen, verläuft in der Regel die Einreise professionell, unproblematisch und freundlich.

Die meisten Besucher aus westlichen Ländern erhalten bei der Einreise in Neuseeland ein dreimonatiges Besuchsvisum. Dies kann rechtzeitig vor Ablauf auf weitere drei Monate verlängert werden. Mit diesem Touristenvisum wird allerdings eine maximale Besuchszeit von 6 Monaten innerhalb von 9 Monaten festgelegt.

Will eine Yachtcrew innerhalb 9 Monate wiederholt ins Land einreisen, muss noch vorab eine Immigration aufgesucht werden, um mögliche Optionen zu klären. Bei unserem Besuch in Neuseeland 2016 konnten wir über eine neuseeländische Immigration in Westernsamoa kostenlos ein multiples Einreisevisa für Touristen beantragen.

Mehr Informationen zur Einreise in Neuseeland finden sich auf https://www.immigration.govt.nz/new-zealand-visas.

Um mit der eigenen Yacht die subantarktischen Inseln Neuseelands besuchen zu können, muss rechtzeitig ein Antrag beim „Department of Conservation" gestellt werden. Sämtliche Informationen finden sich auf der Homepage https://www.doc.govt.nz/parks-and-recreation/places-to-go/southland/places/subantarctic-islands/visiting-the-subantarctic-islands/.

Ist nach dem Besuch von subantarktischen Inseln oder von Chatham Insel keine Rückfahrt nach Neuseeland geplant, muss überdies der Zoll verständigt werden, damit die Yachtcrew im ausklarierten Zustand die Erlaubnis erteilt bekommt, neuseeländisches Hoheitsgebiet zu besuchen.

10.12.2 Natur und Kultur

Südneuseeland erstreckt sich weit in die „Furiosen Fünfziger" der südlichen Hohen Breiten und verfügt über das zweit-südlichste Kap der Welt nach Kap Horn. Dementsprechend kühl und unstabil sind die Wetterbedingungen, weshalb in den Fjorden von Steward Insel oder Fiordlands generell das Ankern mit Anker und Landleinen empfohlen wird.

Aufgrund von starken Strömungen muss vor allem die Wasserstraße von Foveaux Straße zwischen der Südinsel und Steward Insel bei rauem Wetter gemieden werden, da sich extremer Seegang aufbauen kann, der auch das Einfahren in den Hafen von Bluff unmöglich werden lässt.

Steward Insel selbst bietet einige gut geschützte Ankerplätze und ist aufgrund ihrer einsamen Lage und einzigartigen Tierwelt eine Reise wert.

Fiordlands bietet eines der schönsten kleinen Fjordreviere der Welt und verfügt über eine beeindruckende Tierwelt, gute Ankerplätze und ausgedehnte Wanderwege. Schutz gegen die unzähligen Noseum-Fliegen sollte mitgebracht werden.

Die Ansiedlungen im Süden sind generell freundlich gegenüber Yachtcrews und Besuchern, wenn auch der Hafen von Bluff nicht für Yachten, sondern für Fischereifahrzeuge ausgelegt ist.

Die subantarktischen Inseln von Neuseeland sind sehr wechselhaftem und rauem Wetter ausgesetzt. Dazu sind steife Fallwinde von den kahlen Bergen normal. Sämtliche subantarktischen Inseln stehen unter Naturschutz und dürfen nur teilweise und mit vorab erteilter Erlaubnis angelaufen und betreten werden.

10.12.3 Versorgung und Häfen

Im Süden Neuseelands befinden sich wenige Häfen, die generell kaum für Yachten ausgelegt sind. Dennoch werden Yachten zwischen den Fischkuttern von Bluff willkommen geheißen. Auch in Duneiden kann eventuell im Hafen festgemacht werden. In Littleton kann bei ruhigem Wetter vor dem Yachtclub geankert werden (Ankerplatz offen bei Westwinden).

Die Städte und Häfen nördlich von Fiordland entlang der Westküste von Südinsel sind in der Regel nur bei ruhigstem Wetter und mit lokalem Wissen erreichbar, da sämtliche Häfen in Flussmündungen liegen und die raue Tasmansee extreme Wellen in den Einfahrten aufbauen kann.

Diesel, Lebensmittel und Wasser sind auf der Südinsel von Neuseeland generell erhältlich. Ersatzteile können notfalls im Norden bestellt und geliefert werden. Neuseelands Nordinsel hat sich zu einem großen Zentrum für Fahrtenyachten entwickelt und bietet alle Servicemöglichkeiten mit Zubehörhändlern, Werften, Reparaturbetrieben und Arbeitskräften sowie Yachthäfen.

10.12.4 Informationsquellen

Wetterinformationen für die Seegebiete von Neuseeland werden laufend über UKW und KW ausgesendet. Detaillierte Berichte sind außerdem im Internet beim meteorologischen Institut Neuseelands erhältlich: https://www.metservice.com

Neuseeland veröffentlicht viele Informationen für Yachten kostenlos. Unter anderem können sämtliche elektronischen Seekarten über Internet heruntergeladen werden: https://www.linz.govt.nz/sea/charts/nz-chart-spatial-view

Auch werden jährlich neue Unterlagen zu Informationen, Naturschutz und Ankerplätzen in Fiordlands (http://www.fmg.org.nz/sites/default/files/u100/beneath-the-reflections.pdf) und zu den subantarktischen Inseln (https://www.doc.govt.nz/Documents/getting-involved/consultations/2017/regional-coastal-plan-kermadecs-subantarctics.pdf) veröffentlicht.

10.13 Tasmanien

10.13.1 Regulierungen und Visa

Die Einreise per Yacht in Australien ist ähnlich streng reguliert wie in NZ, weshalb vorab genaue Informationen zur Einreise auf der Internetseite des australischen Zolls (https://www.homeaffairs.gov.au/Trav/Ente/Avia/Maritime/Requirements-for-yachts-and-pleasure-craft/Information-for-yachts-travelling-to-Australia-arri-val-(arrival)) eingeholt werden müssen. Auch ist eine Voranmeldung noch vor der Einreise per Yacht nötig.

Für Yachtcrews hat sich das Beantragen eines Besuchsvisum für multiple Einreise (Subklasse 601) als günstig gezeigt. Es erlaubt, innerhalb eines Jahres wiederholt für eine Aufenthaltsdauer von drei Monaten einreisen zu können. Informationen zum Visum finden sich auf der Internetseite der australischen Immigration: https://www.homeaffairs.gov.au/Trav/Visa-1/601-.

10.13.2 Natur und Kultur

Tasmanien umfasst die größte australische Insel im Süden des Kontinents und einige kleine, meist unbewohnte Inseln. Tasmanien liegt zwischen 40° und 44° Süd und wird durch die Bass Straße vom australischen Kontinent getrennt. Durch die Lage in den „Brüllenden Vierzigern" ist das Klima eher rau, mit ozeanisch milden Temperaturen. Während im Winter um die 0°C und etwas darüber herrschen, bleiben die Sommer kühl mit 10 bis 19°C. Im Hochland ist Schneefall das ganze Jahr möglich.

Sowohl Fauna wie Flora sind einzigartig in Tasmanien, weshalb das Land strikte Einfuhrregeln zum Schutz

seiner Arten praktiziert, die auch von besuchenden Yachten eingehalten werden müssen. Dennoch heißt Tasmanien besuchende Yachten herzlich willkommen und bietet in seiner berühmten Seglerstadt Hobart auch Yachthäfen und Veranstaltungen für Maritimbegeisterte.

Interessante Ankerplätze finden sich vor allem an der Südostküste, wo Flussmündungen verwinkelte Fjorde ins Land geschnitten haben.

10.13.3 Versorgung und Häfen

Ortschaften mit Versorgungsmöglichkeiten sind über die gesamte Insel verteilt. Größere Ansiedlungen an der Nord- und Südostküste bieten Yachthäfen und Anleger. Auch verfügt Hobart über Werften und Zubehörhändler.

10.13.4 Informationsquellen

Gesprochene Wetterinformation wird sowohl über UKW wie auch KW ausgesendet und in Lokalbereich, Küstenbereich und Hochsee eingeteilt. Auch Wetterfax kann empfangen werden.

Sämtliche Informationen zu Sendezeiten, Gebietseinteilung, Warnsystem sowie selbstverständlich alle neuen Wettervorhersagen sind auf der Internetseite des Australischen Bureau of Meteorology abrufbar: http://www.bom.gov.au/tas/?ref=hdr

Um auch über langsame Verbindungen Marinewetter empfangen zu können, bietet das Bureau of Meteorology außerdem MarineLite: hier werden Wetterdaten als reine Textdateien mit maximal 4KB veröffentlicht. Eine Dateigröße, die auch bei langsamster Datenverbindung problemlos empfangen werden kann.

Erhältliche Küstenhandbücher sind:

- Tasmania Cruising Guide von „Jack and Jude" als e-book oder PDF-Download

- Tasmania Anchorage Guide von Royal Yachtclub of Tasmania

11. ANHANG

11.1 Notfallrufnummern

11.1.1 Internationale Notfall-Frequenzen:

Marinefunk:

Sprechfunk im Küstenbereich:

- UKW Kanal 16

Sprechfunk im küstennahen Bereich:

- 2182 kHz

Sprechfunk im Hochseebereich (USB):

- 4125 kHz

- 6215 kHz

- 8291 kHz

- 12290 kHz

- 16420 kHz

Außerdem DSC digitaler Notruf Kanal 70

Amateurfunk:

- 3760 kHz LSB (Europa/Asien) oder

- 3750 und 3985 kHz LSB (Amerika) und

- 7110 kHz LSB (Europa/Asien) oder

- 7060, 7240 und 7275 kHz LSB (Amerika)

- 14300 kHz USB

- 18160 kHz USB

- 21 360 kHz USB

11.1.2 Nördliche Hemisphäre und Arktis

Russland

MRCC[1] Murmansk: (Arktis)

- +7 8152 428307

rcc@mapm.ru

MRCC Dickson (Arktis)

- +7 39152 24100

- +7 905 998 2499

dikson@morflot.ru

MRSC[2] Petropavlovsk-Kamchatskiy (Pazifik Küste)

- +7 4152 412880

spc@mappk.kamchatka.ru

Norwegen

- Seenotrettung – 120

- Polizei - Direktwahl 112

- Ambulanz - Direktwahl 113

- Feuerwehr - Direktwahl 110

JRCC[3] Bodø:

- +47 755 59000

operations@jrcc-bodoe.no

JRCC Stavanger:

- +47 51 51 7000

Spitzbergen

---

[1] **MRCC** – Maritime Rescue Coordination Center
[2] **MRSC** – Maritim Rescue Sub Center
[3] **JRCC** – Joint Rescue Coordination Center

Notfall-Telefon:

- 112 oder

- +47 7902 1222

Island und Jan Mayen

Notfalldirektwahl: 999 oder 112

Island Küstenwache:

- +354 545 2100

sar@lhg.is

JRCC Island:

- +354 551 3333

sar@icg.is

Færø Insel

- +298 351 300

mrcc@mrcc.fo

Grönland

- +299 364000 (J. Arctic Command)

- +299 364010 (JRCC Duty Officer)

- +299 364023 (Joint Arctic Command COMMCEN)

ako@mil.dk

mrcc@glk.gl

jrcc@jrcc.gl

Kanada

JRCC Halifax (Atlantische Region)

- +1 902 427 8200

JRCCHalifax@sarnet.dnd.ca

JRCC Victoria (Pazifik Region)

- +1 250 413 8933

jrccvictoria@sarnet.dnd.ca

Alaska und USA

Alaska Rescue Coordination Station:

- +1 907 551 7230

AK.RCC@us.af.mil

JRCC Seattle (NW USA)

- +1 206 220 7001

11.1.3 Südliche Hemisphäre und Antarktis

Chile

MRCC Puerto Montt

- +56 6556 1190

mrccpuertomontt@directemar.cl

MRCC Punta Arenas

- +56 612 05477

mrccpuntaarenas@directemar.cl

Argentinien

RSC Ushuaia

- +54 2901 422 382

ushu@prefecturanaval.gov.ar

Falkland Inseln

Rescue Coordination Center

- +500 74030

irics@horizon.co.fk

Neuseeland

- +64 4577 8030

  rccnz@maritimenz.govt.nz

Australien

- +61 262 306 811

  rccaus@amsa.gov.au

  Südafrika

  MRCC Cape Town

- +27 219 383 300

  mrcc.ct@samsa.org.za

11.2 Links

Das Internet ist sehr schnelllebig und URL-Adresse können sich ändern. Trotz laufendem Update kann es deshalb passieren, dass ein Link nicht mehr aktuell ist. Dafür entschuldige ich mich und bitte um kurze Nachricht.

Wetter und Eis

- https://www.dmi.dk/en/groenland/hav/ice-charts/

- https://www.canada.ca/en/environment-climate-change/services/ice-fore-casts-observations/latest-conditions/products-guides/chart-descripti-ons.html#daily_ice

- https://www.ec.gc.ca/glaces-ice/?lang=En&n=B6C654BB-1#daily_ice

- www.bsis-ice.de

- https://www.weather.gov/afc/ice

- http://polarview.met.no

- http://tgftp.nws.noaa.gov/fax/alaska.shtml

- https://www.yr.no/hav_og_kyst/?spr=eng

- https://www.yr.no/verkart/analysekart.html

- http://en.vedur.is/weather/shipping/text/

- https://www.canada.ca/en/environment-climate-change/services/general-marine-weather-information/understanding-forecasts/regional/products-services-atlantic-coast.html

- https://weather.gc.ca/marine/region_e.html?mapID=15

- https://weather.gc.ca/marine/index_e.html

- https://weather.gc.ca/marine/region_e.html?mapID=02

- http://www.nws.noaa.gov/om/marine/home.htm

- https://www.jma.go.jp/en/seafcst/

- https://www.metservice.com/national/home

- http://www.bom.gov.au/tas/forecasts/map.shtml

- http://www.bom.gov.au/marine/high-seas.shtml

- http://web.directemar.cl/met/jturno/indice/english.htm

- http://www.weathersa.co.za/home/marine

- https://www.metoffice.gov.uk/public/weather/marine/shipping-forecast

- https://www.wunderground.com/MAR/sepacm.html

- https://www.wunderground.com/hurricane

- https://www.windy.com/

- http://www.nws.noaa.gov/om/marine/rfax.pdf

Meldungen für die Seefahrt, nautische Unterlagen

- http://msi.nga.mil/NGAPortal/MSI.portal

- https://msi.nga.mil/NGAPortal/
  MSI.portal?_nfpb=true&_st=&_pageLabel=msi_portal_page_62&pubCode
  =0003

- http://www.charts.noaa.gov/InteractiveCatalog/nrnc.shtml

- https://www.linz.govt.nz/sea/charts/information-about-charts#nzmariner

- http://www.kystverket.no

- https://www.sysselmannen.no/en/

- http://www.lhg.is/english/search-and-rescue/

- https://www.notmar.gc.ca/index-en.php

Häfen und Touristenverbände

- https://www.visitnorway.de

- https://www.fjordnorway.com/planning-your-trip/accommodation/guest-
  harbours-and-marinas

- https://visitfaroeislands.com

- https://de.visiticeland.com/

- https://visitgreenland.com/de/

- https://www.canada.ca/en/immigration-refugees-citizenship/services/visit-
  canada.html

- https://www.newfoundlandlabrador.com/

- https://www.sailnl.ca/

- https://www.travelalaska.com/

- http://www.alaskaharbors.org

- https://www.hellobc.com/

- https://www.newzealand.com/ie/

- https://www.discovertasmania.com.au

- http://www.falklandsailing.com/Yacht-Club/yacht-club.html

- https://ats.aq/documents/ATCM35/ww/atcm35_ww005_e.pdf

- https://iaato.org/yachts

Schwerwetterausrüstung
- http://dragdevicedb.com/
- http://www.jordanseriesdrogue.com/
- https://www.seaanchor.com
- http://www.paraseaanchor.com
- https://www.sailrite.com/PDF/Drogue-Instructions.pdf

Infoseiten, Wissenswertes
- https://www.arctic.noaa.gov
- http://weather.mailasail.com/Franks-Weather/Home
- www.spri.cam.ac.uk/
- www.fram.nw.ru/
- https://www.morganscloud.com
- http://www.highlatitudes.com/assets/Antarctic-Yachting-Guideline-2016.pdf
- http://arcticnorthwestpassage.blogspot.com/?view=magazine

11.3 Weiterführende Literatur

- **Schwerwettersegeln**, von Peter Bruce, ISBN 978-3667113290
- **Southern Ocean Cruising**, von Sally und Jerome Poncet, ISBN 978-0955220517
- **Ice Navigation in Canadian Waters**, pdf-Download der Kanadischen Küstenwache
- Handbücher der NATIONAL GEOSPATIAL-INTELLIGENCE AGENCY

  Sailing Directions PUB.200 Antarctica

  Sailing Directions PUB.155 East Cost Russia

  Sailing Directions PUB.146 Newfoundland and Labrador

Sailing Directions PUB.181 Greenland and Iceland

- **Bordversorgung heute:** Ernährung und Proviantierung an Bord von Fahrtenyachten, von Claudia Kirchberger, ISBN 978-1494967123

- **Wale und Delfine** von Mark Carwadine, ISBN 978-3768824736

- **Antarktische Wildnis: Südgeorgien (South Georgia),** von Thies Matzen und Kiki Ericson, ISBN 978-3866482463

- **Segeln in der Arktis**, Willi de Roos, ISBN 978-3505073427

- **Eiszeit**, von Claudia Kirchberger, ISBN 978-1500303112

- **Im Reich der Eissturmvögel**, von Claudia Kirchberger, ISBN 978-1494897703

Dank

Noch ist die Seglergemeinschaft in den extremeren Revieren dieser Welt klein und Blauwasseryachten treffen nur hin und wieder aufeinander. Umso schöner und intensiver sind meist die Begegnungen. Und so möchte ich mich bei unseren segelnden Freunden für die gemeinsamen Abende und den regen Erfahrungsaustausch sowie die beigesteuerten Fotos bedanken.

Unzählige Arbeitsstunden sind in diesen Ratgeber geflossen und ich bedanke mich bei Claudia für ihre Unterstützung. Danke für deine Hilfe und für deine Geduld während der langen Abendstunden, die du ohne „deinen" Laptop zum Schreiben auskommen musstest.

Großer Dank geht an Eva-Maria, die viele Stunden mit der Korrektur dieses Ratgebers verbrachte. Danke für deine großartige Hilfe!

Zum Autor und seine Segelreisen

Weitere Informationen über uns, Reisetexte und Erfahrungsberichte rund ums Blauwassersegeln und Leben an Bord findest du unter:

www.fortgeblasen.at
www.blauwassersegeln.at

Index

Printed in Great Britain
by Amazon